A NOITE SE APROXIMA E O DIA JÁ DECLINOU

Dos mesmos autores
Cardeal Robert Sarah e Nicolas Diat
Deus ou nada. Entrevista sobre a fé. Edições Fons Sapientiae, 2016.
A força do silêncio. Edições Fons Sapientiae, 2017.

Nicolas Diat
L'Homme qui ne voulait pas être pape. Histoire secrète d'un règne, [*O homem que não queria ser papa. História de um reinado*]. Albin Michel, 2014; Pluriel, 2018.
Un temps pour mourir. Derniers jours de la vie des moines, [*Um tempo para morrer. Últimos dias de vida dos monges*]. Fayard, 2018; Pluriel, 2019.
Prêmio cardeal Lustiger, grande prêmio da Academia Francesa.

CARDEAL ROBERT SARAH
e NICOLAS DIAT

A NOITE SE APROXIMA E O DIA JÁ DECLINOU

Tradução
Omayr José de Moraes Junior

1ª edição

Fons Sapientiae

São Paulo, 2019

© Librarie Arthème Fayard, 2019 – all Rights reserved
Título original: *Le soir approche et déjà le jour baisse*
Autores: Cardinal Robert Sarah e Nicolas Diat

© 2019 – Distribuidora Loyola de livros.

Fundador: Jair Canizela (*1941-†2016)
Diretor geral: Vitor Tavares
Diretor editorial: Rogerio Reis Bispo
Editora: Cristiana Negrão
Capa e diagramação: Claudio Tito Braghini Junior
Tradução: Omayr José de Moraes Junior
Preparação: Joana Figueiredo
Revisão: Eugênia Pessotti

Este livro segue as regras da Nova Ortografia da Língua Portuguesa.

Dados Internacionais de Catalogação na Publicação (CIP)
(Câmara Brasileira do Livro, SP, Brasil)

Sarah, Robert
A noite se aproxima e o dia já declinou / Cardeal Robert Sarah e Nicolas Diat; tradução Omayr José de Moraes Junior. – 1. ed. – São Paulo: Edições Fons Sapientiae, 2019.

Título original: Le soir approche etdéjàle jour baisse
ISBN: 978-85-63042-72-9

1. Cristianismo e civilização 2. Igreja Católica 3. Secularização (Teologia) I. Diat, Nicolas. II. Título.

19-29003   CDD-261.1

Índices para catálogo sistemático:

1. Secularização: Igreja Católica e o mundo: Teologia social 261.1

Edições *Fons Sapientiae* é um selo da
Distribuidora Loyola de Livros
Rua Lopes Coutinho, 74 - Belenzinho
03054-010 São Paulo - SP
T 55 11 3322 0100
F 55 11 4097 6487

Todos os direitos reservados. Nenhuma parte desta obra pode ser reproduzida ou transmitida por qualquer forma ou quaisquer meios (eletrônico ou mecânico, incluindo fotocópias e gravação) ou arquivada em qualquer sistema ou banco de dados sem permissão escrita.

*A Bento XVI, incomparável artífice da
reconstrução da Igreja.
A Francisco, filho fiel e devoto de Santo Inácio.
Aos sacerdotes de todo o mundo, em ação de graças, por
ocasião do meu Jubileu de Ouro Sacerdotal.*

"Se Deus é por nós, quem será contra nós?"
(Epístola de São Paulo aos Romanos)

SUMÁRIO

INFELIZMENTE, JUDAS ISCARIOTES 11

PARTE 1 – O COLAPSO ESPIRITUAL E RELIGIOSO 23
A CRISE DA FÉ 25
A CRISE DO SACERDÓCIO 59
A CRISE DA IGREJA 99
ACÍDIA E A CRISE DA IDENTIDADE 139

PARTE 2 – O HOMEM REBAIXADO 171
O ÓDIO AO SER HUMANO 173
ÓDIO DA VIDA 209

PARTE 3 – A RUÍNA DA VERDADE, A DECADÊNCIA MORAL E OS
ERROS POLÍTICOS 233
AONDE VAI O MUNDO? 235
O ÓDIO, O SARCASMO E O CINISMO 247

A CRISE DA EUROPA 255
OS ERROS DO OCIDENTE 267
OS INIMIGOS IMPLACÁVEIS 281
AS SEDUÇÕES ENGANOSAS DA VIDA PRETENSAMENTE
EMANCIPADA 291
O DECLÍNIO DA CORAGEM E AS UTOPIAS MORTAIS DO "MELHOR
DOS MUNDOS" 299
O ROSTO DAS DEMOCRACIAS PÓS-MODERNAS E O
CAPITALISMO 315
A MARCHA FÚNEBRE DA DECADÊNCIA 331
A LIBERDADE RELIGIOSA 339

PARTE 4 – RECOBRAR A ESPERANÇA: A PRÁTICA DAS VIRTUDES
CRISTÃS 349
DEUS ABRE A SUA MÃO 351
QUE DEVEMOS FAZER? 371
QUE NADA ME PERTURBE 399
BIBLIOGRAFIA 403

INFELIZMENTE, JUDAS ISCARIOTES[1]

"Se eles se calarem, as pedras gritarão."
(Lc 19,40).

"O traidor é um homem que jura e que mente."
(Shakespeare, *Macbeth*).

Por que retomar a palavra? No meu último livro, eu lhes convidei ao silêncio. Contudo, já não posso me calar. Já não devo me calar. Os cristãos estão desorientados. Todos os dias, recebo de toda a parte os pedidos de socorro dos que já não sabem em que acreditar. Todos os dias, em Roma, recebo padres desanimados e feridos. A Igreja experimenta a noite escura. O mistério da iniquidade a envolve e a cega.

Diariamente, nos chegam as mais terríveis notícias. Não passa uma semana sem que venha à tona um caso de abuso sexual. Cada notícia dessas dilacera os nossos corações de filhos da Igreja. Como disse São

---

[1] Todas as citações de documentos da Santa Sé (encíclicas, homilias, discursos, alocuções etc). Correspondem às traduções disponíveis em: http://www.vatican.va. Acesso em: mar.-jun. 2019. Assim se optou por serem traduções oficiais. Nos poucos casos em que a tradução não estava disponível em português, procedeu-se à versão do texto em francês (N.T.).

Paulo VI, em 29 de junho de 1972, a "fumaça de Satanás" nos invade. A Igreja, que deve ser um lugar de luz, tornou-se um covil de trevas. A Igreja, que deve ser uma casa de família segura e pacífica, tornou-se um antro de bandidos! Como podemos suportar que entre nós, em nossas fileiras, tenham se introduzido esses predadores? Muitos sacerdotes fiéis se comportam diariamente como pastores atenciosos, como pais cheios de doçura, como guias firmes. Mas alguns homens de Deus se tornaram agentes do Maligno. Eles procuraram sujar a alma pura dos pequeninos. Eles humilharam a imagem de Cristo presente em cada criança.

Sacerdotes do mundo inteiro sentem-se humilhados e traídos por tantas abominações. A exemplo de Jesus, a Igreja vive o mistério da flagelação. Seu corpo é dilacerado. Quem desfere esses golpes? Aqueles que devem amá-la e protegê-la! Sim, atrevo-me a emprestar as palavras do papa Francisco: o mistério de Judas paira sobre o nosso tempo. O mistério da traição escorre pelas paredes da igreja. O abuso de menores nos revela isso da maneira mais abominável. Mas é preciso ter coragem de olhar o pecado de frente: essa traição foi preparada e causada por muitos outros pecados, menos visíveis, mais sutis, embora igualmente profundos. Vivemos há muito tempo o mistério de Judas. O que agora aparece em pleno dia tem causas profundas e é preciso ter coragem de denunciá-las com clareza. A crise que o clero, a Igreja e o mundo vivem é radicalmente uma crise espiritual, uma crise de fé. Vivemos o mistério da iniquidade, o mistério da traição, o mistério de Judas.

Permitam-me meditar, com vocês, sobre a figura de Judas. Chamou-o Jesus como a todos os Apóstolos. Jesus o amou! Ele o enviou para anunciar a Boa-Nova. Mas, pouco a pouco, a dúvida se apoderou do coração de Judas. Insensivelmente, ele se pôs a julgar o ensinamento de Jesus, e disse para si mesmo: esse Jesus é muito exigente e pouco eficiente. Judas queria fazer vir o Reino de Deus sobre a terra, imediatamente, por meios humanos e de acordo com seus planos pessoais. No entanto, tinha ouvido Jesus lhe dizer: "os meus pensamentos não são os vossos pensamentos, e os vossos caminhos não são os meus caminhos" (Is 55, 8). Apesar disso, Judas se afastou. Ele já não escutava a Cristo. Ele já não o acompanhava naquelas longas noites de silêncio e de oração. Judas se refugiou nos negócios do mundo. Ele cuidava da bolsa, do dinheiro e do comércio. Mentiroso, ele continuava a seguir a Cristo, embora já não acreditasse nele. Ele murmurava. Na noite da Quinta-feira Santa, o Mestre lhe lavou os pés. Seu coração estava bem endurecido para se deixar tocar. O Senhor estava lá diante dele, de joelhos, o servo humilhado, lavando os pés de quem estava prestes a entregá-lo. Pela última vez, Jesus pousou sobre ele o seu olhar cheio de doçura e misericórdia. Mas o diabo já entrara no coração de Judas. Ele não abaixou os olhos. Interiormente, ele teve que pronunciar a antiga palavra da revolta: *non serviam*, "não servirei". Na Última Ceia, ele comungou, embora seu projeto já estivesse decidido. Foi a primeira comunhão sacrílega da história. E ele traiu.

Judas será para sempre o nome do traidor e sua sombra paira hoje sobre nós. Sim, como ele, nós traímos! Nós abandonamos a oração. O mal do ativismo eficaz infiltrou-se por toda a parte. Procuramos imitar a organização das grandes empresas. Esquecemo-nos de que só a oração é o sangue capaz de irrigar o coração da Igreja. Dizemos que não temos tempo a perder. Queremos empregar esse tempo em obras sociais proveitosas. Quem já não reza, já traiu. A partir daí, já está pronto para todos os compromissos com o mundo e trilha o caminho de Judas.

Toleramos todos os questionamentos. A doutrina católica é posta em dúvida. Em nome de posturas que se dizem intelectuais, os teólogos se deleitam em desconstruir os dogmas e em esvaziar a moral do seu sentido profundo. O relativismo é a máscara de Judas disfarçado de intelectual. Como nos surpreender ao saber que tantos padres rompem com os seus compromissos? Relativizamos o sentido do celibato, reivindicamos o direito de ter uma vida privada, embora isso seja contrário à missão do sacerdote. Alguns chegam a reivindicar o direito a comportamentos homossexuais. Os escândalos se sucedem entre padres e bispos.

O mistério de Judas se alastra. Quero dizer a todos os sacerdotes: permaneçam fortes e corretos. Decerto, por causa de alguns ministros, todos vocês serão rotulados de homossexuais. A Igreja Católica será arrastada na lama e apresentada como se fosse composta exclusivamente de sacerdotes hipócritas e ávidos de poder. Que o seu coração não se perturbe. Na Sexta-feira Santa, Jesus foi responsabilizado por todos os crimes do mundo e Jerusalém gritava: "Crucifica-o! Crucifica-o!" Não obstante as pesquisas tendenciosas que mostram a desastrosa situação de clérigos irresponsáveis e de vida interior anêmica, nos postos-chave de governo da Igreja, permaneçam serenos e confiantes como a Virgem e São João aos pés da cruz. Padres, bispos e cardeais sem moral não conspurcam de forma alguma o testemunho luminoso dos mais de 400 mil sacerdotes em todo o mundo, os quais, todos os dias e com fidelidade, servem ao Senhor com santidade e alegria. A Igreja não morrerá, apesar da violência dos ataques que venha a sofrer. Esta é a promessa do Senhor e sua palavra é infalível.

Os cristãos tremem, vacilam, duvidam. Quis escrever este livro para eles, para dizer-lhes: não duvidem! Conservem firme a doutrina! Persistam na oração! Quis este livro para reconfortar os cristãos e sacerdotes fiéis.

O mistério de Judas, o mistério da traição, é um veneno sutil. O diabo tenta nos fazer duvidar da Igreja. Ele quer que a vejamos como mera organização humana em crise. No entanto, ela é muito mais do que isso: ela é a continuação de Cristo. O diabo nos leva à divisão e à cisma. Ele quer nos fazer acreditar que a Igreja traiu. Mas a Igreja não trai. A Igreja, cheia de pecadores, é em si mesma sem pecados! E sempre haverá nela luz o suficiente para os que buscam a Deus. Não sejam tentados pelo ódio, pela divisão, pela manipulação. Não se trata de criar um partido, de nos colocarmos uns contra os outros: "O Mestre nos advertiu acerca desses perigos e tranquilizou o povo, mesmo em relação aos maus pastores: não seria preciso abandonar, por causa deles, a Igreja, que é a cátedra da verdade [...] Então, não nos percamos no mal da divisão por causa dos que são maus", disse Santo Agostinho (*Epístola 105, 5, 6: PL 33, 403*).

A Igreja sofre, ela é desrespeitada e seus inimigos estão em seu interior. Não a abandonemos. Os pastores são homens pecadores, mas trazem em si o mistério de Cristo.

Que fazer então? Não se trata de se organizar e implementar estratégias. Como imaginar que, por nossa conta, poderíamos melhorar as coisas? Isso também seria cair na ilusão mortal de Judas.

Em face da enxurrada de pecados nas fileiras da Igreja, somos tentados a querer tomar as rédeas da situação. Somos tentados a querer purificar a Igreja por nossa própria conta. Isso seria um erro. O que faríamos? Um partido? Uma corrente? Essa é a tentação mais grave: o ouropel da divisão. Sob o pretexto de fazer o bem, divide-se, critica-se, despedaça-se. E o demônio ri com sarcasmo. Ele conseguiu tentar os bons sob a aparência do bem. Não reformamos a Igreja pela divisão e pelo ódio. Reformamos a Igreja começando por mudar a nós mesmos! Não hesitemos, cada qual em sua condição, em denunciar o pecado, a começar pelo nosso próprio pecado.

Estremeço com a ideia de que a túnica inconsútil de Cristo seja novamente rasgada. Jesus sofreu agonia ao ver antecipadamente as divisões dos cristãos. Não o crucifiquemos novamente! Seu coração nos suplica: ele tem sede de unidade! O diabo teme ser nomeado por seu nome. Ele gosta de se envolver no nevoeiro da ambiguidade. Sejamos claros. "Nomear mal as coisas é aumentar a miséria do mundo", dizia Albert Camus.

Neste livro, não hesitarei em usar uma linguagem firme. Com a ajuda do escritor e ensaísta Nicolas Diat, sem o qual poucas coisas teriam sido possíveis e que tem sido de uma fidelidade impecável desde a redação de *Deus ou nada*, quero me inspirar na palavra de Deus que é semelhante a uma espada de dois gumes. Não tenhamos medo de dizer que a Igreja precisa de uma profunda reforma e que esta passa por nossa conversão.

Perdoem-me se certas palavras lhes chocam. Não quero anestesiar ninguém com lenitivos e mentiras. Não estou procurando sucesso nem popularidade. Este livro é o clamor da minha alma! É um clamor de amor a Deus e a meus irmãos. Devo-lhes dizer, cristãos, a única verdade que salva. A Igreja está morrendo porque os pastores têm medo de falar com sinceridade e clareza. Temos medo dos meios de comunicação, medo da opinião, medo dos nossos próprios irmãos! O bom pastor dá a vida por suas ovelhas.

Hoje, nessas páginas, lhes ofereço o que é o centro da minha vida: a fé em Deus. Em pouco tempo, comparecerei diante do Juiz eterno. Se eu não lhes transmitir a verdade que recebi, o que direi a ele então? Nós bispos devemos tremer ao pensar em nossos silêncios culpáveis, nossos silêncios de cumplicidade, nossos silêncios de complacência com o mundo.

Muitas vezes me perguntam: O que devemos fazer? Quando a divisão ameaça, é preciso reforçar a unidade. Isso não tem nada a ver com o *esprit de corps* que existe no mundo. A unidade da Igreja tem sua origem no coração de Jesus Cristo. Devemos nos manter perto dele, nele. Esse coração, que foi aberto pela lança para que nele possamos nos refugiar, será o nosso lar. A unidade da Igreja repousa em quatro colunas. A oração, a doutrina católica, o amor a Pedro e a caridade mútua devem ser tornar prioridades da nossa alma e de todas as nossas atividades.

A oração

Sem união com Deus, será em vão qualquer tentativa de fortalecer a Igreja e a fé. Sem oração, seremos címbalos que ressoam. Desceremos ao nível das propagandas dos meios de comunicação que fazem tanto barulho e produzem apenas vento. A oração deve se tornar a nossa respiração mais íntima. Ela nos põe diante de Deus. Temos alguma outra finalidade? Nós, cristãos, padres, bispos, temos alguma outra razão de existir do que nos manter diante de Deus e de conduzir os outros? É hora de ensinar isso! É hora de colocar em prática! Quem reza se salva, quem não reza se condena, dizia Santo Afonso. Quero insistir neste ponto, pois uma Igreja que não ostenta a oração como seu bem mais precioso caminha para o fim. Se não reencontrarmos o sentido das longas e pacientes vigílias com o Senhor, nós o trairemos. Os Apóstolos fizeram isso: achamos que somos melhores que eles? Em especial, os sacerdotes devem absolutamente ter uma alma de oração. Sem isso, a mais eficaz das ações sociais se tornaria inútil e até nociva. Isso nos daria a ilusão de servir a Deus, embora façamos apenas a obra do maligno. Não se trata de multiplicar as devoções. Trata-se de silenciar e adorar. Trata-se de se pôr de joelhos. Trata-se de aceder com temor e respeito à liturgia. Ela é a obra de Deus. Não é um teatro.

Gostaria que meus irmãos bispos nunca se esquecessem de suas graves responsabilidades. Queridos amigos, vocês querem reerguer a Igreja? Ponham-se de joelhos! Esse é o único caminho! Se não fizerem isso, o que se fizer não virá de Deus. Só Deus pode nos salvar. Ele só irá fazê-lo se orarmos. Como eu gostaria de ver uma oração profunda e ininterrupta se elevar do mundo inteiro, um louvor e uma súplica em espírito de adoração. No dia em que esse canto silencioso ressoar nos corações, o Senhor será finalmente ouvido e agirá por meio de seus filhos. Até lá, nós lhe servimos de obstáculo com nossas agitações e falatório. Se não pusermos, como São João, a nossa cabeça de encontro ao coração de Cristo, não teremos força para segui-lo até a Cruz. Se não tivermos tempo para ouvir as batidas do coração do nosso Deus, nós o abandonaremos, nós o trairemos como fizeram os próprios Apóstolos.

A doutrina católica

Não precisamos inventar e construir a unidade da Igreja. A fonte de nossa unidade nos precede e nos é oferecida. É a Revelação que recebemos. Mas se cada um defender a sua opinião, a sua novidade, então a divisão se espalhará por toda parte. Fico magoado ao ver tantos pastores venderem a preço vil a doutrina católica e instalar a divisão entre os fiéis. Devemos ao povo cristão um ensinamento claro, firme e estável. Como aceitar que as conferências episcopais se contradigam? Deus não pode morar onde reina a confusão!

A unidade da fé supõe a unidade do magistério no espaço e no tempo. Quando nos é dado um novo ensinamento, ele deve ser interpretado em coerência com o ensinamento que o precede. Se introduzirmos rupturas e revoluções, rompemos a unidade que rege a Santa Igreja ao longo dos séculos. Isso não quer dizer que estamos condenados à fixidez. Mas qualquer evolução deve ser uma melhor compreensão e um melhor aprofundamento do passado. A hermenêutica da reforma na continuidade, que Bento XVI tão claramente ensinou, é uma condição *sine qua non* da unidade. Aqueles que anunciam em voz alta a mudança e a ruptura são falsos profetas e não procuram o bem do rebanho. São mercenários introduzidos sub-repticiamente no redil. Nossa unidade será forjada em torno da verdade da doutrina católica. Não há outro caminho. Pretender ganhar popularidade midiática em detrimento da verdade é fazer o mesmo que Judas.

Não tenhamos medo! Que dom mais maravilhoso pode ser oferecido à humanidade que a verdade do Evangelho? Jesus, decerto, é exigente. Sim! Segui-lo exige a disponibilidade de carregar a sua Cruz todos os dias! A tentação da covardia está em toda parte e espreita especialmente os pastores. Os ensinamentos de Jesus parecem muito duros. Quantos de nós somos tentados a pensar: "Essa palavra é dura! Quem pode escutá-la? " (Jo 6, 60). O senhor se volta para os que escolheu, volta-se para nós, padres e bispos, e novamente nos pergunta: "Não quereis também vós partir?" (Jo 6,67). Ele nos fita nos nossos olhos e nos pergunta a cada um de nós: Você vai me abandonar? Você desistirá de ensinar a fé em toda a sua plenitude? Terá a coragem de pregar a minha presença real na Eucaristia? Terá a coragem de chamar os jovens para a vida consagrada? Terá a força para dizer que, sem a confissão regular, a comunhão sacramental pode perder o seu sentido? Terá a audácia de recordar a verdade da indissolubilidade do matrimônio? Terá a caridade para fazer isso que lhe recriminem? Terá a coragem de convidar gentilmente os divorciados, engajados em uma nova união, a mudar sua vida? Você prefere o sucesso ou você quer me seguir? Deus queira que, com São Pedro, possamos responder, cheios de amor e humildade: "Senhor, a quem iremos? Tens palavras de vida eterna" (Jo 6,68).

O amor a Pedro

O papa é o portador do mistério de Simão Pedro a quem Cristo disse: "Tu és Pedro e sobre esta pedra edificarei a minha Igreja" (Mt 16, 18). O mistério de Pedro é um mistério de fé. Jesus quis entregar a sua Igreja a um homem. Para melhor nos lembrar disso, ele deixou que esse homem o traísse por três vezes diante de todos, antes de lhe entregar as chaves de sua Igreja. Sabemos que a barca da Igreja não é confiada a um homem por causa de capacidades extraordinárias. Cremos, no entanto, que esse homem será sempre assistido pelo Divino Pastor a fim de manter firme a regra da fé.

Não tenhamos medo! Ouçamos Jesus: "Tu és Simão [...] chamar-te-ás Cefas" (Jo 1, 42). Desde as primeiras horas, tece-se a trama da história da Igreja: o fio de ouro das decisões infalíveis dos pontífices, sucessores de Pedro; o fio negro dos atos humanos e imperfeitos dos papas, sucessores de Simão. Nessa sobreposição incompreensível de fios entrelaçados, percebemos a pequena agulha guiada pela mão invisível de Deus, atenta em traçar sobre o tecido o único nome pelo qual podemos ser salvos, o nome de Jesus Cristo!

Caros amigos, os seus pastores estão cobertos de falhas e imperfeições. Mas não será pelo desprezo que vocês construirão a unidade da Igreja. Não tenham medo de lhes exigir a fé católica, os sacramentos da vida divina. Lembrem-se das palavras de Santo Agostinho: "Quando Pedro batiza, é Jesus quem batiza. Mas quando Judas batiza, ainda é Jesus quem batiza!" (Cf. *Tratados sobre o Evangelho de São João,* Tract. IV, 7: PL 35, 1428). O mais indigno dos padres continua a ser o instrumento da graça divina quando celebra os sacramentos. Vejam até onde Deus nos ama! Ele consente em colocar seu corpo eucarístico entre as mãos sacrílegas de sacerdotes miseráveis. Se vocês acham que seus padres e bispos não são santos, então sejam santos por eles. Façam penitência, jejuem para reparar as suas falhas e suas fraquezas. Somente assim podemos suportar o fardo do outro.

A caridade fraterna

Lembremo-nos das palavras do Concílio Vaticano II: "A Igreja é o sacramento da unidade do gênero humano" (cf. *Lumen Gentium* I,1). No entanto, tanto ódio e divisão a desfiguram. É tempo de encontrar em nosso meio um pouco de benevolência. É tempo de anunciar o fim da suspeita e da desconfiança. Para nós, católicos, é hora de "entrar em um verdadeiro processo de reconciliação interna" (Carta aos bispos por ocasião do motu proprio *Summorum Pontificum*), segundo as palavras de Bento XVI.

Escrevo estas palavras no meu escritório de onde vejo a Praça de São Pedro, a qual abre os seus grandes braços para melhor abraçar toda a humanidade. Por ser uma mãe, a Igreja nos abre os seus braços! Corramos para lá para nos aninhar, para nos estreitar uns aos outros! Em seu seio, nada nos ameaça! Cristo estendeu uma vez por todas os braços sobre a Cruz para que a Igreja possa abrir os seus braços e nos reconciliar, nela, com Deus e entre nós. E a todos os que são tentados pela traição, pela dissensão, pela manipulação, o Senhor lhes repete essas palavras: "Por que me persegues? [...] Eu sou Jesus, a quem tu estás perseguindo." (At 9, 4-5). Se discutimos e nos odiarmos, é a Jesus que perseguimos!

Por um momento rezemos juntos diante do grande afresco da Capela Sistina. Michelangelo representou ali o Juízo Final. Ponhamo-nos de joelhos diante da majestade divina ali representada. Toda a corte celestial a rodeia. Os santos estão lá, eles trazem os instrumentos de seu martírio. Eis os Apóstolos, as virgens, os desconhecidos, os santos que são o segredo do coração de Deus. Todos cantam a sua glória e o seu louvor; a seus pés, os condenados do inferno gritam seu ódio a Deus. Eis que, de repente, tomamos consciência de nossa pequenez, do nosso nada. De repente, nós que pensávamos ter tantas ideias importantes, projetos necessários, ficamos em silêncio, subjugados, prostrados diante da grandeza e da transcendência de Deus. Cheios de temor filial, levantamos os olhos para o Cristo glorioso. A cada um de nós, ele pergunta: "Tu me amas?". Deixemos essa pergunta ressoar. Não nos apressemos em responder. Em verdade, nós o amamos? Nós o amamos até a morte? Se pudermos responder humilde e simplesmente: "Senhor, tu sabes tudo, tu sabes que te amo", então ele nos sorrirá, então Maria e os santos do céu nos sorrirão e a cada cristão eles dirão, como outrora foi dito a Francisco de Assis: "Vá e restaura a minha igreja!". Vá, repara com tua fé, com tua esperança e tua caridade. Vá e repara com tua oração e a tua fidelidade. Graças a ti, minha Igreja se tornará o meu lar novamente.

Cardeal Robert Sarah
Roma, sexta-feira, 22 de fevereiro de 2019.

PARTE 1
O COLAPSO ESPIRITUAL E RELIGIOSO

"Mas quando o Filho do Homem voltar,
encontrará fé sobre a terra?"

(Lc 18, 8)

1
A CRISE DA FÉ

Nicolas Diat: O senhor acha que o nosso tempo passa por uma crise de fé?

Cardeal Robert Sarah: Permita-me responder com uma analogia. Creio que a atitude do mundo moderno está cifrada na imagem da covardia de São Pedro durante a Paixão, tal como ela nos é descrita no Evangelho. Jesus acabou de ser preso. Pedro, que o seguia de longe, entra, profundamente perturbado, na corte do pretório de Pilatos. "Quando Pedro estava embaixo, no pátio, chegou uma das criadas do Sumo Sacerdote. E, vendo Pedro que se aquecia, fitou-o e disse: 'Também tu estavas com Jesus Nazareno', Ele, porém, negou, dizendo: 'Não sei nem compreendo o que dizes'. E foi para fora, para o pátio anterior. E o galo cantou. E a criada, vendo-o, começou de novo a dizer aos presentes: 'Esse é um deles!' Ele negou de novo! Pouco depois, os presentes novamente disseram a Pedro: 'De fato, és um deles; pois és galileu'. Ele, porém, começou a maldizer e a jurar: 'Não conheço esse homem de quem falais!'" (Mc 14, 66-71).

Assim como Pedro, o mundo moderno negou a Cristo. O homem contemporâneo tem medo de Deus, medo de se fazer seu discípulo; ele diz assim: "Não quero conhecer a Deus". Ele teme o olhar dos outros. Perguntaram-lhe se conhecia Cristo, e a resposta foi: "não conheço esse homem". Ele tem vergonha de si mesmo e jura: "Deus? Não sei quem é!" De nossa parte, quisemos brilhar aos olhos do mundo e, por três vezes, renegamos a nosso Deus. Dissemos: não temos certeza sobre ele, sobre os Evangelhos, os dogmas, a moral cristã. Temos vergonha dos santos e dos mártires, envergonhamo-nos de Deus, de sua Igreja e de sua liturgia, trememos diante do mundo e dos seus servos. Quando chegou o momento da traição, Jesus olhou para Pedro. Quanto amor e misericórdia, mas também quanta reprovação e justiça havia nesse olhar! Pedro chorou amargamente. Ele soube pedir perdão.

Aceitaremos cruzar os nossos olhos com os de Cristo? Acho que o mundo moderno finge que não vê: tem medo. Não quer ver a sua imagem refletida nos olhos tão suaves de Jesus. Ele se fecha. Mas caso continue recusando esse olhar, acabará como Judas, no desespero. Esse é o sentido da crise contemporânea da fé. Não queremos olhar para Aquele que crucificamos. Também nós corremos na direção do suicídio. Este livro é um apelo ao mundo moderno, para que ele aceite encontrar o olhar de Deus e possa, enfim, chorar como Pedro.

Como definir a fé? O que é crer?

Essas são perguntas que deveriam constantemente chamar a nossa atenção. Devemos nos perguntar sobre o sentido da nossa crença, para evitar viver na periferia de nós mesmos, na superficialidade, na rotina ou na indiferença. Há realidades vividas difíceis de definir como o amor ou a experiência de intimidade interior com Deus. Essas realidades comprometem e empenham toda a existência, reviram e transformam a partir de dentro. Se quisermos balbuciar alguma coisa sobre fé, diria que, para o cristão, a fé é uma confiança total e absoluta em Deus a Quem ele encontrou pessoalmente. Alguns se proclamam incrédulos, ateus ou agnósticos. Para eles, o espírito humano está numa situação de completa ignorância quanto à natureza íntima, a origem e o destino das coisas. Tais pessoas são profundamente infelizes. Elas parecem rios enormes que não têm mais fontes que lhes alimentem a vida. Assemelham-se a árvores que, tendo cortado inexoravelmente as suas raízes, condenaram-se à morte. Mais cedo ou mais tarde, elas secam e morrem. Pessoas que não têm fé são como os que não têm pai ou mãe que os tenham gerado e os renovem na percepção de seu próprio mistério. Ora, a fé é uma verdadeira mãe. Nas *Atas dos mártires*, lemos que Rústico, um prefeito romano, perguntou ao cristão Hierax: "Onde estão teus pais?", e este respondeu: "Nosso verdadeiro pai é Cristo e nossa mãe é a fé que nele temos". É uma grande infelicidade não crer em Deus e ser órfão de mãe.

Mas Deus está feliz porque há muitos homens e mulheres que se dizem crentes. Muitos povos atribuem importância capital à fé em um Ser transcendente. Alguns têm seus deuses, que frequentemente são apresentados sob a forma de potências mais ou menos personificadas que dominam os homens. Elas inspiram terror e receio, medo e angústia. Daí vem a tentação da magia e da idolatria. Imagina-se que esses deuses exigem sacrifícios sangrentos para serem benévolos ou apaziguarem a sua cólera.

Na história da humanidade, um homem, Abraão, soube realizar uma reversão completa total ao descobrir a fé como uma relação essencialmente pessoal com um Deus único. Essa relação foi iniciada pela confiança sem reservas na palavra que Deus empenhou. Abraão ouve uma palavra e um chamado e, imediatamente, obedece. Foi-lhe exigido, de maneira imperativa e radical, que deixasse a sua terra, sua parentela e a casa de seu pai. Deus disse: "vá para a terra que eu te indicarei." (Gn 12, 1).

A fé é, portanto, um "sim" dado a Deus. Ela exige que alguém abandone os seus deuses, a sua cultura, todas as garantias e riquezas humanas para entrar na terra, na cultura e na herança de Deus. A fé consiste em ser guiado por Deus. Torna-se a nossa única riqueza, o nosso presente e o nosso futuro. Torna- se a nossa força, o nosso apoio, a nossa segurança, o nosso rochedo inabalável no qual podemos nos apoiar. Vive-se a fé ao construirmos a casa da nossa vida sobre a rocha que é Deus (Mt 7,24). Mas ele nos adverte: "Se não crerdes, não vos mantereis firmes." (Is 7, 9).

A fé de Abraão se desenvolve, se enraiza e se fortalece em uma aliança pessoal feita de laços indestrutíveis com o seu Deus. A fé implica e exige fidelidade, a qual traduz e expressa um compromisso inabalável de nos unirmos apenas a Deus. A fidelidade é, antes de tudo, a de Deus sempre fiel às suas promessas, jamais abandonando aos que o buscam (Sl 9,11): "selarei com eles uma aliança eterna, pela qual eu não deixarei de segui-los para fazer-lhes o bem: colocarei o meu temor em seu coração, para que não se afastem mais de mim." (Jr 32,40; Is 61, 8; Is 55, 3).

A fé é contagiante. Se não contagia, é porque enfraqueceu. A fé é como o Sol: brilha, ilumina, irradia e aquece a tudo o que gravita em torno dela. Por sua fé, Abraão compromete toda a sua família e sua descendência com uma relação pessoal com Deus. É claro que a fé é um ato profundamente pessoal, mas também deve ser professada e vivida na família, na Igreja, na comunhão eclesial. Minha fé é a da Igreja. É assim que Deus chamou a si mesmo: "Deus de Abraão, de Isaac e de Jacó" (Ex 3, 6), o Deus dos patriarcas do povo de Israel.

A fé é verdadeiramente um forte relacionamento de Deus com o Seu povo, Israel. No começo, Deus toma a iniciativa de tudo. Mas é preciso responder a essa iniciativa divina pela fé. A fé é sempre uma resposta de amor a uma iniciativa de amor e Aliança.

A fé cresce por força de uma intensa vida de oração e de silêncio contemplativo. Alimenta-se e consolida-se num face a face cotidiano com Deus, numa atitude de adoração e de contemplação silenciosa. Ela é proclamada no *Credo*, celebrada na liturgia e vivida na observância dos mandamentos. Ela cresce mediante uma vida de interioridade, adoração e oração. A fé é alimentada pela liturgia, pela doutrina católica e pelo conjunto da tradição da Igreja. Suas principais fontes são as Sagradas Escrituras, os Padres da Igreja e o Magistério.

Se é árduo e difícil conhecer a Deus e estabelecer relações pessoais e íntimas com Ele, podemos realmente vê-Lo, ouvi-lo, tocá-lo, contemplá-lo por meio de sua Palavra e dos sacramentos. Ao nos abrirmos com sinceridade à verdade e à beleza da Criação, mas também mediante a nossa capacidade de perceber o sentido do bem moral, a nossa atenção à voz da consciência, pois trazemos em nós o desejo e a aspiração a uma vida infinita, nós nos colocamos em boas condições para entrar em contato com Deus: "Interroga a beleza da terra", diz santo Agostinho, "interroga a beleza do mar, interroga a beleza do ar que se expande e difunde, interroga a beleza do céu […] interroga todas as realidades. Todos te respondem: 'Vê que somos belas!' Sua beleza é uma profissão de fé. Essas belezas sujeitas à mudança: quem as fez senão o Belo, que não está sujeito a mudança?" (*Serm. 241, 2: PL38, 1134*).

Aos olhos de muitos de nossos contemporâneos, a fé era uma luz suficiente para as sociedades antigas. Mas para os tempos modernos, o tempo da ciência e da tecnologia, ela seria uma luz ilusória que impede o ser humano de cultivar a ousadia de conhecer. A fé seria até mesmo um freio à sua liberdade e o manteria na ignorância e no medo.

A esta mentalidade contemporânea, o papa Francisco responde com clareza: "A luz da fé tem um caráter único, sendo capaz de iluminar toda a existência do homem. Para uma luz ser tão poderosa, ela não pode provir de nós mesmos, ela deve vir de uma fonte mais original, deve vir, em última instância, de Deus. A fé nasce do encontro com o Deus vivo, que nos chama e nos revela o seu amor, um amor que nos precede e sobre o qual podemos nos apoiar para sermos sólidos e construir nossas vidas. Transformados por este amor, recebemos novos olhos, fazemos a experiência de que n´Ele se acha uma grande promessa de plenitude, e o olhar do futuro se abre para nós. A fé que recebemos de Deus como um dom sobrenatural aparece como uma luz para o caminho, que orienta e ilumina nossa caminhada no tempo. [...] Entendemos, então, que a fé não habita na obscuridade, mas é uma luz para as nossas trevas. Um homem privado da luz da fé é como um órfão ou, como dissemos antes, parece com alguém que não conheceu pai e mãe. É triste e desumanizante não ter pai nem mãe. Para os primeiros cristãos, a fé, como encontro com o Deus vivo manifestado em Cristo Jesus, era uma 'mãe' porque ela lhes dava a luz, ela engendrava neles a vida divina, uma nova experiência, uma visão luminosa de existência para a qual se deve estar pronto para dar um testemunho público até a oferta de seu próprio sangue, até a morte."

Mas é preciso salientar com suficiente insistência que a fé está indissociavelmente ligada à conversão. É uma ruptura com a nossa vida de pecado, com os ídolos e todos os "bezerros de ouro" de nossa própria fabricação a fim de nos voltarmos para o Deus vivo e verdadeiro, por meio de um encontro que nos desconcerta e transforma completamente. O encontro com Deus é terrificante e pacificador ao mesmo tempo. Crer significa entregar-se a Deus e a seu amor misericordioso, um amor que sempre acolhe e perdoa, sustenta e orienta a nossa existência e mostra-se poderoso em sua capacidade de corrigir as distorções da nossa história. A fé consiste na disponibilidade de se deixar transformar de novo pelo chamamento de Deus, que constantemente repete: "retornai a mim de todo vosso coração, com jejum, com lágrimas e com lamentação. Rasgai os vossos corações, e não as vossas roupas, retornai ao Senhor, vosso Deus, porque ele é bondoso e misericordioso" (Jl 2, 12-13). Mas esse nosso voltar-se para o Senhor, nossa real conversão por uma resposta de amor a uma nova Aliança com Ele, deve ser de maneira verdadeira e encarnada e não apenas teoricamente ou mediante sutilezas teológicas ou canônicas. Não somos muito diferentes do Povo da Primeira Aliança. Atingido amiúde pela mão de Deus por causa de seus adultérios e suas infidelidades, Israel pensava que poderia encontrar, numa penitência momentânea e sem raízes profundas, seu restabelecimento na graça e libertação. Os profetas repelem energicamente essa penitência superficial e sentimental, sem ruptura real com o pecado, sem um verdadeiro abandono de seu estado de pecado e dos ídolos que se apoderaram de seu coração. Somente o arrependimento saído do mais fundo do coração pode obter o perdão e a misericórdia de Deus.

"A fé é também e acima de tudo uma realidade eclesial. É Deus que nos dá a fé mediante a nossa Santa Madre Igreja. Assim, a fé de cada um de nós se insere na da comunidade, no 'nós' eclesial. A luz da fé é uma luz encarnada, que procede da vida luminosa de Jesus. [...] E a luz de Jesus brilha, como num espelho, nos rostos dos cristãos, e assim se espalha e chega até nós para que também nós possamos participar desta visão e refletir sobre os outros essa luz, como na liturgia da Páscoa, a luz do círio acende muitas outras velas. A fé se transmite, por assim dizer, pelo contato, de pessoa a pessoa, como uma chama se acende em outra chama. Os cristãos, em sua pobreza, semeiam uma semente tão frutífera que se torna uma grande árvore e é capaz de encher o mundo de frutos" (*Lumen fidei*, 37).

É impossível crer sozinho, como é impossível nascer de si mesmo ou gerar a si mesmo. A fé não é apenas uma decisão individual que o crente buscaria em sua interioridade, não é uma relação isolada entre o eu do fiel e Eu divino, entre o sujeito autônomo e Deus. Hoje, há quem pretenda reduzir a fé a uma experiência subjetiva e privada. No entanto, a fé sempre advém da comunidade da Igreja, porque é nela que Deus se revela em plenitude e se deixa encontrar tal como ele é verdadeiramente.

No Diálogo com os Sacerdotes em 10 de junho de 2010, Bento VI afirmou: "Não existe uma maioria contra a maioria dos santos: a verdadeira maioria são os santos na Igreja e são os santos que devem nos guiar!". De que maneira essa prioridade dada à santidade tem uma ressonância especial hoje em dia?

Alguns pretendem que a Igreja se transforme segundo o modelo das democracias modernas. O governo seria confiado à maioria. Mas isso equivaleria a tornar a Igreja uma sociedade humana e não a família fundada por Deus.

Na história da Igreja, é sempre o "pequeno resto" que salva a fé. Alguns crentes permanecem fiéis a Deus e à sua Aliança. Eles são a cepa que sempre renascerá para que a árvore não morra. Por mais depauperada que esteja a Igreja, sempre subsistirá um pequeno rebanho, que serve de modelo para a própria Igreja e para o mundo. Os santos encontraram a Deus. Esses homens e mulheres encontraram o essencial. Eles são a pedra angular da humanidade. A terra renasce e se renova pelos santos e seu inabalável apego a Deus e aos homens que eles querem conduzir à salvação eterna.

Nenhum esforço humano, por mais talentoso ou generoso que seja, pode transformar uma alma e lhe transmitir a vida de Cristo. Somente a graça e a Cruz de Jesus podem salvar e santificar as almas e fazer com que a Igreja cresça. Multiplicar os esforços humanos, crer que métodos e estratégias são eficazes em si mesmos, será sempre uma perda de tempo. Só Cristo pode dar sua vida às almas; ele a dá na medida em que ele mesmo vive em nós e se apoderou inteiramente de nós. Isto é assim com os santos. Toda a sua vida, todas as suas ações, todos os seus desejos são habitados por Jesus. A medida do valor apostólico de quem faz apostolado reside unicamente na sua santidade e na densidade de sua vida de oração.

Vemos todos os dias uma incrível quantidade de ações, de tempo, de esforços gastos, com ardor e generosidade, sem que produzam resultado algum. Ora, toda a história da Igreja mostra que basta um só santo para transformar milhares de almas. Observemos, por exemplo, o cura d'Ars. Sem fazer nada além de ser santo e passar horas diante do tabernáculo, atraiu multidões de todo o mundo a uma pequena aldeia desconhecida. Santa Teresa do Menino Jesus, que morreu de tuberculose depois de passar alguns anos em modesto Carmelo, nada fez além de ser santa e amar apenas a Jesus; mas ela transformou milhões de almas. A principal preocupação de todos os discípulos de Jesus deve ser a santificação. O primeiro lugar em suas vidas deve ser dado à oração, à contemplação silenciosa e à Eucaristia, caso contrário todo o resto será agitação em vão. Os santos amam e vivem na verdade e se importam em conduzir os pecadores à verdade de Cristo. Eles nunca conseguem calar esta verdade nem mostrar a menor complacência para com o pecado ou erro. O amor aos pecadores e àqueles que estão no erro exige que combatamos impiedosamente seus pecados e erros.

Muitas vezes os santos permanecem ocultos aos olhos de seus contemporâneos. Nos mosteiros, quantos santos houve que nunca foram conhecidos pelo mundo?

Lamento que muitos bispos e padres negligenciem a sua missão essencial, que é a própria santificação e o anúncio do Evangelho de Jesus, para se dedicarem a questões sociopolíticas, como o ambiente, as migrações ou os sem-teto. É um compromisso louvável ocupar-se desses debates, mas eles agem em vão se negligenciam a evangelização e sua própria santificação. A Igreja não é uma democracia em que a maioria toma as decisões. A Igreja é o povo dos santos. No Antigo Testamento, um povo pequeno e sempre perseguido renovava continuamente sua Aliança com Deus mediante a santidade de sua existência cotidiana. Na Igreja primitiva, os cristãos eram chamados "santos" porque toda a sua vida estava impregnada da presença de Cristo e da luz de seu Evangelho. Eles eram uma minoria, mas transformaram o mundo. Cristo nunca prometeu aos seus seguidores que eles seriam a maioria.

Apesar dos maiores esforços missionários, a Igreja nunca dominou o mundo.

Pois a missão da Igreja é uma missão de amor e o amor não domina. O amor está aqui para servir e para morrer a fim de que os homens tenham vida, e a tenham em plenitude. João Paulo II disse, com razão, que estamos apenas no começo da evangelização.

A força de um cristão vem de seu relacionamento com Deus. Ele deve incorporar a santidade de Deus em si, revestir-se com as armas da luz (Rm 13,12), "portanto, ponde-vos de pé e cingi os vossos rins com a verdade e revesti-vos da couraça da justiça e calçai os vossos pés com a preparação do evangelho da paz, empunhando sempre o escudo da fé" (Ef 6, 14-16). Essa armadura nos equipa poderosamente para a grande batalha dos santos, que é a da oração. É uma luta: "eu vos peço irmãos", escreveu São Paulo aos Romanos, "por nosso Senhor Jesus Cristo, e pelo amor do Espírito, que luteis comigo, nas orações que fazeis a Deus por mim" (Rm 15, 30). "Saúda-vos Epafras, vosso conterrâneo", escreveu São Paulo aos colossenses, "servo de Cristo Jesus, que luta sem tréguas por vós nas suas orações, para que continueis perfeitos em plena observância da vontade de Deus". (Cl 4, 12).

O livro do Gênesis nos conta uma cena misteriosa: o combate físico entre Jacó e Deus. Ficamos impressionados com Jacó, que ousa se engalfinhar com Deus. A luta dura a noite inteira. De início, Jacó parece triunfar, mas o seu misterioso adversário o fere no quadril e este se desloca. Jacó levará para sempre a marca dessa luta noturna e se tornará, dali em diante, o epônimo do povo de Deus: "não te chamarás mais Jacó, mas Israel, porque foste forte contra Deus e contra os homens, e tu prevaleceste." (Gn 32, 29). Sem revelar seu nome, Deus abençoa Jacó e lhe dá um novo nome. Essa cena tornou-se a imagem do combate espiritual e da eficácia da oração. À noite, no silêncio e na solidão, lutamos com Deus na oração.

Os santos são homens que lutam com Deus a noite inteira até o amanhecer. A luta nos engrandece, faz-nos atingir a nossa verdadeira estatura de homens e de filhos de Deus pois "Deus e Pai de nosso Senhor Jesus Cristo, que nos abençoou com toda a sorte de bênçãos espirituais, nos céus, em Cristo. Nele, ele nos escolheu antes da fundação do mundo, para sermos santos e irrepreensíveis diante dele no amor." (Ef 1, 3-4).

Deus nos escolheu para adorá-lo. No entanto, o homem não quer se ajoelhar. A adoração consiste em colocar-se diante de Deus numa atitude de humildade e de amor. Não se trata de um ato puramente ritual, mas de um gesto de reconhecimento da majestade divina. Esse gesto expressa a nossa gratidão filial. Não devemos pedir nada. É essencial permanecer na gratuidade.

Para Joseph Ratzinger e, depois, para Bento XVI, a crise da Igreja é essencialmente uma crise de fé.

Em um discurso à Cúria em 22 de dezembro de 2011, Bento XVI considerou que "o cerne da crise da Igreja na Europa é a crise da fé. Se não encontrarmos uma resposta para esta crise [...] permanecerão ineficazes todas as outras reformas". Quando Joseph Ratzinger fala de "crise da fé", devemos entender que não se trata, de início, de um problema intelectual ou teológico no sentido acadêmico do termo, mas de um problema de "fé viva", uma fé que impregna e transforma a vida. "Se a fé não ganhar de novo vitalidade, tornando-se uma convicção profunda e uma força real graças ao encontro com Jesus Cristo", acrescenta Bento XVI, "todas as outras reformas permanecerão ineficazes". Essa perda do senso de fé é a raiz profunda da crise civilizacional que vivemos. Como nos primeiros séculos do cristianismo, quando o Império Romano entrou em colapso, todas as instituições humanas parecem, hoje, a caminho da decadência. As relações humanas, sejam políticas, sociais, econômicas ou culturais, tornam-se difíceis. Ao se perder o sentido de Deus, minou-se a fundação de toda a civilização humana e abriu-se a porta para a barbárie totalitária.

Bento XVI explicou perfeitamente essa ideia na catequese 14 de novembro de 2012: "O homem separado de Deus reduz-se a uma só dimensão, a horizontal, e precisamente esse reducionismo é uma das causas fundamentais dos totalitarismos que tiveram consequências trágicas no século passado, assim como a crise de valores que vemos na realidade atual. Obscurecendo a referência a Deus obscureceu-se também o horizonte ético, abrindo espaço ao relativismo e confirmando-se uma concepção ambígua da liberdade que, em vez de ser liberatória, acaba por ligar o homem a ídolos. As tentações que Jesus enfrentou no deserto, antes da sua missão pública, representam bem aqueles 'ídolos' que fascinam o homem, quando não vai além de si mesmo. Se Deus perder a centralidade, o homem perde o seu justo lugar, e não encontra a sua colocação na criação, nas relações com os outros".

Gostaria de insistir nesse ponto. O fato de se recusar a Deus a possibilidade de irromper em todos os aspectos da vida humana significa condenar o ser humano à solidão, que se torna apenas um indivíduo isolado, sem origem ou destino. Ele se vê condenado a vagar pelo mundo como um nômade bárbaro, sem saber que é filho e herdeiro de um Pai que o criou por amor e o chama a compartilhar sua felicidade eterna. É um erro profundo acreditar que Deus limitaria e frustraria a nossa liberdade. Ao contrário, Deus vem para nos libertar da solidão e dar sentido à nossa liberdade. O homem moderno se fez prisioneiro de uma razão tão autônoma a qual, por sua vez, se tornou solitária e autista. "A revelação é uma irrupção do Deus vivo e verdadeiro em nosso mundo, e nos liberta das cadeias de nossas teorias, cujas grades querem nos proteger contra a irrupção de Deus em nossa vida. [...] A miséria da filosofia, isto é, a miséria em que a razão positivista se precipitou, tornou-se miséria da nossa fé. Esta não pode ser libertada se a razão não se abre à novidade. Se a porta do conhecimento metafísico permanece fechada, se as fronteiras do conhecimento humano, tais como fixadas por Kant, estabeleceu, são intransitáveis, então a fé só pode definhar: falta-lhe a respiração", escreveu Joseph Ratzinger em "Teologia, um estado de lugares" (*Communio*, XXII-1, fevereiro de 1997).

Esse mal-estar na civilização vem de longe. Ele alcançou um momento crítico no fim da Segunda Guerra Mundial. O enfrentamento entre a Igreja e a modernidade criou no Ocidente sofrimento e dúvida para muitos sacerdotes e cristãos. Em sua conferência no Katholikentag, em Bamberg, o teólogo Joseph Ratzinger é particularmente explícito. Para ilustrar a situação da Igreja no mundo contemporâneo, ele evoca a imagem da catedral neogótica de Nova York, rodeada e desaprumada por gigantes de aço e arranha-céus. No passado, as torres das catedrais dominavam as cidades evocando o eterno; agora, esse edifício sagrado parece dominado e perdido no mundo. A modernidade nascente desprezava a Igreja. Os intelectuais não entendiam mais o seu ensinamento. Havia a impressão de um mal-entendido impossível de se desfazer. Daí o desejo, que se encontrava especialmente nos movimentos juvenis, de livrar a Igreja de certos detalhes exteriores datados e ultrapassados. O coração da vida cristã era incompreensível para muitos, que só conseguiam ver esses detalhes secundários. Joseph Ratzinger dá como exemplo o estilo obsoleto de certos textos teológicos pré-Vaticano II, o estilo exterior da Cúria Romana ou o uso exagerado de pompa barroca presente nas liturgias pontifícias. Era preciso suprimir as causas dos mal-entendidos e escândalos inúteis. Era urgente expressar o coração do Evangelho em uma linguagem que os homens modernos pudessem compreender.

No Concílio Vaticano II, a Constituição Pastoral sobre a Igreja no Mundo de Hoje, a *Gaudium et spes*, quis tirar o pó dessa herança a fim de valorizá-la. No entanto, quando se tratou de definir em termos novos a relação da Igreja com o mundo contemporâneo, percebeu-se que havia muitos outros problemas em jogo além de podar os excessos de outros tempos.

É legítimo encontrar novas formas de evangelização que o mundo moderno possa compreender e receber, mas é ingênuo e superficial tentar reconciliá-lo a todo custo com a Igreja. Isso inclusive é sinal de uma cegueira teológica. "Também no nosso tempo" – declarava Joseph Ratzinger em seu discurso à Cúria Romana por ocasião da apresentação dos votos de Natal, em dezembro de 2005 – "a Igreja permanece um 'sinal de contradição'" (Lc 2, 34), não sem motivo o papa João Paulo II, ainda cardeal, tinha dado esse título aos *Exercícios espirituais* pregados em 1976 ao papa Paulo VI e à Cúria Romana. Não podia ser intenção do Concílio abolir essa contradição do Evangelho em relação aos perigos e aos erros do homem. Era, porém realmente a sua intenção deixar de lado contradições errôneas ou supérfluas, para apresentar a este nosso mundo a exigência do Evangelho em toda a sua grandeza e pureza. O passo dado pelo Concílio em direção à era moderna, que de modo tão impreciso foi apresentado como 'abertura ao mundo', pertence definitivamente ao perene problema da relação entre fé e razão, que se apresenta sempre de novas formas."

De fato, alguns se apoiaram na noção de encarnação para afirmar que Deus veio ao encontro do mundo e o santificou. Portanto, para eles, o mundo e a Igreja deviam se reconciliar. Ingenuamente, pensaram que ser cristão era mergulhar alegremente no mundo. Em oposição a esse irenismo adolescente, o cardeal Ratzinger assinala que a encarnação só pode ser entendida no Novo Testamento à luz da Paixão e da ressurreição. Na pregação dos apóstolos, o anúncio da ressurreição, inseparável da Cruz, ocupa um lugar central. No mesmo discurso, ele declarou: "Mas, em todo caso, podemos dizer o seguinte: se a Igreja se voltasse para o mundo, isso significaria se afastar da Cruz, e isso a levaria não a uma renovação, mas a seu fim. Quando a igreja se volta para o mundo, isso não pode significar que ela elimina o escândalo da cruz, mas apenas que o torna acessível novamente em toda a sua nudez, removendo todos os escândalos secundários que foram introduzidos para escondê-lo, e onde, infelizmente, a loucura do egoísmo humano não raro recobre a loucura do amor de Deus, dando um falso escândalo ao homem de todos os tempos: que o Deus eterno cuida de nós, seres humanos, e nos conhece, que aquele que é inapreensível se fez apreensível no homem Jesus, que aquele que é imortal sofreu na cruz, que a ressurreição e a vida eterna nos foram prometidas, a nós mortais: crer nisso tudo é uma pretensão irritante para o homem moderno. Esse escândalo cristão, o Concílio não podia nem quis suprimir. Mas devemos acrescentar: esse escândalo fundamental, que não pode ser supresso sem que, ao mesmo tempo, se suprima o cristianismo, tem sido muitas vezes, ao longo da história, recoberto pelo escândalo secundário dos que pregam a fé, escândalo que não é absolutamente essencial ao cristianismo, mas que se deixa, de bom grado, confundir com escândalo primordial e gosta de se passar por mártir quando, em realidade, é vítima apenas da sua própria estreiteza e de sua própria teimosia".

Quero enfatizar este ponto essencial: Jesus Cristo é a fonte única da salvação e da graça por meio da Cruz. É mediante a oferta de sua morte, triunfante do pecado, que ele nos confere a vida sobrenatural, a vida de amizade com ele, que se consumará na vida eterna. Para encontrar em Jesus Cristo a vida que Deus que nos concedeu, não há outro caminho que o da Cruz, a qual é chamada pela Igreja de *spes unica*, a "única esperança". A Cruz da qual São Paulo diz: "quanto a mim, não aconteça gloriar-me senão na cruz de nosso Senhor Jesus Cristo, por quem o mundo está crucificado para mim e eu para o mundo" (Gl 6, 14). São Paulo é direto: em sua pregação, não quer saber nada além de Jesus Cristo e "Jesus Cristo crucificado" (1Cor 2, 2). Para que a desobediência e o orgulho de Adão sejam reparados, foi preciso que Jesus, por amor, se rebaixasse, fazendo-se "obediente até a morte, e morte de cruz! Por isso Deus o sobre-exaltou grandemente e o agraciou com o nome que está sobre todo o nome" (Fl 2, 8-9). Com estas palavras, fundamentais para o cristianismo, São Paulo explica que o triunfo de Deus nasce da Cruz. A natureza humana, ferida pelo pecado de nossos primeiros pais, que recusaram a vida de Deus por complacência para consigo mesmos, foi reparada pela Cruz. Era necessário que nossa natureza, assumida por Cristo, se tornasse o instrumento de uma imolação, de uma renúncia total pela aceitação da morte na obediência do amor.

Por isso, a orientação da Igreja em direção ao mundo não pode significar um afastamento da Cruz, uma renúncia ao escândalo da Cruz. A Igreja procura constantemente se reformar, isto é, suprimir de sua vida todos os escândalos introduzidos por homens pecadores. No entanto, ela o faz para melhor valorizar o primeiro e insubstituível escândalo da Cruz, o escândalo de Deus indo ao encontro da Cruz por amor aos homens. Como não se entristecer com a atual avalanche de escândalos cometidos por homens da Igreja? Eles não somente ferem os corações dos pequenos, mas, pior ainda, cobrem com um véu negro a gloriosa Cruz de Cristo. O pecado dos cristãos impede nossos contemporâneos de se porem diante da Cruz. Sim, é necessária uma verdadeira reforma na Igreja, uma reforma que coloque a Cruz de volta ao centro! Não precisamos tornar a Igreja aceitável segundo os critérios do mundo. Temos que purificá-la para que ela apresente ao mundo a Cruz em toda a sua nudez.

A seu ver, a perda do senso do divino, o senso de adoração e do absoluto de Deus estão relacionados?

A perda do senso do divino é a matriz de todas as crises. A adoração é um ato de amor, veneração respeitosa, abandono filial e humildade diante da tremenda majestade e santidade de Deus. Como Isaías, achamo-nos diante dessa Presença grandiosa, diante da qual os serafins clamam um ao outro dizendo: "Santo, Santo, Santo é o Senhor dos exércitos, a sua glória enche toda a terra." (Is 6, 3). Clamemos, então, com o profeta: "Ai de mim, estou perdido! Com efeito, sou um homem de lábios impuros e vivo no meio de um povo de lábios impuros, e os meus olhos viram o Rei, Senhor dos Exércitos" (Is 6, 5).

Diante de Deus, Isaías põe-se de joelhos e se prostra para adorá-lo e pedir-lhe que seja purificado de seu pecado. De fato, como podemos nos prostrar e adorar se estamos cheios de pecado? Como nos manter diante da santidade de Deus se nos apegamos ao nosso pecado? A adoração é a maior marca da nobreza do ser humano. É um reconhecimento da proximidade benévola de Deus e a expressão da nossa surpreendente intimidade com Ele. O homem se mantém prostrado, literalmente esmagado pelo imenso amor que Deus lhe tem. Adorar é deixar-se consumir pelo amor divino. Diante do amor, fica-se sempre de joelhos. Só o Pai pode nos indicar a maneira de adorar e permanecer diante do amor.

Devemos entender que a liturgia é um ato humano inspirado por Deus, pelo qual respondemos a Deus que nos ama e se dirige a nós com tanta benevolência.

Mas falta-nos adoradores. Para que o povo de Deus adore, é preciso que padres e bispos sejam os primeiros adoradores. Eles são chamados a permanecer constantemente diante de Deus. Sua existência destina-se a ser uma oração incessante e perseverante, uma liturgia permanente. Eles são os primeiros da fila, os líderes da corda no alpinismo. A adoração é um ato pessoal, é o falar de um coração a outro com Deus, que precisamos aprender. Lembremo-nos de Moisés, que ensinou o povo judeu a se tornar um povo de adoração, a manter-se filialmente diante de Deus. E é o próprio Deus que institui Aarão como sacerdote. E ele exercerá, com seus filhos, o sacerdócio de Deus. Os hebreus sabem que devem guardar a lembrança da saída do Egito mediante a celebração pascal, o grande ato de amor de Deus para com seu povo, Israel.

Centrados em si mesmos e em suas atividades, preocupados com os resultados humanos de seu ministério, não é incomum que bispos e padres negligenciem a adoração. Eles não encontram tempo para Deus, porque perderam o senso do divino. Deus não tem muito espaço em suas vidas. No entanto, a primazia dada a Deus deveria representar a centralidade de Deus em nossas vidas, ações e pensamentos. Quem se esquece de Deus, acaba celebrando a si mesmo. Torna-se, então, seu próprio deus e se põe em aberta oposição a Deus. Passa a agir como se o mundo fosse seu domínio particular e reservado. Deus não tem nada a ver com a Criação, que se tornou uma propriedade humana da qual devemos tirar proveito.

Sob o pretexto de "manter puro" o sobrenatural, proibimos que Deus entre em nossas vidas; recusamos a encarnação. Recusamos que Deus se manifeste pelas Escrituras e por isso queremos purificá-la de todos os mitos que pudesse conter. Recusamos a possibilidade de falar de Deus mediante a teologia, sob o pretexto de preservar a sua transcendência. Rejeitamos a piedade, a religiosidade, o sagrado, sob o pretexto de não introduzir elementos humanos em nossa relação com Deus. O cardeal Ratzinger escreveu em *O espírito da liturgia*: "Nossa forma atual de sensibilidade religiosa, que não percebe mais, mediante os sentidos, a presença do Espírito, conduz, quase que inevitavelmente, a uma teologia puramente 'negativa' (apofática), em que é relativizada a validade de toda a imagem, de todo o discurso humano sobre Deus. O que pretende ser humildade revela-se, de fato, um orgulho que não deixa espaço à palavra de Deus e lhe fecha toda a possibilidade de entrar na história". Por força de "manter puro" o sobrenatural, ele se torna isolado da natureza e o mundo se organiza sem Deus, de maneira profana.

Em *Causas internas da atenuação e do desaparecimento do senso do sagrado* [*Causes internes de l'atténuation et de la disparition du sens du sacré*], também Henri de Lubac considera que "o dualismo no qual, no passado recente, nos deixamos enredar, teve por resultado que os homens, por assim dizer, descartaram todo o sobrenatural, descartando, na prática, todo o sagrado. [...] Eles relegaram o sobrenatural a algum recanto afastado, em que ele só poderia permanecer estéril. Eles o exilaram em uma província isolada, à qual de bom grado eles o abandonaram, deixando-o morrer gradualmente sob a nossa vigilância. Durante esse tempo, eles se puseram a organizar o mundo, que para eles se tornou o único mundo real, o único mundo vivo, o mundo das coisas e dos homens, o mundo da natureza e dos negócios, o mundo da cultura e da cidade. Exploraram-no ou construíram-no alheio a toda influência cristã, com uma mente completamente profana. [...] Por um mal-entendido trágico, estávamos todos mais ou menos prontos para entrar nesse jogo. Havia como que uma conspiração inconsciente entre o movimento que conduziu ao secularismo e certo tipo de teologia e, à medida que o sobrenatural se viu exilado e proscrito, começou a se pensar entre nós que o sobrenatural foi colocado fora do alcance da natureza, no domínio em que ele deve reinar".

Na raiz dessa atitude, há uma teologia de inspiração protestante que procura opor a "fé" à religiosidade. A atitude sagrada, o temor religioso seriam elementos profanos e pagãos dos quais a fé cristã deveria purificar-se. Queriam que o cristianismo se tornasse uma espécie de contato todo interior com Deus, sem qualquer tradução concreta na vida: o cristianismo tornou-se uma gnose. Esse movimento tem por efeito abandonar todas as realidades humanas a si mesmas, entregues ao seu modo secular e fechado a Deus. Por fim, essa gnose converte-se em "pelagianismo" e ateísmo prático.

Por que o senhor diz, tão frequentemente, que o serviço ao próximo não deve ser entendido senão como um serviço feito a Cristo?

O ser humano, ferido pelo pecado original, mostra-se muitas vezes egocêntrico, individualista e egoísta. Inspirado por Cristo, ele serve a seu próximo. Sem Cristo, ele conhece apenas seu próprio interesse. Madre Teresa afirmava que sem a presença intensa e ardente de Deus em nosso coração, sem uma vida de profunda e intensa intimidade com Jesus, somos pobres demais para nos ocupar dos pobres. É Jesus presente em nós quem nos impulsiona na direção dos pobres. Sem ele, nada podemos fazer. Raramente somos capazes de fazer aos outros o dom de nós mesmos. Os cristãos não são chamados a se aplicar apenas às ações humanitárias. A caridade vai muito além disso. Foram úteis, muitas vezes, as ações das organizações humanitárias não governamentais que pude observar na África ou em outros lugares. Mas elas têm sempre a tendência de se tornarem um comércio em que interesses vorazes se misturam à generosidade.

A verdadeira caridade é gratuita e não espera nada em troca. A verdadeira gratuidade vem d'Aquele que gratuitamente entregou a sua vida por nós. A caridade é uma participação no amor mesmo do coração de Jesus pelos homens. Sem Cristo, a caridade é uma farsa. Quando as irmãs de Madre Teresa chegam a um país, elas nada pedem. Elas não desejam nada mais do que servir às mais obscuras favelas, humildemente, sorrindo, depois de terem contemplado por muito tempo o Senhor. Pedem apenas que um padre venha celebrar a Missa todos os dias em sua casa. Essas mulheres sabem que lhes é impossível realizar caridade sem a ajuda do Filho de Deus, pois a fonte do amor é Deus. Cristo é o nosso modelo, ele que disse: "Vim para servir, não para ser servido" (Mt 20, 28). É nele e por ele que todos os serviços se tornam possíveis. Como São Paulo disse, "recordamos sem cessar, aos olhos de Deus, nosso Pai, a atividade de vossa fé, o esforço da vossa caridade e a perseverança da vossa esperança em nosso Senhor Jesus Cristo" (1Ts 1,3).

Estou convencido de que as instituições católicas de caridade não podem ser uma ONG dentre as outras. Elas são a expressão de uma fé radiante em Jesus Cristo. Todos os grandes santos que serviram aos pobres fundaram seu trabalho caritativo no amor de Deus.

A CRISE DA FÉ

As palavras proferidas por Francisco sobre esse assunto na homilia do dia 14 de março de 2013, na Capela Sistina, são particularmente eloquentes: "Podemos caminhar como quisermos, podemos edificar um monte de coisas, mas, se não confessarmos Jesus Cristo, está errado. Tornar-nos-emos uma ONG sociocaritativa, mas não a Igreja, Esposa do Senhor. Quando não se caminha, ficamos parados. Quando não se edifica sobre as pedras, o que acontece? Acontece o mesmo que às crianças na praia quando fazem castelos de areia: tudo se desmorona, não tem consistência."

O senhor tem a impressão de que o ato de fé está agora a serviço apenas do desenvolvimento humano?

De fato, muitíssimas vezes trabalhamos a serviço exclusivo do bem-estar humano. O desenvolvimento econômico, a saúde, a qualidade de vida são coisas importantes e necessárias. Acolher os refugiados que perderam tudo ao chegarem de viagens longas e exaustivas é uma medida de humanidade e solidariedade. Vir ao auxílio material de um necessitado é um ato fraterno de grande valor: quando cuidamos de alguém maltratado, ocupamo-nos do próprio Cristo.

São João Crisóstomo nos lembra com veemência dessa obrigação. Ele se levantava, com o mesmo ímpeto, contra os males sociais, o luxo e a ganância. Ele sempre tinha em mente a dignidade do ser humano, mesmo pobre, e os limites da propriedade. Suas palavras são contundentes: "As mulas passeiam cobertas de fortunas, mas Cristo morre de fome à tua porta". Ele mostra Cristo nos pobres e o faz dizer: "Poderia me alimentar por conta própria, mas prefiro vagar mendigando e estender a mão diante de tua porta, para ser alimentado por ti. É por amor de ti que faço isso". São João Crisóstomo se levanta contra a escravidão e a sua alienação: "O que estou prestes a te dizer é horrível, mas devo dizer:

coloca a Deus no mesmo nível que os teus escravos. Liberta o Cristo da fome, da necessidade, das prisões, da nudez. Ah! Tu estremeces...".

Como alimentamos o nosso amor pelo Filho de Deus? Quais são as marcas do nosso amor? Os pobres que servimos devem saber em nome de quem os amamos. Os pobres devem conhecer a fonte de nossa generosidade. Nós o amamos porque nós amamos a Cristo. Amamos porque fomos amados por Aquele que é amor e entregou seu Filho à morte.

Deus age mediante as nossas pobres pessoas. A generosidade, sem o amor de Deus, é um ato seco. Não é proselitismo falar de Deus a um pobre.

Em vista disso, Bento XVI escreveu em *Deus caritas est*: "A caridade não deve ser um meio em função daquilo que hoje é indicado como proselitismo. O amor é gratuito; não é realizado para alcançar outros fins. Isto, porém, não significa que a ação caritativa deva, por assim dizer, deixar Deus e Cristo de lado. Sempre está em jogo o homem todo. Muitas vezes é precisamente a ausência de Deus a raiz mais profunda do sofrimento. Quem realiza a caridade em nome da Igreja, nunca procurará impor aos outros a fé da Igreja. Sabe que o amor, na sua pureza e gratuidade, é o melhor testemunho do Deus em que acreditamos e pelo qual somos impelidos a amar. O cristão sabe quando é tempo de falar de Deus e quando é justo não o fazer, deixando falar somente o amor. Sabe que Deus é amor (1Jo 4, 8) e torna-Se presente precisamente nos momentos em que nada mais se faz a não ser amar. Sabe — voltando às questões anteriores — que o vilipêndio do amor é o vilipêndio de Deus e do homem, é a tentativa de prescindir de Deus" (31 c).

O senhor considera que o homem não deve limitar a Deus em seus pequenos desejos?

Embora queira, o ser humano nunca conseguirá trancar a Deus. Ele deve preferir amar, ouvir, adorar a Deus e seguir a Cristo. Em nossa civilização materialista, as pessoas pensam quase que exclusivamente em seus próprios interesses e mesquinhos, e veem a Deus como alguém que deveria lhes trazer o que o consumo não dá. Deus é usado para satisfazer exigências egoístas. Caso ele não responda, é abandonado. Alguns chegam a blasfemar o seu santo nome. A religião, que deve religar o céu e a terra, corre então o risco de tornar-se um espaço puramente narcisista. Certas seitas evangélicas se destacam nesse comércio. Deus é transformado em um ídolo pagão que deve garantir a saúde, a felicidade, a prosperidade e realizar todos os caprichos do ser humano. Exigimos milagres e, de imediato, ele deve derramá-los sobre nós. Eis como as seitas ridicularizam a Deus e zombam das pessoas crédulas sem entendimento nem fé.

Não tenho intenção de condenar os pedidos que as pessoas fazem implorando o auxílio divino. Os belos ex-votos das capelas, igrejas e catedrais mostram o quanto Deus intervém para nos ajudar. Mas a oração de súplica está baseada sobre a confiança na vontade de Deus; o resto nos será dado em acréscimo. Se amamos a Deus, se estamos atentos para cumprir alegremente a sua santa vontade, se queremos prioritariamente a sua luz, isto é, a lei de Deus no mais profundo de nossas entranhas para iluminar a nossa vida (Sl 40, 9; Hb 10, 5-9), então naturalmente ele nos ajudará em nossas dificuldades.

A religião não é um mercado de oferta e procura. Ela não é um ninho confortável. O fundamento do cristianismo repousa sobre o amor de um Deus que não abandona seus filhos. Não se trata de exigir, mas de esperar e ter confiança em um Deus cujo amor é inexaurível e que espalha sobre nós a sua misericórdia libertando a nossa consciência daquilo que a inquieta e dando mais do que ousamos pedir. (Coleta do 27º do Domingo do Tempo Comum). Deus é nosso pai. Somos seus filhos. O cristianismo nos convida a descobrir o espírito de infância. Nossa religião é um movimento impetuoso do Filho em direção ao Pai e do Pai em direção ao Filho. Simplicidade, confiança, abandono nas mãos de Deus: eis o nosso caminho para Deus. A vida cristã é a conspiração da caridade.

Perdemos o sentido da transcendência de Deus?

Na fé católica, a transcendência é expressa e simbolizada pelo altar. O que ele significa? Em seu livro *A missa*, Romano Guardini no-lo explica maravilhosamente: "Podemos melhor expressar o significado do altar por duas imagens: ele é o limiar, o umbral, e é a mesa. O limiar é a porta, e isso quer dizer duas coisas: uma fronteira e uma passagem. O limiar indica onde algo termina e onde outro começa. Até o limiar, estamos em um lugar; depois do limiar, nós ultrapassamos, entramos em outro. Como um limiar, o altar forma, primeiro, um limite; a fronteira estrita entre o espaço do mundo e o espaço de Deus, entre a imediatez do humano e a Transcendência do divino. O altar nos faz conscientes das alturas onde Deus vive. Podemos dizer que essas alturas estão 'do outro lado do altar', se pensarmos na distância de Deus. Pode também dizer-se que elas estão 'acima do altar', se nos referirmos à transcendência de Deus. Estas duas expressões não devem ser entendidas em sentido físico, material e espacial, mas em sentido puramente espiritual. Elas significam que Deus é o Inapreensível, o Incognoscível, Aquele que é inacessível a qualquer abordagem e a todo esforço que se fizessem para apreendê-lo; significam que ele é o Poderoso e o Majestoso, o Terrível, Aquele que se eleva acima de todas as coisas terrenas: o que dá fundamento a essa distância e a essa elevação, não são, portanto, distâncias espaciais, mas a própria natureza de Deus, sua santidade, à qual o homem como homem pecador não tem acesso. No entanto, essa distância não deve ser entendida apenas no sentido 'puramente espiritual', quero dizer abstratamente, de maneira intelectual. Tudo na liturgia é símbolo. O altar não é uma alegoria, mas um símbolo. O fiel, de fato, não vê no altar o limiar da Transcendência e a fronteira do além, como se, convencionalmente, tivesse adotado o hábito de ver as coisas dessa maneira: de certo modo ele realmente vê esse limite e essa fronteira. Por isso, não é apropriado que o sacerdote celebrante permaneça 'do outro lado do altar', como se tivesse tomando o lugar de Deus. Pois, ao fazê-lo, ele se torna como que um anteparo que esconde a transcendência de Deus, um véu que esconde a majestade de Deus. Assim, em vez de olhar para Deus, os fiéis olham para o padre. E este, por seus movimentos, seus gestos e múltiplas palavras, obscurece o Mistério ocultando a Transcendência divina".

Para se experimentar realmente o Mistério, e encher o coração de respeito e de amor filial, basta estar bem disposto interiormente e meditar silenciosa e pacificamente. Sim, se o momento se mostra muito propício, ele consegue descobrir no altar algo do que Moisés descobriu quando, na solidão do Monte Horeb, guardava o rebanho e, de repente, apareceu-lhe "o Anjo de Javé" sob a forma de uma chama de fogo que brota do meio de um arbusto. Moisés olhou: a sarça ardia, mas não se consumia. Deus o viu se aproximar para ver melhor, e o chamou do meio da sarça: "Moisés, Moisés!". E ele respondeu: "Eis-me aqui". Então Deus lhe disse: "não te aproximes daqui; tira as sandálias dos pés porque o lugar em que estás é uma terra santa" (Ex 3, 1-5).

Compreendemos realmente o que o altar representa? O sacerdote que sobe ao altar dá-se conta que está diante da sarça ardente, diante da majestade e da transcendência divinas? Dá-se conta que percebe que toda a civilização cristã nasceu do altar como de uma fonte? O altar é o coração de nossas cidades. As nossas cidades foram construídas, literalmente, ao redor do altar, aninhadas ao redor da igreja que a protege. A perda do sentido da grandeza de Deus é uma tremenda regressão à selvageria. O sentido do sagrado é, de fato, o coração de toda a civilização humana. A presença de uma realidade sagrada gera sentimentos de respeito, gestos de veneração. Os ritos religiosos são a matriz de todas as atitudes de polidez e de cortesia humana. Se todo ser humano deve ser respeitado isso é fundamentalmente porque é feito à imagem e semelhança de Deus. A dignidade humana faz eco à transcendência de Deus. Mas, se não estremecemos mais com um temor jubiloso e reverencial diante da grandeza de Deus, como o ser humano será para nós um mistério digno de respeito? Se não tem mais essa nobreza divina, ele se torna uma mercadoria, um objeto de laboratório. Sem o sentido da adoração a Deus, as relações humanas se colorem de vulgaridade e agressividade. Quanto mais deferência tivermos para com Deus junto ao altar, mais delicados e corteses seremos com os nossos irmãos.

Redescobriremos o sentido da grandeza humana se aceitarmos reconhecer a transcendência divina. O homem é grande e alcança sua mais alta nobreza somente quando se ajoelha diante de Deus. O homem grande é humilde e o homem humilde põe-se de joelhos. Se, como Jesus, nos humilharmos diante de Deus, tornando-nos obedientes até a morte, Ele nos elevará soberanamente e nos dará um nome que está acima de todo o nome (Fl 2, 8-9). Não nos ajoelhamos diante da majestade e santidade de Deus como escravos, mas como apaixonados que estão na companhia dos serafins, deslumbrados diante do esplendor de Deus que enche o templo do nosso coração com a sua Presença silenciosa. Somos vencidos e superados por Deus, não para sermos subjugados, mas para sermos engrandecidos. A transcendência de Deus é um apelo à transcendência humana. Pois o mistério de Deus e o do ser humano estão intimamente ligados.

Romano Guardini disse no mesmo livro: "É muito importante para o homem fazer uma vez na vida a experiência do assombro diante de Deus, de ver-se, ao menos uma vez, lançado fora do lugar santo, e aprenda, assim, no mais fundo de si mesmo, que Deus é Deus e que ele é apenas um homem. A confiança em Deus, o sentimento de sua proximidade paternal e misericordiosa, a certeza que encontramos nele, permanecem coisas comezinhas e sem graça se não temos a consciência da inacessível majestade e do temor diante da santidade de Deus. Precisamos pedir a Deus que nos conceda essa experiência, e o lugar onde ele nos espera parece ser o altar, lugar de transcendência, sarça ardente e lugar santo onde se manifestam a majestade e a santidade de Deus". Em Roma, acima da porta da Igreja de Santa Maria em Camitelli, há uma inscrição que recorda a disposição de alma com que devemos entrar em um lugar sagrado. Em letras pretas contra um fundo de ouro, lemos as seguintes palavras do salmista: *Introibo in domum tuam domine; adorabo in templum sanctum tuum in timore tuo*, "entrarei em vossa casa, Senhor; eu vos adorarei em vosso templo santo com temor". Creio que todos devemos nos lembrar dessas palavras ao entrarmos em uma igreja. Os sacerdotes deveriam levá-las especialmente em seus corações ao subirem ao altar. Devem lembrar-se de que, no altar, estão diante de Deus. Na missa, o sacerdote não é um professor que dá uma lição servindo-se do altar como tribuna cujo centro é o microfone e não a Cruz. O altar é o limiar sagrado por excelência, o lugar do face a face com Deus.

Como responder a essa tentação de deriva em direção ao mundo?

Às vezes temos a sensação de estarmos presos por um tipo de cola que nos impede de olhar as realidades celestes. Poderíamos falar de areia movediça. Como nos afastar do mundo? Como sair do barulho? Como podemos nos afastar dessa noite escura que nos oprime e impede a nossa caminhada em direção ao céu, que nos embrutece e faz esquecer o essencial? Deus nos criou para estar e viver com Ele. Deus, que a tudo quis, não criou a natureza para si mesma. Deus não nos criou para uma perfeição estritamente natural. Deus tinha um propósito infinitamente superior à perfeição da natureza: a ordem sobrenatural, o dom do amor puro que é chamado "graça" e que nos faz participar de sua própria natureza, comunicação de sua própria vida que faz com que nós, seus filhos, possamos conhecê-lo e amá-lo em toda a sua intimidade, como ele se conhece e ama a si mesmo. Fomos criados para nos afastar decididamente do mundo e viver plenamente na vida mesma de Deus. Fomos criados para conhecer e amar a Deus em toda a sua realidade como Deus. O homem é absolutamente incapaz, por si só, dessa vida sobrenatural, que é um dom de Deus, e da qual está separado por um abismo infinito. Mas somos feitos para viver com Deus e alcançar nossa perfeição em Deus. Quando Cristo nos indica a direção que devemos tomar, ele não disse: "Sede plena e perfeitamente homens, progridam até a perfeição da vossa natureza humana", mas: "Sede perfeitos como vosso Pai celeste é perfeito", isto é, ele nos indica a própria perfeição de Deus.

Se Deus nos criou para nos dar a sua vida, ele não a dá contra a nossa vontade, apesar de nós. Pois, ao seu dom de amor devemos responder por um livre dom de amor. Cabe-nos aceitar livremente o dom que Deus nos fez de sua própria vida. Disso decorre o terrível poder que o ser humano tem, por sua parte, de recusar entregar-se, de desprezar o dom do amor infinito de Deus. Essa recusa, esse desprezo, constitui o pecado. O pecado nos priva da vida de Deus e nos acorrenta e nos aferra às coisas da terra. *A contrario*, pela oração, que é um contato pessoal e real com Deus, podemos nos afastar decididamente do mundo.

Curiosamente, embora Deus nos convide para uma felicidade ilimitada e sem fim, deixamo-nos fascinar por felicidades limitadas e superficiais. A ciência e a tecnologia nos hipnotizam a ponto de agirmos como se não houvesse nada além da matéria. Sabemos que é perecível tudo que há sobre a terra, mas continuamos a preferir o fugaz ao eterno. É preciso dizer oportuna e inoportunamente que só Deus está à altura do nosso coração. Só ele pode nos conferir a plenitude a que aspiramos.

Os cristãos devem constantemente explicar às pessoas a que tipo de felicidade elas são chamadas. Eles têm a obrigação de dizer ao mundo que as conquistas tecnológicas nada são comparadas ao amor de Deus. O homem traz a imagem de Deus em si e sua alma é imortal. Como podemos ignorar essa marca de Deus impressa em nós? Por que o homem olha apenas para a terra? Ele já não levanta a cabeça, curvou-se como um escravo deste mundo. No entanto, a terra é apenas uma porta de entrada para o céu. Não estou dizendo que as realidades terrenas devam ser negligenciadas. O mundo foi desejado por Deus, amado por Deus e modelado com ternura pelo coração de Deus. Devemos respeitá-lo e amá-lo apaixonadamente. Mas um dia nós o deixaremos. O céu é a nossa pátria eterna. Nossa pátria e nossa verdadeira morada estão em Deus.

É incontestável que a perda do sentido de salvação em Deus é uma marca de nosso tempo.

O homem não se sente em perigo. Muitos na Igreja não ousam ensinar a realidade da salvação e da vida eterna. Nas homilias, há um estranho silêncio sobre os "novíssimos", isto é, as últimas coisas da nossa vida terrena. Evita-se falar do pecado original. Parece arcaico. O senso de pecado parece ter desaparecido. O bem e o mal não existem mais. O relativismo, esse alvejante terrivelmente eficaz, apagou tudo o que havia pelo caminho. A confusão doutrinal e moral atinge seu paroxismo. O mal é o bom, o bem é o mau. As pessoas não sentem mais a necessidade de serem salvas. A perda do sentido de salvação é a consequência da perda da transcendência de Deus.

Não parecemos preocupados com o que nos acontecerá quando deixarmos este mundo. Nessa perspectiva, preferimos considerar que o demônio não existe mais. Bispos afirmam que ele é apenas uma imagem simbólica. Jesus Cristo mentiria, portando, alegando ser ele bem real e que ele mesmo foi tentado várias vezes pelo príncipe deste mundo!

Em sua *Entrevista sobre o Vaticano II*, Henri de Lubac dizia com razão que "a modernidade é uma atitude geral adotada após as extraordinárias conquistas da ciência moderna e a não menos importantes desilusões que se seguiram aos grandes sonhos de Progresso e a autodeificação do homem. [...] Nesse caso, poderíamos dizer que a origem primeira da modernidade, seu espírito profundo, a razão da sua penetração no nosso mundo, é a rejeição de toda a fé que segue a recusa do mistério humano. A modernidade recusa o mistério. Ela saberá sempre mais, explicará sempre mais, mas não compreenderá realmente mais nada, porque recusou o mistério. O teólogo prossegue: "A pressuposição dos modernos é sempre a mesma, embora nem sempre apareça desde o começo: o que é dito na Bíblia e na tradição comum não expressaria, no fundo, a fé em um Deus transcendente que intervém no mundo, mas a descoberta do Homem. Os mistérios cristãos seriam apenas um revestimento simbólico, pura superstição. Esse é o mais sutil e profundo ateísmo, o inverso da atitude própria à lógica da Encarnação e, antes de tudo, é o inverso de um realismo sadio que é próprio da humildade. Santo Agostinho observou em muitas passagens: é preciso uma atitude humilde para entrar no mistério da Encarnação do Verbo."

Nosso orgulho de homens modernos por vezes nos leva a uma cegueira ridícula. Sim, é belo e grandioso recear, tremer, por nossa salvação. Recear, sim, mas não de um medo patológico diante de um deus terrível que condenaria por mero prazer. Mas como poderíamos ser salvos por Deus, se não temos a humildade radical para receber a salvação como um dom gratuito? Vamos nos pôr diante de Deus e fazer valer algum direito? Não é urgente receber os mistérios da fé e da salvação com um coração pobre? A riqueza das sociedades modernas não nos ensina mais a receber gratuitamente. Eis uma grande infelicidade. Parecemos crianças mimadas que não sabem mais se alegrar quando ganham um presente de seus pais. Queixam-se de não ter o bastante. Ainda jovens, já são amargos e tristes como velhotes senis. Diante de Deus, somos fundamentalmente crianças, pobres, mendigos que têm tudo a receber. Então, sim, tremamos por nossa salvação! Não porque tenhamos medo de Deus, mas porque vemos a desproporção entre a nossa pequenez e o dom que ele nos concede. Podemos tremer com confiança e amor; esse sentimento tem um nome: é o santo temor de Deus, o qual é um dom do Espírito Santo. Sim, por amor, temamos não saber nos abandonar à sua misericórdia.

Podemos dizer que passamos por um momento de confusão voluntária entre o natural e o sobrenatural?

Os padres ocupam-se de Cristo e da evangelização do mundo ou do bem-estar terreno dos homens? O sobrenatural parece ser absorvido e engolfado no natural. O sobrenatural foi engolido no deserto do natural. Tornamo-nos surdos, autistas e cegos para as coisas de Deus. Esquecemos que o céu existe. Não vemos mais o céu e também não vemos a Deus. O homem está enfeitiçado pelo que é palpável.

O mundo ocidental não tem mais a experiência do sobrenatural. É preciso reatar nossos laços com o céu. Fecharam os olhos do homem, que não sabe mais como olhar a profundidade do abismo. A linguagem sobrenatural tornou-se hermética para ele, que está acostumado a tudo explicar, a tudo compreender e a tudo provar. Mas o conhecimento das coisas divinas repousará sempre no mistério e na relação com o Filho eterno feito homem que nos revelou o Pai. Para ouvir a linguagem de Deus, precisamos deixá-lo falar conosco mediante o Evangelho e a liturgia. Nosso orgulho se recusa a deixar que Deus fale com palavras humanas. Não podemos aceitar que Deus se faça tão próximo a ponto de se tornar uma criança. Não conseguimos aceitar que Deus queira se dar mediante a Igreja e seus sacramentos. Já Louis Bouyer nos chamava a atenção em seu livro *O ofício de teólogo*: "Este é o resultado de uma tendência que Peguy estigmatizou ao falar dos que querem tanto ter as mãos puras que acabam por não ter mais mãos. Queremos ter um cristianismo tão purificado de seus elementos simplesmente humanos, que o elemento divino, não tendo mais sobre o que se apoiar e pelo que se exprimir, fica completamente esvaziado". Para esse grande teólogo do Concílio Vaticano II, "a falsa gnose, ao crer que supera a palavra de Deus tanto como o mito, reduz esta palavra a um mito completamente fechado em si. O homem acha que se afirma por si mesmo e se diviniza à força, sem recorrer a Deus, sem acolher a graça, torna-se escravo do poder demoníaco, do poder de Satã".

Henri de Lubac disse a mesma coisa em *Paradoxos*. Ele procurou identificar a recusa fundamental sobre a qual foi construída a modernidade: "Não se quer um Deus misterioso. Não se quer também um Deus que seja Alguém. Nada causa tanto temor como esse mistério do Deus que é Alguém. De preferência não ser alguém que encontre esse Alguém! A submissão total do espírito à Revelação é uma submissão fecundante, porque é uma submissão ao Mistério. Mas a submissão total do espírito a qualquer sistema humano é uma submissão esterilizante".

A conversão é uma ruptura radical com o mundo?

São João nos dá um preciso esclarecimento sobre esta questão: "Eu vos escrevo, filhinhos, porque os vossos pecados foram perdoados por meio do seu nome. Eu vos escrevo, pais, porque conheceis aquele que é desde o princípio. Eu vos escrevo, jovens, porque vencestes o Maligno. [...] Eu vos escrevi, jovens, porque sois fortes, porque a Palavra de Deus permanece em vós, e porque vencestes o Maligno. Não ameis o mundo nem o que há no mundo" (1Jo 2, 12-15).

Que mundo é este que não devemos amar? Eu quis responder a esta pergunta na minha homilia da peregrinação a Chartres, em maio de 2018: "O mundo que não devemos amar e ao qual não devemos nos conformar não é, como bem sabemos, o mundo criado e amado por Deus, não são as pessoas do mundo a quem, pelo contrário, devemos sempre ir, especialmente os pobres e os últimos dos pobres, a fim de amá-los e servi-los com humildade. [...] Não! O mundo que não devemos amar é outro mundo; é o mundo tal como ele se tornou sob o domínio de Satã e do pecado. O mundo das ideologias que negam a natureza humana e destroem a família. [...] As estruturas da ONU, que impõem uma nova ética mundial, desempenham um papel decisivo e hoje tornaram-se um poder esmagador que se propaga pelas ondas eletromagnéticas por meio das possibilidades ilimitadas da tecnologia. Em muitos países ocidentais, hoje é crime recusar a se submeter a essas terríveis ideologias. Isso é o que chamamos de adaptação ao espírito dos tempos, o conformismo. Um grande poeta cristão de língua inglesa do século passado, Thomas Stearns Eliot, escreveu três versos que falam mais que livros inteiros: 'Em um mundo de fugitivos, os que tomam a direção oposta parecem desertores'. Caros jovens Cristãos, se é permitido a um ancião, como São João, dirigir-se diretamente a vocês, eu também lhes exorto e digo: vocês venceram o Maligno! Combatam toda a lei que quiserem lhes impor, façam oposição a toda lei contra a vida, contra a família. Sejam daqueles que tomam a direção oposta! Atrevam-se a ir contra a corrente! Para nós, cristãos, a direção oposta não é um lugar: é uma Pessoa, é Jesus Cristo, nosso Amigo e nosso Redentor. Uma tarefa lhes foi especialmente confiada: salvar o amor humano da deriva trágica em que sucumbiu, o amor, que não é mais o dom de si mesmo, mas somente a posse do outro – uma posse frequentemente violenta, tirânica. Sobre a Cruz, Deus revelou-se como 'ágape', isto é, como amor que se doa até a morte. Amar verdadeiramente é morrer pelo outro como o fez o jovem policial coronel Arnaud Beltrame!".

Há necessidade e urgência de nos converter. Há necessidade e urgência em mudar de direção.

Conversão é um compromisso pessoal, mas não pode ser feito sem a ajuda de Deus e de sua graça. Do ponto de vista etimológico, converter-se é voltar-se e olhar em uma nova direção.

A estrada que tomamos agora não é um lugar. É uma pessoa. É Jesus Cristo, nosso Salvador e nosso Deus. Deixamos uma vida ruim, uma vida de erro, para encontrar o amor. A conversão de São Paulo no caminho de Damasco mostra perfeitamente o sentido de uma ruptura verdadeiramente enraizada em Cristo.

A conversão é uma ruptura com o passado. Tomamos a direção de Cristo.

É verdade que a crise da fé é parte de uma sociedade secularizada desligada de Deus e das realidades sobrenaturais. João Paulo II denunciou, em diversas ocasiões, a apostasia do mundo ocidental e o enorme risco de que este paganize todas as outras nações e culturas do mundo por meio de seu poder midiático e sua capacidade de corrupção econômica.

Mas a Igreja tem uma responsabilidade própria. Os sacerdotes são chamados a nutrir e fortalecer a fé do povo. Como imaginar que essa crise não estenderá o seu império se constatamos que a fé dos padres se estiola?

A crise da fé é profunda, grave e antiga.

2
A CRISE DO SACERDÓCIO

Nicolas Diat: O senhor acha que estamos passando por uma crise do sacerdócio?

Cardeal Robert Sarah: Como duvidar disso? Já citei a crise tão dolorosa da pedofilia, que é o sintoma trágico e insuportável de uma crise muito mais profunda e radical. A Igreja corre hoje um risco ainda maior, pois o sentido profundo do sacerdócio está se desfazendo. Em dezembro, papa Francisco exprimiu-se com força e intransigência sobre este assunto: "Hoje também há muitos 'ungidos do Senhor', homens consagrados que abusam dos fracos, aproveitando-se de seu poder moral e persuasivo. Eles cometem abominações e continuam a exercer o ministério como se nada tivesse acontecido; eles não temem a Deus nem ao seu julgamento; temem apenas ser descobertos e desmascarados. Esses ministros dilaceraram o corpo da Igreja, causam escândalo e desacreditam a missão salvífica da Igreja e os sacrifícios de muitos de seus confrades".

Acho que o papa não falou apenas de criminosos pedófilos. Suas palavras visam a todos os que desviam a unção sacerdotal a fim de colocá-la a serviço de um poder que não vem de Deus. Usar a autoridade para pregar uma doutrina humana e não a fé católica, desistir de lutar para permanecer fiel ao seu compromisso de castidade ou simplesmente deixar de colocar a Deus em primeiro lugar são outros tantos comportamentos que negam a verdade profunda do sacerdócio e põem em perigo a salvação dos fiéis.

A luz do sacerdócio se obscureceu. Digo isso com mais dificuldade ainda, pois sei que há numerosos padres fiéis que se dedicam incansavelmente à sua missão. Creio que nós, bispos, carregamos uma pesada responsabilidade. Temos que fazer um exame de consciência. Amamos e acompanhamos os padres como bons pais de família? Fazemos tudo o que podemos para conhecê-los, apoiá-los e ajudá-los? Em muitos casos, as dioceses tornaram-se meras estruturas administrativas, embora todos devêssemos nos portar como uma grande família.

Um pai deve amar, corrigir, punir e pôr no caminho certo. Muitas vezes, deixamos as coisas irem por conta própria, fechamos os olhos e delegamos a outros o nosso principal dever, sob o pretexto de que nos falta tempo. Hoje, estamos pagando as consequências. Talvez tenhamos sido os primeiros a dar um exemplo funesto. O bispo deve ser o modelo do sacerdócio em sua diocese. Ele deveria ser o modelo da vida de oração. Mas estamos longe de ser os primeiros a orar em silêncio e a cantar o ofício em nossas catedrais. Temo que nos desviemos para atender a responsabilidades profanas e secundárias.

O senhor costuma dizer que o padre é o homem que ora e não o homem da mera ação social. Por que essa insistência?

É essencial que cada sacerdote esteja plenamente consciente de que ele é, antes de tudo, um homem de Deus e um homem de oração. Um padre existe exclusivamente para Deus e para o culto divino. Ele não deve deixar se levar pelo mundo, como se o tempo dedicado a Cristo numa oração íntima e silenciosa fosse tempo perdido. Na oração silenciosa, diante do sacrário, nascem os frutos mais maravilhosos do nosso ministério pastoral.

Não raro, o desalento nos espera. A oração exige esforço e uma ruptura com o mundo. Às vezes, temos a impressão desconcertante de que Jesus se calou. Ele fica em silêncio, mas age. O próprio Jesus se retirou com frequência no silêncio do deserto; ele achou indispensável deixar o mundo dos homens para estar com o Pai, sozinho. Sucedeu um dia que esse momento de oração silenciosa foi difícil e doloroso. O que ele fez então? "e, cheio de angústia, orava com mais insistência ainda, e o suor se lhe tornou semelhante a espessas gotas de sangue que caíam por terra" (Lc 22,44).

A oração pode ser extenuante e aparentemente estéril. Em um mundo barulhento, desorientado e agitado, em um mundo ansioso para produzir cada vez mais, os padres precisam achar tempo para se recolherem em adoração silenciosa. O que está em jogo é identidade sacerdotal. Pois terão alma sacerdotal somente se levarem a sério e forem assíduos na oração, ensinando aos fiéis a encontrar Jesus-Eucaristia no silêncio e na adoração.

É verdade que o padre é confrontado com múltiplas obrigações; com frequência, deve atender a diversas paróquias, conduzir muitas reuniões e ainda dedicar tempo a seus fiéis. O bom pastor está à disposição de todos, mas sabe, no fundo, que a grande prioridade da existência sacerdotal é estar com o Senhor. São Carlos Borromeu dizia sempre: "Não poderás cuidar das almas dos outros se deixas a tua definhar. No fim, não farás mais nada, nem mesmo para os outros. Deves ter tempo para estar com Deus".

Sejam quantos forem os compromissos que se acumulem, quaisquer que sejam as urgências pastorais, é uma prioridade real encontrar tempo para oração, o Ofício divino, a leitura espiritual, a adoração e a celebração da Eucaristia. Na vida do dia a dia, o padre muitas vezes fica dividido entre as múltiplas solicitações dos fiéis e o chamado silencioso de Deus. Por vezes, o padre tem a impressão de que precisa fazer que duas existências coexistam em sua vida. Mas, no fundo, não é assim que a realidade se mostra. Gostaria de dizer aos sacerdotes que a vida deles é profundamente una. Seu princípio único e unificador reside na união com Deus, no culto a Deus. As obras do ministério devem provir daí. Ao visitar os doentes, ao ouvir confissões, ao confortar os aflitos, ao ensinar o catecismo e levar a todos a Boa-Nova, devemos permanecer unidos a Deus. Essas atividades não devem ser um parêntese em nossa vida de adoração; pelo contrário, devemos preenchê-las com a união com Deus oriunda do silêncio. Elas são como um eco desse silêncio. Mediante o dom de nós mesmos aos outros no ministério, é Deus mesmo a quem continuamos a adorar. No coração do ministério, nossa alma murmura sua adoração a Deus presente nas pessoas a quem servimos. A oração dá vida ao ministério. E o ministério nos dá fome de Deus e nos leva à oração. Como não depositar no coração do Mestre todas as confidências recebidas na confissão? Como o nosso ministério poderia ser a continuação da obra do próprio Jesus se ele não começa e termina na adoração amorosa?

Sem a oração, o padre se esgota, esvazia-se e se torna logo uma máquina que faz muito barulho inutilmente.

Os padres devem consagrar à oração momentos importantes de seus dias. Devem ruminar a Palavra de Deus. Acho que é vital que se retirem frequentemente no deserto ou no Horeb, a montanha de Deus, como Moisés, Elias e o próprio Jesus. Durante 30 anos, Jesus ocultou-se sob o véu da nossa humanidade, aprendendo a trabalhar em silêncio e na oração contemplativa. *Ora et labora* era a sua vida diária. Ele conversava constantemente com seu Pai. Esses momentos de intimidade, completamente a sós com Deus por longas horas e noites inteiras, eram momentos indispensáveis de comunhão e intimidade intratrinitária.

Se o padre não imita a Jesus em sua vida de intimidade com o Pai, ele está perdido. Cristo não hesitou em fugir, afastar-se da multidão que o assediava, para encontrar o Pai na solidão, na oração, na contemplação e no silêncio. Para ajudar os outros, o padre deve, primeiro, pedir ajuda ao Senhor.

Hoje, há uma necessidade imperativa de voltar à raiz do nosso sacerdócio. Essa raiz, como bem sabemos, é única: Jesus Cristo. Ele é aquele a quem o Pai enviou. Ele é a pedra angular. Nele, no mistério de sua morte e ressurreição, vem o Reino de Deus e se realiza a salvação do gênero humano. Ele nada tem a título pessoal; tudo está inteiramente dirigido ao Pai e é para o Pai. Os judeus ficaram surpresos com a profundidade do conhecimento de Jesus: "Como entende ele de letras sem ter estudado?" (Jo 7, 15). Jesus lhes respondeu: "Minha doutrina não é minha, mas daquele que me enviou. Se alguém quer cumprir sua vontade, reconhecerá se minha doutrina é de Deus ou se falo por mim mesmo" (Jo 7, 15-17).

O Filho nada pode fazer por si mesmo, como Jesus disse nesses termos: "em verdade, em verdade, vos digo: o Filho, por si mesmo, nada pode fazer mas só aquilo que vê o Pai fazer; tudo o que este faz, o Filho o faz igualmente." (Jo 5, 19). E acrescentou: "por mim mesmo, nada posso fazer: eu julgo segundo o que ouço, e meu julgamento é justo, porque não procuro a minha vontade, mas a vontade daquele que me enviou" (Jo 5, 30).

Eis a verdadeira natureza do sacerdócio. Tudo o que é constitutivo do nosso ministério não pode ser produto de nossas habilidades pessoais. Isto é verdade para a administração dos sacramentos, mas também para o ministério da Palavra. Somos enviados não para falar de nossas opiniões pessoais, mas para anunciar o mistério de Cristo. Não fomos encarregados de falar de nossos sentimentos, mas de sermos portadores de uma única "palavra", que é o Verbo de Deus feito carne para nossa salvação: "Minha doutrina não é minha, mas daquele que me enviou" (Jo 7, 16).

O Senhor Jesus nos chama de "seus amigos". Apesar de nossa indignidade e nossos muitos pecados, ele se entrega totalmente a nós. Ele nos confia seu corpo e seu sangue na Eucaristia. Ele nos confia a sua Igreja. Que tarefa terrível! Que responsabilidade assustadora: "sois meus amigos, se praticais o que vos mando" (Jo 1,14).

O que o povo de Deus pede aos sacerdotes? Apenas uma coisa: "Queremos ver Jesus" (Jo 12, 21). Ele pede para conduzi-lo a Jesus, para colocá-lo em contato com ele. Os batizados querem conhecer a Cristo pessoalmente. Querem vê-lo por meio dos sacerdotes. Querem ouvir a sua palavra. Querem ver a Deus. Um padre que não tem Jesus em seu coração, não tem nada para dar. Ninguém pode dar o que não tem. Como um padre pode presidir a oração comunitária se não permanecer constantemente em contato profundo e íntimo com o Senhor, aproveitando o tempo para viver intensamente a Liturgia das Horas, a oração diária, esse face a face com Deus? Se o padre não tem vida de oração, então seu dom é como uma embalagem vazia, um ato social e mundano. Pouco a pouco, os fiéis vão embora porque está seco o poço onde esperavam encontrar água.

Cristo foi o grande orante. Aconselho a todos os sacerdotes que, conscientemente ou não, são arrastados pelo ativismo, que não se esqueçam de Madre Teresa de Calcutá. Jesus sempre teve o primeiro lugar em seu dia. Antes de encontrar os pobres, ela encontrava a Deus. Antes de acolher os pobres e moribundos em seus braços, ela ficara longas horas nos braços de Jesus. Ela o tinha contemplado e amado por muito tempo. Dessa fonte de amor, tirava energia para se entregar totalmente aos mais abandonados da terra. O silêncio com o Pai nos prepara para encontrar o outro. É preciso nos aproximar da humanidade com os olhos de Deus.

Em seu *Cântico espiritual*, São João da Cruz nos convida a refletir sobre o lugar ocupado pela prece e pela oração no âmbito de nossas atividades missionárias. Ela nos insta a unir contemplação e ação, e a permanecer constantemente diante de Deus, em vez de nos dispersar na exterioridade e no ativismo: "considerem aqui os que são muito ativos, e pensam abarcar o mundo com suas pregações e obras exteriores: bem maior proveito fariam à Igreja, e maior satisfação dariam a Deus – além do bom exemplo que proporcionariam de si mesmos – se gastassem pelo menos metade do tempo empregado nessas boas obras, em permanecer com Deus na oração, embora não houvessem atingido grau tão elevado como esta alma de que falamos. Muito mais haviam de fazer, não há dúvida, e com menor trabalho, numa só obra, então, do que em mil, pelo merecimento de sua oração na qual teriam adquirido forças espirituais. Do contrário, tudo é martelar, fazendo pouco mais que nada, e às vezes nada, e até prejuízo. Deus nos livre de que o sal comece a perder o sabor! Nesse caso, quando mais parece que se faz alguma coisa exteriormente, em substância nada se faz, pois, é certo, as boas obras não podem ser realizadas senão por virtude de Deus" (*Cântico espiritual* B, Canção XXVIII, 3).

Como o senhor definiria precisamente a tentação mundana e ativista?

Alguns padres têm medo de parecer alheios ao mundo. Estão preocupados em se abrir para o mundo e entendê-lo. Eles imergem no mundo e acabam se afogando. No entanto, a vocação sacerdotal é um chamado para seguir Jesus deixando o mundo. Vemos isso no Evangelho. Os Apóstolos deixam seus barcos, seus trabalhos, seus amigos. Seguir a Cristo é renunciar ao mundo, a seus critérios e à sua aprovação. O padre será sempre um sinal de contradição aos olhos do mundo. Jesus foi rejeitado e crucificado, e os padres pretendem ser populares? Ao contrário, gostaria de dizer-lhes: meus irmãos, preocupemo-nos se encontramos apenas sucesso, aprovação e aplausos! Talvez este seja o sinal de que não estamos mais seguindo as pegadas de Jesus, as quais só podem nos levar até a Cruz.

Como conceber uma visão contábil e lucrativa do sacerdócio? Os padres querem que suas ações sejam eficazes, valorizadas e contabilizadas à maneira do mundo. Mas a única ação que seria preciso quantificar é a oração. O trabalho de um padre encontra sua única medida em Deus. Ser padre não é primariamente uma função: é uma participação na vida de Cristo crucificado.

Um padre não deve se preocupar se ele é apreciado por seus fiéis. Deve simplesmente se perguntar se anuncia a Palavra de Deus, se a doutrina que ele ensina é de Deus, se ele realiza plenamente a vontade de Deus. As coisas invisíveis são as mais importantes. Certamente, ele deve satisfazer o mais possível às expectativas dos fiéis. Mas os fiéis não lhe pedem nada mais que ver Jesus, ouvir a sua Palavra e experimentar o seu amor nos sacramentos da reconciliação e numa bela liturgia eucarística.

O padre que corre sem parar de uma paróquia a outra sem trazer em sua carne o mistério pascal que anuncia é um homem perdido. O ativismo atrofia a alma do sacerdote e o impede de abrir espaço para Cristo nele.

Caros irmãos padres, permitam-me dirigir-me diretamente a vocês. Cristo nos deixou uma responsabilidade terrível e magnífica: continuarmos a sua presença na terra. Ele quis precisar de nós! Nossas mãos consagradas pelo óleo sagrado não são mais nossas. Elas são suas para abençoar, perdoar e confortar. Elas devem ser, como as dele, perfuradas para a nada guardar e segurar avidamente. Isso me lembra as palavras dramáticas e aterradoras de Charles Péguy em sua *Ética sem compromissos*: "Que os sacerdotes não creem em nada, já não creem em nada, é a fórmula corrente hoje, a fórmula geralmente adotada, e infelizmente é injusta apenas para alguns. [...] Eles dizem: 'É a desgraça dos nossos tempos. [...]' Mas essa desgraça não existe. Há a desgraça do clero. Todos os tempos pertencem a Deus. Nem todos os clérigos, infelizmente, pertencem a ele. Estão preocupados com as enormes responsabilidades que terão que suportar; eles são, talvez, os únicos que terão que suportar, os que estão envolvidos com responsabilidades extremas. Isso é o que eles não querem ver. [...] E isso não é segredo para ninguém e no próprio ensino não é mais possível esconder, senão talvez nos seminários, que toda essa descristianização veio do clero. O definhamento do tronco, a secura da cidade espiritual não vem dos leigos. Vem unicamente dos clérigos". E Péguy concluiu: "Querem obrigar o cristianismo a progredir. Será melhor que não! Será melhor que não! Que tomem cuidado! Querem obrigar o cristianismo a progredir de uma maneira que poderia custar-lhes, custar-lhes muito caro. O cristianismo não é, de maneira alguma, uma religião do progresso: nem (talvez muito menos se possível) religião de progresso: é uma religião de salvação".

Essas palavras são severas, implacáveis, hiperbólicas e provocantes. Mas ele se expressa assim porque quer despertar a nossa responsabilidade de pastores. Os leigos esperam que os sacerdotes lhes falem com clareza, firmeza e solicitude paternal, não as nossas opiniões, mas a doutrina de Deus. Eles esperam que sejamos "os modelos do rebanho" (1Pd 5, 3), "atentos a vós mesmos e a todo o rebanho: nele o Espírito Santo vos constituiu guardiães, para apascentardes a Igreja de Deus, que ele adquiriu para si pelo sangue do seu próprio Filho" (At 20, 28).

Quando a fé do clero diminui, produz-se como que um eclipse: o mundo fica mergulhado na escuridão das trevas.

O papa São Pio, em 27 de maio de 1914, já deplorava essa perda de fé entre os líderes da Igreja: "Estamos em um tempo em que se aceita e adota com grande facilidade algumas ideias de conciliação da fé com o espírito moderno, ideias que conduzem muito mais longe do que se pensa, não apenas ao enfraquecimento, mas à perda total da fé. Não é incomum encontrar pessoas que expressam dúvidas e incertezas sobre as verdades, e mesmo as que obstinadamente sustentam erros manifestos, cem vezes condenados; apesar de tudo, elas estão persuadidas de que nunca se afastaram da Igreja porque, de vez em quando, seguem as práticas cristãs. Oh! Quantos navegadores, quantos pilotos – e o que Deus não permita! – quantos capitães que confiam nas novidades profanas e na ciência enganosa de nossa época e, em vez de chegar ao porto, naufragam!".

Como não aplicar essas palavras aos nossos tempos? Alguns clérigos exibem uma complacência com as teorias teológicas mais incertas. Eles acabam desprezando a fé dos pequenos e dos mais simples. Em nome de uma ciência teológica inteiramente acadêmica, relativiza-se o coração mesmo da Revelação. Pergunto-me se nisso não há uma forma de esnobismo intelectual em vez de uma sincera busca por Deus. Sucede que a pregação do domingo se torne um momento de desconstrução das verdades de fé. Há um abuso de autoridade muito grave, que o papa Francisco nunca deixa de denunciar. Um padre não pode tirar vantagem de sua autoridade sobre o povo de Deus para expor suas ideias pessoais. Sua palavra não lhe pertence! Ele é apenas o eco do Verbo eterno.

Sobre esse assunto, ocorrem-me as palavras ásperas e inquietantes de Hans Urs von Balthasar, que ousou escrever *Aos crentes indecisos* que a confusão dentro da Igreja se originou na pregação de um "clero secularizado e mundano, inclusive um bom número de religiosos". Esse teólogo viu nisso uma causa do abandono quase total do sacramento da penitência – e especialmente da crise "na doutrina, em que atrás de cada artigo do Credo, ou quase, foi colocado um pequeno ou um grande ponto de interrogação". O povo de Deus sofreu com essa incerteza dos pastores: "Um grande número de leigos, surpresos com a espetacular crise de identidade dos clérigos e religiosos [...] distanciou-se da prática religiosa. Aqueles ares tão teatrais não corresponderam de modo algum à clara ideia de um 'homem consagrado', isto é, de um homem cultivado e iluminado pelo Espírito de Deus ao qual o leigo gostaria de se dirigir e se associar para ter um guia no caminho para Deus. Para o leigo, o sacerdote é e continua sendo o homem que revela a essência oculta da Igreja, as exigências de Cristo no Evangelho, uma impressão perceptível que, segundo São Paulo, é um 'tipo, um modelo para se orientar'".

Não há certos padres que assumem hoje o papel de facilitador social que não é deles?

A missão do sacerdote é tríplice: santificar, evangelizar e guiar o povo de Deus.

Primeiro, ele é o administrador dos mistérios de Deus. Ele é essencialmente encarregado de celebrar o mistério pascal, a Eucaristia e reconciliar os pecadores com Deus no sacramento da reconciliação. Esses ministérios nunca poderão ser delegados a um leigo. É preciso ter recebido o sacramento da Ordem para agir *in persona Christi capitis* – em nome de Cristo-Cabeça. Como Jesus, ele deve incorporar a Presença de Deus, uma presença que deve converter, curar e salvar almas.

Além disso, ele tem a obrigação de anunciar a Boa-Nova do Evangelho, isto é, tornar conhecido a Jesus Cristo e trabalhar para colocar os que desejam conhecê-lo em uma relação verdadeira e íntima com ele. O sacerdote também tem de ser vigilante para que fé permaneça autêntica, fiel, para que ela não vacile, não seja alterada nem esclerosada. Sua missão é tornar todos os cristãos discípulos e missionários prontos para morrer por Cristo e por seu Evangelho. Cabe a ele dar um alimento espiritual substancial que consolide a fé e a vida interior.

Finalmente, o padre é um guia e pastor. Ele deve construir e manter a comunhão entre os cristãos na comunidade paroquial que lhe foi confiada. Em vínculo filial com o sucessor de Pedro, e com o seu bispo, o sacerdote tem a responsabilidade de conduzir o povo de Deus dentro de seu território paroquial, onde o Espírito Santo o estabeleceu.

Um padre é um bom pastor. Não está lá para agir prioritariamente em favor da justiça social, da democracia, da ecologia ou dos direitos humanos. Esses desvios fazem do padre um especialista em campos muito distantes da identidade sacerdotal desejada por Cristo.

Os missionários mostravam toda a sua energia na evangelização, na formação humana e intelectual e na saúde física e espiritual do povo de Deus. Eles procuravam o equilíbrio certo entre a vida do espírito e a realização humana. Mas sabiam que, primeiro, tinham que cuidar da oração a fim de levar os homens a Deus. Eles queriam tornar sua vida uma oferta espiritual.

Como ter sucesso em lidar com a pobreza material se a pobreza espiritual não for combatida? Como combater a corrupção, a violência, as injustiças e todas as violações da vida e da dignidade humana se a luz do Evangelho não for proposta às consciências humanas, se Deus é afastado para longe das preocupações humanas, políticas ou econômicas?

Não é de surpreender que o trabalho de evangelização seja fraco. O nível da vida catequética é muitas vezes insuficiente, tanto que os cristãos já não conhecem os fundamentos de sua própria fé. A formação permanente dos crentes é fundamental. Como alimentar os fiéis se eles só ouvem um pequeno sermão de dez minutos por semana? É mentira afirmar que, a cabo de dez minutos, as pessoas não ouvem mais: se a sua capacidade de atenção é tão pequena, como conseguem ficar horas na frente da TV? Escrevemos muito sobre a nova evangelização. É urgente que cada padre, cada bispo, faça seu exame de consciência e acerte suas contas com Deus acerca do seu ensinamento e de seu empenho catequético. Fazemos muito, corremos de uma reunião para outra. Fazemos muitas viagens e visitas, mas negligenciamos o essencial: a oração, o nosso dever de ensinar, santificar e conduzir a Deus o povo cristão e todos os que buscam o Senhor. Lembremo-nos desta palavra que deve marcar profundamente nossa vida sacerdotal: "Os Doze convocaram então a multidão dos discípulos e disseram: 'Não é conveniente que abandonemos a Palavra de Deus para servir às mesas. Procurai, antes, entre vós, irmãos, sete homens de boa reputação, repletos do Espírito e de sabedoria, e nós os encarregaremos dessa tarefa. Quanto a nós, permaneceremos assíduos à oração e ao ministério da Palavra'" (At 6, 2-4).

Os bispos são os sucessores dos Apóstolos. Devemos seguir seus passos e pregar com a coragem que tinham. Não somos administradores ou funcionários eclesiásticos. Somos os portadores e guardiães da Palavra de Deus. Os bispos deveriam se inspirar nas cartas que São Paulo escreveu aos primeiros cristãos. Teríamos nós a coragem de falar com esse fogo? Queira Deus que nosso amor por sua Palavra não se torne morno sob o fardo de processos e reuniões. Na Igreja, quanto mais pesa a administração, menos espaço há para o Espírito Santo! Ai de mim se eu não evangelizar!

Como definir a estreita relação entre o celibato sacerdotal e o absoluto divino?

Ouço frequentemente que se trata apenas de uma questão de disciplina histórica. Acho errado. O celibato revela a própria essência do sacerdócio cristão. Falar disso como uma realidade secundária é ofensivo a todos os sacerdotes do mundo. Estou intimamente convencido de que a relativização da lei do celibato sacerdotal equivale a reduzir o sacerdócio a uma simples função. Mas o presbiterado não é uma função, mas um estado. O sacerdócio não é primeiro fazer, mas ser.

Cristo Jesus é sacerdote. Todo o seu ser é sacerdotal, isto é, doado, entregue e oferecido. Antes dele, os sacerdotes ofereciam a Deus sacrifícios de animais. Ele nos revelou que o verdadeiro sacerdote oferece-se a si mesmo em sacrifício. Ser sacerdote é entrar ontologicamente nessa oferta de si ao Pai que Jesus realizou, pela Igreja, por toda a sua vida.

É adotar o sacrifício da Cruz como forma de toda a vida. O sacerdócio é uma participação ontológica naquela renúncia à posse de si que é própria de Cristo. Esse dom assume a forma de um sacrifício esponsal. Cristo é realmente o esposo da Igreja. O ministro ordenado representa sacramentalmente a Cristo-sacerdote. O caráter sacramental o configura como Cristo-Esposo. O sacerdote é chamado a um dom completo e ilimitado. Ele torna presente sacramentalmente o Cristo-Esposo. O celibato manifesta esse dom esponsal, do qual é o sinal concreto e vital. O celibato é o selo da Cruz em nossa vida sacerdotal. É um clamor da alma sacerdotal que proclama o amor pelo Pai e o dom de si à Igreja. A vontade de relativizar o celibato acaba por desprezar esse dom radical que tantos sacerdotes fiéis viveram desde sua ordenação.

O sacerdote, por seu celibato, renuncia a desabrochar sua capacidade de ser esposo e pai segundo a carne. Ele escolhe, por amor, privar-se dessa capacidade para viver como esposo exclusivo da Igreja, inteiramente oferecido ao Pai. Quero proclamar, com tantos de meus irmãos sacerdotes, meu profundo sofrimento diante do desprezo do celibato sacerdotal! Esse tesouro não pode ser relativizado. O celibato é o sinal e o instrumento de nossa entrada no ser sacerdotal de Jesus. Tem um valor que poderia ser qualificado, analogicamente, de sacramental. Em 1992, João Paulo II esclarecia essa noção em sua exortação apostólica *Pastores dabo vobis*: "A vontade da Igreja [quanto ao celibato dos sacerdotes] encontra sua última motivação no vínculo do celibato com a sagrada Ordenação, que configura o sacerdote como Jesus Cristo Cabeça e Esposo da Igreja. A Igreja, como Esposa de Jesus Cristo, quer ser amada pelo sacerdote de maneira total e exclusiva com que Jesus Cristo Cabeça e Esposo a amou. O celibato sacerdotal é, então, um dom de si em Cristo e com Ele à sua Igreja, e exprime o serviço prestado pelo sacerdote à Igreja em Cristo e com Ele" (29).

Por tal declaração do magistério, São João Paulo II expressou a doutrina do Concílio Vaticano II sobre o sacerdócio. Ele afirma com autoridade que o celibato sacerdotal não é uma simples disciplina eclesiástica, mas uma manifestação da representação sacramental de Cristo-sacerdote. Esse texto dificulta a derrogação da lei do celibato sacerdotal, ainda que limitada a uma região. Pelo contrário, ele abre caminho a uma redescoberta, por parte das Igrejas Orientais, da radical e profunda conveniência ontológica entre o celibato e o estado sacerdotal.

Em 2007, na exortação apostólica *Sacramentum caritatis*, o papa Bento XVI recordava que, pelo celibato sacerdotal, "a dedicação que conforma a Cristo e a oferta exclusiva de si mesmo pelo Reino de Deus têm uma expressão particular. O fato de o próprio Cristo, eterno sacerdote, ter vivido a sua missão até ao sacrifício da Cruz no estado de virgindade constitui o ponto seguro de referência para perceber o sentido da tradição da Igreja Latina a tal respeito. Assim, não é suficiente compreender o celibato sacerdotal em termos meramente funcionais; na realidade, constitui uma especial conformação ao estilo de vida do próprio Cristo. Antes de tudo, semelhante opção é esponsal: a identificação com o coração de Cristo-Esposo que dá a vida pela sua Esposa" (24).

Se o sacerdote manifesta e significa ao mundo, por seu celibato, que quer desposar a Igreja, que sentido dar à vida de padres casados? Seriam eles menos doados à Igreja? Como poderiam viver a plenitude de sua responsabilidade de esposos e pais se eles são, antes de tudo, esposos da Igreja e pais dos cristãos? Renunciar ao celibato sacerdotal seria criar uma verdadeira confusão de signos.

Nessa perspectiva, é difícil ver como a identidade sacerdotal poderia ser encorajada e protegida se a exigência do celibato tal como Cristo a desejou, e a Igreja latina preservou com zelo, fosse supressa, mesmo que numa região ou noutra. Da mesma maneira, perguntamo-nos como, à luz de tal doutrina, o povo de Deus iria considerar os padres casados. Ainda que não se refira diretamente ao sacerdócio, a palavra do Evangelista não pode ser contraditada: "Se alguém vem a mim e não odeia seu próprio pai e mãe, mulher, filhos, irmãos, irmãs e até a própria vida, não pode ser meu discípulo. Quem não carrega sua Cruz e não vem após mim, não pode ser meu discípulo" (Lc 14, 26).

Nenhuma autoridade, nenhum Sínodo por qualquer motivo que seja, nem por alguma necessidade regional, poderá se dar o poder de desvincular pura e simplesmente sacerdócio e celibato sacerdotal, pois, como recorda o Concílio Vaticano II, o celibato clerical "não é um uma prescrição simples da lei eclesiástica, mas um dom precioso de Deus" (*Optatam totius*, 10).

A quando remonta essa prática na história da Igreja?

Desde os primeiros séculos da Igreja, a lei da continência e, depois, do celibato foi considerada de origem apostólica. Todos os documentos antigos reconhecem um nexo ontológico entre o sacerdócio e a continência. Seria falso afirmar que a tradição primitiva não é unânime nesse ponto. De fato, o chamado ao presbiterado de homens casados sempre foi acompanhado por uma prescrição de continência, embora os cônjuges continuassem a viver sob o mesmo teto. Dentre os documentos antigos, testemunhas da tradição, não se encontra vestígio de uma disciplina contrária antes que, no final do século VII, certa confusão se instalasse no Oriente.

O Concílio Elvira em 305, as decretais do papa Sirício em 385 e 386, e o Concílio de Cartago em 390 são os primeiros testemunhos escritos de uma tradição que, nessa época, aparece como incontestável, solidamente estabelecida e, além disso, não contestada. Se outra disciplina fosse praticada naqueles tempos, restariam inevitavelmente os traços de alguma controvérsia. Nos documentos mais antigos, trata-se de uma disciplina reconhecida e aceita tranquilamente por toda a Igreja indivisa. Esses atos do magistério apresentam a necessidade da perfeita continência para os diáconos, sacerdotes e bispos. Eles dizem que tal disciplina vem dos Apóstolos e se apresentam como os primeiros escritos de uma tradição oral incontestada e incontestável.

Desde o segundo Concílio de Cartago, em 16 de junho de 390, os padres conciliares votaram o seguinte cânon: "Epígono, bispo de Bulle-la-Royale, diz: Em um Concílio anterior, discutiu-se a regra de continência e de castidade. Que se instrua agora, com maior força: que os três graus (bispo, presbítero e diácono), em virtude da consagração, estão obrigados à mesma obrigação de castidade e que lhes instrua a que guardem a pureza. O bispo Genétlio diz: Como se disse anteriormente, convém que os santos bispos e sacerdotes de Deus, bem como os levitas, isto é, os que estão a serviço dos sacramentos divinos, observem a continência perfeita, a fim de poderem obter, com toda a simplicidade, o que pedem a Deus; aquilo que os apóstolos ensinaram, e o que a Antiguidade observou, vamos também observar. Por unanimidade, os bispos declararam: nos apraz a todos que o bispo, o presbítero e o diácono, guardiães da pureza, abstenham-se de suas esposas, a fim de que guardem uma castidade perfeita os que estão a serviço do altar."

Este cânon confirma indiretamente a existência de muitos homens casados nas fileiras do clero, mas todos são chamados à continência. A lei diz respeito aos diáconos, presbíteros e bispos, isto é, aos membros dos três graus superiores do estado clerical, aos quais se acede por *consecrationes*. O sacramento da Ordem põe à parte certos homens a fim de cumprirem as funções concernentes ao culto divino. O ministério da Eucaristia é aqui o fundamento específico da continência exigida aos ministros que exercem o sacerdócio. Celebrar sacramentalmente o sacrifício de Cristo requer que ele seja vivido na própria carne. O padre Lobinger se desvia da tradição apostólica propondo a ordenação sacerdotal de homens casados para a celebração da Eucaristia. É precisamente o serviço da Eucaristia que exige a perfeita continência dos ministros sagrados. A celebração da Eucaristia implica uma estreita configuração do sacerdote ao Cristo pobre, casto e obediente.

A isso se soma um segundo motivo que enfatiza o propósito da obrigação: a possibilidade de obter, com toda "simplicidade", o que eles pedem a Deus. Sem castidade, o ministro careceria de uma qualidade essencial quando ele apresentasse a Deus os pedidos ou ofertas de seus irmãos, privando-se de alguma maneira da liberdade de expressão que lhe advém da renúncia a todos os laços familiares terrenos. Com a castidade, por outro lado, ele entra com o Senhor em relações "simples" porque está inteiramente entregue e consagrado. Ele não tem nada a perder porque a tudo entregou.

O cânon africano do segundo Concílio de Cartago constitui um peso decisivo na história do celibato sacerdotal, porque garante uma tradição que remonta aos Apóstolos: "O que os Apóstolos ensinaram e o que a própria Antiguidade observou façamos o possível, também nós, para manter".

Muitos gostariam de ver mulheres ordenadas um dia. Eles rejeitam essa injusta "discriminação" contra as mulheres, que são excluídas das ordens sagradas. O que o senhor pensa sobre isso?

Desde o Antigo Testamento, Deus escolheu os homens para lhes confiar o ministério sacerdotal: "Farás aproximar de ti, dentre os filhos de Israel, Aarão teu irmão e os seus filhos com ele, para que sejam meus sacerdotes" (Ex 28, 1).

Jesus instituiu como sacerdotes da Nova Aliança apenas os seus doze Apóstolos. Contudo, junto com os apóstolos, havia mulheres muito generosas, "estavam ali muitas mulheres, olhando de longe. Haviam acompanhado Jesus desde a Galileia, a servi-lo. Entre elas, Maria Madalena, Maria, mãe de Tiago e de José, e a mãe dos filhos de

Zebedeu" (Mt 27, 55-56). Deus quis que apenas os homens exercessem o sacerdócio, embora Maria, sua mãe, fosse mais santa que os apóstolos.

Na Epístola aos Hebreus, está escrito que o sumo sacerdote é sempre escolhido dentre os homens, encarregado de intervir em nome da humanidade em suas relações com Deus. Não é uma honra que alguém atribui a si mesmo: nós a recebemos por um chamado de Deus, como Aarão. É foi assim também com Cristo. No dia em que ele se tornou sumo sacerdote, não foi ele que conferiu a si mesmo essa glória; ele a recebeu de Deus, que lhe disse: "Tu és meu Filho, hoje te gerei" (Sl 2, 7). Em um Salmo (109,4), ele fala assim: "Tu és sacerdote para sempre, segundo a ordem de Melquisedec" (Hb 5, 1-6).

O sacerdócio é de Deus. Ele não é uma criação humana. Ninguém se torna sacerdote em função de um desejo ou da simples vontade humana. É preciso ser chamado por Deus. Ora, para essa missão, Deus decidiu escolher apenas homens. A história judaico-cristã e o ensinamento da Igreja latina confirmam isso.

Alguns fazem grande barulho exigindo a ordenação sacerdotal de mulheres. Algumas comunidades da Reforma deram lugar à pressão mundial e fabricaram o que eles chamam padres e bispos femininos. Esse assim chamado sacerdócio não é o de Cristo, mas o de uma fabricação humana sem qualquer valor sacramental.

Alguns prelados católicos exaltados aparentemente parecem desejar a ordenação de mulheres. Ao fazê-lo, eles se opõem ao ensino definitivo e infalível de João Paulo II. Na carta apostólica *Ordinatio Sacerdotalis* de 22 de maio 1994, o papa declarou solenemente: "Embora a doutrina sobre a ordenação sacerdotal, que deve reservar-se somente aos homens, se mantenha na Tradição constante e universal da Igreja e seja firmemente ensinada pelo Magistério nos documentos mais recentes, todavia atualmente em diversos lugares continua-se a retê-la como discutível, ou atribui-se um valor meramente disciplinar à decisão da Igreja de não admitir as mulheres à ordenação sacerdotal. Portanto, para que seja excluída qualquer dúvida em assunto da máxima importância, que pertence à própria constituição divina da Igreja, em virtude do meu ministério de confirmar os irmãos (cf Lc 22,32), declaro que a Igreja não tem absolutamente a faculdade de conferir a ordenação sacerdotal às mulheres, e que esta sentença deve ser considerada como definitiva por todos os fiéis da Igreja" (4).

Qualquer declaração contrária equivale a negar diretamente a autoridade do papa e a questionar radicalmente a autoridade do magistério. Quero enfatizar que não se trata de discutir a pertinência dos argumentos históricos, teológicos ou escriturísticos que foram empregados. São João Paulo II afirmou, pela autoridade do seu magistério irrevogável, a incapacidade da Igreja de proceder à ordenação de mulheres. De acordo com a Congregação para a Doutrina da Fé, essa é uma das posições que todos os sacerdotes juraram, diante de Deus, manter firmemente pela *Professio fidei*: "abraço e sustento todas e cada das verdades concernentes à fé e aos costumes que são afirmadas e declaradas pela Igreja". Além disso, a nota de 29 de junho de 1998 da Congregação explica a respeito desse ensinamento de João Paulo II sobre o sacerdócio reservado para os homens: "o Sumo Pontífice [...] teve a intenção de reafirmar que é preciso considerar esta doutrina como definitiva, na medida em que, com base na Palavra de Deus escrita, ela é transmitida constantemente pela tradição da Igreja e ensinada pelo magistério ordinário e universal". Do ponto de vista bíblico, teológico e canônico, a questão é encerrada.

As tagarelices oriundas das personalidades mais importantes da Igreja, que atacam frontalmente um ato tão eminente do papa João Paulo II, negam, pois, a sua capacidade de emitir decretos por conta própria. Insinuando que o Concílio Ecumênico é a única autoridade capaz de decidir certos casos de eclesiologia, participam da erosão da fé e da ordem na Igreja. Gostaria de ter sido perfeitamente claro sobre isso. Tais ideias renovam os graves erros daqueles que afirmam que o Concílio pode agir sem o papa ou contra ele. O colégio de bispos só pode tomar decisões com seu chefe, o Romano Pontífice. Como nos lembra a lei canônica, "contra uma sentença do Romano Pontífice, não há apelo ou recurso" (Cân. 333, 3). Um apelo ao Colégio dos Bispos contra um ato do papa equivaleria a negar o primado do sumo pontífice e sua função constitutiva em relação ao próprio colégio episcopal.

Mais profundamente ainda, alguns demonstram não ter entendido por que a eminente dignidade das mulheres não consiste simplesmente em fazer o que os homens fazem. Tem-se a impressão de que querem reduzir as mulheres a serem "homens como os outros"! A Igreja precisa das mulheres naquilo que elas têm de especificamente feminino. A elas cabe, dentre outras coisas, a guarda do mistério da maternidade carnal e espiritual. O papa Francisco, em sua homilia em 1º de janeiro de 2018, disse: "O dom da Mãe, o dom de cada mãe e cada mulher é tão precioso para a Igreja, que é mãe e mulher. E, enquanto o homem muitas vezes abstrai, afirma e impõe ideias, a mulher, a mãe sabe guardar, fazer a ligação no coração, vivificar. Porque a fé não se pode reduzir apenas a ideia ou a doutrina; precisamos, todos, de um coração de mãe que saiba guardar a ternura de Deus e ouvir as palpitações do homem."

A Igreja sabe que não pode viver sem esse mistério que a mulher traz consigo. Mas o sacerdócio está essencialmente ligado à masculinidade, ao mistério do esposo e do pai.

Joseph Ratzinger vê o sacerdócio como uma afirmação da verdade da Cruz. Essa é uma ideia que o senhor defende também?

Satanás cultiva um violento ódio contra os sacerdotes. Ele quer sujá-los, fazê-los cair, pervertê-los. Por quê? Porque eles proclamam por toda a vida a verdade da Cruz. Sacerdotes e homens consagrados não podem deixar o mundo indiferente. Eles proclamam mesmo em sua carne essa verdade da Cruz. Eles sempre serão matéria de escândalo para o mundo. Eles assumem o lugar de Cristo. Ora, como Joseph Ratzinger declarou em um discurso proferido em Roma, em 1977: "o lugar do verdadeiro *vicarius Christi* é a Cruz: ser vigário de Cristo é permanecer na obediência da Cruz e assim ser a *representatio Christi* no tempo e no mundo, manter presente seu poder como um contrapoder ao poder do mundo. [...] Cristo não defende a verdade com legiões, mas a torna visível por meio de sua Paixão". Os sacerdotes e as pessoas consagradas são, por suas vidas humildes e consagradas, um formidável desafio ao poder do mundo.

Gostaria de lembrar o seguinte: todos vocês, sacerdotes e religiosos ocultos e esquecidos, vocês que por vezes são desprezados pela sociedade, vocês que são fiéis às promessas de sua ordenação: vocês fazem tremer os poderes deste mundo! Vocês fazem com que eles se lembrem de que nada resiste à força do dom de suas vidas pela verdade. Sua presença é insuportável ao príncipe da mentira. Vocês não são os defensores de uma verdade abstrata ou de um partido. Vocês decidiram sofrer por amor à verdade, sofrer por Jesus Cristo. Sem vocês, caros irmãos e sacerdotes, a humanidade seria menos grandiosa e menos bonita. Vocês são o baluarte vivo da verdade por terem aceito amar até a Cruz: "A grandeza da humanidade determina-se essencialmente na relação com o sofrimento e com quem sofre. [...] A capacidade de aceitar o sofrimento por amor do bem, da verdade e da justiça é também constitutiva da grandeza da humanidade, porque se, em definitivo, o meu bem-estar, a minha incolumidade é mais importante do que a verdade e a justiça, então vigora o domínio do mais forte; então reinam a violência e a mentira. A verdade e a justiça devem estar acima da minha comodidade e incolumidade física, senão a minha própria vida torna-se uma mentira. E, por fim, também o 'sim' ao amor é fonte de sofrimento, porque o amor exige sempre expropriações do meu eu, nas quais me deixo podar e ferir. O amor não pode de modo algum existir sem essa renúncia mesmo dolorosa a mim mesmo, senão torna-se puro egoísmo, anulando-se desse modo a si próprio enquanto tal. Sofrer com o outro, pelos outros; sofrer por amor da verdade e da justiça; sofrer por causa do amor e para se tornar uma pessoa que ama verdadeiramente: estes são elementos fundamentais de humanidade, o seu abandono destruiria o mesmo homem", escreveu Bento XVI na encíclica *Spe salvi* (38-39).

Os sacerdotes e os consagrados, por causa do dom extraordinário de todo o seu corpo, de todo o seu coração e de todas as suas forças ao Senhor, estão crucificados com Cristo e em profunda comunhão com os seus sofrimentos. Querem se tornar conformes a ele em sua morte. Cada um poderá dizer com São Paulo: "[...] fui crucificado junto com Cristo; não sou eu que vivo, mas é Cristo que vive em mim. Minha vida presente na carne, eu a vivo pela fé no Filho de Deus, que me amou e se entregou a si mesmo por mim" (Gl 2, 19-20).

A experiência da Cruz é a experiência da verdade da nossa vida. A verdade e a Cruz são nossos lugares do verdadeiro crescimento humano e cristão, pois é nesses lugares que encontramos Jesus, verdadeiro Deus e verdadeiro homem.

A questão da verdade está ligada, antes de tudo, à Cruz. O homem ou o clérigo que proclama a verdade de Deus invariavelmente recebe a Cruz. Todos os cristãos, e os sacerdotes em particular, estão constantemente na Cruz para que, por seu testemunho, brilhe a verdade. De modo eminente, carregamos em nossos corpos os sofrimentos da morte de Jesus, para que a vida de Jesus também se manifeste em nosso corpo.

O nexo entre a verdade e a Cruz é uma ideia fundamental de Bento XVI. Em *Spe salvi*, ele a retorna frequentemente: "Na história da humanidade, cabe à fé cristã precisamente o mérito de ter suscitado no homem, de maneira nova e a uma nova profundidade, a capacidade dos referidos modos de sofrer que são decisivos para a sua humanidade. A fé cristã mostrou-nos que verdade, justiça, amor não são simplesmente ideais, mas realidades de imensa densidade. Com efeito, mostrou-nos que Deus – a Verdade e o Amor em pessoa – quis sofrer por nós e conosco. Bernardo de Claraval cunhou esta frase maravilhosa: *Impassibilis est Deus, sed non incompassibilis* – Deus não pode padecer, mas pode compadecer. O homem tem para Deus um valor tão grande que Ele mesmo Se fez homem para poder padecer com o homem, de modo muito real, na carne e no sangue, como nos é demonstrado na narração da Paixão de Jesus" (*Spe salvi*, 39).

O papa acrescenta: "Digamo-lo uma vez mais: a capacidade de sofrer por amor da verdade é medida de humanidade" (*Spe salvi*, 39). O sacerdócio cristão é o baluarte dessa humanidade salva. Por sua vida e seu ser, cada sacerdote é uma luz que traz esperança. Mas essa chama também revela a fealdade do pecado, denuncia o vazio deste mundo. Caros sacerdotes, podemos dizer de cada um de vocês o que se diz sobre a Cruz de Cristo: escândalo para uns, loucura para outros! No entanto, "a Cruz é algo maior e mais misterioso do que, à primeira vista, possa parecer. Indubitavelmente, é um instrumento de tortura, de sofrimento e de derrota, mas ao mesmo tempo manifesta a transformação completa, a desforra sobre essas aflições, e isto faz dela o símbolo mais eloquente da esperança que o mundo jamais viu. Ela fala a todos aqueles que sofrem – os oprimidos, os doentes, os pobres, os marginalizados e as vítimas da violência – e oferece-lhes a esperança de que Deus pode transformar o seu sofrimento em alegria, o seu isolamento em comunhão, a sua morte em vida. Oferece esperança ilimitada ao nosso mundo decrépito. Eis por que motivo o mundo tem necessidade da Cruz. Ela não é simplesmente um símbolo particular de devoção, não é um distintivo de pertença a qualquer grupo no interior da sociedade, e o seu significado mais profundo nada tem a ver com a imposição forçada de um credo ou de uma filosofia. Fala de esperança, fala de amor, fala da vitória da não violência sobre a opressão, fala de Deus que eleva os humildes, dá força aos frágeis, faz superar as divisões e vencer o ódio com o amor. Um mundo sem Cruz seria um mundo sem esperança, um mundo em que a tortura e a brutalidade seriam desenfreadas, o fraco seria explorado e a avidez teria a última palavra. A desumanidade do homem em relação ao seu próximo manifestar-se-ia de maneiras ainda mais horríveis, e não haveria a palavra fim no círculo maléfico da violência. Só a Cruz põe fim a isto. Enquanto nenhum poder terreno pode salvar-nos das consequências do nosso pecado, e nenhuma potência terrestre pode derrotar a injustiça desde a sua nascente, todavia a intervenção salvífica do nosso Deus misericordioso transformou a realidade do pecado e da morte no seu oposto", disse Bento XVI em uma homilia pronunciada em Nicósia, em 2010.

Queridos irmãos sacerdotes, sua missão é levar a Cruz ao coração do mundo. Sua vida está centrada na celebração diária do sacrifício da Missa que renova o sacrifício da Cruz. Sua vida diária é uma continuação da Cruz. Vocês são os homens da Cruz! Não tenham medo! De todo meu coração de bispo, quero encorajá-los. Não se deixem perturbar pelo barulho do mundo. Eles zombam do celibato, mas eles têm medo de vocês. Não abandonem a Cruz. Ela é a fonte de toda a vida e de todo o amor verdadeiro. Ao ancorar suas vidas na Cruz, vocês se firmam na fonte de todo bem: "É isto que celebramos quando nos glorificamos na Cruz de nosso Redentor [...]. Quando proclamamos Cristo crucificado, não nos proclamamos a nós mesmos, mas a Ele. Não oferecemos a nossa sabedoria ao mundo, não falamos dos nossos próprios méritos, mas servimos de canais da sua sabedoria, do seu amor e dos seus méritos salvíficos. Sabemos que somos simplesmente vasos feitos de barro e, todavia, surpreendentemente fomos escolhidos para ser arautos da verdade salvífica que o mundo tem necessidade de ouvir. Nunca nos cansemos de nos admirar diante da graça extraordinária que nos foi concedida, jamais cessemos de reconhecer a nossa indignidade, mas ao mesmo tempo esforcemo-nos sempre para sermos menos indignos do que a nossa nobre vocação, de maneira a não debilitarmos, mediante os nossos erros e as nossas quedas, a credibilidade do nosso testemunho. [...] Quando proclamamos a Cruz de Cristo, procuramos sempre imitar o amor abnegado daquele que se ofereceu a si mesmo por nós no altar da Cruz, daquele que é sacerdote e ao mesmo tempo vítima, daquele em cuja pessoa falamos e agimos quando exercemos o ministério recebido" (Bento XVI, ibid.).

O celibato do sacerdote, o sacerdócio, a Cruz e a verdade estão irredutivelmente ligados?

O celibato, o sacerdócio, a Cruz e a verdade são realidades estritamente relacionadas em Jesus, que é a pedra de tropeço. Creio profundamente que a ligação entre esses quatro pontos representa a vitória do amor sobre o medo. Acolher a verdade supõe superar o veneno da suspeita. Aceitar a Cruz exige que se creia no amor. A vida sacerdotal no celibato é uma proclamação da absoluta confiança em Deus. Mas o nosso mundo está dominado pelo medo; está paralisado por esse sentimento que o diabo destila, e isola as pessoas. Todos preferem viver tristes e solitários, em vez de aceitar depender do amor do outro. Quando da vigília com os sacerdotes, na Praça de São Pedro, por ocasião do encerramento do Ano Sacerdotal, Bento XVI insistiu sobre essa dimensão fundamental: "o celibato é um 'sim' definitivo, é um deixar-se guiar pela mão de Deus, entregar-se nas mãos do Senhor, no seu 'eu', e portanto é um ato de fidelidade e de confiança [...] é precisamente o contrário desse 'não', dessa autonomia que não se quer comprometer, que não quer entrar num vínculo [...] queremos ir em frente e tornar presente este escândalo de uma fé que baseia toda a existência em Deus. Sabemos que ao lado desse grande escândalo, que o mundo não quer ver, existem também os escândalos secundários das nossas insuficiências, dos nossos pecados, que obscurecem o verdadeiro e grande escândalo, e fazem pensar: 'Mas, não vivem realmente no fundamento de Deus!'. Mas há tanta fidelidade! O celibato, mostram-no precisamente as críticas, é um grande sinal de fé, da presença de Deus no mundo. Rezemos ao Senhor para que nos ajude a tornar-nos livres dos escândalos secundários, para que torne presente o grande escândalo da nossa fé: a confiança, a força da nossa vida, que se funda em Deus e em Jesus Cristo!".

Os sacerdotes, por seu celibato, rompem a camada de desconfiança e de suspeita que pesam sobre o mundo e o separa de Deus. Seu exemplo é necessário e os torna críveis. Como poderíamos encorajar os jovens à aventura do casamento indissolúvel se nós mesmos não somos capazes de dar nossas vidas para sempre? Talvez por estarmos habituados a uma riqueza muito grande nos tornamos gradualmente incapazes de arriscar nossas vidas por amor. Tornamo-nos avarentos, instalados no conforto e na segurança. Isso me lembra o que o cardeal Ratzinger chama proficamente de "cristianismo burguês", esse modo de reduzir o cristianismo a uma filosofia de vida da qual seria banido todo amor que pareça radical ou excessivo.

Para Jesus, uma só coisa conta: a verdade (Jo 18, 37-38). Toda a sua vida, ele serviu a verdade, testemunhou a verdade. A verdade sobre o Pai, a verdade sobre a vida eterna, a verdade sobre o combate que o homem deve travar neste mundo, a verdade sobre a vida e sobre a morte são as grandes batalhas de Cristo – tantos domínios essenciais em que a mentira e o erro são mortais. Diante de Pilatos, antes de lhe entregarem a Cruz e ser levado ao Gólgota, ele diz: "Eu vim ao mundo para isto: para dar testemunho da verdade. Todo aquele que é da verdade ouve a minha voz" (Jo 18, 37). Existe um elo profundo entre a verdade e a castidade. Esse elo é a gratuidade do amor. Amamos a verdade por si mesma e não pelo que ela nos rende. Joseph Ratzinger exprimiu esse nexo em uma esclarecedora passagem de sua homilia de 6 de outubro de 2006: "ocorre-me uma belíssima palavra da primeira epístola de São Pedro, no primeiro capítulo. Em latim, se lê isso: *castificantes animas nostras in oboedentia veritatis*. 'A obediência à verdade deve tornar as vossas almas castas e conduzir, assim, à palavra justa e à ação justa.' Em outras palavras, falar para despertar aplausos, falar de acordo com o que as pessoas querem ouvir, falar em obediência à ditadura das opiniões comuns é considerado uma espécie de prostituição da fala e da alma. A castidade a que o apóstolo Pedro se refere é não se submeter a essas regras, não buscar o aplauso, mas buscar a obediência à verdade. Essa é, na minha opinião, a virtude fundamental do teólogo, essa disciplina, por vezes difícil, da obediência à verdade, e que nos faz colaboradores da verdade, bocas da verdade, porque não nos falamos por nós mesmos nesse rio de palavras de hoje em dia, mas verdadeiramente purificados e feitos castos pela obediência à verdade, de modo que a verdade fale em nós. E possamos verdadeiramente ser assim portadores da verdade".

Assim, a castidade do sacerdote é o sinal do seu vínculo com a verdade, que é Cristo crucificado e ressuscitado. O elo vital com a verdade permite ao sacerdote evitar a duplicidade, de levar uma vida dupla na qual mente para si mesmo, procurando seduzir em vez de se doar.

Qual será a sua atitude no Sínodo para a Amazônia, que será realizado em outubro, e no qual, é óbvio, que a questão do celibato será proposta?

Como vimos em relação ao papel das mulheres na Igreja, noto com consternação que algumas pessoas gostariam de fabricar um novo sacerdócio em escala meramente humana. Se a Amazônia não tem padres, tenho certeza de que não resolveremos a situação ordenando homens casados, *viri probati*, chamados por Deus não ao sacerdócio, mas à vida conjugal, a fim de que manifestem a prefiguração da união de Cristo e da Igreja (Ef 5,32). Se num impulso missionário, toda diocese da América Latina oferecesse generosamente um sacerdote para a Amazônia, essa região não seria tratada com tal desprezo e humilhação por conta da fabricação de padres casados, como se Deus fosse incapaz de suscitar, nessa parte do mundo, jovens generosos e desejosos em entregar completamente seus corpos e corações, toda sua capacidade de amar e todo o seu ser ao celibato consagrado.

Ouvi dizer que, ao longo de seus 500 anos de existência, a Igreja latino-americana sempre considerou os "nativos" incapazes de viverem o celibato. O resultado desse preconceito é visível: há muito poucos padres e bispos indígenas, embora as coisas estejam começando a mudar.

Se por falta de fé em Deus e por efeito de miopia pastoral o sínodo da Amazônia se reunisse para decidir a ordenação de *viri probati*, a fabricação de ministérios para as mulheres e outras incongruências deste tipo, a situação ficaria extremamente grave. Essas decisões seriam ratificadas sob o pretexto de emanarem da vontade dos padres sinodais? O Espírito sopra onde quer, é verdade, mas ele não se contradiz nem cria confusão e desordem. Ele é o Espírito de sabedoria. Sobre a questão do celibato, ele já falou pelos concílios e pelos romanos pontífices.

Se o sínodo para a Amazônia tomasse decisões na direção mencionada, romperia definitivamente com a tradição da Igreja Latina. Quem pode honestamente dizer que tal experimento, com o risco que ele comporta de desnaturar o sacerdócio de Cristo, permaneceria restrito à Amazônia? Queremos decerto lidar com emergências e necessidades. Mas a necessidade não é Deus! A crise atual é comparável, em sua gravidade, à grande hemorragia dos anos 1970, ao longo dos quais milhares de padres abandonaram o sacerdócio. Muitos desses homens tinham perdido a fé. E nós? Cremos ainda na graça do sacerdócio?

Quero lançar um apelo aos meus irmãos bispos: Cremos na onipotência da graça de Deus? Cremos que Deus chama operários para a sua vinha ou queremos substituí-lo porque estamos convencidos de que ele nos abandonou? Pior: Estamos prontos para abandonar o tesouro do celibato sacerdotal com o pretexto de que não cremos mais que Deus nos concede vivê-lo em plenitude hoje? Queridos irmãos bispos, cada momento de nossa vida sacerdotal é uma dádiva gratuita da misericórdia do Todo-Poderoso; Não experimentamos isso todos os dias? Como duvidar, como crer que o Senhor não está conosco no meio da tempestade? Por piedade, não ajam como se ele nos tivesse abandonado ao nosso próprio juízo. Por ocasião do Ano Sacerdotal, na vigília de 10 de junho de 2010, com os sacerdotes, Bento XVI expôs a esse respeito palavras de grande justeza: "a falta de vocações, devido à qual as Igrejas locais correm o risco de se tornar áridas, porque falta a Palavra de vida, falta a presença do sacramento da Eucaristia e dos outros Sacramentos. Que fazer? A tentação é grande: tomar nós próprios as rédeas do problema, transformar o sacerdócio o sacramento de Cristo, o ser eleito por Ele numa profissão normal, num *job* que ocupa as suas horas, e o resto do dia pertencer só a si mesmo; e desse modo tornando-o como qualquer outra vocação: torná-lo acessível e fácil. Mas esta é uma tentação que não resolve o problema. [...] Assim, também nós, se desempenhássemos só uma profissão como outros, renunciando à sacralidade, à novidade, à diversidade do sacramento que só Deus dá, que só pode vir da sua vocação e não do nosso 'fazer', nada resolveríamos. [...] Um grande problema da cristandade, do mundo de hoje, é que não pensamos mais no futuro de Deus: só o presente deste mundo parece suficiente. Queremos ter só este mundo, viver só neste mundo. Assim fechamos as portas à verdadeira grandeza da nossa existência. O sentido do celibato como antecipação do futuro é precisamente abrir estas portas, tornar o mundo maior, mostrar a realidade do futuro que deve ser vivido por nós como presente. Por conseguinte, viver assim num testemunho da fé: cremos realmente que Deus existe, que Deus tem a ver com a minha vida, que posso fundar a minha vida em Jesus, na vida futura".

Que sinal de fé e confiança em Deus seria a clara reafirmação da grandeza e da necessidade do celibato sacerdotal! Confrontado com a falta de seminaristas em sua diocese, conheço um bispo que anunciou que faria – uma vez por mês – uma peregrinação a um santuário mariano. Ele vem fazendo isso há vários anos para mostrar o quanto ele acredita na eficácia espiritual de seu gesto. Atualmente, ele foi obrigado a aumentar o seu seminário!

Também quero enfatizar que a ordenação de homens casados não é, de maneira alguma, uma solução para a falta de vocações. Os protestantes, que aceitam pastores casados, também sofrem com a escassez de homens consagrados a Deus. Além disso, estou convencido de que se, em certas Igrejas Orientais, a presença de homens casados e ordenados é apoiada pelos fiéis, isso é porque tal presença é complementada pela presença massiva de monges. O povo de Deus sabe intuitivamente que eles precisam de homens que se doaram radicalmente.

Seria desdenhoso para com os habitantes da Amazônia oferecer-lhes sacerdotes de "segunda classe". Sei que alguns teólogos, como o padre Lobinger, consideram seriamente a criação de dois tipos de sacerdotes, um dos quais seria constituído de homens casados que só ministrariam os sacramentos, enquanto os outros seriam padres inteiramente dedicados, exercendo o tríplice múnus sacerdotal: santificar, pregar e governar. Essa proposição é teologicamente absurda. Ela implica uma concepção funcionalista do sacerdócio, considerando a separação do exercício dos três ofícios sacerdotais, os *tria munera*, e se opõe, assim, aos principais ensinamentos do Concílio Vaticano II que estabelece a sua radical unidade. Não entendo como alguém pode se entregar a tais regressões teológicas. Creio que, sob a capa da solicitude pastoral pelos países de missão que são pobres em sacerdotes, alguns teólogos querem experimentar suas teorias bizarras e perigosas. Basicamente, eles desprezam as pessoas envolvidas. Um povo recém-evangelizado precisa ver a verdade do sacerdócio em sua inteireza, e não a pálida imitação do que é um sacerdote de Jesus Cristo. Não desprezemos os pobres!

Os povos da Amazônia têm uma profunda necessidade de padres que não se limitem a fazer o seu trabalho em horários fixos antes de voltarem para casa a fim de cuidar de seus filhos. Eles precisam de homens apaixonados por Cristo, ardentes de seu fogo, devorados pelo zelo das almas. Que seria eu hoje se os missionários não tivessem vindo morar e morrer na minha aldeia da Guiné? Teria tido o desejo de ser padre se tivéssemos nos contentado em ordenar um dos homens da aldeia? Teria a Igreja ficado tão gelada ao ponto de não possuir mais, entre os seus filhos, o número suficiente de almas magnânimas que se erguessem para proclamar Cristo na Amazônia? Pelo contrário, creio que a perspectiva de uma doação total feita a Deus pode despertar os corações adormecidos de muitos jovens cristãos. Mas nós, bispos, devemos ter a coragem de chamá-los!

São Mateus falou dos que se fazem eunucos pelo reino Deus...

As palavras do evangelista são luminosas: "Alguns fariseus se aproximaram dele, querendo pô-lo à prova. E perguntaram: 'É lícito repudiar a própria mulher por qualquer motivo que seja?' Ele respondeu: 'Não lestes que desde o princípio o Criador os fez homem e mulher? e que disse: Por isso o homem deixará pai e mãe e se unirá à sua mulher e os dois serão uma só carne? De modo que já não são dois, mas uma só carne. Portanto, o que Deus uniu, o homem não deve separar'. [...] Os discípulos disseram-lhe: 'Se é assim a condição do homem em relação à mulher, não vale a pena casar-se'. Ele acrescentou: "Nem todos são capazes de compreender essa palavra, mas só aqueles a quem é concedido. Com efeito, há eunucos que nasceram assim, desde o ventre materno. E há eunucos que foram feitos eunucos pelos homens. E há eunucos que se fizeram eunucos por causa do Reino dos Céus. Quem tiver capacidade para compreender, compreenda!'" (Mt 19, 3-6; 10-12).

O Evangelho é radical. Hoje, há quem recuse essas palavras. Em nome de uma pseudorrealização pessoal concebida de maneira profana, recusam que um homem renuncie a realizar sua sexualidade no casamento. No entanto, quando alguém doa algo a Deus, ele devolve o cêntuplo. O celibato sacerdotal não é uma mutilação psicológica. Ele é a oferta livre e jubilosa de uma das nossas possibilidades naturais. Se vivido na intimidade com Cristo, longe de criar no sacerdote alguma frustração, esse dom difunde e expande a nossa capacidade de amar tendo como parâmetro as dimensões do coração de Cristo. Por ser inteiramente consagrado a Deus, o sacerdote torna-se livre para amar todos os seus irmãos com um amor casto: "Haverá sempre necessidade do sacerdote que é completamente consagrado ao Senhor e por isso mesmo inteiramente dedicado ao homem. No Antigo Testamento há o chamamento à santificação, que corresponde mais ou menos àquilo que nós queremos alcançar com a consagração, e também com a ordenação sacerdotal: existe algo que é entregue a Deus e por este motivo é tirado da esfera do que é comum e oferecido a Ele. Ademais, isto significa que agora está à disposição de todos. Porque foi tirado e entregue a Deus, precisamente por esta razão agora não está isolado, tendo sido elevado à condição de alguém 'para', 'para todos'. Na minha opinião, isto pode dizer-se também do sacerdócio da Igreja. Significa que, por um lado, somos confiados ao Senhor, tirados do comum, mas, por outro, somos entregues a Ele para que dessa maneira possamos pertencer-lhe totalmente, para pertencer também inteiramente aos outros. Penso que deveríamos, de modo incessante, procurar mostrar isto aos jovens – a eles, que são idealistas, que desejam realizar algo para o conjunto – mostrar que precisamente esta 'extração do comum' significa 'entrega ao conjunto', e que isto é um modo importante, o modo mais importante para servir os irmãos. Além disso, disto faz parte também o ato de se pôr à disposição do Senhor, verdadeiramente na integridade do próprio ser, e de se encontrar, portanto, totalmente à disposição dos homens. Penso que o celibato é uma expressão fundamental dessa totalidade e já por isso mesmo constitui um grande exemplo neste mundo, porque só terá um sentido se nós acreditarmos verdadeiramente na vida eterna e se crermos que Deus nos empenha e que nós podemos viver para Ele", declarou Bento XVI ao clero de Bolzano em agosto de 2008.

Desde a Antiguidade, o celibato sacerdotal foi cuidadosamente guardado como uma das mais puras glórias do sacerdócio católico. São João XXIII declarou na segunda sessão do Sínodo Romano, em 26 de janeiro de 1960: "Lamentamos que alguns possam imaginar que a Igreja Católica virá deliberadamente ou por conveniência desistir do que, por muitos séculos, foi e continua sendo uma das mais nobres e puras glórias de seu sacerdócio. A lei do celibato eclesiástico e o desejo de fazê-la prevalecer evocam sempre os combates de tempos heroicos, quando a Igreja de Cristo teve que se engajar na luta e conseguir com que triunfasse a sua gloriosa trilogia, emblema constante de vitória: Igreja de Cristo livre, casta e católica".

Da mesma forma, São Paulo VI, em sua encíclica *Sacerdotalis caelibatus,* de 24 junho de 1967, escreveu: "Julgamos, portanto, que a lei vigente do celibato consagrado deve, ainda hoje, acompanhar firmemente o ministério eclesiástico; deve tornar possível ao ministro a sua escolha, exclusiva, perene e total, do amor único e supremo de Cristo e a sua dedicação ao culto de Deus e ao serviço da Igreja, e deve ser característica do seu estado de vida, tanto na comunidade dos fiéis como na profana" (14).

O Concílio Ecumênico Vaticano II, em seu decreto *Presbyterorum ordinis* sobre o ministério e a vida dos sacerdotes, ensinou que "A continência perfeita e perpétua por amor do Reino dos Céus, recomendada por Cristo Senhor, generosamente aceita e louvavelmente observada ao longo dos séculos e mesmo em nossos dias por não poucos fiéis, foi sempre tida em grande estima pela Igreja, especialmente na vida sacerdotal. É na verdade sinal e estímulo da caridade pastoral e fonte singular de fecundidade espiritual no mundo. De si, não é exigida pela própria natureza do sacerdócio, como se deixa ver pela prática da Igreja primitiva e pela tradição das Igrejas orientais, onde, além daqueles que, com todos os Bispos, escolhem, pelo dom da graça, a observância do celibato, existem meritíssimos presbíteros casados. Recomendando o celibato eclesiástico, este sagrado Concílio de forma nenhuma deseja mudar a disciplina contrária, legitimamente vigente nas Igrejas orientais, e exorta amorosamente a todos os que receberam o presbiterado já no matrimónio, a que, perseverando na sua santa vocação, continuem a dispensar generosa e plenamente a sua vida pelo rebanho que lhes foi confiado [...] fundadas no mistério de Cristo e na sua missão, o celibato, que a princípio era apenas recomendado aos sacerdotes, depois foi imposto por lei na Igreja latina a todos aqueles que deviam ser promovidos às Ordens sacras. Este sagrado Concílio aprova e confirma novamente esta legislação no que diz respeito àqueles que se destinam ao presbiterado. Confiando no Espírito Santo que o dom do celibato, tão harmônico com o sacerdócio do Novo Testamento, será dado liberalmente pelo Pai, desde que aqueles que participam do sacerdócio de Cristo pelo sacramento da Ordem, e toda a Igreja, humildemente e insistentemente o peçam. Exorta ainda este sagrado Concílio a todos os presbíteros que aceitaram livremente o santo celibato confiados na graça de Deus segundo o exemplo de Cristo, a que aderindo a ele de coração magnânimo e com toda a alma, e perseverando nesse estado fielmente, reconheçam tão insigne dom, que lhes foi dado pelo Pai e tão claramente é exaltado pelo Senhor, tendo diante dos olhos os grandes mistérios que nele são significados e nele se realizam".

Por meio do Evangelho, a voz dos papas e dos Concílios, é a voz do próprio Jesus que ressoa em nossos ouvidos. Ela vem confortar os corações dos sacerdotes que duvidam ou que lutam para ser fiéis. Vem esclarecer o espírito dos leigos que percebem a importância desta questão e que querem contar com padres que doaram suas vidas. Quem ousasse romper e aniquilar esse antigo tesouro, essa joia da alma sacerdotal, buscando separar o sacerdócio do celibato, feriria a Igreja e o sacerdócio de Jesus pobre, casto e obediente.

Renunciar ao celibato não seria, em definitivo, aceitar que, para o mundo, Deus seja rebaixado ao nível de um ídolo?

O celibato é um tesouro precioso, uma joia esplêndida que a Igreja conserva há séculos. Ao longo da história, foi difícil entendê-lo com precisão e conservá-lo intacto. A renúncia ao celibato seria uma derrota de toda a humanidade. Muitos de nossos contemporâneos acham que é impossível viver a continência perfeita. Muitas pessoas pensam que o celibato coloca o padre em uma condição física e psicológica antinatural, prejudicando o equilíbrio e a maturidade da pessoa humana. O celibato sacerdotal seria uma violência contra a natureza. Mas, segundo a fé da Igreja, o celibato é, antes de tudo, uma manifestação muito segura do grande mistério do amor divino. De fato, o padre é *Ipse Christus*. É o próprio Cristo. Ele traz a Cristo, sacramentalmente em si, a encarnação do amor de Deus pelo ser humano. Esse Cristo, Deus feito homem, foi enviado ao mundo e constituído mediador entre o céu e a terra, entre Deus Pai e o gênero humano.

Em plena harmonia com essa missão, Cristo permaneceu, por toda a sua vida terrena, no estado de virgindade o qual significa o seu dom e a sua dedicação total ao serviço de Deus e dos homens. A perfeita castidade do sacerdote significa não apenas essa imitação, essa configuração a

Cristo, mas também a intensa presença de Cristo em cada sacerdote. O celibato sacerdotal antecipa o que seremos em Deus na plenitude da vida no Reino celeste. O celibato é uma antecipação da vida eterna com Deus.

As necessidades práticas não podem forçar os homens da Igreja a agir segundo a lógica de rentabilidade. Somos os operários do reino eterno de Deus e não os agentes de uma empresa internacional. Há grande risco de cometer um trágico erro pelo qual seremos censurados pela história. Os 12 Apóstolos modificaram radicalmente o mundo. Por que estamos tão preocupados com o número de padres?

Jesus mesmo nos advertiu que o Reino dos Céus tem em si mesmo uma força, uma energia própria e secreta que lhe permite crescer, desenvolver e ceifar sem que o homem se dê conta: "E dizia: 'O Reino de Deus é como um homem que lançou a semente na terra: ele dorme e acorda, de noite e de dia, mas a semente germina e cresce, sem que ele saiba como. A terra por si mesma produz fruto: primeiro a erva, depois a espiga e, por fim, a espiga cheia de grãos. Quando o fruto está no ponto, imediatamente se lhe lança a foice, porque a colheita chegou'" (Mc 4, 26-29).

A messe do Reino de Deus é imensa e os trabalhadores são poucos hoje como nos primeiros dias. Eles nunca foram em tal número que o juízo humano considerasse o suficiente. Mas o Senhor do Reino pede que oremos para que o próprio Mestre envie os operários para a sua messe. Os pequenos projetos humanos não podem usurpar o papel da misteriosa sabedoria d'Aquele que, ao longo da história, desafiou, por sua loucura e fraqueza, a sabedoria e o poder humanos.

Como definir com a maior precisão possível a relação entre ordenação e pertença a Cristo?

Em virtude da consagração que recebeu no sacramento da Ordem, existe um vínculo ontológico específico que une o sacerdote a Cristo.

Ele é, portanto, especialmente configurado a Cristo, que é "o caminho, a verdade e a vida" (Jo 14,6). Ele é possuído, imerso em Cristo, de maneira tão íntima que ele deve viver e agir na verdade, como Cristo, e na força do Espírito Santo, servindo humildemente a Deus, a Igreja, para a salvação das almas. Graças a essa consagração, a vida espiritual do sacerdote está imbuída, modelada e marcada pelos comportamentos que são próprios de Cristo.

A homilia de Bento XVI na missa crismal de Quinta-feira Santa de 2009 é inequívoca a esse respeito: "Na vigília da minha Ordenação Sacerdotal, há 58 anos, abri a Sagrada Escritura, porque queria ainda receber uma palavra do Senhor para aquele dia e para o meu futuro caminho de sacerdote. O meu olhar deteve-se neste texto: 'Consagra-os na verdade. A tua palavra é a verdade'. Então dei-me conta: o Senhor está falando de mim, e está falando a mim; é isto mesmo que amanhã sucederá comigo. Em última análise, não somos consagrados mediante ritos, embora haja necessidade de ritos. O banho, onde o Senhor nos imerge, é Ele próprio – a Verdade em pessoa. Ordenação sacerdotal significa ser imersos n'Ele, na Verdade. Passo a pertencer, de modo novo, a Ele e, desse modo, aos outros, 'para que venha o seu Reino'. Queridos amigos, nesta hora da renovação das promessas, queremos pedir ao Senhor que nos faça ser homens de verdade, homens de amor, homens de Deus. Peçamos-Lhe para nos atrair cada vez mais para dentro d'Ele, a fim de nos tornarmos verdadeiramente sacerdotes da Nova Aliança". E acrescentou: "Ser imersos na verdade e, desse modo, na santidade de Deus significa para nós também aceitar o caráter exigente da verdade; contrapor-se, tanto nas coisas grandes como nas pequenas, à mentira, que de modo tão variado está presente no mundo; aceitar a fadiga da verdade, para que a sua alegria mais profunda esteja presente em nós. Quando falamos de ser consagrados na verdade, também não devemos esquecer que, em Jesus Cristo, verdade e amor são uma coisa só. Ser imersos n'Ele significa ser imersos na sua bondade, no amor verdadeiro. O amor verdadeiro não se adquire a baixo preço, pode ser até muito exigente. Opõe resistência ao mal, para levar ao homem o verdadeiro bem. Se nos tornamos um só com Cristo, aprendemos a reconhecê-Lo precisamente nos doentes, nos pobres, nos pequenos deste mundo; tornamo-nos, então, pessoas que servem, que reconhecem os irmãos e irmãs d'Ele e, nestes, encontramo-Lo a Ele mesmo."

Pergunto-me se a crise do mundo e da Igreja que estamos vivendo não encontra nisso uma de suas profundas raízes. Esquecemo-nos de que a fonte de toda verdade e todo o bem não nos pertence. Esquecemos de nos deixar imergir em Cristo. Queríamos alcançar, por nós mesmos e de acordo com nossos projetos humanos, o que somente ele pode fazer. Os padres consideravam-se realizadores de um projeto generoso, mas muito humano. Muitos, hoje, não entendem mais seu próprio mistério. No entanto, eles são, entre nós, a incessante lembrança da irrupção de Deus no coração do mundo. É urgente que os cristãos digam aos padres quem são eles. É urgente que parem de lhes pedir que sejam amigos simpáticos ou gerentes eficazes. Hoje, gostaria que todo cristão encontrasse um padre e agradecesse pelo que ele é! Não pelo que ele faz, mas pelo que ele é: um homem radicalmente consagrado a Deus!

Como eu gostaria que todos os cristãos do mundo inteiro rezassem para que os sacerdotes se entregassem a essa consagração. Creio que as mulheres têm um papel especial a desempenhar nessa oração. Elas devem gestar, numa misteriosa maternidade espiritual, os sacerdotes do mundo inteiro: "As mães são o antídoto mais forte contra as nossas tendências individualistas e egoístas, contra os nossos isolamentos e apatias. Uma sociedade sem mães seria não apenas uma sociedade fria, mas também uma sociedade que perdeu o coração, que perdeu o 'sabor de família'" disse o papa Francisco em sua homilia em 1º de janeiro de 2017. Lembrar a bondade de Deus no rosto materno de Maria, na face materna da

Igreja, nos rostos de nossas mães, protege-nos da doença corrosiva do "órfão espiritual", essa realidade que a alma vive quando se sente sem mãe e lhe falta também a ternura de Deus. Essa condição de órfãos que vivemos quando se perde o senso de pertencer a uma família, a um povo, a uma terra, ao nosso Deus."

Queridos irmãos sacerdotes, não estamos órfãos! Temos uma mãe que é Maria, que é a Igreja. Queridos sacerdotes, a Igreja lhes ama como só uma mãe sabe amar. Formamos, juntos, uma família, o povo santo de Deus. Amemos apaixonadamente a Igreja. Nela, encontraremos a graça de viver com alegria e fogo o nosso sacerdócio, a graça de dar tudo de novo para seguir a Cristo e oferecer-lhe nossas vidas para salvar as almas.

3
A CRISE DA IGREJA

NICOLAS DIAT: Podemos falar de uma crise na Igreja?

CARDEAL ROBERT SARAH: Um olhar exterior e superficial poderia surpreender quando falamos da crise da Igreja. Do ponto de vista humano, o cristianismo está em plena expansão em algumas partes do mundo. Mas não quero falar da Igreja como uma empresa cujos resultados devam ser comentados. A crise que a Igreja vive é muito mais profunda, é como um câncer que consome o corpo por dentro. Muitos teólogos como Henri de Lubac, Louis Bouyer, Hans Urs von Balthasar e Joseph Ratzinger analisaram amplamente essa crise. Serei apenas o humilde eco e prolongamento de suas análises.

O sintoma mais alarmante é, certamente, o modo pelo qual os homens e as mulheres que se dizem católicos fazem sua escolha das verdades do Credo. Joseph Ratzinger evocou-o nestes termos, numa conferência em Munique em 1970: "O que era impensável até agora tornou-se normal: homens que há muito abandonaram o Credo da Igreja consideram-se, com toda a tranquilidade, cristãos verdadeiramente progressistas. Para eles, há apenas um critério que conta e que lhes permite julgar a Igreja: o critério de funcionalidade que orienta sua ação". Em grande parte da Igreja, perdemos o senso da objetividade em relação às coisas de Deus. Todo mundo parte da sua experiência subjetiva e cria uma religião a seu gosto. Que desgraça! Todo mundo quer construir uma Igreja à sua altura e segundo suas próprias ideias. Mas esse tipo de proposta não interessa seriamente a ninguém. Ninguém quer saber de uma igreja que seja partido, um clube ou uma sociedade filosófica. Já temos uma infinidade de instituições humanas desse tipo. A Igreja só suscita interesse por ser a Igreja de Jesus Cristo. Nela, ele se entrega e me surpreende.

O cardeal Ratzinger escreveu em *A fé em crise?* [*Entretien sur la foi*]: "Temos de recriar um clima autenticamente católico, recuperar o senso de Igreja como Igreja do Senhor, como lugar da presença real de Deus no mundo. Eis o mistério de que fala o Vaticano II quando reproduz estas palavras terrivelmente exigentes e que, no entanto, correspondem a toda a tradição católica: 'A Igreja que é o reino de Deus misteriosamente presente desde já' (*Lumen gentium*, 3)".

A perda desse olhar de fé sobre a Igreja produz todos os sintomas da secularização. A oração é consumida pelo ativismo, a verdadeira caridade se transforma em solidariedade humanista, a liturgia é entregue à dessacralização, a teologia se transforma em política, a própria noção de sacerdócio entra em crise. A secularização é um fenômeno terrível. Como defini-lo? Pode-se dizer que consiste em uma cegueira voluntária. Os cristãos decidem não mais ser iluminados pela luz da fé. Decidem subtrair a essa luz uma parte da realidade e depois outra. Decidem viver nas trevas. Esse é o mal que está corroendo a Igreja. Decidimos dispensar a luz da fé na prática e mesmo na teoria. Estudamos teologia fazendo de Deus uma simples hipótese racional. Lemos as Escrituras como um livro profano e não como a palavra inspirada por Deus. Organizamos a liturgia como um espetáculo e não como a renovação mística do sacrifício da Cruz. Chegamos a uma situação em que os sacerdotes e as pessoas consagradas vivem de maneira puramente profana. Em breve, os próprios cristãos viverão "como se Deus não existisse".

"O rosto de Deus desaparece gradualmente. A morte de Deus é um processo inteiramente real que toca hoje o próprio coração da Igreja. Temos a impressão de que Deus está morrendo na cristandade", escreve Joseph Ratzinger, dolorosamente, em seu discurso de 4 de junho de 1970 à Academia Católica da Baviera. No coração da crise da Igreja, a fé se torna uma realidade incômoda, mesmo aos olhos dos cristãos. "Nesse processo", diz o papa Francisco, "por este caminho, a fé acabou por ser associada com a escuridão. E, a fim de conviver com a luz da razão, pensou-se na possibilidade de conservá-la, de lhe encontrar um espaço: o espaço para a fé abria-se onde a razão não podia iluminar, onde o homem já não podia ter certezas. Desse modo, a fé foi entendida como um salto no vazio, que fazemos por falta de luz e impelidos por um sentimento cego, ou como uma luz subjetiva, talvez capaz de aquecer o coração e consolar pessoalmente, mas impossível de ser proposta aos outros como luz objetiva e comum para iluminar o caminho. Entretanto, pouco a pouco, foi-se vendo que a luz da razão autônoma não consegue iluminar suficientemente o futuro; este, no fim de contas, permanece na sua obscuridade e deixa o homem no temor do desconhecido. E, assim, o homem renunciou à busca de uma luz grande, de uma verdade grande, para se contentar com pequenas luzes que iluminam por breves instantes, mas são incapazes de desvendar a estrada. Quando falta a luz, tudo se torna confuso: é impossível distinguir o bem do mal, diferenciar a estrada que conduz à meta daquela que nos faz girar repetidamente em círculo, sem direção. Por isso, urge recuperar o carácter de luz que é próprio da fé, pois, quando a sua chama se apaga, todas as outras luzes acabam também por perder o seu vigor. De fato, a luz da fé possui um caráter singular, sendo capaz de iluminar toda a existência do homem. Ora, para que uma luz seja tão poderosa, não pode dimanar de nós mesmos; tem de vir de uma fonte mais originária, deve porvir em última análise de Deus." (*Lumen fidei*, 3-4).

Quando falamos de uma crise na Igreja, é importante salientar que a Igreja, como Corpo místico de Cristo, continua sendo "una, santa, católica e apostólica". A teologia, o ensino doutrinal e moral permanecem inalterados, imutáveis e intangíveis. A Igreja, como continuação e prolongamento de Cristo no mundo, não está em crise. Ela tem as promessas da vida eterna. As portas do inferno nunca prevalecerão contra ela. Sabemos, cremos firmemente que, em seu seio, sempre haverá luz suficiente para quem quer sinceramente encontrar a Deus.

A exortação de São Paulo a Timóteo, seu filho na fé, diz respeito a todos nós: "Eu te ordeno, diante de Deus, que dá a vida a todas as coisas, e de Cristo Jesus, que deu testemunho diante de Pôncio Pilatos numa bela profissão de fé: [...] guarda o depósito, evita o palavreado vão e ímpio, e as contradições de uma falsa ciência, pois alguns, professando-a, se desviaram da fé." (1Tm 6, 13.20-21).

A fé continua sendo um dom divino sobrenatural. Mas somos nós, os batizados na morte de Cristo, que resistimos a que nossos pensamentos, nossas ações, nossa liberdade e toda a nossa existência sejam iluminados e guiados em todos os momentos pela luz da fé que professamos. Há uma dicotomia trágica e uma incoerência dramática entre a fé que professamos e a nossa vida concreta. Em uma carta extraída de seu livro *Combate pela verdade* [*Combat pour la vérité*], Georges Bernanos escreveu: "Vocês reivindicam ser as pedras do Templo chamado 'Deus', os concidadãos dos Santos, os filhos do Pai Celestial. Admitam que nem sempre se vê isso de cara!."

Hoje, a crise da Igreja entrou em uma nova fase: a crise do magistério. Certamente, o verdadeiro magistério, como função sobrenatural do Corpo Místico de Cristo, assegurado e conduzido de maneira invisível pelo Espírito Santo, não pode estar em crise: a voz e a ação do Espírito

Santo são permanentes, e a verdade à qual ele nos guia é firme e imutável. O Evangelista João nos diz: "Quando vier o Espírito da Verdade, ele vos conduzirá à verdade plena, pois não falará de si mesmo, mas dirá tudo o que tiver ouvido e vos anunciará as coisas futuras. Ele me glorificará porque receberá do que é meu e vos anunciará. Tudo o que o Pai tem é meu. Por isso, vos disse: ele receberá do que é meu e vos anunciará." (Jo 16, 13-15).

Mas hoje há uma verdadeira cacofonia nos ensinamentos dos pastores, bispos e padres. Eles parecem se contradizer. Cada um impõe a sua opinião pessoal como uma certeza. O resultado é uma situação de confusão, ambiguidade e apostasia. Uma grande desorientação, uma angústia profunda e incertezas destrutivas foram inoculadas no espírito de muitos fiéis cristãos. O filósofo Robert Spaemann expressou claramente esse desconcerto com uma citação da primeira carta de São Paulo Apóstolo aos Coríntios: "E, se a trombeta emitir um som confuso, quem se preparará para a guerra?" (1Cor 14, 8).

No entanto, como sabemos, o magistério continua a ser a garantia da unidade da fé. Nossa capacidade de receber o ensinamento da Igreja em um espírito de discipulado, com docilidade e humildade, é a verdadeira marca do nosso espírito como filhos da Igreja. Infelizmente, alguns que devem transmitir a verdade divina com uma infinita precaução, não hesitam em misturá-la com as opiniões da moda, até mesmo com as ideologias do momento. Como discernir? Como encontrar um caminho seguro nessa confusão?

São Vicente de Lerins oferece em seu *Commonitorium* uma preciosa luz acerca do progresso ou da mudança em matéria de fé: "Na Igreja de Cristo não é possível algum progresso da religião? Sim, certamente, e grandíssimo. Pois quem seria tão hostil aos homens e inimigo de Deus que tentasse impedi-lo? A única condição é que seja um verdadeiro progresso na fé, e não uma mudança. Pois há progresso se uma realidade se amplia, mas permanece ela mesma; mas há mudança se se transforma em outra realidade. É necessário, portanto, que em cada um e em todos, em cada homem, assim como na Igreja inteira ao longo dos séculos e das gerações, a inteligência, a ciência e a sabedoria cresçam e progridam fortemente, mas de acordo com sua própria espécie, isto é, no mesmo sentido, segundo os mesmos dogmas e o mesmo pensamento [...]. Nossos antepassados semearam o campo da Igreja com o trigo da fé. Seria injusto e inconveniente para nós, seus descendentes, se colhêssemos o joio do erro em vez do trigo da verdade. Pelo contrário, é normal e convém que a fé não renegue a origem, e que, no momento em que o trigo da doutrina aparecer, colhamos a espiga do dogma. O grão das sementes evoluiu com o tempo e agora está ansioso para amadurecer, mas nada mudou as características do germe".

Quero suplicar aos bispos e aos padres que cuidem da fé dos fiéis! Não nos fiemos em certos comentários postados às pressas na internet por aqueles que se dizem *experts*. Receber o magistério, interpretá-lo segundo uma hermenêutica de continuidade, leva tempo. Não deixemos que nos imponham o ritmo das mídias tão pronto a falar de mudanças, reversões ou revoluções. O tempo da Igreja é um tempo longo. É o tempo da verdade contemplada que dá todos os seus frutos se a deixarmos brotar pacificamente na terra da fé. "Em virtude mesmo de natureza da espécie humana, o tempo é necessário para alcançar o entendimento pleno e perfeito das grandes ideias, escrevia, em 1864, o cardeal John Henry Newman em *O desenvolvimento do dogma cristão* [*Développement du dogme chrétien*]. As mais altas e maravilhosas verdades, mesmo comunicadas aos homens de uma vez por todas por mestres inspirados, não podem ser compreendidas imediatamente por aqueles que as recebem, pois recebidas e transmitidas por espíritos não inspirados e por meios humanos, elas requerem um tempo prolongado, uma reflexão mais profunda, para serem completamente elucidadas."

Quando a tempestade assola o navio, é importante atracar no que é estável e sólido. Não é hora de correr atrás de novidades da moda que provavelmente desaparecerão antes mesmo que se possa entendê-las. É necessário manter o curso, sem desviar, até que o horizonte se abra. Gostaria de dizer aos cristãos: não se deixem perturbar! Vocês têm em suas mãos o tesouro da fé da Igreja. Ele lhes é legado por séculos de contemplação, pelo ensinamento constante dos papas. Vocês podem alimentar sua vida de fé sem medo.

Esta crise data do Concílio Vaticano II?

Ela está germinando há muito mais tempo, mas é incontestável que o Concílio Vaticano II foi seguido por uma crise profunda e universal da Igreja. O pós-concílio não foi o ideal esperado. Assim Jacques Maritain, em seu *Paysan de la Garonne*, evoca esse período assim: "febre neomodernista altamente contagiosa, ao menos nos círculos ditos 'intelectuais', a partir dos quais o modernismo do tempo de Pio X não foi mais que um simples resfriado, esta [...] descrição nos apresenta o quadro de uma espécie de apostasia 'imanente', em preparação há muitos anos e cujas expectativas obscuras, oriundas das partes inferiores da alma, emergiam aqui e ali por ocasião do Concílio, aceleraram a manifestação – por vezes falsamente imputada ao 'espírito do Concílio'".

Àquela época, muitos cristãos, especialmente os clérigos, experimentaram uma crise de identidade adolescente. Filhos da Igreja, nós somos, sem mérito da nossa parte, simples herdeiros do tesouro da fé. A verdade da fé nos foi transmitida para que a guardemos e vivamos. Nessa matéria, somos devedores insolventes de todos os nossos antepassados. Receber o tesouro da tradição supõe um espírito filial. Somos, de certo modo, anões montados nos ombros de gigantes. Mas somos, acima de tudo, devedores de Deus. Conscientes de nossa indignidade e de nossa fraqueza, contemplamo-lo com gratidão, colocando de novo em nossas mãos os tesouros da vida divina que são os sacramentos e o Credo. Qual deve ser a nossa reação diante de tamanha generosidade divina diante de nossa miséria? Só nos resta partilhar a herança recebida e transmiti-la. A consciência da nossa radical indignidade deveria nos levar a proclamar ao mundo a Boa-Nova, a proclamar não como propriedade nossa, mas como um precioso depósito que nos foi entregue por misericórdia. De resto, essa foi a reação dos Apóstolos depois de Pentecostes. Nos anos pós-concílio, parece que alguns tinham certo remorso dessa condição de herdeiros indignos. Como disse Joseph Ratzinger em *Os princípios de teologia católica* [*Les Principes de la théologie catholique*], pretendia-se fazer "um grande exame de consciência" da Igreja Católica. Havia um prazer na "confissão de culpa", no "comportamento passional de autoacusação", na "concepção de Igreja pecadora mesmo em termos de valores comuns e fundamentais". Ele observa que se passou a "levar a sério sistematicamente todo o arsenal de acusações contra a Igreja". Um exame de consciência deveria ter nos levado a transmitir nossa herança com alegria e atenção ainda maiores ao perceber quão indignos nós somos dela, mas, ao contrário, observa o cardeal Ratzinger, "levou a uma incerteza sobre nossa própria identidade [...], a uma atitude de ruptura em relação à nossa própria história [e] à ideia de um marco zero no qual tudo começaria de novo". Mas nessa atitude, havia o grande risco de um orgulho sutil. Alguns clérigos não se viam mais como herdeiros, mas como criadores. Por vezes, puseram-se a proclamar uma fé completamente humana em vez do depósito divino. Em vez de transmitir o que havíamos recebido, proclamaram em voz alta o que tinham inventado. Na raiz dessa crise, estou convencido de que existia um defeito de natureza espiritual. É preciso muita humildade para aceitar um dom. Mas, de repente, nos recusamos ser herdeiros sem mérito, embora essa realidade esteja no coração de toda a família. Uma criança recebe gratuitamente o amor de seus pais. Ela não merecia isso e, por sua vez, retribuirá. A humildade fundamental que consiste em aceitar receber sem mérito e transmitir gratuitamente é a matriz do amor familiar. Se esse amor tende a se diluir, a Igreja perde seu espírito de família. Fica à mercê das divisões e da dureza. Fica minada de partidarismo, suspeita, ideologia. Quero expressar meu profundo sofrimento diante das manobras baixas e manipulações que são introduzidas na vida eclesial. Nós devemos ser a família de Deus, mas quase constantemente damos o lamentável espetáculo de uma corte onde se procura poder e influência. Os costumes dos políticos invadem nossas fileiras. Onde está a caridade? Onde está a benevolência? A verdade é que reencontraremos a nossa unidade pacífica apenas quando formarmos um corpo em torno do depósito da fé. É hora de rejeitar as hermenêuticas de ruptura que rompem não só a transmissão da herança, mas também a unidade do corpo eclesial, como o expressa claramente Joseph Ratzinger em *A fé em crise?* "Defender hoje a verdadeira tradição da Igreja significa defender o Concílio. É nossa culpa se às vezes demos pretexto, tanto à 'direita' como à 'esquerda', de pensar que o Vaticano II poderia ter constituído uma 'ruptura', um abandono da tradição. Pelo contrário, há uma continuidade que não permite fuga nem para trás nem para frente, nem nostalgias anacrônicas, nem impaciências injustificadas. É ao hoje da Igreja que devemos permanecer fiéis, não ao ontem ou amanhã: e este hoje da Igreja são os documentos do Vaticano II em sua autenticidade, sem reserva que os amputem nem os abusos que os desfigurem."

É tempo de encontrarmos um espírito tranquilo e alegre, um espírito de filhos da Igreja que assumem toda a sua história como herdeiros agradecidos. Não se pode fazer uma retratação do Concílio. Por outro lado, é necessário redescobri-lo lendo atentamente os textos oficiais que dele emanaram. É necessário ler o Concílio sem má consciência, mas com um espírito de gratidão filial para com a nossa mãe, a Igreja.

A NOITE SE APROXIMA E O DIA JÁ DECLINOU

Um dos problemas colocados pelas conclusões do Concílio é o sentido dado à *Gaudium et spes*. Joseph Ratzinger nos lembra em *Os princípios da teologia católica* [*Les Principes de la théologie catholique*] que "o que teve tanta influência neste texto não é o conteúdo [...] mas antes a intenção geral do ponto de partida". O conceito de "mundo" não está claramente definido: "A Igreja coopera com o 'mundo' para construir o 'mundo'. [Este texto] representa uma tentativa de reconciliação oficial da Igreja com o mundo como se tornara então. [...] Nem abraços nem gueto podem resolver, de forma sustentável para o cristão, o problema do mundo moderno".

Basicamente, se os papas e os padres conciliares achavam que podiam abrir-se com confiança a tudo o que é positivo no mundo moderno, era precisamente porque estavam certos de sua identidade e da sua fé. Eles estavam orgulhosos de serem filhos da Igreja. Por outro lado, muitos católicos se entregaram a uma abertura, sem filtros ou freios, para o mundo, isto é, para a mentalidade moderna dominante, no exato momento em que se interrogavam as bases do *depositum fidei* que, para muitos, não eram mais claras.

Alguns reivindicam "o espírito do Concílio" para correr atrás de uma novidade permanente. Muitos desistiram de pensar a si mesmos como filhos da Igreja e adotaram os formatos e os critérios do mundo porque tinham má intenção. Se a Igreja não é mais percebida como a mãe amorosa que alimenta seus filhos, os cristãos não entenderão mais por que são seus filhos. Se eles não são mais filhos da mesma mãe, não agirão reciprocamente como irmãos. Gostaria de repetir aqui as palavras do papa Francisco em sua homilia de 1º de janeiro de 2018: "Para recomeçar, ponhamos os olhos na Mãe. No seu coração, bate o coração da Igreja. Para avançar – diz-nos a festa de hoje –, é preciso recuar: recomeçar do presépio, da Mãe que tem Deus nos braços". O que ele diz sobre Maria deve ser entendido também da Igreja. "Onde estiver a mãe, há unidade, há sentido de pertença: pertença de filhos", dizia ele na mesma ocasião um ano antes.

O que o senhor chama de crise do Credo?

É, em primeiro lugar, uma crise da teologia fundamental, uma crise dos fundamentos da fé. Isso está ligado a uma má interpretação do Vaticano II feita sob a forma de uma hermenêutica da ruptura, à qual se deve opor uma hermenêutica de reforma na continuidade do único sujeito da Igreja. Ela se manifesta principalmente na eclesiologia ou teologia da Igreja.

Devo notar também uma crise do lugar da teologia na vida da Igreja. Assiste-se, entre os especialistas da doutrina sagrada, uma reivindicação de autonomia em relação ao magistério, e isso os faz inclinar em direção a doutrinas heterodoxas que são apresentadas como verdades imutáveis. Os teólogos perdem de vista sua autêntica missão, que não é a criação, mas a interpretação do dado revelado, seu aprofundamento, e não a valorização de sua própria excelência.

Os teólogos não deveriam pensar em si mesmos como puros intelectuais, cujo único universo seria o mundo das universidades e das revistas científicas. A teologia é um serviço eclesial. Um sacerdote teólogo é acima de tudo um pastor. Não devemos esquecer que as definições dogmáticas são um serviço que se presta aos "pequenos" da Igreja, e não o exercício de uma dominação. Ao formular a fé por meio de palavras, o magistério permite que todos participem da luz que Cristo nos deixou. O exercício da teologia começa pelo catecismo e a pregação. Ele consiste em investigar os mistérios da fé para expressá-los em palavras humanas que permitam transmiti-los a um maior número de pessoas. Por vezes me surpreendo com a profunda teologia que alguns fiéis desenvolvem intuitivamente a partir das verdades do catecismo. Em *A humildade de Deus,* [*L'Humilité de Dieu*], François Varillon nos diz que "Quando a Igreja faz teologia, ela não honra seu Deus sob o título de Professor Supremo que tematizaria seu Ser em enunciados logicamente articulados para a satisfação do espírito". A Igreja simplesmente assegura que seja recebida, em todos os tempos e todos os lugares, a luz de Cristo, da qual ela é o sacramento. Essa preocupação a leva a formular sobre o mistério, num momento histórico, a sua contemplação a fim de que não seja pervertida a relação dos seus filhos com o Deus vivo. Essas formulações, feitas após um longo estudo, inauguram também uma nova reflexão. Elas são pontos de partida mais que pontos de chegada. Se uma linguagem envelhece, nada impede que ela seja renovada, na fidelidade ao significado que ela contém. Sim, temos de trabalhar para dizer melhor o que já foi dito, formular de uma maneira cada vez mais justa, sem romper com a tradição. Devemos permanecer firmes e inabaláveis para que a tradição seja mantida, a doutrina e os dogmas da Igreja. Sem polêmica, sem impaciência, sem tumulto.

O trabalho de desconstrução de certa teologia que perdeu o espírito eclesial reflete-se inevitavelmente, um dia ou outro, no ensino da catequese. Desse modo, o catecismo perde a certeza e a harmonia que devem caracterizá-lo. Tal foi um primeiro e grave erro ao se atacar o catecismo declarando-o "ultrapassado". Muitíssimas vezes, ele é apresentado hoje em dia como uma série de hipóteses exegéticas, sem elos lógicos ou cronológicos. Dessa maneira, ele não ganha qualquer clareza para as crianças. Temos que ensinar a fé e não as últimas teorias da moda que logo serão postas de lado pela exegese histórico-crítica.

A crise também se manifesta na relação entre os dois canais que nos transmitem a única revelação divina, ou seja, a Sagrada Escritura e a Tradição, portanto, entre a Bíblia e a Igreja, que transmite o que recebeu do Senhor. Sob a influência do protestantismo e de sua ideia-mestra *sola scriptura* – apenas a Escritura, sem o magistério – os exegetas católicos privilegiaram uma interpretação dita "erudita" da Bíblia, sobrecarregada de um conjunto de hipóteses de trabalho, de preconceitos filosóficos, científicos ou hegelianos, em detrimento da leitura patrística e tradicional, isto é, aquela que fez os santos, os únicos homens que compreenderam plenamente as Escrituras.

Finalmente, a Bíblia é considerada apenas um conjunto de documentos antigos, sem dúvida interessantes, mas desprovidos de peso sobrenatural, e cuja compreensão só é possível aos especialistas. Ora, a tradição é o principal critério em questões de fé. Todo católico deve ter a ousadia de crer que sua fé, em comunhão com a da Igreja, está acima de qualquer novo magistério de especialistas e intelectuais. Podemos legitimamente nos perguntar que propósito e interesse espiritual há em querer se separar a tradição e a palavra de Deus.

A constituição dogmática *Dei verbum* proclamou solenemente a conexão essencial entre o magistério e a palavra de Deus. "É claro, portanto," diz a *Dei Verbum*, "que a sagrada Tradição, a Sagrada Escritura e o magistério da Igreja, segundo o sapientíssimo desígnio de Deus, de tal maneira se unem e se associam que um sem os outros não se mantém, e todos juntos, cada um a seu modo, sob a ação do mesmo Espírito Santo, contribuem eficazmente para a salvação das almas." A *Dei Verbum* prossegue dizendo mais explicitamente que a Sagrada tradição e a Sagrada Escritura constituem "um só depósito sagrado da palavra de Deus, confiado à Igreja". O Concílio enfatiza, assim, que a Palavra de Deus não pode subsistir sem o magistério da Igreja, "pois é a Igreja que recebe o depósito sagrado da Palavra de Deus" e, na Igreja, é apenas o "magistério vivo" que tem a função e a tarefa de interpretar com uma autoridade específica recebida de Cristo a palavra de Deus encontrada nas Sagradas Escrituras e na tradição. Naturalmente, "Este magistério não está acima da palavra de Deus, mas sim a seu serviço, ensinando apenas o que foi transmitido" isto é, a mesma palavra de Deus contida no sagrado depósito da fé confiada à Igreja.

Hoje, o grande perigo é pensar que a tradição sagrada poderia ser superada por uma mudança do magistério. Argumenta-se que as verdades transmitidas pela Igreja devem ser relidas em seu contexto e servem-se disso para exigir o magistério da mudança. Em face desse perigo, o Concílio recorda-nos com firmeza que a tradição é a própria palavra de Deus e que, se o magistério tenta abstrair dela, ele não pode subsistir. O magistério autêntico nunca pode romper com a tradição e a palavra de Deus. Nossa fé na Igreja nos dá certeza.

O senhor admite, então, falar de uma crise da eclesiologia?

A grande tentação para a eclesiologia seria reduzir a Igreja ao nível sociológico. A noiva de Cristo torna-se objeto de um olhar puramente humano e profano. Queremos ver nela uma sociedade que promove um projeto de libertação social essencialmente terrestre. Mas esquecemos que ela não é nada menos que "Jesus Cristo irradiado e comunicado", segundo as palavras de Bossuet. Esquecemos que ela é realmente o corpo místico de Cristo: "O senso autenticamente católico da realidade 'Igreja' desaparece silenciosamente, sem ser expressamente rejeitado. Muitos não acreditam que se trata de uma realidade estabelecida pelo próprio Senhor. Até entre alguns teólogos, a Igreja aparece como mera construção humana, um instrumento criado por nós, o qual, por conseguinte, pode ser reorganizado a nosso bel prazer, livremente, de acordo com as exigências do momento", explicava Joseph Ratzinger em *A fé em crise?*.

O corpo místico de Cristo, a Igreja, deve fazer brilhar a mesma luz em todos os lugares e em todos os momentos, assim como o Sol que se levanta todas as manhãs e ilumina o mundo. O propósito primordial sobre o qual repousam eternamente o olhar e a vontade do infinito amor de Deus é a perfeição infinita de Cristo Redentor. Todas as coisas foram criadas por Ele e sem Ele nada se fez e para ele Deus conduz todas as coisas e todos os acontecimentos da história. A Igreja é Jesus Cristo prolongando Sua vida, que é a própria vida de Deus, em toda a Criação redimida, santificada e divinizada por Ele.

Em outubro de 2018, o Sínodo sobre "Juventude, Fé e Discernimento Vocacional" provocou certa perplexidade por conta da controversa interpretação do episódio de "discípulos de Emaús" tirada do Evangelho de Lucas (Lc 24, 13-35).

Vocês se lembram daqueles dois homens que arrastavam os passos, indo embora de Jerusalém em direção a uma aldeia chamada Emaús. Nesse caminho, um estranho os alcança e, diminuindo o ritmo dos passos, junta-se a eles e os interpela: "Que palavras são essas que trocais enquanto ides caminhando?" A resposta dos dois homens é simples: "Tu és o único forasteiro em Jerusalém que ignora os fatos que nela aconteceram nestes dias?' — 'Quais?', disse-lhes ele. Responderam: 'O que aconteceu a Jesus, o Nazareno'". O desconhecido respondeu com uma dura repreensão: "Insensatos e lentos de coração para crer em tudo o que os profetas anunciaram!" Podemos nos lembrar também do episódio em que os Apóstolos estavam num barco sacudido pelo vento forte: havia motivo para o pânico, uma tempestade terrível que lhes ameaçava a vida. Mas Cristo acorda e os repreende: "homens de pouca fé" (Lc 8, 25). Por quê? Não ter esperança e fé é desconfiar de Deus, é duvidar que ele está presente, que ele é fiel, que é ativo, no coração da nossa vida e de nossas ansiedades. Estamos com Cristo e estaremos sempre errados se nos desesperamos. Então Jesus os repreende assim: "Não era preciso que o Cristo sofresse tudo isso e entrasse em sua glória?" (Lc 24, 26), e lhes condena expressamente a falta de esperança. Ao longo desse trajeto a Emaús, Jesus fala e os discípulos ouvem. Começando por Moisés e evocando a todos os profetas, ele interpreta, nas Escrituras, o que ela diz a seu respeito.

Esta passagem dos Evangelhos é certamente a mais bela *lectio divina*. Cristo é comentado por Cristo, Cristo é explicado por Cristo, Cristo é visto por Cristo.

Mas chegou a hora de os caminhantes se separarem. Entretanto, algo em seus corações recusa a separação "Fica conosco, pois cai a tarde e o dia já declina" (Lc 24,29). Jesus aceita. Os três entram numa estalagem. Algo muito estranho acontece então. São Lucas usa, nessa passagem, o vocabulário da Eucaristia "[Jesus] tomou o pão, abençoou-o, depois partiu-o e distribuiu-o a eles" (Lc 24,30). Trata-se realmente da Eucaristia, o sacramento da Páscoa de Cristo. Tudo isso se passa na noite de Páscoa. Só então eles o reconhecem. Mas eles já não o veem. Pois só podemos alcançar Cristo em sua Presença eucarística. Eles gostariam de ter ficado com Jesus por mais alguns momentos, ouvindo-o, saciando os olhos com seu rosto glorioso. "O que ouvimos, o que vimos com nossos olhos, o que contemplamos", diz São João em sua Primeira Epístola (1,1). A fé abre seus olhos para ver o Ressuscitado. Eis o que esse maravilhoso texto nos revela.

"Naquela mesma hora, levantaram-se e voltaram para Jerusalém" (Lc 24, 33). Eles partem no frio da noite e naquela noite eles não dormiram. Retornam à Cidade Santa e se juntaram aos Apóstolos. Os peregrinos de Emaús serão as primeiras testemunhas da ressurreição.

Este texto nos permite entender que não somos nós que construímos a Igreja, mas Cristo, mediante a sua palavra e a Eucaristia: "estais edificados sobre o fundamento dos apóstolos e dos profetas, do qual é Cristo Jesus a pedra angular" (Ef 2, 20). Como Pastor eterno, ele nos conduz. Em sua Igreja, ele nos reúne ao nos consignar a sua palavra.

Cristo falava e seus corações ardiam de amor. Inicialmente, tinham passos vagarosos e uma fé tíbia. Mas, enquanto Cristo explicava as Escrituras, eles puseram a andar no ritmo do ressuscitado. Mudar de passo, mudar de vida, mudar o coração é talvez o que o Senhor espera de nós, à escuta de Sua palavra. Veio então o momento de partir o pão, o momento da Eucaristia. Costuma-se dizer que este episódio se descortina exatamente como a celebração eucarística no começo, tem-se o peso do homem pecador que dá as costas a Jerusalém, isto é, ao lugar da Cruz e ao sofrimento de Cristo. Depois, ele é tocado pela

Palavra, a liturgia da palavra e o comentário sobre a palavra – a homilia. Depois, vem a fração do pão e o envio em missão. Esses homens voltam a Jerusalém depois de terem tido todo o Cristo: o Cristo-Palavra, o Cristo-Corpo, o Cristo-Sangue, o Cristo-Eucaristia. Assim reinvestidos dessa Presença, com o coração cheio desta glória silenciosa do Ressuscitado, eles reencontram o grupo apostólico, a Igreja fundada sobre os Apóstolos (Ef 2, 20). Eles romperam a comunhão eclesial e fraterna. Desânimo, desesperança, declínio da fé, distanciamento dos membros da Igreja: eles tinham partido para longe, para Emaús. Eles reencontram a comunhão eclesial. Eles reatam com Cristo na Eucaristia, reencontram a Igreja, reconstituem a comunhão e serão testemunhas intrépidas do Ressuscitado. É Jesus Cristo que edifica a Igreja por sua palavra e pela Eucaristia. Tornamo-nos membros da Igreja e missionários do Evangelho, testemunhas do Ressuscitado, depois de nos nutrirmos da palavra, do Corpo e do Sangue de Jesus Cristo. São Paulo nos adverte: "segundo a graça que Deus me deu, como bom arquiteto, lancei o fundamento; outro constrói por cima. Mas cada um veja como constrói. Quanto ao fundamento, ninguém pode colocar outro diverso do que foi posto: Jesus Cristo". (1Cor 3, 10-11). Sigamos a obra dos Apóstolos e de seus sucessores ao longo dos séculos. Não construamos nada à maneira do mundo. É Cristo quem constrói sua Igreja e nós somos os seus inúteis colaboradores.

A forma hierárquica da Igreja ainda é aceitável para nossos contemporâneos? Muitos reivindicam um governo mais democrático: o que o senhor acha?

Assiste-se hoje a um contrassenso sobre a realidade humana da Igreja, concebida em alguns laboratórios onde se destila a utopia de um povo de Deus em uma oposição dialética ao magistério. O papel deste último, e especialmente da Congregação para a Doutrina da Fé, foi mal compreendido.

Uma visão horizontalista da Igreja leva inevitavelmente ao desejo de alinhar suas estruturas com aquelas das sociedades políticas. Se é apenas uma criação do homem, não diretamente instituída por Cristo, ela será constantemente repensada, reorganizada segundo esquemas racionais que atendam às necessidades do momento. "Pois se a Igreja é nossa", escrevia o cardeal Ratzinger em *A fé em crise?*, "se a Igreja consiste apenas em nós, se suas estruturas não são as que Cristo quis para ela, então já não se concebe a existência de uma hierarquia a serviço dos batizados, instaurada pelo próprio Senhor. [...] Rejeita-se, então, o conceito de autoridade desejada por Deus, autoridade que tem sua legitimidade em Deus e não – como sucede nas estruturas políticas – de acordo com a maioria dos membros da organização. Ora, a Igreja de Cristo não é um partido, não é uma associação, não é um clube, a sua estrutura profunda e intocável não é democrática, mas sacramental e, portanto, hierárquica; porque a hierarquia, baseada na sucessão apostólica, é uma condição indispensável para alcançar a força, a realidade do sacramento. A autoridade não está fundamentada no voto da maioria, mas na autoridade do próprio Cristo, que desejou comunicá-la aos homens que seriam seus próprios representantes, até o seu retorno definitivo. Apenas ao nos referirmos a essa visão, poderemos redescobrir a necessidade e a fecundidade da obediência à legítima hierarquia da Igreja."

Os cristãos não veem em seus bispos mais que homens em busca de poder. Comenta-se a influência de um ou a carreira de outro. Como podemos esquecer que o governo na Igreja é um serviço? Tomar parte da autoridade de Cristo é entrar corretamente em seu estado de servidor, despojar-se de todo o seu ser, de suas ideias pessoais, de suas preferências e de seus gostos, a fim de tornar-se o humilde servo da salvação de todos: "Sabeis que aqueles que vemos governar as nações as dominam, e os seus grandes as tiranizam. Entre vós não será assim: ao contrário, aquele que dentre vós quiser ser grande, seja o vosso servidor, e aquele que quiser ser o primeiro dentre vós, seja o servo de todos" (Mc 10, 42-44).

O serviço do governo é um caminho da Cruz em todos os momentos. Deve tornar-se um caminho de santificação seguindo Aquele que foi eliminado, assumindo a condição de servo. Quero insistir: é como servos da fé e da salvação de tudo que os bispos devem às vezes retomar e corrigir. É em vista de se proteger a fé de todos, especialmente dos mais simples, que a Congregação para a Doutrina da Fé condena um livro ou proíbe que um sacerdote ensine. Esse governo é um serviço do amor a Deus e às almas. É uma obra santa e santificante, embora difícil e ingrata.

Do mesmo modo, a obediência na Igreja não é como a de uma sociedade política. Não obedecemos àqueles que têm poder porque os tememos. Obediência verdadeiramente católica refere-se a Deus. Mediante a hierarquia, é a ele quem amamos, é a ele a quem obedecemos. Perdemos o sentido sobrenatural dessa obediência para torná-lo um jogo de poder. Já o primaz das Gálias, cardeal Alexandre Renard, observou em *Aonde vai a Igreja*?: "A Igreja sofreu uma espécie de horizontalismo. Vê-se mais os homens, com seus limites e suas tendências, que a sua missão e sua graça. Alguns põem-se diante dos bispos – inclusive o papa – como estivessem diante chefes e patrões. Criticam-lhes muito frequentemente, em vez de trabalhar em comunhão com eles, cuja responsabilidade é tão grande e tão pesada".

Gostaria de lembrar todas as palavras de Jesus a São Pedro. "Tu és Pedro e sobre esta pedra edificarei a minha igreja" (Mt 16,18). Estamos certos de que esta palavra de Jesus encontra cumprimento no que é chamado de infalibilidade da Igreja. A Esposa de Cristo, encabeçada pelo sucessor de Pedro, pode experimentar crises e tempestades. Seus membros podem pecar e errar. Mas nunca, se permanecermos unidos a Pedro, podemos afastar-nos profunda ou duradouramente de Cristo. *Ubi*

Petrus, ibi Ecclesia, onde está Pedro, aí está a Igreja. Em um importante discurso ao Sacro Colégio e à Cúria, em junho de 1980, João Paulo II declarou: "o mandato do colégio Episcopal, reunido à volta do humilde Sucessor de Pedro, é o de garantir, proteger e defender esta verdade, essa unidade. Sabemos que, no exercício deste mandato, a Igreja docente é assistida pelo Espírito com o carisma específico da infalibilidade. Essa infalibilidade é dom do alto. O nosso dever é mantermo-nos fiéis a esse dom, que não nos vem das nossas pobres forças ou capacidades, mas unicamente do Senhor. E é o de respeitar e não iludir o *sensus fidelium*, isto é, aquela particular 'sensibilidade' com que o Povo de Deus adverte e respeita a riqueza da Revelação confiada por Deus à Igreja e exige dela absoluta garantia."

Da mesma forma, em um discurso aos teólogos alemães em Altötting, 18 de novembro de 1980, João Paulo II declarou: "o magistério só existe para asseverar a verdade da palavra de Deus, sobretudo onde quer que esteja ela ameaçada de deturpações e equívocos. Nesse contexto é que se deve encarar, outrossim, a infalibilidade do magistério eclesiástico [...] a Igreja deve [...], com muita humildade, estar certa de que ela persiste justamente naquela verdade, naquela doutrina religiosa e moral que recebeu de Cristo, o qual nesta matéria a dotou de especial 'infalibilidade'". A infalibilidade certamente ocupa lugar menos central na hierarquia das verdades, mas é ela "de certo modo a chave para aquela certeza com que a fé é conhecida e proclamada, como também para a vida e conduta dos fiéis. Quando se abala ou se destrói esse fundamento essencial, logo começam a esboroar também as verdades mais elementares da nossa fé". Não será jamais contestando o magistério, presente ou passado, ou colocando-o em dúvida que progrediremos na busca da verdade. É verdade que nesse domínio dificilmente somos ajudados por aqueles que se apropriam do magistério e o interpretam de acordo com suas próprias ideias, rompendo com a tradição teológica.

Infelizmente, eles estão sempre prontos a lançar o anátema sobre todos os que não são da sua linha de pensamento. Diante de tal histeria teológica, é hora de recuperar um pouco de paz e benevolência. Somente a fé, a confiança no magistério e sua continuidade ao longo dos séculos poderão nos dar unidade.

O senhor acha que estamos diante de uma crise de identidade da religião católica naquilo que concerne ao ecumenismo e do diálogo inter-religioso?

O esforço ecumênico é necessário, mas por vezes tem sido praticado com excessiva pressa, e nos esquecemos que a reafirmação de pontos intangíveis do dogma é um serviço prestado ao interlocutor. O indiferentismo em relação às confissões cristãs se instala por uma má compreensão da verdadeira natureza do ecumenismo.

O desejo de uma relação mais fraterna, menos hostil e menos tensa entre os cristãos é justo e louvável. Mas o ecumenismo não pode ser reduzido a isso. O verdadeiro ecumenismo reside no fato de renunciar aos nossos pecados e à nossa tibieza, de nos libertar juntos da nossa falta de fé, no fato de reencontrar a mesma fé nos mistérios cristãos, nos sacramentos, a mesma doutrina, a mesma Igreja confiada a Pedro, e não no que construímos por nosso próprio gênio. O verdadeiro ecumenismo consiste em deixar-se guiar pela única luz do Evangelho, com suas exigências morais. O verdadeiro ecumenismo consiste em guardar fielmente a palavra e viver de acordo com os mandamentos de Deus. Porque "quem guarda a sua palavra, nesse, verdadeiramente, o amor de Deus é perfeito. Nisto reconhecemos que estamos nele. Aquele que diz que permanece nele, deve também andar como ele andou" (1Jo 2, 5-6). Sem uma firme reafirmação do ensinamento de Cristo, tal como sempre foi transmitido pelo magistério da Igreja, não há ecumenismo.

Quem se lembra das palavras de Paulo VI na Audiência Geral 28 de agosto de 1974? Disse ele sem medo: "Que ecumenismo poderemos construir assim? [...] Onde terminaria o cristianismo, e, mais ainda, o catolicismo, se ainda hoje, sob a pressão de um pluralismo especioso, mas inadmissível, se aceitasse como legítima a desagregação doutrinal e, portanto, também a desagregação eclesial que esta pode trazer consigo?".

Fico surpreso com o irenismo que mostramos em relação às denominações cristãs nãocatólicas. Em certos assuntos, o ecumenismo com os irmãos separados do Oriente levanta dificuldades no plano teórico, sempre no que concerne a questões de eclesiologia, especialmente sobre a primazia do papa do ponto de vista da comunhão. Para não incomodar os ortodoxos, por vezes não se fala do verdadeiro sentido do primado de Pedro. Não tenho certeza de que iremos em direção a uma unidade maior por essa forma de diplomacia doutrinal. Não acho que nossos irmãos separados esperam isso de nós. Pelo contrário, creio que nos são gratos quando assumimos toda a doutrina católica, quando a explicamos e proclamamos sem falsa prudência. Parece-me que os passos mais fecundos foram o fruto do ecumenismo dos mártires. Quando católicos e ortodoxos se encontraram nos mesmos *gulags*, eles oravam juntos, testemunharam juntos a fé e por vezes compartilhavam os mesmos sacramentos.

Além disso, em certos ambientes católicos, observamos um fascínio pelo modelo protestante. A caridade deve ser capaz de abolir nossas asperezas para permitir que o Espírito Santo trabalhe por nossa conversão. No entanto, não há como negar as profundas diferenças que nos separam. Nossa fé na presença real do Senhor na Eucaristia, nossa fidelidade à missa como renovação do sacrifício da Cruz, nossa fé na sacramentalidade do sacerdócio exige de nós uma real coerência: é impossível a um protestante comungar na Santa Missa. Tal coisa não teria outro sentido que o de afirmar certa forma de simpatia. Mas a Eucaristia não deve ser instrumentalizada para significar boas relações humanas. Ela é o lugar da comunhão com o Deus da verdade. Desde o Concílio, constatamos uma maior abertura de uma e outra parte, mas o caminho para a unidade na verdade ainda é longo.

Há, além disso, e esse fato é mais grave, um irenismo em relação às religiões não cristãs. Tem-se ido procurar nessas religiões o que já existe na Igreja. No Ocidente, as religiões pagãs, incluindo animistas, são enaltecidas. Da mesma forma, os pensamentos filosófico-religiosos do Extremo Oriente tornam-se modelos. É preciso definitivamente ser africano para ousar dizer, sem complexo, que as "religiões tradicionais" pagãs são zonas de medo e de ausência de liberdade. Lamentavelmente, transformamos as vias extraordinárias da salvação, e estou pensando em particular no batismo do desejo implícito, presente em alguns não cristãos, em via ordinária. Naturalmente, alguns pagãos têm almas justas e vivem de acordo com a reta consciência. Mas é urgente levar essas almas à plenitude da salvação. A teoria rahniana do "cristão anônimo" corre o risco de extinguir em nós o senso de urgência da missão. Ainda temos a preocupação pela salvação que oprimia alguém como São Domingos e o fez passar noites em oração onde o ouviram gemer: "O que será das almas dos pobres pecadores?."

O senhor costuma afirmar que a crise da Igreja não é um problema institucional. O senhor poderia explicar o seu ponto de vista?

Já vi diversas reformas institucionais. Frequentemente criamos comissões e conselhos de todos os tipos. Constatamos muitos resultados? Não se corrige um mau livro mudando a encadernação ou o papel. Em sua *Introdução ao cristianismo*, o cardeal Ratzinger escreveu: "Os verdadeiros crentes não atribuem muita importância à luta pela reorganização das formas exteriores da Igreja. Eles vivem do que a Igreja sempre foi.

E se queremos saber o que a Igreja realmente é, devemos ir ao encontro deles. Pois a Igreja não encontra, em princípio, onde organizamos, reformamos, dirigimos, mas naqueles que creem simplesmente e que, nela, acolhem o dom da fé e o vivem. Somente quem experimentou de que maneira, para além da troca de seus servidores e de suas formas, a Igreja consola as pessoas, dá-lhe uma pátria e uma esperança, uma pátria que é esperança e caminho para a vida eterna, somente este sabe o que é a Igreja, no passado ou hoje".

A urgência é encontrar um olhar de fé em tudo. Ao reformar as instituições drasticamente, alimentamos a ilusão de que o importante é o que fazemos, nossa ação humana, que consideramos como a única eficaz. Esse tipo de reforma apenas move o problema de lugar. Creio que é essencial e urgente discernir a verdadeira natureza da crise e tomar consciência que o mal não se acha apenas nas instituições eclesiais. Pequenas mudanças na organização da Cúria não serão capazes de purificar as mentalidades, sentimentos e costumes. O que é uma "reforma" no sentido mais profundo do termo? Trata-se de uma re-formação, um retorno à forma pura, isto é, aquela que sai das mãos de Deus. A verdadeira reforma da Igreja consiste em deixar-se novamente modelar por Deus, "a "reforma" verdadeira não significa tanto se esforçar para erigir novas fachadas, mas, ao contrário do que pensam certos eclesiólogos, aplicar-se em fazer desaparecer, na maior medida do possível, aquilo que vem de nós, de modo que apareça melhor o que é d'Ele, o Cristo. Esta é uma verdade bem conhecida pelos santos, os quais, de fato, reformaram profundamente a Igreja, não ao propor planos de novas estruturas, mas reformando a si mesmos. É de santidade e não de gerenciamento que a Igreja precisa para responder às necessidades humanas de cada época", disse o cardeal Ratzinger em seu *A fé em crise?*.

É preciso encontrar formas concretas para não fazer obstáculo à ação divina. Mas enquanto nossas almas forem mornas, todos os meios serão usados em vão. A rotina é uma ameaça terrível. Ela endurece. Ela cega. Ela nos torna surdos a qualquer questionamento. Ela fecha as portas e janelas à luz divina. Ela impede de compreender os erros que cometemos. Ela nos impede de reagir, de nos corrigir, de nos converter e progredir. Ela favorece a negligência, a degradação e a podridão. Ela nos impede especialmente de irmos contra a corrente. Não se faz nada de grande com pessoas entregues à rotina que, de uma vez por todas, consentiram na mediocridade. Não se faz nada de consistente com os tíbios e molengas. A tibieza leva à covardia e à traição. O Senhor não tem misericórdia para com os mornos "Conheço tua conduta: não és frio nem quente. Oxalá fosses frio ou quente! Assim, porque és morno, nem frio nem quente, estou para te vomitar de minha boca" (Ap 3, 15-16). Em *Nota conjunta*, Charles Péguy se expressou com severidade: "há algo pior do que ter um pensamento ruim: é ter um pensamento pronto. Há algo pior do que ter uma alma ruim: é ter uma alma pronta. Há algo pior do que ter uma alma perversa: é ter uma alma habituada [...] As piores aflições, as piores baixezas, até o pecado não raro são defeitos na armadura do homem [...] por onde a graça consegue penetrar na couraça da dureza humana. Mas sobre essa armadura inorgânica que é o hábito, tudo escorrega e toda a espada fica embotada!".

Enquanto não tivermos consciência da gravidade da nossa decadência, não reagiremos. A recente descoberta das torpezas ignóbeis de certos clérigos nos despertará? Talvez fosse necessária essa humilhação, essa bofetada, para nos conscientizarmos de nossa profunda necessidade de reforma, isto é, de conversão. Como não reagir a tanto cinismo por parte de homens consagrados a Deus? Como não buscar a causa profunda desses abusos aviltantes e organizados contra menores de idade? Há nessa situação o excesso mais extremo e revoltante de uma vida que descambou pouco a pouco até se tornar uma vida sem Deus, uma vida pelo ateísmo prático, uma vida que descambou do sagrado em direção ao profano e mesmo à profanação. É necessário tomar medidas, e a Igreja o faz, para proteger as crianças que são a imagem sagrada da inocência divina. Mas como não ver que nenhuma medida substituirá a necessidade de um olhar profundo de fé sobre toda a nossa vida? Pois para além dos crimes abomináveis contra as crianças, quem falará sobre a profunda crise que corrói a vida dos clérigos? Sua castidade é profundamente atacada. Os comportamentos contrários ao celibato consagrado multiplicam-se em algumas partes do mundo. Mas o pior não é tanto o pecado da fraqueza, que sempre merece misericórdia se for lamentado e confessado. O pior é que alguns clérigos reivindicam que esses atos são normais e benignos. Como eles não veem que estão a ferir profundamente sua consagração a Deus? Existe um problema que nenhuma reforma estrutural resolverá: a ignorância de Deus. A indiferença, a recusa das exigências evangélicas, a perda do sentido do pecado, o apego ao dinheiro têm na perda do sentido de Deus a sua raiz comum. A degradação da liturgia em espetáculo, a negligência nas celebrações e confissões, o mundanismo espiritual são apenas os sintomas. Não são as estruturas ou instituições que estão em crise, mas a nossa fé e a nossa fidelidade a Jesus.

As mudanças a serem realizadas não são apenas nas instituições, nem mesmo nos costumes, mas são antes de tudo mudanças no interior das almas, no mais profundo das mentes e dos corações, nas convicções e na orientação das consciências. É o nosso relacionamento com Deus que deve mudar radicalmente.

Naturalmente, é preciso encontrar formas concretas para implementar essa obra de conversão radical. Onde está a verdadeira bússola que pode nos orientar? Os papas devem escrever? O ensinamento da Igreja não é mais como uma âncora em que o povo de Deus quer se agarrar. Os últimos papas lutaram com todas as suas forças contra a crise que eles viram crescer. Quem se lembra dos documentos de Paulo VI ou João Paulo II? Quem os lê ainda? E, mais que isso, quem os toma como regra de vida? Tem-se a impressão de que as palavras deslizam sobre as almas sem poder quebrar a carapaça do hábito e da indiferença. Mais do que palavras, precisamos refazer a experiência de Deus. Eis o coração de qualquer reforma. Disse Bento XVI, em seu discurso de 22 de fevereiro de 2007, ao clero de Roma: "somente se há certa experiência é possível, depois, compreender". Devemos, portanto, nos perguntar como fazer a experiência de Deus? É preciso, portanto, repetir essa experiência da Igreja como o lugar onde Deus se doa.

Nessa perspectiva, quero destacar duas prioridades. Primeira, há um lugar onde podemos fazer a experiência de Deus e da Igreja, e esse lugar é a liturgia. Lá, não é possível esquivar-se de Deus. Bento XVI escreveu em seu prefácio às *Obras completas Sobre a liturgia* que "a verdadeira renovação da liturgia é a condição fundamental para a renovação da Igreja". De fato, "a existência da Igreja deriva sua vida da correta celebração da liturgia. A Igreja está em perigo quando a primazia de Deus já não aparece na liturgia e, portanto, na vida. A causa mais profunda da crise que abalou a Igreja é o obscurecimento da prioridade de Deus na liturgia". Rogo humildemente aos bispos, padres e ao povo de Deus que prestem mais atenção na sagrada liturgia, que coloquem Deus no centro, que peçam novamente a Jesus Cristo que nos ensine a orar. Nós dessacralizamos a celebração eucarística. Transformamos nossas celebrações eucarísticas em um espetáculo folclórico, um evento social, um entretenimento, um diálogo insípido entre o padre e a assembleia cristã. Há ainda um lugar para o Altíssimo em nossas liturgias? Podemos ainda fazer, nela, a experiência de Deus? Os leigos às vezes reivindicam uma função na missa para se sentirem parte integrante e ativamente implicada. Reflitamos um pouco sobre a natureza da participação ativa de Maria e de São João no Gólgota. Eles estavam lá, deixando-se silenciosamente penetrar, impregnar e moldar pelo mistério da Cruz. Não deveria eu, por minha vez, preocupar-me em saber como eu morro com Jesus em cada Eucaristia e se aceito morrer ao meu pecado? Minha vida cristã é construída sobre a oração e a verdadeira intimidade com Deus? Qual é o lugar da oração e da palavra de Deus em minha vida? Em cada uma das nossas celebrações eucarísticas, devemos ser capazes de dizer com São Paulo: "diariamente estou exposto à morte, tão certo, irmãos, quanto vós sois a minha glória em Jesus Cristo nosso Senhor" (1Cor 15, 31).

Há outro lugar onde podemos experimentar a Deus que se doa à Igreja: os mosteiros. Aqui encontramos uma realização concreta do que deveria ser a Igreja inteira. Já disse isso muitas vezes, não tenho medo de repeti-lo. A renovação virá dos mosteiros. Convido todos os cristãos a compartilhar por alguns dias a experiência da vida em um mosteiro. Eles vão experimentar "em pequena escala" aquilo o que a Igreja é em "grande escala". Nos mosteiros, eles experimentarão a primazia dada à contemplação de Deus. Ide aos mosteiros! Em contraste com um mundo de fealdade e de tristeza, esses lugares sagrados são verdadeiros oásis de beleza, simplicidade, humildade e alegria. Nas abadias, os fiéis poderão compreender que é possível colocar Deus no centro de toda a vida. Esse primado da contemplação foi proclamado pelo próprio Cristo quando disse que "uma só coisa é necessária" e que "Maria tinha escolhido a melhor parte, a que não lhe será tirada" (Lc 10, 42) e ainda mais quando Jesus disse a Deus seu Pai "a vida eterna é esta: que eles te conheçam a ti, o único Deus verdadeiro, e aquele que enviaste, Jesus Cristo" (Jo17, 3). A contemplação é o coração do cristianismo. Nos mosteiros, é proclamada para sempre e nunca será ab-rogada. Devemos proteger esses preciosos lugares de contemplação. Eles são o presente e o futuro da Igreja. Deus mora lá: ele enche os corações dos monges e das monjas com sua presença silenciosa; ali, toda a vida é litúrgica. E é alimentada pela fé e pelo ofício divino, e consumida pelo amor e pela sarça ardente da presença divina.

Nos mosteiros, também experimentamos a Igreja primitiva, onde os crentes colocam tudo em comum. Todos os dias eles compartilhavam o pão. Hoje, a crise da Igreja se manifesta particularmente em sua fragmentação, suas fissuras que engendram o espírito de partido. Cristo não fundou uma Igreja em que as vozes fossem tão discordantes. A vida dos mosteiros nos permite experimentar a unidade reencontrada. A seu exemplo, as nossas comunidades cristãs devem tornar-se lugares onde possamos compreender a primazia de Deus, mediante a beleza da liturgia, do silêncio, da caridade e da partilha de bens. Devemos ser capazes de "percorrer este caminho que leva a descobrir o Evangelho não como uma utopia, mas sim como a forma plena e real da existência", como dizia Bento XVI, em 13 de junho de 2011, quando do congresso eclesial diocesano de Roma. Nossas comunidades devem se tornar o oásis onde possamos experimentar a verdadeira natureza da Igreja. Ora, "na vida eclesial", disse ele durante sua audiência de 14 de maio de 2008, "fazemos uma experiência de Deus que é mais elevada do que a que alcançamos mediante a reflexão: por ela, nós realmente tocamos o coração de Deus".

O senhor admite a possibilidade de uma falsa reforma da Igreja?

É essencial ler e compreender a conferência "Por que ainda estou na Igreja?", proferida em 1970, por Joseph Ratzinger, em Munique: "A perspectiva atual distorceu nossa visão sobre a Igreja: nós a consideramos apenas sob o ponto de vista da viabilidade. Perguntamo-nos o que podemos fazer com isso. Os intensos esforços para implementar reformas na Igreja conseguiram nos fazer esquecer tudo o mais; hoje, para nós, ela é apenas um objeto que podemos transformar. Estamos nos perguntando o que precisa ser mudado para torná-la mais sedutora, mais atraente e mais eficaz, para torná-la mais adaptada ao mundo moderno, a fim de satisfazer os objetivos que cada um lhe define de maneira individual. No decurso desse questionamento, a ideia de reforma degenerou na consciência atual e se acha despojada de sua fundamentação. Pois a reforma, se tomarmos a palavra em seu sentido literal, é uma experiência espiritual muito próxima da mudança e da conversão, e, nesse sentido, ela está no cerne da abordagem cristã: a pessoa só se torna cristã ao se converter, isso se aplica a qualquer pessoa ao longo de sua vida, isso é verdade para a Igreja ao longo de sua história. Ela vive como Igreja apenas ao renovar constantemente sua conversão ao Senhor, saindo de seu confinamento no individual, livrando-se de seus bons e velhos hábitos que tão facilmente servem de obstáculo à verdade. Mas onde a reforma se afasta da conversão e não aceita mais restrições, lá onde a salvação só é esperada em função da transformação dos outros, de novas adaptações e novas acomodações à época – certamente podem ser produzidas coisas úteis, mas, fundamentalmente, essa reforma é apenas uma caricatura de si mesma. Tal reforma só pode dizer respeito ao não essencial e ao acessório; não será por acaso se a Igreja acabar parecendo, também ela, uma preocupação de segunda ordem."

Creio que chegamos a um ponto de virada na história da Igreja. Duas perspectivas estão abertas para nós. Ou continuamos a fingir que salvamos a Igreja por nossas reestruturações que apenas acrescentam sobrecargas excessivamente humanas à sua essência divina, ou decidimos deixar-nos salvar pela Igreja, ou melhor, por Deus agindo nela, e então encontraremos os meios de nossa conversão. Podemos estar às vésperas de uma grande reforma da Igreja, como a reforma gregoriana do século XI, ou a reforma do Concílio de Trento no século XVI. Os historiadores analisam esses momentos da vida da Igreja como mudanças estruturais. Creio, na verdade, que são os santos que mudam as coisas e que fazem avançar a história. As estruturas continuam, elas apenas perpetuam a ação dos santos. Em seu livro *Frère Martin*, Bernanos escreveu "Quem reivindica a reforma da Igreja pelos mesmos meios que se reforma uma sociedade temporal não só se esforça em vão, mas também acaba infalivelmente por se pôr fora da Igreja [...] Os vícios da Igreja só são reformados ao se prodigalizar o exemplo de suas virtudes mais heroicas. É possível que São Francisco de Assis não estivesse menos indignado que Lutero diante da devassidão e da simonia dos prelados. É justo dizer que ele as sofreu ainda mais cruelmente, pois a sua natureza era muito diferente da do monge de Weimar. Mas ele não desafiou a iniquidade, nem tentou enfrentá-la, mas jogou-se na pobreza, ele avançou o mais que pôde, com os seus companheiros, e mergulhou como na fonte de toda a remissão e de toda pureza. Em vez de tentar arrebatar à Igreja os bens mal adquiridos, ele a recobriu de tesouros invisíveis, e sob a mão suave desse mendigo o monte de ouro e de luxúria desabrochou como uma cerca viva primaveril. [...] Assim, a Igreja não precisa de reformadores, mas de santos". Estamos à espera dos santos que ousarão se dedicar a essa reforma interior. Quem serão eles? Papas como São Gregório VII ou São Pio V? Pobres desconhecidos como São Francisco de Assis? Pais e mães de famílias como os pais de Santa Teresa de Lisieux? Cada um de nós é chamado a começar por si mesmo. Devemos nos apoiar em todas as iniciativas empíricas que colocam a Deus no centro. Elas não faltarão. Não vamos esperar por uma reforma que venha de cima, à maneira da administração estatal. As estruturas só evoluirão se forem empreendidas pelos santos "Se pensarmos sobre isso", disse Joseph Ratzinger na mesma conferência feita em Munique, "então entenderemos o paradoxo que as tentativas atuais de renovação geraram o esforço feito para flexibilizar as estruturas esclerosadas, reformar as formas do ofício divino que datam ainda da Idade Média ou, a bem da verdade, do tempo do absolutismo, para retificar e para libertar a Igreja de sobrecargas acumuladas ao longo de sua história, a fim de ir a um ofício mais simples, conforme ao espírito do Evangelho – conduziu apenas a uma sobrevalorização do elemento administrativo. [...] Por trás de tudo isso, transparece o seguinte ponto que é essencial a crise da fé, que desempenha um papel fundamental no processo. A Igreja abrange uma [...] população que está muito além do reino dos verdadeiros crentes. O resultado dessa contraverdade institucionalizada é uma profunda alienação de sua verdadeira essência. [...] A recepção favorável concedida ao Concílio veio, em parte, daqueles que realmente não tinham intenção de se tornar crentes, no sentido de que a tradição cristã entende, mas que saudaram um 'progresso' da Igreja. Ela tomou a direção que eles queriam e essa evolução os confirmou em sua própria escolha. [...] De resto, por causa dessas evoluções, o programa da reforma aparece em uma dramática e estranha ambiguidade, quase impossível de eliminar." A estrada talvez seja longa, e dolorosa a purificação. Mas sabemos que Deus não abandona sua Igreja. E, "se Deus é por nós, quem será contra nós?" (Rm 8, 31).

O senhor acha que é possível falar de uma mundanização da Igreja?

O papa Francisco fala frequentemente dessa terrível doença espiritual que é o mundanismo e o alinhamento com os critérios do mundo. Num elã de abertura e confiança, abrimos as portas e as janelas, e o mundo infiltrou-se até nos espaços mais sagrados. Alguns parecem contaminados pelo antropocentrismo das sociedades ocidentais e pelo desejo de autodeificação do ser humano. Mas uma igreja mundanizada não tem sequer os encantos do século: "Quando o mundo penetra na Igreja", escrevia Henri de Lubac em *Paradoxos*, "ele é pior do que o mundo em tudo. Este, não tem nem a grandeza no brilho ilusório, nem esse tipo de lealdade na falsidade, a malícia e a inveja, reconhecido antecipadamente como sua lei. Quando o mundo eclesiástico é mundo, ele é apenas a caricatura do mundo. É o mundo não apenas medíocre, mas ainda mais feio. Mas nunca este mundo, mesmo nos piores momentos, triunfa completamente. Que ilhotas secretas sempre, que oásis refrescantes, que autênticas e doce grandezas!" Como eu entendo bem todos os cristãos que sofrem ao ver a Igreja desfigurada por tantas renúncias e abusos. Nosso coração de filhos fica, por vezes, cheio de vergonha. Refugiemo-nos no coração de Maria. Gostaria de convidá-lo a fazer comigo uma visita espiritual até o fundo da Basílica de São Pedro, em Roma. Aproximemo-nos da bela estátua da *Pietà* de Michelangelo. Contemplemos essa mãe que carrega em seus braços o corpo de seu filho, torturado, humilhado, coberto de escarros e marcas de chicote. Suas mãos são perfuradas e sua fronte está dilacerada pela coroa de espinhos. E, no entanto, a mãe carrega o corpo de seu filho com grande doçura e infinita delicadeza. O rosto de jovem mãe é ao mesmo tempo recolhido, doloroso e tranquilo. Ela adora sem compreender esse filho, tão belo, embora espezinhado, esse filho que é seu Deus. Como Maria, saibamos reconhecer o rosto de Cristo por trás do rosto manchado da Igreja. Nem os nossos pecados, nem as nossas traições, nem a nossa indiferença, nem as nossas infidelidades poderão desfigurar a Igreja. Ela continua inteiramente bela, com a beleza dos santos. Ela continua inteiramente jovem, com a juventude de Deus. Saibamos amar a Igreja e lançar sobre ela esse olhar de fé que Maria lançou sobre Jesus morto, acolhido em seus braços. Saibamos chorar pela Igreja, saibamos sofrer pela Igreja se necessário, mas tratemo-la sempre com essa delicadeza amorosa e inteiramente mariana que se revela tão bem no mármore de Michelangelo.

A Cúria Romana está em crise porque a instituição tornou-se demasiadamente humana?

A Cúria deve ser o governo dos interesses de Deus. Deve tornar conhecido o mistério divino para reunir os homens para a salvação. A Cúria é um governo espiritual e divino. Ela é totalmente submissa, guiada e animada por Deus. Seus métodos, seus meios e sua força só podem vir de Deus. Sua força é a oração humilde, intensa e perseverante, toda atenta à santa vontade de Deus. Se a Cúria não tem dimensão interior, se os prelados, sacerdotes e leigos que ali trabalham não têm a mística dos Apóstolos e profetas, se não são alimentados pela presença silenciosa de Deus em suas vidas e suas existências cotidianas, ela se torna uma estrutura puramente humana. Ela possui suas competências, mas não está mais a serviço de Deus. O carreirismo, a ambição de sucesso político ou diplomático, o mundanismo passam a se aproveitar desse governo. O reino de Cristo não é deste mundo (Jo 18,36), Ele está no céu. É uma questão de seguir o caminho do serviço e do amor, como "Cristo também nos amou e se entregou por nós a Deus, como oferta e sacrifício de odor suave" (Ef 5, 2; 2Cor 2,14- 15). Os cristãos devem ser o perfume de Deus. Todos os que são de Deus e trabalham para a sua glória e salvação das almas devem ser como um "perfume de suave odor, sacrifício aceito e agradável a Deus" (Fl 4, 18).

Se Deus nos criou à sua imagem e somos feitos para Deus, como não trabalhar e permanecer diante de Deus oferecendo-lhe constantemente nossos corpos, nossos corações, toda a nossa capacidade de amar e a pureza de nossa castidade sacerdotal? Em sua primeira carta aos Coríntios, São Paulo escreve: "não sabeis que sois um templo de Deus e que o Espírito de Deus habita em vós? Se alguém destrói o templo de Deus, Deus o destruirá. Pois o templo de Deus é santo e esse templo sois vós. Ninguém se iluda: se alguém dentre vós julga ser sábio aos olhos deste mundo, torne-se louco para ser sábio; pois a sabedoria deste mundo é loucura diante de Deus. Com efeito, está escrito: Ele apanha os sábios em sua própria astúcia. E ainda: O Senhor conhece os raciocínios dos sábios; sabe que são vãos. Por conseguinte, ninguém procure nos homens motivo de orgulho, pois tudo pertence a vós: Paulo, Apolo, Cefas, o mundo, a vida, a morte, as coisas presentes e as futuras. Tudo é vosso; mas vós sois de Cristo, e Cristo é de Deus" (1Cor 3, 16-23). Nos Atos dos Apóstolos,

São Paulo escreve ainda: "Pois nele vivemos, nos movemos e existimos, como alguns dos vossos, aliás, já disseram: 'Porque somos também de sua raça'" (17, 28).

É possível imaginar uma vida na Cúria no sentido de uma vida comunitária cenobítica?

Para tanto, seria preciso que o Evangelho impregnasse totalmente a nossa vida e que nosso primeiro impulso, nossa principal preocupação, fosse a nossa santificação. Seria preciso que Jesus tivesse se apoderado absolutamente de nós como o foi Santo Agostinho. Nos primeiros tempos do cristianismo, os bispos viviam cercados por seus padres. Eles trabalharam e oraram juntos. Conhecemos bem a vida comunitária do bispo de Hipona. Quando se tornou bispo, Agostinho vivia na mesma cidade havia seis anos e já estava familiarizado com o bairro cristão da cidade, especialmente a ínsula, uma espécie de condomínio, que reunia os edifícios dedicados ao culto. Naquela época, havia duas basílicas em Hipona: a antiga, ou basílica Leontina, para a qual Agostinho fora nomeado clérigo por aclamação da multidão; e a basílica nova, chamada basílica da Paz, onde os bispos se reuniam em concílio. Nesta última é que Agostinho pregava habitualmente. A ínsula incluía também a moradia do bispo e do clero. Em certo Sermão, Agostinho explica a presença junto a si de duas comunidades, leigos e clérigos: "Cheguei ao episcopado e vi que era necessário que o bispo oferecesse hospitalidade àqueles que iam e vinham, se o bispo não o fizesse, seria considerado não hospitaleiro e, se esse hábito fosse introduzido no mosteiro, isso levaria à desordem. Então, resolvi ter, na casa episcopal, um mosteiro de clérigos". Esse modelo se fundamenta principalmente em uma vida espiritual comum. O bispo e sua comunidade assistem juntos aos ofícios e à santa missa. Não se trata de uma vida fechada ao mundo. A oração e a vida comunitária são meios de fortalecer o nosso relacionamento pessoal com Deus para depois partirmos para anunciar a Cristo. A perseverança na oração frequentemente se alimenta da mútua cooperação. As palavras das Sagradas Escrituras são luminosas: "Eles mostravam-se assíduos ao ensinamento dos apóstolos, à comunhão fraterna, à fração do pão e às orações" (At 2, 42).

A vida em comum poderia fortalecer nossa coragem assim como ela estimulou Santo Agostinho a pregar, denunciar, censurar, edificar e suportar as exigências do Evangelho como um todo. É uma tarefa difícil, uma dura restrição e um grande esforço. Santo Agostinho amou esta vida, assim descrita por Catherine Salles: "Que as vossas obras sejam algumas vezes isso e outras aquilo, conforme o tempo, a hora, o dia. Podemos sempre falar? Sempre calar? Sempre recompor nossas forcas? Sempre jejuar? Sempre dar o pão aos indigentes? Sempre vestir quem está nu? Sempre visitar os doentes? Separar as brigas? Sepultar os mortos? Fazer às vezes uma coisa, às vezes outra, com calma, serenidade e amor. Mas o princípio que comanda essas ações assim como não começa também não deve acabar. Que a caridade fraterna permaneça, como está escrito".

É importante que tenhamos momentos de silêncio, momentos de estudo, momentos de atividade, momentos de lazer e momentos para estar diante de Deus para amá-lo intensamente.

Se a Igreja puder redescobrir essa vida de comunhão, seu testemunho será mais edificante e mais intenso o seu esplendor. Esse modelo poderia servir à Cúria, mas isso envolveria uma conversão radical e uma maior consciência de que trabalhamos para o Reino de Deus. O retiro da Quaresma desejado pelo papa Francisco fora de Roma vai nessa direção. Mas uma ocasião desta é insuficiente e muito específica.

Costuma-se dizer que estamos procurando maior colegialidade na Igreja. Mas qual é o modelo dessa colegialidade, senão os Apóstolos que perseveraram juntos na oração, tendo um só coração e uma só alma? Muitas vezes, criamos instituições, conselhos ou comissões para promover essa colegialidade. Por que não tomar como modelo os Apóstolos? Se quisermos formar um colégio eclesial, comecemos por orar juntos; devemos também ser assíduos ao Ofício Divino. Cada bispo poderia implementá-lo em sua catedral e, assim, dar o exemplo de uma vida de unidade eclesial com seus padres. Aí está a verdadeira fonte de caridade e unidade.

Estou consternado com o clima deletério que reina em certas assembleias da Igreja. A caridade foi substituída pela difamação, o trabalho pelo carreirismo e alegria pela inveja. O papa Francisco usou as palavras certas para descrever essa atmosfera e essa situação, declarando que os faladores, esses "tagarelas" são terroristas que matam com suas palavras vulgares e pretensiosas.

Os sacerdotes devem possuir o carisma do segredo e do silêncio. Se eles desperdiçarem este dom de Deus com palavras fáceis e superficiais, a confiança do povo de Deus se derreterá como a neve ao sol.

É possível um governo profético da Igreja?

O profeta é o intérprete de Deus. Ele dá o sentido da história, dos eventos e da política conforme os planos divinos. O profeta é apenas um canal: ele é a boca e os olhos de Deus, mas deve se apagar ocultando-se na palavra e na presença de Deus.

Os homens de Igreja devem ser verdadeiros profetas. Um profeta não pronuncia a sua própria palavra. Ele diz Deus [*il dit Dieu*]. As palavras dos falsos profetas são mentiras. Elas nos acariciam, mas são como venenos mortais. Elas enchem de escuridão o caminho, e nos perdemos. O papa, o bispo ou o padre não devem falar em seu nome, mas devem ser somente a voz e a presença de Deus.

Hoje, os falsos profetas tentam encantar e entorpecer o povo de Deus diluindo o Evangelho em uma linguagem ambígua e confusa, ameaçando enfraquecer nossa fé para obter a atenção benévola do mundo. O grande escritor Paul Claudel disse astutamente : "O evangelho é salgado e vocês o transformaram em açúcar". De tanto querer conciliar tudo, tornou-se insosso, a força de mudança do sal do Evangelho se perdeu. Se, para evitar as dificuldades inerentes ao testemunho da nossa fé, sacrificamos a verdade, então o cristão perde o seu sal; não serve para mais nada. Se o cristão, como um camaleão, assume a cor do seu ambiente, então ele não é mais o sinal tangível do Reino de Deus. Ao contrário, somos chamados a dar gosto ao nosso tempo por um claro e sólido testemunho de nossa fé católica. Tal é a responsabilidade que incumbe, em primeiro lugar, a todos os cristãos, e especialmente aos bispos e aos padres.

Hoje há falsos profetas que, por razões ideológicas, para agradar aos homens ou para tornar a Igreja mais atraente, falsificam a Palavra de Deus. A eles também, diz Jeremias: "O que vós profetizais é falso" (Jo 14, 14).

Depois da recente canonização do papa Paulo VI, não seria oportuno ponderar o exemplo desse papa profético? Ao publicar a encíclica *Humanae vitae*, por um lado, e o *Credo do povo de Deus*, por outro lado, Paulo VI nos ofereceu o exemplo de um governo profético, no sentido oposto às correntes e pressões.

O senhor considera que o modelo de Bento XVI retirado em seu mosteiro é uma mensagem para toda a Igreja?

Em um mundo onde Deus não conta mais, onde o espiritual foi reduzido a uma filosofia do bem-estar, Bento XVI é um farol extraordinário. Ele nos mostra que Deus merece todo o nosso amor, todo o nosso tempo, que a oração é a atividade mais importante do homem. O silêncio é a porta que nos dá acesso a Deus, permitindo-nos encontrá-lo.

Bento XVI continua a nos lembrar o valor superior das coisas do céu. Ele diz que Deus merece que se entregue tudo a ele. Para tanto, escolheu passar os últimos dias de sua vida terrena em silêncio, oração, leitura e meditação sobre a Palavra de Deus. Ele está à frente da grande corte de contemplativos que sustentam misteriosamente o mundo. O papa emérito opôs a contemplação e a oração às pequenas ambições terrenas. Humildemente, ele testemunha o absoluto divino: só Deus basta!

4
ACÍDIA E A CRISE DA IDENTIDADE

Nicolas Diat: Como caracterizar a situação espiritual do Ocidente?

Cardeal Robert Sarah: Creio que o Ocidente vive o que os Padres do Deserto chamavam "tentação do demônio meridiano", aquela que advém ao meio do dia, quando o calor é mais intenso. Chama-se acídia. É uma forma de depressão, frouxidão e lassidão espiritual. É uma espécie de atrofia da vitalidade interior, um desânimo, uma "atonia da alma", diz Evágrio Pôntico, no século IV.

Mais profundamente ainda, como enfatizado por Jean-Charles Nault, abade beneditino de St. Wandrille, em seu livro *O sabor de Deus, a acídia e o dinamismo do agir* [*La saveur de Dieu, l'acédie et le dynamisme de l'agir*], a tradição espiritual e monástica define acídia como tristeza que se apodera da alma em presença daquilo que deveria ser sua maior felicidade: a relação de amizade com Deus. Ela ataca a alegria que deve caracterizar a alma em seu relacionamento com Deus. A alma já não se alegra em conhecer e amar a Deus. Ela fica entediada, farta, e oprimida com as coisas de Deus. Ela preferiria amar outra coisa. O quê? Qualquer coisa! Tudo menos Deus. Essa tristeza diante do dom de Deus gera nela o desgosto por tudo o que poderia aproximá-la de Deus. A acídia é um desgosto geral de tudo o que constitui a vida espiritual. "Há monotonia apenas onde falta o amor", dizia Josemariá Escrivá em *Caminho*.

No retiro que pregou em presença de João Paulo II, em 1996, o cardeal Christoph Schönborn observava que "a maior crise da Igreja parece-me consistir nisso: já não ousar crer no bem que Deus realiza com os que e para aqueles que ele ama. Tradicionalmente, os mestres [da vida espiritual] chamaram de 'acídia' a essa falta de fé". De minha parte, irei ainda mais longe: o mal que caracteriza a sociedade ocidental é uma tristeza consciente de si mesma. O Ocidente se recusa a amar. Isso me parece infinitamente grave. Pois mata em si mesmo o motor de toda espiritualidade: o desejo de Deus. Diante da inebriante grandeza do chamado de Deus à santidade, o homem ocidental fecha-se em si mesmo. Faz biquinho. Recusa deixar-se atrair. Escolhe continuar na tristeza e recusa a alegria que Deus lhe oferece. O resultado dessa atitude é imediato. Uma amargura espessa se espalha nas almas e na sociedade. Todas as relações sociais são marcadas por esse desgosto profundo. Quando recusamos a vida divina, nada pode nos fazer felizes. A depressão conquistou o coração do homem ocidental. Ela se instalou e destila seu veneno perigoso.

Permitam-me citar as linhas dilacerantes de tristeza de Jean-Paul Sartre em *A náusea*: "Vem-me agora à pena a palavra 'absurdo' [...] O absurdo não era uma ideia na minha cabeça, nem um sopro da voz, mas aquela longa serpente morta a meus pés, aquela serpente de madeira. Serpente ou unha de carnívoro ou raiz ou garra de abutre, pouco importa. E sem formular claramente nenhum pensamento, eu compreendia que tinha encontrado a chave da existência, a chave das minhas náuseas, da minha própria vida. De fato, tudo quanto pude alcançar em seguida me fez voltar à noção desse absurdo fundamental". Recusamos que a alegria nos venha de outro que nós mesmos, que ela venha de Deus. Então, preferimos matar a esperança em nós. Resta apenas o terrível e monstruoso sentimento do absurdo. Não queremos ser incomodados pelo convite à infinita felicidade que Deus nos oferece. Preferimos ficar sozinhos com nós mesmos, fechados no ódio à nossa própria grandeza. De certo modo, creio que o Ocidente está experimentando a solidão radical e deliberadamente desejada dos condenados.

A história do Ocidente é contada no episódio do homem rico que lemos no Evangelho (Mc 10, 17-31). Esse homem busca a vida eterna. Seu coração está cheio do desejo de felicidade. Ele guarda os mandamentos. Ele é a figura do Ocidente cristão da primeira metade do século XX, generoso e cheio de grandes desejos. O Ocidente enviou missionários ao mundo inteiro. E, dele, podemos dizer o que o Evangelho diz daquele homem: "fitando-o, Jesus o amou e disse" (21), e o Senhor vai além e o convida a partilhar de sua alegria suprema e a segui-lo de mais de perto, "uma só coisa te falta: vai, vende o que tens, dá aos pobres, e terás um tesouro no céu. Depois, vem e segue-me" (Mc 10, 21). Jesus oferece àquele homem a sua intimidade. O Evangelho conclui: "Ele, porém, contristado com essa palavra, saiu pesaroso, pois era possuidor de muitos bens" (Mc 10, 22). Eis a história do Ocidente. No último momento, ele recusa entregar tudo. Ele se detém diante do sacrifício supremo. Estava com medo, estava agarrado às riquezas. Então, ele afundou na tristeza.

Quais são as consequências da acídia?

Acídia tem três consequências que são as marcas da sociedade ocidental contemporânea, torpor, azedume e fuga na agitação. De início, esse desespero leva ao torpor, a uma forma de paralisia lenta. Como se a vida se recusasse a desabrochar e florescer. Então, ante tal estado, observamos um rancor, um mau humor contra o bem que se recusou desejar. Finalmente, vem a fuga numa agitação desordenada, uma agitação que visa a esquecer o estado em que se fechou. Torpor, mau humor e agitação formam o trágico tríptico de nossos tempos. Ela afeta todos os estados de vida, como enfatiza D. Jean-Charles Nault em seu belo livro, *O demônio meridiano*.

Os casais são singularmente afetados. Quando alguém se recusa a entrar na alegria do amor conjugal com tudo o que é exigido de dom e de generosidade, uma forma de rotina se instala gradualmente entre os cônjuges. A avareza no dom de si produz frieza e torpor no amor. Não raro, os nossos contemporâneos já não acreditam que é possível amar por toda a sua vida. Estão como que desenganados. "É belo demais para ser possível", dizem eles ao falar da fidelidade. Fico impressionado de ver como os jovens relutam em se casar. Não se trata de uma forma de preguiça, mas de uma falta de esperança e de confiança em seu amor. Eles consentem à mediocridade no amor, renunciam aos grandes ideais. É a tentação da indiferença, da falta de entusiasmo. Ela inevitavelmente produz amargura e ressentimento em relação às famílias mais generosas. Vemos o alastramento de um discurso de desprezo à fidelidade e à fecundidade. Finalmente, os casais são tentados a substituir a alegria que deveria vir do dom de si mesmos por alguma agitação, por um borboletar. Alguns passarão de um parceiro a outro. Outros multiplicarão as atividades com que tentam esconder o vazio interior.

Observa-se o mesmo fenômeno entre sacerdotes e religiosos. Como o futuro papa Francisco enfatizou em seu livro *Amor, serviço e humildade*, "a acídia pode assumir muitas formas em nossa vida pastoral. [...] às vezes é a paralisia que já não consegue seguir o ritmo da vida. Em outras ocasiões, ela alcança o pastor saltimbanco que, com suas idas e vindas, mostra a incapacidade de se encontrar em Deus". Em todo caso, a recusa da alegria de entregar-se a Deus gera desgosto da vida cristã, de suas exigências, orações; a isso se soma a crítica amarga aos nossos irmãos padres ou bispos. Por fim, a acídia se traduz numa agitação frenética, viagens, presença excessiva na internet e redes sociais, que tentam preencher o vazio criado. Essa dispersão existe para esconder o medo de assumir sua tristeza e de reconhecer sua frieza, sua avareza no dom de si. Não estou dizendo que tudo isso é consciente. Apenas constato as etapas de um processo. Quero sobretudo enfatizar que a acídia é sempre "a síndrome do homem rico", a reação de um coração cansado demais para se doar. A certa altura, as pessoas recusam a se alegrar com o chamado de Deus para ir mais longe! O papa Francisco, em sua homilia de domingo, 14 de outubro de 2018, na missa de canonização de Paulo VI, tinha palavras categóricas: "Jesus é radical. Dá tudo e pede tudo: dá um amor total e pede um coração indiviso. Também hoje Se nos dá como Pão vivo; poderemos nós, em troca, dar-Lhe as migalhas? A Ele, que Se fez nosso servo até a ponto de Se deixar crucificar por nós, não Lhe podemos responder apenas com a observância de alguns preceitos. A Ele, que nos oferece a vida eterna, não podemos dar qualquer bocado de tempo. Jesus não Se contenta com uma 'porcentagem de amor': não podemos amá-Lo a 20%, 50% ou 60%. Ou tudo ou nada". Nesse sentido, a acídia é realmente uma ferida na nossa vida teologal. Ela é uma rejeição da alegria que a caridade deveria produzir em nós. Ela é uma indiferença ao dom que é o próprio Deus. É uma recusa da radicalidade do chamado de Deus.

Parece-me que não avaliamos bem a que ponto toda a cultura ocidental está marcada por essa indiferença *blasée* em relação a Deus, indiferença que gera tristeza e falta de esperança. "A admiração é um abandono feliz de si mesmo, a inveja é uma reivindicação infeliz do eu", disse Kierkegaard no *O desespero humano*. Não podemos descrever melhor a situação do Ocidente em relação a Deus. Creio que o homem contemporâneo recusa-se a adorar e admirar, a fim de não encontrar em outro do que em si mesmo a sua alegria mais profunda. O resultado é uma solidão invejosa e triste. O mal é tão profundo que pode afetar toda a vida espiritual, afastar da oração, enjoar das coisas de Deus. Estamos paralisados diante desse fenômeno, que atinge nossos meios de reação antes de nos darmos conta do avanço do mal.

Há remédio para isso?

Santo Tomás de Aquino diz que o melhor remédio para a acídia não está em nós, mas em Deus. É a encarnação, a vinda de Deus em nossa carne. De fato, como o céu parece tão distante e podemos nos cansar na busca de Deus, ele veio ao nosso encontro para tornar mais fácil nosso desejo de amá-lo, para tornar palpável o bem que nos oferece. Nesse sentido, creio que o Natal é o momento em que é mais fácil lutar contra a acídia. Ao contemplar a manjedoura, o Menino-Deus que se fez tão próximo, nosso coração não pode ficar indiferente, na tristeza e entediado. Nosso coração se abre, se aquece. Os cantos de Natal, os costumes que cercam essa festa estão impregnados da alegria simples de sermos salvos. Nesse sentido, a contemplação da encarnação é a fonte de todo remédio contra a acídia. É de lá que podemos tirar força para por em ação o que os Padres do deserto, os primeiros monges da história da Igreja, recomendam. Sua experiência pode ser resumida em uma palavra: perseverança! E a perseverança já supõe aceitar a acídia como uma prova. "Pesada é a tristeza, intolerável é a acídia. Mas as lágrimas diante de Deus são mais fortes do que as duas", diz Evágrio. O único remédio é o retorno à oração, pois ela é uma energia e uma força interiores cuja fonte é o próprio Deus. A ascese, a mortificação, os atos de penitência e a renúncia são modos humildes e pobres de manifestar a nossa perseverança no combate espiritual.

Gostaria de enfatizar que a perseverança, que permite superar a acídia, é alegre. Não se trata de um endurecimento pelagiano da vontade. A acídia é uma tristeza que parece não ter motivos específicos, porque, na realidade, não está faltando nada, mas ela atinge o dinamismo espiritual em si mesmo. Então, para lutar, não há nada a fazer senão ser fiel ao próprio compromisso, perseverar na oração e ter cuidado para não questionar tudo. E o que temos que manter acima de tudo é a alegria interior e sobrenatural de nos sabermos salvos e amados por Deus. "Dá-me a alegria de ser salvo", diz o Salmo 50,12. Por isso, acho fundamental para o Ocidente redescobrir o sentido da ação de graças! Maravilhar-se é próprio das crianças. Um velho indiferente já não se surpreende com mais nada, já não se encanta com nada. O Ocidente às vezes parece um velho amargurado. Falta-lhe a candura da criança. Do ponto de vista espiritual, os continentes que conheceram a Boa-Nova mais recentemente ainda estão maravilhados e encantados com a beleza das coisas de Deus e com as maravilhas de sua ação em nós. O Ocidente talvez esteja muito habituado com elas. Já não vibra de alegria diante da manjedoura, não chora de gratidão diante da Cruz, não estremece de deslumbramento diante do Santíssimo Sacramento. Acho que as pessoas precisam se surpreender para adorar, para louvar, para agradecer a este Deus tão bom e tão grande. A sabedoria começa com o deslumbramento, dizia Sócrates. A incapacidade de maravilhar-se é o sinal de uma civilização moribunda.

O senhor falaria de uma ruína do sagrado?

Tudo o que está relacionado a Deus é sagrado. Quanto mais uma realidade é marcada pelo selo divino, mais ela nos inspira os sentimentos que invadem nossa alma da presença do próprio Deus. Esses sentimentos formam o que é chamado de senso do sagrado. Como caracterizá-los? Por um lado, há o temor da alma que adora, o recolhimento respeitoso diante de uma realidade que nos supera e, por outro lado, há o desejo de nos aproximar e de entrar em comunhão com essa realidade fascinante e desejável. Esses dois sentimentos não são contraditórios. Eles estão ordenados um ao outro.

Para poder entrar em comunhão com as coisas divinas, é preciso aceitar reconhecer-se como alguém radicalmente indigno. Se não se entra no temor e na adoração, não se alcançam o amor e a união. Vejam no Evangelho a experiência de São Pedro quando da pesca milagrosa (Lc 5, 1-11). Que cena magnífica! Imaginem as margens do Lago Tiberíades de manhãzinha. Os Apóstolos lavam suas redes à margem depois de terem trabalhado a noite toda sem conseguir nada. Deviam estar exaustos, bêbados de cansaço e caindo do sono. Jesus passa e sobe em um barco para ensinar a multidão e, de repente, pede a Simão Pedro para fazer-se ao largo e lançar as redes. Imaginemos a troca de olhares que deve ter se seguido, os segundos de hesitação no coração de Simão Pedro. Ele era um pescador profissional. Sabia bem que, do ponto de vista humano, era impossível realizar uma pesca abundante depois de uma noite em vão. Ele poderia ter protestado, apoiando-se em sua experiência profissional para contradizer Jesus. Sabemos que Pedro não tinha um temperamento fácil; ele poderia se zangar e explicar ao Senhor que, em matéria de pescaria, ele era um especialista. Mas Pedro decide confiar no Senhor: "em tua palavra, lançarei as redes" (Lc 5, 5). Pedro decide abrir mão de seus apoios humanos e se fiar unicamente na palavra de Jesus. E eis que as redes se enchem a ponto de romper. Pedro aceitou entrar na fé e lhe foi dado experimentar concretamente a onipotência de Deus. Como reagiu ele? Ele pulou de alegria diante dessa manifestação da glória divina? Ele se pôs imediatamente a louvar a glória do Altíssimo? Não, ele se prostra diante de Cristo e proclama: "Afasta-te de mim, Senhor, porque sou um homem pecador!" (Lc 5, 8). Imaginem as margens desse lago de beleza tão especial. A ambientação é ótima. A natureza forma o cenário maravilhoso de um gesto que constitui o primeiríssimo ensinamento do primeiro de nossos papas. Os companheiros de Pedro então se preparam para desembarcar, mas Pedro está de joelhos, prostrado com o rosto no chão diante de Jesus. O chefe dos Apóstolos nos ensina o senso do sagrado. Ele nos mostra pelo exemplo que o temor sagrado é a porta de entrada que nos leva à intimidade divina. Não posso aceder à presença de Deus de igual para igual. Devo me fazer pequeno para que ele me admita gratuitamente à sua infinita grandeza.

A questão do senso do sagrado não é apenas uma questão de disciplina litúrgica. Ela condiciona a vida espiritual e, ouso dizer, até a vida mística. Ensinar os cristãos a desprezar o senso do sagrado como uma realidade secundária significa privá-los da plenitude da intimidade com Deus. Os liturgistas que olham com desdém as manifestações desse senso de adoração sagrada carregam uma pesada responsabilidade espiritual. Sinto-me tocado por esta palavra de Jesus a Santa Catarina de Siena: "Eu sou aquele que é; tu és aquela que não é!". E, no entanto, era sublime a intimidade dessa dominicana italiana com o Senhor Jesus. Ela pôde dizer também: "Somos apenas um com o nosso amigo. Somos apenas um com o nosso mestre".

Creio que a união mística mais profunda supõe o senso de distância sagrada e de adoração. Não podemos deixar de manifestar a nossa pequenez e nossa indignidade em presença da majestade divina. Essa manifestação é a marca de uma alma delicada. Todas as atitudes que equivalem a deitar a mão sobre Deus destroem a nossa justa relação com ele e impedem que intimidade se estabeleça. Penso aqui na atitude displicente durante a liturgia. Penso na atitude que, por vezes, se verifica no momento da comunhão eucarística que se passa sem a manifestação de nenhum gesto de adoração. Não deveríamos, em vez disso, deixar-nos alimentar como criancinhas? Os sacerdotes têm uma grande responsabilidade. Nesse particular, eles devem ser exemplares. Nas igrejas do Oriente, não se sai da casa de Deus senão andando de costas! Por outro lado, quantas igrejas ocidentais servem de salas de concerto? Fala-se como se estivesse num lugar qualquer, numa sala comum de reunião. Nosso verdadeiro modelo é Moisés diante da sarça ardente! Que não se diga que o essencial é a atitude interior, pois ela só tem consistência e duração se se manifesta por gestos exteriores e concretos.

No Ocidente, o desaparecimento de Deus resultou no banimento de tudo o que é sagrado na vida humana. O sagrado tornou-se algo quantitativamente negligenciável. A ruptura entre o homem e Deus parece cada vez maior, a ponto de a dessacralização não provocar mais reação alguma. Passamos ao lado de coisas eminentemente sagradas sem sermos tomados pelo respeito e temor que elas inspiram. Gostaria de enfatizar uma consequência inesperada desse fenômeno. Pois o senso do sagrado se expressa por todos os limites, todas as separações que cercam e protegem as realidades sagradas, a igreja, o coro, o altar, o tabernáculo. Hoje, em muitos lugares, tudo ficou acessível a todos. Removeram-se os limites simbólicos como a mesa de comunhão que cercava o presbitério da igreja e os degraus do altar. A consequência disso é que tudo se tornou comum ou mesmo profano.

Ao rejeitar a presença do sagrado em nossas vidas, criamos um mundo uniforme e sem relevo, um mundo achatado. É indiferente estar numa igreja ou numa sala de espetáculo para celebrar a missa. Tanto faz celebrar sobre um altar consagrado ou sobre uma mesa qualquer. Dessa maneira, em tais condições, poderíamos experimentar o que diz o salmista: "irei ao altar de Deus, ao Deus que me alegra" (Sl 42, 4).

Em um mundo onde tudo está no mesmo nível, tudo se torna tristemente igual. Um mundo profano, diria profanado, é um mundo sem alegria. No fundo, a perda do senso do sagrado causa tristeza. Que encantamento para um jovem coroinha aproximar-se do altar pela primeira vez! Sua alegria é ainda maior quando se aproxima de Deus. Para isso, ele se reveste das vestes sagradas dos ministros. O sagrado é um bem precioso, é a porta de entrada da alegria neste mundo. Ele nos permite partilhar alegrias profundas. Quem nunca estremeceu profundamente na vigília de Páscoa ao seguir a chama do círio pascal no meio da noite? Quem nunca provou a alegria espiritual que é cantar o grande *Salve Regina* em um mosteiro? O estremecimento que esse canto inspira é um sobressalto de alegria. As vozes dos monges se unem para proclamar o amor a Nossa Senhora nesse canto lento, grave e solene que expressa de forma luminosa o verdadeiro senso do sagrado, um temor jubiloso e confiante. Experimentamos literalmente em nossa carne as palavras de Dante: "O sagrado é o que une as almas". Acrescentaria que o sagrado as une em uma profunda alegria.

Perdemos esses grandes sinais sagrados que deveriam fazer a unidade e a alegria do povo cristão. Vê-se doravante as pessoas recorrerem a práticas mágicas e pagãs que não passam de caricaturas do sagrado. Tal comportamento mostra o quanto o clero criou uma fome de gestos sagrados entre os fiéis. É tempo de reencontrarmos a simplicidade de São Pedro às margens do lago!

Deus não se tornou, para o homem moderno, algo insignificante em meio a uma multidão de ocupações e prazeres?

Em primeiro lugar, gostaria de descrever algo que me parece sintomático do mundo moderno. Em muitas livrarias, a espiritualidade está incluída na seção de "autoajuda", "desenvolvimento pessoal". Conseguimos fazer de Deus um meio para a nossa realização e autossatisfação. Que inversão! Creio que isso manifesta uma inversão completa da lógica da fé. Deus não está a meu serviço. Evidentemente, só posso ser feliz por meio dele e com ele. Crer em Deus não contraria a nossa felicidade. Mas temos que colocar as coisas em ordem.

Fomos criados para amar, louvar e servir a Deus. Outrora essa era a primeira frase do catecismo ensinado às crianças. Que sabedoria! Deus não é um elemento da minha vida, um aspecto secundário dentre todas as minhas ocupações. Ele é meu tudo. "Só Deus basta", dizia Teresa de Ávila.

Nossos contemporâneos vão à igreja para ver uma obra de arte, raramente a Deus. Quando estão presentes em uma celebração eucarística, passam grande parte do tempo tirando fotos ou mexendo no celular. Na vida familiar ou profissional, Deus está ausente. Há poucas famílias que se levantam e se vão dormir dirigindo seu olhar para o céu. No Ocidente, Deus se tornou como os pais idosos que foram para o asilo aos quais nos esquecemos de visitar. Deus deve se adaptar ao nosso horário e ao nosso cansaço. Se lhe damos um pouco de espaço, achamos que estamos fazendo muito. Que ilusão!

No entanto, vejo também que há famílias cristãs que colocam a Deus no centro de suas vidas. Nelas, a oração comum é uma coisa evidente. Em certas cidades, vi muitos fiéis participarem diariamente não só da Eucaristia, mas também da liturgia das Horas. Essas famílias colocam Deus em seu devido lugar. Elas constroem suas vidas sobre o único fundamento sólido. Elas são a esperança da Igreja.

Podemos chegar ao ponto de evocar um retorno do politeísmo?

Vivemos em um sistema pagão no qual os deuses nascem e morrem em função de nossos interesses. Não queremos o verdadeiro Deus único. Então, fabricamos nossas próprias divindades.

Criamos deuses e, também, profetas e sacerdotes em função dos humores, conforme a maré. O mundo pós-moderno é o reino dos ídolos, dos feiticeiros e dos astrólogos. Esses deuses e seu clero são cruéis. Eles não têm nada a ver com a vida e a alegria. Atrás das cortinas negras de um falso humanismo, eles estão a serviço do capitalismo financeiro. Creio que no topo desse novo panteão está entronizado o ídolo do dinheiro. Gostaria de recordar as palavras pronunciadas por Bento XVI em Paris: "à exceção do povo de Israel, que tinha recebido a revelação do Deus único, o mundo antigo estava submetido ao culto dos ídolos. Muito presentes em Corinto, os erros do paganismo tinham que ser denunciados, porque constituíam uma forte alienação e desviavam o homem do seu verdadeiro destino. Impediam-lhe de reconhecer que Cristo é o único e o verdadeiro Salvador, o único que indica ao homem o caminho para Deus. Esse convite para fugir dos ídolos permanece válido também nos dias de hoje. O mundo contemporâneo não criou, porventura, os seus próprios ídolos? Acaso não imitou – talvez sem dar por isso – os pagãos da Antiguidade, desviando o homem do seu fim verdadeiro, da felicidade de viver eternamente com Deus? Trata-se de uma questão que todo o homem honesto consigo mesmo não pode deixar de se colocar. O que é importante na minha vida? O que é que ponho em primeiro lugar? A palavra 'ídolo' deriva do grego e significa 'imagem', 'figura', 'representação', mas também 'espectro', 'fantasma', 'vã aparência'. O ídolo é um engano, porque desvia da realidade quem o serve para o encerrar no reino da aparência. Pois bem, não será essa uma tentação própria da nossa época, a única na qual podemos agir eficazmente? Tentação de idolatrar um passado que já não existe, esquecendo as suas carências; tentação de idolatrar um futuro que ainda não existe, julgando que o homem possa, simplesmente com as suas forças, realizar a felicidade eterna na terra! São Paulo explica aos Colossenses que a cobiça insaciável é uma idolatria (Cl 3, 5) e recorda ao seu discípulo Timóteo que "a avidez pelo dinheiro é a raiz de todos os males. Por se terem apegado a isto, esclarece ele, alguns desviaram-se da fé e enredaram-se em muitas aflições" (1Tm 6, 10). Porventura o dinheiro, a sede do ter, do poder e mesmo do saber não desviaram o homem do seu Fim verdadeiro, da sua própria verdade?

O coração de muitos cristãos está dividido entre o amor ao único Deus verdadeiro e a veneração desse ídolo que é dinheiro. Nesse sentido, tornaram-se verdadeiros politeístas. Se existe apenas um Deus, então todo o resto é relativo. O amor ao dinheiro se manifesta na preocupação excessiva que ele provoca. Vejo pessoas cujo padrão de vida é seguro e invejável se preocuparem com o estado de suas contas bancárias. Vejo cristãos se instalarem na posse sem se preocuparem com o desapegar dos bens. As palavras de Jesus são claras: "mas, ai de vós, ricos, porque já tendes a vossa consolação!" (Lc 6, 24). Creio que o apego aos bens materiais é como uma anestesia que nos impede de sentir nossa fome de Deus. Ao se imaginar saciado pela abundância de bens materiais, pode-se acabar morrendo de fome espiritual. A solução deve ser radical e nos é recordada por um Padre da Igreja, Clemente de Alexandria: "é injusta toda posse que alguém detém para si mesmo, como se fosse própria, e que não é posta a serviço dos que precisam". Se não nos separarmos das riquezas pelo senso de gratuidade e do serviço, elas nos sufocarão.

O senhor acha que é possível ligar as profanações simbólicas do nosso tempo e esse novo reino do politeísmo?

As profanações se multiplicam. São incontáveis as igrejas profanadas e conspurcadas. Às vezes, o alvo são as imagens da Santíssima Virgem, às vezes é o próprio sacrário que é visado. Os próprios cemitérios não são mais considerados espaços sagrados. Os mortos não são respeitados; suas moradas são saqueadas.

Todas as vezes que ocorre um ataque às coisas sagradas, é Jesus quem se ataca frontalmente; mexe-se com a Igreja inteira. Quando um lugar consagrado à adoração de Deus é atacado, o coração de cada cristão é como que quebrado. Os profanadores atacam o Santíssimo Sacramento, tratando com ódio e desprezo o Deus Todo-Poderoso, que se tornou pequeno e fraco para nos salvar. Oremos por eles, para que, em suas almas, o ódio diabólico dê lugar ao temor respeitoso de Deus e à adoração agradecida. Em verdade, são seus próprios corações, habitados por satanás, que estão profundamente profanados.

Não nos surpreendamos ao experimentar a rejeição e o ódio. O amor de Deus pelos homens, que se manifestou no nascimento de Jesus, desencadeou a cólera do diabo. Lembremo-nos que o horror do massacre dos santos Inocentes veio logo depois da alegria do Natal. Quando Deus revela sua doçura e seu amor, o diabo responde com violência cega e gratuita. A Igreja está no mundo como sinal de contradição. Quanto mais ela prega Aquele que é "o Caminho, a Verdade e a Vida" (Jo 4, 6), mais ela incomoda e mais ela é rejeitada.

A Igreja lembra constantemente ao mundo o que ele se recusa a ouvir: é mediante a Cruz que somos salvos. A Cruz revela ao mesmo tempo o infinito amor de Deus e a insondável miséria humana. Como se surpreender que o sinal da Cruz provoque tanto ódio? "O servo não é maior que seu senhor. Se eles me perseguiram, também vos perseguirão; se guardaram minha palavra, também guardarão a vossa", advertiu Jesus (Jo 15, 20). Muitos cristãos hoje são perseguidos em todo o mundo em meio ao silêncio ensurdecedor da mídia e a indiferença cúmplice dos poderosos. Pessoas consagradas, padres e religiosos e religiosas são sequestrados e assassinados em condições sórdidas. O diabo se manifesta apenas por meio do ódio. Ele não constrói nada, ele destrói. Seu nome é nada.

O senhor frequentemente evoca as marcas do diabo...

O sinal de Satanás é a divisão. Hoje existem sérios conflitos dentro do clero. O diabo está em festa. O diabo gosta de dividir a Igreja. O príncipe das trevas quer antes de tudo fazer que nos oponhamos uns aos outros. Ele nos arma uma armadilha terrível por meio da midiatização da menor das declarações episcopais. Todo mundo é convocado a tomar partido e a escolher seu lado. Mas na Igreja, não há partido! Não há lado! Os sínodos não são assembleias políticas. Será que cada cristão deveria julgar sobre tudo? Ter opinião sobre tudo? Essa politização, por vezes histérica, do que deveria ser um debate pacífico entre os teólogos que amam ao mesmo Deus é a marca do diabo. Ele nos atrai para o seu terreno. Isso nos incita ao ódio, à invectiva, à manipulação e ao cálculo maquiavélico. Devemos desistir de denunciar o erro? Claro que não! Mas devemos fazê-lo com um espírito católico, isto é, profundamente sobrenatural e benévolo.

Quando a barca da Igreja enfrenta a tempestade, o demônio tenta nos pôr em pânico. Ele semeia angústia. Ele instila a dúvida e a suspeita. Procuramos um bode expiatório para nos vingar por essa inquietação. Com a certeza de defender o bem, promovemos o ódio. Então o diabo desanda a rir friamente. Ele venceu, os filhos de Deus se enfurecem. O espírito de fé e caridade é coberto pela névoa glacial da desconfiança e da falsidade. Ouçamos a palavra de Jesus na tempestade: "Por que tendes medo, homens fracos na fé?" (Mt 8, 26). Se Jesus está no barco conosco, mesmo que ele pareça dormir, não corremos perigo. A paz e a alegria são os sinais de Deus, o medo e a tristeza são os atributos do inferno.

O diabo também gosta de lançar mão da confusão. "A tática do diabo é nos propor o 'razoável'. Sim, ele é o príncipe dos mornos, o rei do conchavo. Sua finalidade não é nos fazer cair em erros específicos, mas nos deixar na imprecisão. Porque é impossível tocar a vida com ideias vagas e, portanto, é impossível tornar-se santo nessas condições", declarava o padre dominicano Marie-Dominique Molinié.

Ele tenta nos fazer acreditar que o pecado não tem grande importância e que podemos transgredir a Lei de Deus sem nos preocuparmos muito. Satanás acaba obscurecendo a nossa justa percepção de Deus em seu relacionamento com os homens. Ele nos engana e nos tranquiliza para que o reino do pecado estenda a sua escuridão. Mas nós conhecemos essa bela palavra do Salmo: "Bem-aventurado é o homem cuja confiança é o Senhor" (40, 4). Fora dele, não há, para quem crê, nada mais que verdade incompleta e parcial.

O diabo quer destruir a Igreja atacando, primeiro, o sacerdócio. Satanás pretende destruir os padres e o ensino da doutrina. Ele abomina a liturgia, os sacramentos e a sucessão apostólica. Ao tentar atacar e ao encalço das pessoas consagradas, ele quer ridicularizar a Igreja. Os padres lhe fazem medo porque são os ministros da misericórdia. Ele sabe que será vencido pela misericórdia. Ele procura instilar a indiferença e a dúvida entre os sacerdotes. Ele procura conquistar os corações de alguns e fazê-los abandonar a castidade. Pior ainda, ele levou alguns sacerdotes à profanação dos corpos das crianças. Como não ver a obra de Satanás nas vidas de sacerdotes ou bispos que se comportaram como predadores, espalhando o mal e a morte espiritual em torno deles? Como não ver que, atacando ao mesmo tempo os sacerdotes e as crianças, o diabo revela seu ódio a esses dois reflexos da bondade divina?

O discurso aos bispos americanos, proferido pelo cardeal Karol Wojtyla, em agosto de 1976, continha um extraordinário poder profético: "Hoje enfrentamos o maior confronto da história que a humanidade já conheceu. Não creio que a sociedade americana como um todo, ou que a comunidade cristã como um todo, o compreenda plenamente. Hoje estamos diante da luta final entre a Igreja e a anti-Igreja, entre o Evangelho e o antiEvangelho, entre Cristo e o anticristo. Esse confronto faz parte dos planos da Divina Providência. Ela está, portanto, no plano de Deus e é, provavelmente, uma provação que a Igreja deve aceitar e enfrentar com coragem". Ele continuou sua reflexão em um discurso em Fulda, em novembro de 1980: "Devemos estar preparados a padecer grandes provações num futuro não muito distante; provações que nos exigirão estar dispostos a dar as nossas próprias vidas, e um dom de nós mesmos a Cristo. Por vossas orações e minhas, é possível aliviar essa tribulação, mas não é mais possível evitá-la. [...] Quantas vezes a renovação da Igreja não veio por meio do sangue! Não será diferente desta vez".

Ao longo das últimas décadas, a ação dos papas se consistiu essencialmente em repelir os assaltos do demônio, ao oferecer ao mundo um ensinamento espiritual, doutrinal e moral claro, fiel à tradição da Igreja. Dessa maneira, eles queriam oferecer alimentos saudáveis ao povo de Deus, alimentos que lhes dessem força em vista do combate que hoje se trava. Penso que não devemos ter medo do diabo. Ele faz barulho, ele se agita. No entanto, toda a sua ação é vã. O bem não faz barulho. Ele constrói com paciência e perseverança. O demônio tinha tanto medo do pobre cura d'Ars que tentava impedi-lo de dormir. O demônio treme diante dos santos, por isso, ele tenta encobrir sua obra silenciosa e discreta com gritos e gesticulações. Não nos deixemos prender no jogo patético desse mentiroso.

"Nada podemos contra a verdade", disse o Apóstolo Paulo em sua Epístola aos Coríntios.

Na Segunda Epístola aos Coríntios, encontramos essa frase extraordinária: "nada podemos contra a verdade, mas só temos poder em favor da verdade" (2Cor 13, 8). Esta passagem de São Paulo expressa o primado absoluto da verdade. Ela nos remete ao diálogo trágico entre Pilatos e Jesus. Pilatos é o homem do poder. Ele não entende quem é Jesus, esse rei sem aparência de poder humano. Jesus tenta fazê-lo entender que o poder dominador não é nada em comparação à verdade. Então Pilatos se refugia no questionamento. A verdade lhe dá medo. Nosso mundo é como Pilatos. Ele sabe que a verdade ameaça esmagar seu império, então ele se esconde atrás da dúvida: O que é a verdade?

Ele diz que esta pergunta não tem existe resposta. No debate político ou jurídico, a questão da verdade é um tabu. Queremos ignorar o fato de que a verdade possa ser conhecida. "Ela se torna reconhecível se Deus se torna reconhecível. Ele se torna reconhecível em Jesus Cristo. Nele, Deus tem entrado no mundo e, ao fazê-lo, ele erigiu o critério da verdade no coração da história. Externamente, a verdade é impotente no mundo, exatamente como Cristo, segundo os critérios do mundo, não tem poder, ele não tem uma legião à sua disposição. Ele é crucificado. Mas é precisamente assim, na total ausência de poder, que ele é poderoso, e só assim a verdade se torna sempre uma vez mais um poder", diz Bento XVI em *Jesus de Nazaré*. E acrescenta: "A realeza anunciada por Jesus em parábolas e, por fim, abertamente perante o juiz terreno, é precisamente a realeza da verdade. Erigir essa realeza como a verdadeira libertação do homem, eis de que se trata".

Há apenas a verdade que é poderosa por si mesma e não precisa se apoiar na força das armas ou do dinheiro. Nosso mundo se cobre com um véu diante da verdade e não a quer ver. Muitos homens do nosso tempo se encrispam e se afastam com desdém quando falamos da verdade ou nos referimos a uma verdade objetiva que nos precede. Isto lhes parece sinônimo de dogmatismo e intolerância, algo contrário ao progresso. Mas a verdade é luz, uma realidade incontestável e libertadora. A verdade é indestrutível porque vem de Deus, ela é um rosto de Deus.

Na raiz de todas essas crises, podemos considerar que há, em princípio, uma crise da teologia moral?

Efetivamente, o domínio da teologia moral tornou-se um campo de tensão entre os teólogos. Muitas pessoas recusam a obediência ao magistério da Igreja nesse âmbito. As consequências, infelizmente, são imediatas para o povo cristão.

Enquanto a teologia dogmática nos ensina o que Deus revelou e o que pode ser deduzido pela razão iluminada pela fé, a teologia moral propõe mostrar-nos o que é preciso fazer. Na Igreja, o cardeal Garonne lamentava que "os teólogos [...] têm a tendência de se fazerem árbitros das situações e de entenderem a sua vocação como um verdadeiro magistério do qual o magistério dos bispos não seria mais que um eco fiel". Tanto os princípios da teologia moral fundamental como as virtudes sobrenaturais, especialmente a da religião, e a lei natural ou o Decálogo, especialmente a justiça e a castidade, são aviltados.

A crise da teologia moral fundamental deve-se ao obscurecimento do sentido do bem. A moral não visa a nos impor uma lei forçada vinda de fora. Ela indica o caminho na direção do nosso bem. O bem é basicamente a verdade daquilo que somos. Eis por que é falso dizer que a Igreja impõe um peso, um fardo opressivo que pesaria sobre a liberdade dos cristãos. A Igreja apenas indica o caminho da felicidade plena e da verdadeira liberdade.

Uma falsa concepção de bem, substituída pela do dever, dá origem a teorias errôneas como o consequencialismo. Segundo esse sistema, nada em si é bom ou mau, a bondade de um ato depende unicamente de seu fim e de suas consequências previsíveis. Então, o fim justifica os meios. Existe uma forma americana de consequencialismo moderado – o proporcionalismo –, em que a moralidade da ação deriva do cálculo da proporção de bem e de mal que o sujeito vê nela implicados.

A respeito dessas construções intelectuais, João Paulo II pôde dizer que "quando situações concretas se opõem ao que a lei moral prescreve, é porque, no fundo, não se crê mais que a lei de Deus é o único verdadeiro bem do homem" (*Veritatis splendor*, 84).

Como se pode afirmar que, em certas situações, uma atitude que contradiz a verdade profunda do ser humano tornar-se-ia boa ou necessária? É impossível! "As circunstâncias ou intenções nunca poderão transformar um ato intrinsecamente mau por seu objeto em um ato 'subjetivamente' bom ou defensável como opção" (*Veritatis splendor*, 81).

Portanto, não há nenhuma situação em que a norma moral não possa ser implementada. De fato, isto implicaria que o Criador se contradiz e nos pede para ir contra a ordem sábia que ele mesmo inscreveu na Criação. Esta é uma questão pastoral importante. É falso opor a verdade da lei às realizações práticas contrárias. A afirmação de uma gradualidade da lei em matéria de preceitos negativos que proíbem atos intrinsecamente ruins é um erro que se tornou comum. Não devemos opor a prática pastoral à verdade universal da lei moral. O cuidado pastoral concreto está sempre em busca dos meios mais apropriados para implementar a doutrina universal, nunca para derrogá-la.

Creio que a verdadeira fonte da crise da teologia moral é o medo que invadiu os corações dos clérigos. Temos medo de passar por inquisidores cruéis. Não queremos ser impopulares aos olhos do mundo. No entanto, como recorda São Paulo VI, que encarou essa situação quando da sua encíclica sobre a contracepção: "Não minimizar em nada a doutrina salutar de Cristo é forma de caridade eminente para com as almas" (*Humanae vitae*, 29).

Caros irmãos sacerdotes, proclamar a Boa-Nova do Evangelho é nosso dever como pais, guias e pastores! De nossa parte, os silêncios, as incertezas ou as ambiguidades têm por consequência esconder a verdade humana e cristã, dela privando os fiéis mais simples. Por amor paternal a eles, por zelo missionário, por generosidade na evangelização, não tenhamos medo de pregar e anunciar esta Boa-Nova. Paulo VI nos deu um bom exemplo de caridade pastoral, não tenhamos medo de imitá-lo! Nosso silêncio seria cúmplice e culpável.

Não abandonemos os cristãos às sereias enganadoras da facilidade! Notemos também que o nosso celibato é uma garantia de credibilidade. Se realmente vivemos a alegria de uma vida de continência total doada pelo Reino, poderemos pregar a alegria de uma vida cristã exigente. É claro que, quanto mais vigor pregarmos a verdade, tanto mais saberemos acompanhar as pessoas com paciência e bondade, como o Senhor fez, ele que era intransigente com o mal e misericordioso com os pecadores.

A fé não é um clamor desordenado, um ato político ou uma estratégia de comunicação midiática. Ela é uma participação na verdade divina em si mesma.

Haveria então uma crise da virtude da religião, da liturgia e dos sacramentos?

Não creio que seja exagero dizer que a Igreja está passando pela mais séria crise do sacramento e do sacrifício da Eucaristia em sua história. O *aggiornamento* da liturgia não produziu todos os frutos esperados. É imperativo continuar os esforços para eliminar todos os aspectos folclóricos que transformam a Eucaristia em um espetáculo. Na celebração da missa, as fantasias mais incríveis acabaram por embotar o mistério pascal. Músicas estranhas eram tocadas durante as missas. Houve mesmo missas "temáticas". O respeito às regras litúrgicas não foi suficientemente protegido. Fidelidade significa também respeitar as normas litúrgicas promulgadas pela autoridade eclesiástica, excluindo tanto as inovações arbitrárias e descontroladas quanto a teimosa rejeição do que foi legitimamente planejado para os ritos sagrados e neles introduzido.

Joseph Ratzinger considerou, com razão, em *A fé em crise?*: "Não foram feitas objeções suficientes ao achatamento racionalista, à tagarelice vã, ao infantilismo pastoral, que rebaixam a liturgia ao nível de um clube de aldeia [...]. Mesmo as reformas já realizadas, particularmente no que diz respeito ao ritual, devem ser examinadas deste ponto de vista".

Além disso, após os anos 1960, algumas das riquezas da liturgia foram abandonadas, como a invariância hierática, mas também a unidade geográfica e histórica assegurada pelo latim como língua da liturgia, pelos ritos transmitidos, pela beleza da arte e da solenidade que os acompanhava. O desaparecimento da unidade linguística na liturgia em favor das línguas vernáculas é, em minha opinião, um possível fator de divisão. Pois não foram certos mal-entendidos entre gregos e latinos que originaram o cisma entre as Igrejas cristãs do Oriente e do Ocidente?

O Concílio Vaticano II pede expressamente que a língua latina seja preservada. Fomos fiéis a ele? O uso do latim em algumas partes da missa pode ajudar a redescobrir a essência profunda da liturgia. Uma realidade fundamentalmente mística e contemplativa, a liturgia está além do alcance de nossa ação humana. No entanto, ela supõe de nossa parte uma abertura ao mistério celebrado. Assim, a constituição conciliar sobre a liturgia recomenda a compreensão plena dos ritos, e prescreve "que os fiéis podem dizer ou cantar juntos em latim as partes do ordinário que lhes cabem". De fato, a compreensão dos ritos não é trabalho apenas da razão humana, que por si só devesse entender, compreender e controlar tudo. Mas teríamos a coragem de seguir o Concílio até esse ponto? Encorajo os jovens sacerdotes a abandonarem corajosamente as ideologias dos criadores das liturgias horizontais e a voltarem às diretrizes do *Sacrosanctum concilium*. Que suas celebrações litúrgicas levem os homens a encontrar Deus face a face e a adorá-Lo, e que esse encontro os transforme e divinize. "A liturgia é principalmente e acima de tudo a adoração da majestade divina", nos ensina o Concílio. Ela nos coloca na presença do mistério da transcendência divina. Ela tem valor pedagógico apenas na medida em que é inteiramente dedicada à glorificação de Deus e ao culto divino: "Cristo não aboliu o sagrado, mas o trouxe à sua realização, inaugurando um novo culto, que sem dúvida é totalmente espiritual, mas que, no entanto, enquanto estamos a caminho no tempo, ainda se serve de sinais e ritos", disse Bento XVI em sua homilia na festa do Corpus Christi, em junho de 2012.

Creio que é importante salvaguardar as riquezas da liturgia que a grande tradição da Igreja nos transmitiu. Em particular, a orientação do altar, que temos em comum com a maioria das Igrejas Orientais, unidas ou separadas de Roma. Já tive a oportunidade de dizer como esse ponto é importante. Trata-se de saber para quem queremos olhar e em direção a quem queremos ir. É para o glorioso Senhor que vem do Oriente? "Quando olhar para Deus não é decisivo, todo o resto perde sua orientação", nos diz Bento XVI em seu prefácio à versão alemã de suas *Obras completas Sobre a liturgia*. A recíproca é verdadeira: quando perdemos a orientação do coração e do corpo para Deus, deixamos de nos determinar em relação a Ele; literalmente, perdemos o sentido da liturgia. Orientar-se para Deus é, acima de tudo, um fato interior, uma conversão da nossa alma ao único Deus. A liturgia deve operar em nós essa conversão ao Senhor, que é o Caminho, a Verdade, a Vida. Para isso, ela usa sinais e meios simples. A celebração *ad orientem* é uma delas. Ela é um dos tesouros do povo cristão que nos permite preservar o espírito da liturgia. A celebração orientada não deve se tornar a expressão de uma atitude partidária e polêmica. Pelo contrário, deve permanecer a expressão do movimento mais íntimo e essencial de qualquer liturgia: voltar-se para o Senhor.

A liturgia tornou-se por vezes um campo de batalha, palco de confrontos entre os proponentes do missal pré-conciliar e o do missal resultante da reforma de 1969. O sacramento do amor e da unidade, o sacramento que permite a Deus tornar-se nosso alimento e nossa vida e divinizar-nos, habitando em nós e nós nele, tornou-se um ensejo para o ódio e o desprezo. O *motu proprio Summorum pontificum* de Bento XVI pôs um fim definitivo a essa situação. De fato, o papa Bento afirma com toda a sua autoridade magisterial em sua carta aos bispos, de 7 de julho de 2007: "Não é apropriado falar dessas duas versões do missal romano como se fossem 'dois ritos'. É um uso duplo do único e mesmo rito".

Assim, ele não dá razão a nenhum dos combatentes da guerra litúrgica. E não é porque a forma extraordinária do rito romano, que estava em uso antes das reformas de 1969, era um dos cavalos de batalha de Dom Marcel Lefebvre, que ela deve ser depreciada. Os discípulos de Dom Lefebvre não foram os únicos a apreciarem a possibilidade de culto segundo a forma extraordinária, ou pelo menos a ficarem chocados com a maneira como a missa vinha sendo muitas vezes desonrada em muitas celebrações.

"A liturgia consiste em entrar realmente no mistério de Deus, deixar-se levar pelo mistério e estar no mistério", disse o papa Francisco em 14 de fevereiro de 2019. A forma extraordinária o permite excelentemente; não a transformemos num pretexto para a divisão! O uso da forma extraordinária é parte integrante do patrimônio vivo da Igreja Católica, não é um objeto de museu, testemunho de um passado glorioso e ultrapassado. Sua vocação é ser fecunda para os cristãos de hoje! Por isso, seria bom que aqueles que usam o antigo missal observassem os critérios essenciais da constituição conciliar sobre a liturgia. É essencial que essas celebrações incorporem uma concepção justa da participação dos fiéis presentes.

João Paulo II e Bento XVI tinham razão em abrir espaço para esse antigo rito na Igreja, desde que os seus participantes atendessem às condições de participação no magistério especificadas em vários momentos e não se recusassem, em princípio, a celebrar os novos livros litúrgicos.

A possibilidade de celebrar de acordo com o antigo missal romano deve ser fortemente encorajada como sinal da identidade permanente da Igreja. Porque o que foi até 1969 a liturgia da Igreja, a coisa mais sagrada para todos, não pode tornar-se, depois de 1969, a coisa mais inaceitável. É essencial reconhecer que o que era fundamental em 1969 permanece assim até hoje: é a mesma sacralidade, a mesma liturgia. Apelo de todo o coração à implementação da reconciliação litúrgica ensinada pelo papa Bento XVI, no espírito pastoral do papa Francisco. Nunca a liturgia deve se tornar a bandeira de um partido. Para alguns, o termo "reforma da reforma" tornou-se sinônimo de dominação de um clã sobre outro. Prefiro falar em reconciliação litúrgica. Na Igreja, o cristão não tem adversário! Como o cardeal Ratzinger escreveu em seu livro *Serviteurs de votre joie*: "precisamos redescobrir o sentido do sagrado, a coragem de distinguir o que é cristão do que não o é; não para erguer barreiras, mas para transformarmos, para sermos verdadeiramente dinâmicos".

Mais do que uma "reforma da reforma", é uma reforma dos corações, uma reconciliação das duas formas do mesmo rito, um enriquecimento mútuo. A liturgia deve sempre se reconciliar consigo mesma, com seu ser mais profundo.

Iluminado pelo ensinamento do *motu proprio* de Bento XVI, reforçado pela ousadia do papa Francisco, é hora de completar esse processo de reconciliação da liturgia consigo mesma. Seria um sinal maravilhoso podermos, numa próxima edição do missal romano reformado, inserir como apêndice as orações no fundo do altar da forma extraordinária, talvez em uma versão simplificada e adaptada, e as orações do Ofertório que contêm uma epiclese tão bela que complementa o cânon romano. Ficaria claro, enfim, que as duas formas litúrgicas se iluminam mutuamente, de modo contínuo e sem oposição. Então poderíamos devolver ao povo de Deus um bem a que ele está tão profundamente ligado!

Em *A fé em crise?*, o cardeal Ratzinger diz que a participação ativa na liturgia é "um conceito correto, mas que, em interpretações pós-conciliares, sofreu uma restrição fatal. Surgiu a impressão de que só havia 'participação ativa' se houvesse uma atividade externa tangível: discursos, palavras, canções, homilias, leituras, apertos de mão. [...] Mas esquecemos que o Concílio também inclui na *actuosa participatio* o silêncio, que favorece uma participação verdadeiramente profunda e pessoal, permitindo-nos ouvir interiormente a palavra do Senhor. No entanto, já não há indícios desse silêncio em determinados ritos". A música sacra, embora ostentada pelo Vaticano II, foi posta de lado em favor da "'música habitual', dos cânticos, das melodias fáceis, o que há de mais comum. [...] A experiência mostrou que se ater à noção única do 'acessível a todos' não tornou as liturgias verdadeiramente mais compreensíveis ou abertas, mas apenas mais pobres".

Devemos sempre prestar mais atenção na santa liturgia, porque sua verdadeira renovação é a condição fundamental do futuro da Igreja. Para mostrar a importância da liturgia na vida da Igreja, Bento XVI agiu muito concretamente. Em suas celebrações, ele sempre colocava Deus no centro. De fato, a liturgia deve nos fazer experimentar a centralidade da Cruz. A teologia da Cruz é a premissa e fundamento da teologia eucarística. Enquanto muitos homens da Igreja insistiam nas necessárias reformas estruturais ou administrativas, o papa Bento XVI nos redirecionou para o essencial: Deus! Com audácia, ele ousou denunciar o perigo de uma Igreja satisfeita consigo mesma, que se instala neste mundo, que é autossuficiente e se adapta a critérios seculares. Muitas vezes, ela dá maior importância à organização e à institucionalização do que ao seu apelo à abertura para Deus. Para corresponder à sua tarefa real, a Igreja deve novamente se esforçar por se desprender de sua "mundanidade" para se abrir a Deus.

Também é importante entender melhor o santo sacrifício da missa, isto é, o sacrifício da Cruz, o único sacrifício da Nova Lei, feito sacramentalmente presente em nossos altares. Não é um banquete de ágape em que a comunhão seja obrigatória e necessária, mas é sobretudo o sacrifício de Cristo.

Esse sacrifício não deve ser reduzido à comunhão sacramental dos fiéis. Esta pressupõe o estado de graça do comunicante, que a

Santa Sé teve que recordar em muitas ocasiões, segundo o Concílio de Trento. Infelizmente, mesmo neste ponto tão importante, parece que desistimos de pedir aos fiéis cristãos que se examinem antes de se aproximarem do Corpo de Cristo. Nota-se, além disso, que na missa da noite da Quinta-feira Santa, em memória da Última Ceia, e na festa da solenidade do Santíssimo Sacramento do Corpo e Sangue de Cristo, a leitura da primeira carta aos Coríntios é, infelizmente, truncada pela omissão dos versículos 27 a 29 do capítulo 11, que são de certo modo a conclusão do ensinamento de São Paulo: "Portanto, todo aquele que comer do pão ou beber do cálice do Senhor indignamente será culpado do corpo e do sangue do Senhor. Examine-se cada um a si mesmo e, assim, coma do pão e beba do cálice; pois quem come e bebe indignamente, sem discernir o corpo do Senhor, come e bebe sua própria condenação" (1Cor 11, 27- 29). Nas grandes assembleias eucarísticas, é necessário lembrar que somente os cristãos em estado de graça podem comungar. É urgente pôr fim à profanação que consiste em distribuir a comunhão a turistas não cristãos que, por vezes, levam a hóstia consagrada como recordação.

Também é urgente educar os fiéis nos gestos de respeito pela Eucaristia, mesmo quando o costume introduziu a comunhão recebida com a mão, e evitar esse abuso de ter a comunhão distribuída por ministros leigos extraordinários, mesmo havendo sacerdotes presentes em número suficiente para assegurar esse serviço.

Também não se deve reduzir a piedade dos fiéis apenas à Eucaristia, nem mesmo à liturgia: a piedade popular também tem o seu papel e, em particular, a adoração da Eucaristia – mesmo fora da missa – a via Sacra e o rosário. Purificada, livre de certo folclore que a desfigura, a piedade popular pode se tornar uma experiência mística e uma oportunidade para um verdadeiro encontro com o Senhor.

ACÍDIA E A CRISE DA IDENTIDADE

Voltamos, então, à crise que o senhor considera como a matriz de todas as outras crises, a do sacramento da ordem e da vida consagrada...

É indiscutível que a crise se manifestou pela primeira vez no discernimento das vocações sacerdotais, mesmo antes do Concílio Vaticano II. Além disso, métodos psicanalíticos foram usados indevidamente para discernir a qualidade dos sujeitos. A Santa Sé estabeleceu, portanto, critérios de discernimento de maneira diretiva e até imperativa, inclusive no campo do uso da psicologia.

A crise continuou, porém, com o declínio das vocações. Gostaria de recordar aqui a reflexão muito séria do cardeal Gabriel-Marie Garrone em seu livro *A Igreja*: "Com raríssimas exceções, esta crise é universal. Ela assume hoje em setores inteiros do mundo um aspecto tão grave que se pode falar, ao que tudo indica, de uma possível extinção do sacerdócio no curto prazo. [...] Todos aqueles que hoje querem romper com as diretivas do Concílio, ainda que muito moderadas, não demoram a perceber que perderam o rumo e que o desaparecimento dos elementos considerados indispensáveis pelo Concílio criou um vazio total".

No entanto, depois do Concílio, os dicastérios romanos, e em particular a Congregação para a Educação Católica, os seminários e universidades pontifícias, publicaram documentos sobre cada um dos vários aspectos da formação dos futuros sacerdotes em matéria de filosofia, teologia, escritura, patrologia, liturgia, história da igreja, espiritualidade e preparação para o celibato.

A crise se revelou especialmente no âmbito da identidade sacerdotal. Os números falam por si. Segundo a agência internacional *Fides*, da Congregação para a Evangelização dos Povos, em 2017 a Europa perdeu 240 mil católicos e 2.583 sacerdotes.

Alguns defendem uma reforma estrutural e uma rejeição do clericalismo, que seria a fonte de todos os males. Parece-me que a crise é mais profunda. Ela toca a própria identidade do sacerdote. Os sacerdotes já não sabem quem são neste mundo. Daí as nuvens escuras de mal-estar, depressão, suicídio e fracassos morais de enorme gravidade apontarem para aquele horizonte fatal. Sim, a crise sacerdotal é profunda. Nasce diretamente da crise da fé, que abalou a confiança dos homens da Igreja em sua própria identidade: eles passam a duvidar da importância e da especificidade de seu papel. Em *A Igreja*, o cardeal Garrone escreve: "Um dos perigos mais sérios hoje em dia é considerar o problema teológico do sacerdócio como um problema completamente novo a ser retomado desde o início. [...] O perfil do padre desaparece. Ele perde a autoconsciência e os fiéis que precisam dele já não encontram nele o apoio indispensável de que necessitam, nem para a sua fé nem para a sua vida". Isso tem um impacto nas vocações: "Como os sacerdotes poderiam ter o pensamento e a coragem de se encaminharem para o seminário e o sacerdócio quando eles mesmos estão em um estado de espírito incerto e duvidam, como se diz, da 'sua própria identidade'?"

Os padres têm gradualmente tendido a considerar sua função como a de um membro da comunidade, como se a igreja fosse uma democracia. Já não têm uma ideia clara da função transcendental do sacerdócio.

Durante a missa, a distinção entre o sacerdócio ministerial e o sacerdócio batismal comum tendeu a desaparecer, especialmente por causa da falta de distinção dos espaços litúrgicos. Alguns teólogos afirmaram que, se necessário, a comunidade dos fiéis sem um padre poderia celebrar a missa.

Quanto aos bispos, seu ofício de direito divino é parcialmente dificultado pela burocracia das conferências episcopais; correm o risco de perder sua responsabilidade inalienável e pessoal como "mestres da fé". É preciso encontrar o equilíbrio entre isto e o conceito autêntico de colegialidade, como ensinado pelo Vaticano II. As conferências episcopais nacionais são úteis na prática, mas não têm uma missão magisterial propriamente dita; elas não devem esquecer que a verdade não é o resultado de votos, muito menos da quantidade de textos publicados.

Os religiosos foram duramente atingidos pela crise. O cardeal Garrone escreve em *A Igreja* estas palavras que estremecem: "O protesto não poupou os religiosos: eles se encontravam na linha de frente dos manifestantes. Eles estavam muitas vezes entre os 'furiosos'. O fenômeno atingiu até mesmo as grandes ordens que, por tradição e princípios, tinham, ao que parece, conseguido permanecer mais completamente e por períodos mais longos alheias à tempestade. O protesto chegou também às partes fundamentais da estrutura religiosa. O que parecia fazer parte da essência da condição religiosa foi questionado. A oração, com as suas exigências. Os votos e, por incrível que pareça, todos os votos, da obediência à castidade. Nas dolorosas hemorragias que se tem testemunhado em toda a Igreja, os religiosos foram os mais atingidos, e o mal lhes pareceu mais difícil de controlar entre eles do que em qualquer outra parte".

Sob o impacto do período pós-conciliar, as grandes ordens religiosas, que são os pilares tradicionais da sempre necessária reforma da Igreja, vacilaram, esvaziadas por grandes hemorragias e uma crise das vocações. Os religiosos ainda hoje estão abalados por uma crise de identidade. Muitos tentaram remediar isso projetando-se para fora e buscando "libertação" na sociedade e na política. Muitas religiosas, ao contrário, parecem buscar essa mesma liberação na psicologia das profundezas. Sem perceber, talvez, suas razões, a religiosa sente um profundo desconforto em viver numa Igreja onde o cristianismo se reduz à ideologia da ação, segundo essa eclesiologia impregnada de dura masculinidade, que, no entanto, é apresentada – talvez também se acredite nisso – como mais próxima das mulheres e de suas exigências "modernas".

A religião tem sido frequentemente confundida com "renovação" e "conveniência". Assim, o abandono do hábito religioso é lamentável, assim como a substituição do ofício noturno por vigílias comunitárias. A própria pobreza religiosa foi questionada e, mais genericamente, a utilidade dos votos. No entanto, a vida religiosa é necessária para a Igreja: recorda-lhe constantemente a radicalidade do Evangelho.

PARTE 2
O HOMEM REBAIXADO

"O mundo moderno degrada. Ele degrada a cidade; degrada o homem. Degrada o amor; degrada a mulher. Degrada a raça; degrada a criança. Degrada a nação; degrada a família. Ele consegue degradar mesmo o que talvez seja a coisa mais difícil de se degradar no mundo: ele degrada a morte."
Charles Peguy,
Cahiers de la Quinzaine
(IX, 1, 6 de outubro de 1907).

5
O ÓDIO AO SER HUMANO

Nicolas Diat: Em muitos debates contemporâneos, nota-se a evocação de um desprezo pela filiação. Ela poderia ser considerada a pedra angular do ódio humano moderno. Qual é o seu ponto de vista sobre isso?

Cardeal Robert Sarah: Gostaria de voltar à origem desse ódio que os homens modernos parecem dedicar a si mesmos e à sua própria natureza. Na raiz desse misterioso processo está o medo. Convencemos nossos contemporâneos de que, para ser livre, não devemos depender de ninguém. Esse erro é trágico.

A desconfiança do homem moderno em relação a qualquer dependência explica muitos males. Infelizmente, ela não terminou de implementar seus efeitos deletérios. Pois, se a dependência do outro é percebida como uma negação da liberdade, então qualquer relacionamento verdadeiro e duradouro parece perigoso. Qualquer outra pessoa se torna um inimigo em potencial. Um homem livre só pode ser um homem radicalmente autônomo e independente, um homem solitário, sem qualquer conexão. Ele se encontra trancado dentro de si mesmo. Portanto, a filiação que nos torna dependentes de pai e mãe torna-se, para nossos contemporâneos, um obstáculo à plenitude da liberdade. Não escolhemos nossos pais, nós os recebemos! Esta primeira experiência é insuportável para o homem contemporâneo, que gostaria de ser a única causa de tudo o que lhe acontece e de tudo o que ele é. O ato de receber lhe parece contrário à sua dignidade. A educação recebida de nossos pais se mostra como uma ofensa a uma liberdade que se considera autocriadora. Assim, a ideia de receber nossa natureza de homem e mulher de um Deus criador torna-se ainda mais humilhante e alienante. Segundo essa lógica, é necessário negar a própria noção de natureza humana, ou a realidade de um sexo que não foi escolhido.

Creio que é hora de libertar o homem desse ódio por tudo o que ele recebeu. Para isso, é urgente descobrir a verdadeira natureza de nossa liberdade, que floresce e se fortalece, aceitando depender por amor. De fato, todo amor cria um relacionamento que é um vínculo, um dom, uma livre dependência que temos do objeto do nosso amor.

A recusa fundamental de qualquer vínculo, de qualquer filiação, é basicamente a renovação do que o livro de Gênesis descreve como o pecado original: "Qual é a situação que nos é apresentada nesta página? perguntou Bento XVI em um discurso de 8 de dezembro de 2005. O homem não confia em Deus. Tentado pelas palavras da serpente, ele nutre a suspeita de que, em última análise, Deus tira alguma coisa de sua vida, que Deus é um concorrente que limita nossa liberdade e que só seremos plenamente seres humanos quando a pusermos de lado; em suma, que só assim podemos realizar plenamente nossa liberdade. O homem vive com a suspeita de que o amor de Deus cria uma dependência e que é necessário que ele se livre dessa dependência para ser plenamente ele mesmo. O homem não quer receber de Deus sua existência e a plenitude de sua vida. Ele quer tirar da árvore do conhecimento o poder de moldar o mundo, de se transformar em um deus, elevando-se ao Seu nível e superando com sua própria força a morte e as trevas. Ele não quer confiar no amor que não lhe parece confiável; ele confia apenas no conhecimento, na medida em que confere poder. Antes de confiar no amor, ele confia no poder, com o qual ele quer assumir o controle de sua própria vida de forma autônoma. E ao fazê-lo, ele confia mais em mentiras do que na verdade, e isso faz com que sua vida afunde no vazio, na morte. O amor não é um vício, mas um dom que nos faz viver. A liberdade de um ser humano é a liberdade de um ser limitado e, portanto, é limitada. Só podemos possuí-la como liberdade compartilhada, na comunhão das liberdades: só se vivermos de forma justa, uns com os outros e uns pelos outros, é que pode a liberdade desenvolver-se. Vivemos de maneira adequada, se vivemos de acordo com a verdade do nosso ser, isto é, de acordo com a vontade de Deus. Pois a vontade de Deus não constitui para o homem uma lei imposta do exterior que o força, mas a medida intrínseca de sua natureza, uma medida que se inscreve nele e faz dele a imagem de Deus e, portanto, uma criatura livre. Se vivemos contra o amor e contra a verdade – contra Deus – então nos destruímos e destruímos o mundo. Não encontramos então a vida, mas jogamos o jogo da morte."

 Creio que podemos dar um significado verdadeiramente teológico à "morte do pai" reivindicada por certa filosofia ocidental. Na verdade, é o antigo e destrutivo desejo de não receber nada de ninguém para não dever nada a ninguém. A dignidade do ser humano consiste em ser fundamentalmente um devedor e um herdeiro. Como é belo e libertador saber que eu existo porque fui amado! Eu sou o fruto de um ato de livre arbítrio de Deus, que, em sua eternidade, quis a minha existência. Como é bom saber-se o herdeiro de uma linhagem humana em que as crianças nascem como o fruto mais belo do amor de seus pais.

Como é proveitoso saber que se está em débito com uma história, um país, uma civilização. Não acho que seja preciso nascer órfão para ser verdadeiramente livre. Nossa liberdade só faz sentido se outros derem um conteúdo a ela, sem nada esperar em troca e por amor. O que seria de nós se nossos pais não nos ensinassem a andar e falar? Herdar é a condição da verdadeira liberdade.

Que significado teria a liberdade de um homem privado de uma natureza recebida? Na base do ódio do homem, há essa recusa em aceitar a si mesmo como criatura. No entanto, nosso estado de criatura é o nosso melhor título de glória e a condição fundamental de nossa liberdade. Como filho da África, impressiona-me que os ocidentais às vezes estejam tão cheios de ódio, mas com maior angústia e revolta diante de sua condição de herdeiros e criaturas. No entanto, como disse Bento XVI, em 20 de fevereiro de 2009, "o homem não é um absoluto, como se pudesse se isolar e se comportar de acordo com sua própria vontade. Isso é contra a verdade do nosso ser. Nossa verdade é que estamos acima de todas as criaturas, somos criaturas de Deus e vivemos em relação com o Criador. Somos seres relacionais. Só aceitando nossa natureza relacional é que entramos na verdade, caso contrário, caímos na mentira e nela, no final, nos destruímos. Somos criaturas e, portanto, dependentes do Criador. Durante o período do Iluminismo, isso parecia ser uma dependência da qual era necessário libertar-se. Na verdade, porém, só seria uma dependência fatal se esse Deus Criador fosse um tirano, e não um Ser bondoso, somente se ele fosse como são os tiranos humanos. Se, ao contrário, este Criador nos ama e nossa dependência significa estar no espaço de seu amor, nesse caso, dependência significa precisamente liberdade. Assim, de fato, estamos na caridade do Criador, estamos unidos a Ele, a toda a sua realidade, a todo seu poder. [...] Ser criatura significa ser amado pelo Criador, estar nessa relação de amor que Ele nos dá, com a qual Ele nos cerca".

Na raiz da condição humana, há a experiência feliz de que não somos a origem de nosso ser, que não somos nosso próprio criador, que, mesmo antes de nossa existência, fomos desejados e amados. Essa experiência é fundamental: "O Senhor me chamou, desde o ventre de minha mãe, ele falou meu nome", canta o salmo (Is 49, 1). Estou profundamente convencido de que essa certeza baseada em nossa experiência está na raiz de toda civilização. Sem ela, privados de nossa origem, estamos condenados a criar tudo por nossas próprias forças. Somos reduzidos ao *status* de nômades vagando na existência e jogados no mundo pelo acaso de uma evolução cega.

Para construir uma vida sólida neste mundo, devemos nos relacionar com os outros. Nossa liberdade não é tanto dizer um "não" assustado e desconfiado aos outros, mas dizer-lhes sim, e nos engajarmos em laços duradouros de confiança e amor. O arquétipo desse contrato é o casamento, pelo qual um homem e uma mulher, aceitando sua natureza profunda de seres sexuais, percebem que precisam um do outro e escolhem entregar-se um ao outro para sempre. É significativo que o homem moderno tenha se tornado quase incapaz de total comprometimento. Ele está literalmente paralisado pelo medo diante dessa perspectiva que envolve confiança em si mesmo e no outro. A crise do casamento e a crise das vocações têm uma raiz comum. Ambas vão juntas.

Como se comprometer com a vida se *a priori* se suspeita que o outro não quer o nosso bem? A suspeita lançada sobre a benevolência e o amor do Deus Criador se espalhou por toda a sociedade humana como um veneno lento e paralisante. Qualquer relacionamento é agora uma fonte de medo. O noivado por amor é considerado uma loucura perigosa. A fria solidão está ganhando terreno todos os dias. Ela se tornou a marca da nossa sociedade. No entanto, "a natureza relacional das criaturas também implica um segundo tipo de relacionamento: estamos em relação com Deus, mas juntos, como uma família humana, também estamos em relação uns com os outros. Em outras palavras, a liberdade humana significa, por um lado, estar na alegria e no vasto espaço do amor de Deus, mas também implica ser um com o outro e para o outro. Não há liberdade contra o outro. Se me faço absoluto, torno-me inimigo do outro, já não podemos coexistir e toda a vida se transforma em crueldade, torna-se um fracasso. Apenas uma liberdade compartilhada é uma liberdade humana; é estando juntos que podemos entrar na sinfonia da liberdade. E este é um ponto de grande importância: é somente aceitando o outro, aceitando também a aparente limitação da minha liberdade que resulta do respeito pelo outro, é apenas ao me incluir nessa rede de dependência que, em última análise, tornando-me parte de uma só família, ponho-me a caminho da libertação comum", continuou Bento XVI em fevereiro de 2009.

Então aparece outro elemento do ódio de todos contra todos. Se nossas liberdades, para florescerem, têm de colaborar, é necessário que elas compartilhem uma medida, uma ordem comum justa e objetiva que as anteceda. De fato, se a única medida de nossa ação é uma lei positiva imposta pela vontade da maioria, seremos constantemente obrigados a nos curvar ao que é extrínseco e imposto a partir de fora. Assim, toda submissão a uma lei, a uma ordem, afigura-se uma escravidão à qual se é obrigado a consentir em nome da necessidade de vida conjunta. Mas tal disposição interior não pode nos fazer felizes. Não pode fundar uma sociedade pacífica e justa. Em tais circunstâncias, a revolta latente e o profundo ressentimento acabam se instalando no coração do homem. Eles são os motores secretos de uma vontade de transgressão permanente dos limites. Uma vez que somos forçados a nos submeter ao direito civil pelo poder político, experimentamos a realidade de nossa liberdade em todas as transgressões morais, rejeitando todos os limites de nossa natureza.

Esse ressentimento contra a lei imposta, contra a natureza recebida, gerou o que chamamos de "evoluções societárias". Quanto mais dura e mais repressiva se torna a sociedade comercial globalizada, impondo as leis do mercado, mais os homens tentam provar que são livres, transgredindo a herança da lei natural e rejeitando qualquer noção de natureza recebida. Mas essa lógica é um impasse que leva ao ódio a si mesmo e à autodestruição de nossa natureza, de que a ideologia de gênero e o transumanismo são os últimos avatares.

É essencial aqui redescobrir a noção de natureza como condição para o desenvolvimento de nossa liberdade. Afinal, de que estamos falando quando falamos sobre a noção de lei natural? Nossos contemporâneos entendem isso como uma escravidão imposta por um Deus que eles imaginam ser um concorrente de nossa liberdade. Este é um mal-entendido trágico! A lei natural nada mais é que a expressão de quem somos profundamente. É, de certa forma, o guia do nosso ser, o manual da nossa felicidade. Quando a Igreja condena o comportamento homossexual ou o divórcio, muitos acreditam que ela busca impor seu domínio sobre as consciências em uma lógica de poder e repressão. Pelo contrário, a Igreja se faz a humilde guardiã do homem, do seu ser profundo, das condições da sua liberdade e da sua felicidade.

Deus e o homem não se enfrentam em um duelo de poder para dominar o mundo! Deus, o Criador, quer ajudar o homem a governar a si mesmo. Por essa razão, ele confiou à Igreja o mandato de lembrar a todos o que todos podem descobrir em sua consciência: as leis que regem profundamente nosso ser. A lei natural é, de certo modo, a gramática da nossa natureza. É suficiente examiná-la com benevolência e gratidão para descobri-la.

Deixe-me dizer uma coisa. Estou convencido de que a civilização ocidental está vivendo uma crise mortal. Ela atingiu os limites do ódio autodestrutivo. Como na época da queda do Império Romano, enquanto tudo está em processo de destruição, as elites só se preocupam em aumentar o luxo de suas vidas diárias e as pessoas são anestesiadas por um entretenimento cada vez mais vulgar. Ainda hoje, a Igreja preserva o que é mais humano no homem. Ela é a guardiã da civilização. Nos primeiros séculos de nossa era, foram os bispos e santos que salvaram as cidades ameaçadas pelos bárbaros. Foram os monges que preservaram e transmitiram os tesouros da literatura e filosofia antigas.

Mais profundamente, a Igreja é guardiã da natureza humana. O imenso mal-entendido que prevalece sobre este assunto no mundo moderno é assustador. Quando a Igreja defende a vida das crianças, combatendo o aborto, quando defende o casamento, mostrando a profunda nocividade do divórcio, quando preserva a relação conjugal, advertindo contra o impasse das relações homossexuais, quando quer proteger a dignidade do moribundo contra a tentação da eutanásia, quando adverte para os perigos das ideologias de gênero e do transumanismo, é na verdade uma serva da humanidade e protetora da civilização. Ela procura proteger os pequenos e os fracos dos erros inconscientes dos aprendizes de feiticeiros que, por medo de sua própria humanidade e por odiá-la, provavelmente levarão tantos homens e mulheres à solidão, tristeza e morte. A Igreja quer construir o baluarte da humanidade contra o neobarbarismo dos pós-humanos. Os bárbaros já não estão nos portões das cidades e sob as muralhas, eles estão em posições de governo e influência. Eles fazem as leis e a opinião, muitas vezes animados por um verdadeiro desprezo pelos fracos e pelos pobres. Então a Igreja se levanta para defendê-los, convencida da verdade da palavra de Jesus: "O que fizestes ao mais pequeno, a mim o tereis feito" (Mt 25, 40).

Os bispos não procuram tomar posse das consciências. Eles levam a sério sua missão de *defensor civitatis*, defensores das cidades e da civilização! Acredite, eu sei por experiência que o bispo às vezes é o último recurso contra a opressão. Precisamente porque não temos interesse político, porque, com a nossa consagração, renunciamos à busca do poder secular e do dinheiro, somos livres. É preciso abrir mão de tudo para não ter nada a perder e alcançar a verdadeira liberdade de expressão e ação. Na Guiné, tive de defender o meu povo contra a ditadura de Sékou Touré. Protestei contra a violenta repressão dos inimigos da liberdade. Hoje, não faço outra coisa ao lutar contra os inimigos do homem. Ninguém vai me calar! "Se nos calarmos, as próprias pedras gritarão!" (Lc 19, 40). Defenderei o verdadeiro significado da liberdade humana até o fim. Jamais abandonarei os homens às elucubrações dos inimigos da natureza humana. Eles nos ameaçam, eles nos dizem: Silêncio, você está perdendo popularidade, você é malvisto na mídia, corre o risco de perder os fiéis!

Não estou aqui para ser popular, nem para fazer números nas igrejas ou nas redes sociais. O profundo amor que anima minha alma por todos os meus irmãos na humanidade me impede de ficar em silêncio. A Igreja sempre se opôs às ideologias. Os bispos pagaram o preço do sangue por se oporem ao nazismo, ao comunismo e ao racismo de todos os tipos. Nunca serei cúmplice, no silêncio, desta nova ideologia de ódio ao homem e à natureza humana. A verdade do nosso amor a Deus e aos nossos irmãos e irmãs está em jogo!

Qual é a sua análise da teoria do gênero?

A teoria do gênero se baseia em uma observação: feminilidade e masculinidade são expressas em várias sociedades por códigos herdados das culturas que nos moldam. Transforma-se em ideologia ao afirmar que as próprias noções de feminilidade e masculinidade são criações culturais que devem ser desconstruídas para que sejam superadas. Caberia, portanto, a cada um construir livremente seu gênero, sua própria identidade sexual. Seria contrário à dignidade de nossa liberdade nascer com uma identidade sexual recebida e não escolhida. Aqui encontramos o equívoco que mencionei anteriormente. De acordo com essa ideologia, só o que eu construí é digno de mim. Por outro lado, o que recebo como um dom não é propriamente humano. No entanto, todos nós experimentamos nascer com um corpo sexuado que não escolhemos. Esse corpo nos diz algo sobre quem somos. Temos que cultivar nossa natureza e não negá--la! Nossa humanidade alcança a plenitude de sua realização aceitando o dom de sua natureza sexual, cultivando-a e desenvolvendo-a. Nossa natureza indica o sentido em que nossa liberdade pode ser expressa de modo fecundo e feliz. Mas, para os proponentes da ideologia do gênero, só posso ser livre negando o dado natural.

Um homem poderia se considerar e se constituir como uma mulher. Essa afirmação pode estender-se à suposta liberdade de transformar o corpo mediante de uma cirurgia concebida como a recriação de um sexo escolhido e feito por si mesmo. Esta é uma ilustração do que o papa Francisco descreveu com grande sutileza na *Laudato si*: "O problema fundamental é outro, ainda mais profundo: a maneira como a humanidade assumiu, de fato, a tecnologia e seu desenvolvimento *com um paradigma homogêneo e unidimensional*. Enfatiza-se uma concepção do sujeito que, gradualmente, no processo lógico e racional, abarca e assim possui o objeto que está fora. Esse assunto se desdobra na elaboração do método científico com sua experimentação, que já é explicitamente uma técnica de posse, dominação e transformação. É como se o sujeito estivesse na frente de algo disforme, totalmente disponível para o seu manuseio. A intervenção humana na natureza sempre foi verdadeira, mas há muito tempo se caracteriza por acompanhar e se curvar às possibilidades oferecidas pelas próprias coisas. Tratava-se de receber o que a realidade natural propicia por si mesma, como se estivesse estendendo a mão. Agora, por outro lado, o que nos interessa é extrair tudo o que é possível das coisas pela imposição da mão do ser humano, que tende a ignorar ou esquecer a própria realidade do que está diante dele. É por isso que o ser humano e as coisas deixaram de estender amigavelmente a mão uns aos outros e passaram a se opor" (106).

Precisamos redescobrir que nossa própria natureza não é um inimigo ou uma prisão. Ela nos estende a mão para que a cultivemos.

Por meio de nossa natureza, é em última análise o próprio Criador que nos estende a mão, que nos convida a participar de seu plano de amor e sabedoria. Ele respeita nossa liberdade e nos confia nossa natureza como um talento a ser cultivado. Existe na ideologia de gênero uma profunda rejeição do Deus Criador. Essa ideologia tem consequências teológicas e espirituais reais. Ao se opor a ela, a Igreja não é a guardiã intransigente e inflexível de uma suposta ordem moral. Ela luta para que todo homem possa se encontrar com Deus. O primeiro lugar onde ele está esperando por nós é precisamente a nossa natureza, o nosso ser profundo que ele nos oferece como um dom. Estremeço quando observo que alguns dos clérigos são seduzidos e tentados pela ideologia de gênero. Na verdade, ela carrega consigo a tentação original da serpente: "Sereis como deuses". Parece que o Ocidente, intoxicado pelo poder de sua ciência e tecnologia, só pode ser pensado como um demiurgo onipotente e que tudo aquilo de que não é autor acaba por lhe parecer uma afronta à sua dignidade! "Onde a liberdade de fazer se torna a liberdade de fazer-se a si mesmo, necessariamente se termina por negar o próprio Criador e, finalmente, por esse meio, o próprio homem – como uma criatura de Deus, como uma imagem de Deus – é degradado na essência do seu ser", disse Bento XVI em dezembro de 2012, em seus votos à Cúria Romana.

A ideologia de gênero procura desconstruir a especificidade de homens e mulheres, abolir as diferenças antropológicas. Ela trabalha duro para fazer uma nova cultura mundial unissex, sem masculinidade, sem feminilidade, que permita o advento de uma nova era humana. Mas num mundo onde tudo é produzido pelo homem, já não há nada humano! Nosso planeta corre o risco de ficar parecido com as áreas industriais onde já não há espaço para a natureza e que estão se tornando desumanas. Deveríamos estar aturdidos diante do absurdo e da perversidade de nossas próprias invenções!

Certas organizações internacionais, como a Fundação Bill e Melinda Gates, a Federação Internacional de Planejamento Familiar (IPPF) e suas associações membros, estão gastando somas extraordinárias para levar essa ideologia para a África. Eles não hesitam em exercer pressão sobre os governos e as populações. Apoiados por seu poder financeiro e suas certezas partidárias, eles implantam uma nova forma de colonialismo ideológico. Com energia furiosa, os militantes se comportam de maneira desrespeitosa com o povo. Por vezes, comportam-se como cruzados dominadores e desdenhosos em relação àqueles que consideram retrógrados. Não tenho medo de dizer, no entanto, que os pobres na África, na Ásia ou na América do Sul são muito mais civilizados do que os ocidentais que sonham em fazer um novo homem à sua medida. Seriam os mais pobres os últimos defensores da natureza humana? Quero prestar homenagem a eles aqui. Todos vocês que, aos olhos dos homens, não têm poder e influência, vocês que, bem no seu íntimo, sabem o que é ser humano, não tenham medo daqueles que querem intimidá-los! A missão é grande, "consiste em impedir que o mundo se esfacele [...] em restaurar um pouco do que faz a dignidade de viver e morrer", conforme as palavras do escritor Albert Camus em seu discurso de aceitação do Prêmio Nobel. Diante do poder do dinheiro e da mídia, em face da pressão dos *lobbies* internacionais, quero enfatizar como sua vida simples e cotidiana, simplesmente humana, tem imenso valor. Pois, disse Camus, "grandes ideias, como já foi dito, vêm ao mundo em patas de pomba. Talvez então, se escutássemos, ouviríamos, no meio do tumulto de impérios e nações, como um leve som de asas, a suave agitação da vida e da esperança. Alguns dirão que essa esperança é carregada por um povo, outros por um homem. Acredito, ao contrário, que ela é despertada, revivida e alimentada por milhões de pessoas agindo individualmente, cujas ações e obras, todos os dias, negam as fronteiras e as aparências mais grosseiras da história, para fazer resplandecer fugazmente a verdade sempre ameaçada que cada um, em seus sofrimentos e em suas alegrias, dignifica perante todos".

Por que o senhor diz que a teoria do gênero põe em perigo os mais fracos e as crianças?

A ideologia de gênero lança as sociedades em situações caóticas. Põe em risco as realidades da paternidade e da maternidade. Aos olhos de alguns governos ocidentais, as palavras "pai" e "mãe" se tornaram inconvenientes. Fala-se de dois "pais" ou de duas "mães". As primeiras vítimas dessas atitudes são obviamente as crianças. Por ocasião de seus votos à Cúria Romana, em 21 de dezembro de 2012, Bento XVI abordou este tema com grande acuidade: "Se antes tínhamos visto como causa da crise da família um mal-entendido acerca da essência da liberdade humana, agora torna-se claro que aqui está em jogo a visão do próprio ser, do que significa realmente ser homem. Ele cita o célebre aforismo de Simone de Beauvoir: 'Não se nasce mulher; torna-se mulher' – *On ne naît pas femme, on le devient*. Nestas palavras, manifesta-se o fundamento daquilo que hoje, sob o vocábulo '*gender* – gênero', é apresentado como nova filosofia da sexualidade. [...] O ser humano nega a sua própria natureza, decidindo que esta não lhe é dada como um fato pré-constituído, mas é ele próprio quem a cria. De acordo com a narração bíblica da criação, pertence à essência da criatura humana ter sido criada por Deus como homem ou como mulher. Essa dualidade é essencial para o ser humano, como Deus o fez. É precisamente essa dualidade como ponto de partida que é contestada. Deixou de ser válido aquilo que se lê na narração da criação: 'Ele os criou homem e mulher' (Gn 1, 27). Isto deixou de ser válido, para valer que não foi Ele que os criou homem e mulher; mas teria sido a sociedade a determiná-lo até agora, ao passo que agora somos nós mesmos a decidir sobre isto. Homem e mulher como realidade da criação, como natureza da pessoa humana, já não existem. O homem contesta a sua própria natureza; agora, é só espírito e vontade. A manipulação da natureza, que hoje deploramos relativamente ao meio ambiente, torna-se aqui a escolha básica do homem a respeito de si mesmo. [...] Se, porém, não há a dualidade de homem e mulher como um dado da criação, então deixa de existir também a família como realidade preestabelecida pela criação. Mas, em tal caso, também a prole perdeu o lugar que até agora lhe competia, e a dignidade particular que lhe é própria [...] Na luta pela família, está em jogo o próprio homem. E torna-se evidente que, onde Deus é negado, dissolve-se também a dignidade do homem. Quem defende Deus, defende o homem".

Quem defende a Deus, defende a criança e seu direito de nascer de um pai e de uma mãe. Sem isso, não há mais uma filiação clara. Esta última desaparece no altar de um pensamento politicamente correto que alega lutar contra a discriminação sofrida pelos homossexuais por quererem ter filhos. Quem está liderando a marcha em direção a esse abismo no qual as crianças nunca poderão conhecer suas origens? Nascidos de barriga de aluguel, eles carregam por toda a vida o peso de um nascimento anônimo. Esse sistema ameaça confundir a própria noção de filiação e transformar as crianças em pessoas perpetuamente desenraizadas. Como pode ser negada a uma criança a oportunidade de conhecer e amar seu pai e sua mãe biológica? As pessoas devem refletir sobre isso, antes que as consequências sejam irreversíveis. A legislação que promove tais práticas é profundamente injusta. Acabaremos chegando a incríveis desigualdades em que a humanidade será dividida em duas. Aqueles que conhecerão seus pais e aqueles que serão privados dessa alegria, os órfãos perpétuos. Sei que casais do mesmo sexo são capazes de amar os filhos. O que estou dizendo é que eles não podem satisfazer todas as necessidades dessas crianças. Simplesmente pergunto aos meus leitores: pondo de lado toda ideologia, e com toda honestidade, quem não sabe, por experiência, quanto um pai e uma mãe são necessários?

Ao reduzir a paternidade e a maternidade a papéis a serem desempenhados, a ideologia de gênero destrói profundamente a própria noção de família. Por razões misteriosas, assistimos ao desenvolvimento de um ódio visceral à família nas últimas décadas do século XX. Muitas vezes, ele aparece em obras de literatura ou cinema como um lugar de opressão e sufocamento de personalidades. Seria essa realmente a nossa experiência? Certamente, há casos patológicos. Mas posso igualmente dizer que a família é o grande bastião do amor! É o último recurso de todos aqueles que sabem que estão em perigo. Quando tudo dá errado, é para as nossas famílias que naturalmente nos voltamos. No entanto, do divórcio ao gênero, passando pelo aborto e a contracepção, parece que a instituição familiar atraiu para si todos os ataques e todo o desprezo. Em sua *Carta às famílias, Gratissimam sane*, São João Paulo II escreveu: "Em tal situação cultural, é óbvio que a família não pode senão sentir-se ameaçada, porque é atacada em seus próprios alicerces. Tudo o que é contrário à civilização do amor é contrário à verdade integral sobre o homem e se torna para ele uma ameaça: não permite que ele se encontre e se sinta seguro como marido, pai, filho. O chamado 'sexo seguro', propagado pela 'civilização técnica', na realidade, do ponto de vista de tudo o que é essencial para a pessoa, não é radicalmente seguro, e é até mesmo seriamente perigoso. Na verdade, tanto a pessoa quanto a família são ameaçadas por isso. Qual é o perigo? O risco é perder a verdade sobre a própria família, a que se acrescenta o risco de perder a liberdade e, consequentemente, de perder o próprio amor. 'Conhecereis a verdade – diz Jesus – e a verdade vos libertará" (Jo 8, 32): a verdade, e só a verdade, poderá prepará-los para um amor que se possa dizer belo" (13).

De fato, acredito que a família é uma realidade insuportável para o demônio. Sendo, por excelência, o lugar do amor e da doação gratuita, ela incita seu ódio e violência. Ainda mais profundamente, a união de pai, mãe e filho é um remanescente da fecunda unidade da Trindade divina. Por meio das famílias, o diabo quer profanar a unidade trinitária. Acima de tudo, ele quer privar crianças inocentes de uma juventude feliz e cheia de amor. Ao destruir as famílias, aquele que é "homicida desde o princípio" está apenas repetindo o massacre dos Santos Inocentes. Porque Deus se fez criança, a inocência de cada criança tornou-se insuportável para o diabo, porquanto reflete a própria inocência de Deus. Por isso, é urgente defender as famílias e dar-lhes apoio. Não é apenas um dever moral, é uma parte da guerra espiritual. É necessário ajudar os cônjuges a se amarem fielmente uns aos outros ao longo da vida. Eles carregam a imagem da própria fidelidade de Deus ao seu povo e em particular aos mais fracos e às crianças: "Pois bem, é exatamente a família, fundada sobre o matrimônio entre um homem e uma mulher, a maior ajuda que se possa oferecer às crianças. Elas querem ser amadas por uma mãe e por um pai que se amam, e têm necessidade de habitar, crescer e viver juntamente com ambos os pais, porque as figuras materna e paterna são complementares na educação dos filhos e na construção da sua personalidade e identidade. Por conseguinte, é importante que se faça todo o possível para fazê-los crescer numa família unida e estável. Para esta finalidade é preciso exortar os cônjuges a nunca perder de vista as razões profundas e a sacralidade do seu pacto conjugal e a reafirmá-lo com a escuta da de Deus, a oração, o diálogo constante, o acolhimento e o perdão recíprocos. Um ambiente familiar que não é sereno, a separação do casal e, em particular, o divórcio provocam consequências para as crianças, enquanto apoiar a família e promover o seu verdadeiro bem, os seus direitos, a sua unidade e estabilidade é a melhor maneira para tutelar os direitos e as exigências autênticas dos menores", disse Bento XVI em 2010 no discurso ao Pontifício Conselho para a Família.

O papa Francisco parecia marcar uma evolução no ensino da Igreja sobre a questão do casamento entre pessoas do mesmo sexo e dos direitos LGBT.

Em primeiro lugar, gostaria de salientar que não podemos reduzir uma pessoa à sua orientação sexual. Em vez de falar de "LGBTs", prefiro referir-me a elas como pessoas que têm comportamento homossexual, ou uma orientação homossexual. Essas pessoas são amadas por Deus, fundamentalmente, como qualquer homem e mulher. O Senhor derramou o Seu sangue durante a Sua Paixão por toda e cada uma delas. Temos de demonstrar a maior compaixão por elas. Como verdadeiros pastores, devemos também ir àqueles que reivindicam agressivamente a legitimidade de seu comportamento. Eles são a ovelha desgarrada que temos de ir buscar longe, mesmo correndo riscos para trazê-la de volta ao aprisco, carregando-a em nossos ombros. A primeira caridade que lhes devemos é a verdade. Ninguém espera da Igreja uma palavra de complacência. Uma parceria entre duas pessoas do mesmo sexo nunca será um casamento. Não há nesta declaração nenhum juízo pessoal. Eles podem demonstrar ternura e generosidade, mas nunca poderão viver a verdadeira natureza da conjugalidade, que é a doação do corpo no amor fecundo. Creio que o papa nos convida a evitar ambiguidades a esse respeito. Como filho de Santo Inácio, a quem devemos os sublimes *Exercícios espirituais*, ele sabe que o padrão de Cristo não é o da confusão e da insinuação. Ele nos convida à caridade pela verdade e à verdade na caridade.

Creio que as primeiras vítimas da ideologia LGBT são pessoas que vivem uma orientação homossexual. Elas são levadas por seus ativistas a reduzir toda a sua identidade ao comportamento sexual. Assim, passamos a falar de uma "comunidade *gay*" como se fossem pessoas separadas, que teriam uma cultura comum, uma maneira particular de se vestir e falar, bairros reservados nas cidades e até mesmo lojas e restaurantes próprios. Elas são designadas como uma comunidade étnica! Por vezes, tenho a impressão de que a ideologia *gay* promove inconscientemente uma forma de comunitarismo. Peço aos crentes tentados pela homossexualidade que não se deixem confinar nessa prisão da ideologia LGBT. Vocês são filhos de Deus pelo batismo! Seu lugar, como o de todos os cristãos, é na Igreja. E se às vezes a luta espiritual se torna muito penosa, a caridade fraterna há de apoiá-los.

Quanto aos homens de Igreja que deliberadamente interpretam erroneamente a visão cristã do comportamento homossexual, afirmando a estrita igualdade moral de todas as formas de sexualidade, digo-lhes que estão fazendo o trabalho do príncipe da mentira e que não são caridosos com as pessoas. E por que fazem tais comentários? Para justificar seu próprio comportamento? Em busca de popularidade? Como podemos apresentar um discurso ideológico àqueles que nos pedem a palavra de Deus?

Gostaria apenas de lembrar aos sacerdotes as palavras de Santo Irineu de Lyon em *Contra as heresias*: "O erro, de fato, tem o cuidado de não se mostrar como é, por medo de que, assim exposto, seja reconhecido; mas, ao adornar-se fraudulentamente com uma vestimenta de verossimilhança, ele age de modo a parecer – uma coisa ridícula de se dizer – mais verdadeiro que a verdade em si, graças a essa aparência externa, aos olhos dos ignorantes". Tenhamos cuidado para não nos tornarmos cúmplices! Aqueles que enganarmos nos cobrarão na eternidade.

O que devemos fazer? Recordar constantemente o propósito divino que se expressa na natureza do homem e da mulher. Esta é uma parte essencial de nossa missão de evangelização. Não temos o direito de abandonar aqueles que esperam que lhes indiquemos o caminho da santidade, inclusive no campo da sexualidade. Quero sublinhar a acuidade profética das palavras de João Paulo II. Na sua exortação *Ecclesia in Europa*, escreveu: "A Igreja na Europa, em todas as suas articulações, deve propor sem cessar e fielmente a verdade do matrimônio e da família. É uma necessidade que sente arder-lhe dentro, porque sabe que um tal dever é qualificante para ela em virtude da missão evangelizadora que lhe foi confiada pelo seu Esposo e Senhor, e que hoje se apresenta com excepcional premência. De fato, não poucos fatores culturais, sociais e políticos concorrem para desencadear uma crise cada vez mais evidente da família. Tais fatores comprometem de várias formas a verdade e a dignidade da pessoa humana e põem em discussão, desfigurando-o, o próprio conceito de família. O valor da indissolubilidade matrimonial é ignorado sempre mais; reclamam-se formas de reconhecimento legal para as convivências de fato, equiparando-as aos matrimônios legítimos; não faltam tentativas para serem aceitos modelos com casais em que a diferença sexual não resulta essencial. Nesse contexto, pede-se à Igreja que anuncie com renovado vigor aquilo que diz o Evangelho sobre o matrimônio e a família, para individuar o seu significado e valor no desígnio salvífico de Deus" (90).

Sobre essa questão fundamental da família, os povos de todo o mundo esperam um ensinamento claro, firme e estável da Igreja.

Em nosso primeiro livro, Deus ou nada, publicado em 2015, o senhor afirmou que, no Ocidente, o corpo da mulher é muitas vezes instrumentalizado, desvalorizado e violado. Sua opinião mudou?

Pelo contrário, a situação continua a se agravar. A publicidade reduz frequentemente os corpos das mulheres ao estatuto de mercadorias utilizadas para fins comerciais. Ele é exposto, exibido e entregue à vista de todos. Parece que esse desprezo e humilhação são normais. O corpo feminino é visto como um objeto destinado a provocar o desejo sensual. Os homens são incentivados a olhar para esse corpo sagrado e materno com um olhar que se assemelha ao estupro, ou pelo menos à dominação violenta. Na Itália, nas portas das igrejas, em todos os lugares essa degradação é visível. Quando sua relação com o homem é apresentada apenas sob o aspecto erótico e sexual, a mulher é sempre a perdedora. A publicidade a apresenta de modo caricatural como mero elemento indicador do prestígio do marido, pelo menos nos círculos burgueses. Sem saber, a mulher se tornou um objeto a serviço do homem.

Certos movimentos feministas querem promover a dignidade das mulheres, mas acho que eles não estão cortando o problema pela raiz. Ao querer "libertar as mulheres da escravidão reprodutiva", como afirmou Margaret Sanger, fundadora do Planejamento Familiar Internacional, esses movimentos privam a mulher da grandeza da maternidade, que é um dos fundamentos de sua dignidade. Essa liberação é enganosa e ilusória. Pode até acentuar o problema. Sem se dar conta, certo feminismo induz as mulheres a olhar para si mesmas com esse ponto de vista de homens perversos e desprezíveis que as reduzem a um objeto de prazer. Temos que nos libertar dessa prisão, desse olhar falso e humilhante! Não é rejeitando sua profunda feminilidade que as mulheres serão emancipadas, mas sim, ao contrário, acolhendo-a como uma riqueza. Não é adotando uma psicologia de inspiração masculina que elas serão felizes, mas sim descobrindo a profunda dignidade de sua especificidade como mulheres.

Gostaria de voltar à origem do problema. Tomo de empréstimo as palavras do teólogo dominicano Jean-Miguel Garrigues, que falou em sua conferência sobre "O homem e a mulher no plano de Deus": "De uma perspectiva teológica, a raiz da crise do mistério da mulher parece estar ligada ao fenômeno da dessacralização. De fato, a secularização faz desaparecer a dimensão do sagrado. Ora, as mulheres são o centro do sagrado na história da humanidade". De fato, a mulher tem uma superioridade natural sobre o homem porque é dela que todos os homens nascem. Essa ligação à origem dá a ela uma particular delicadeza e profundidade em tudo o que diz respeito à ordem da vida. Ela é quem dá a vida. A mulher conhece por experiência o mistério sagrado do começo da vida de um ser. Sua capacidade de acolher a vida dentro de si a predispõe a receber o mistério da graça, isto é, a vida divina que se esconde e germina em nossas almas. É por isso que na Bíblia Deus se apresenta como o Noivo e nos pede que aprendamos com a mulher a recebê-Lo. Toda alma deve aprender a entrar neste mistério da Noiva. A própria Igreja é basicamente Esposa e Mãe. As mulheres têm na Igreja a enorme responsabilidade de ensinar aos homens esse mistério esponsal sagrado. Diante de Deus, toda criatura é como uma esposa. É por isso que as mulheres foram historicamente as primeiras a descobrir o mistério da vida consagrada, da vida religiosa. Foram elas que o transmitiram aos homens. A mulher traz o sagrado para o mundo. Desde a Virgem Maria, é por meio delas que Deus se manifesta. Elas sabem acolher e manter a presença Dele. Não deveríamos prestar uma homenagem a elas aqui? Em 1988, em *Mulieris dignitatem*, João Paulo II escreveu: "As presentes reflexões, que agora chegam ao fim, são orientadas a reconhecer, no interior do 'dom de Deus', aquilo que Ele, criador e redentor, confia à mulher, a toda mulher. No Espírito de Cristo, com efeito, ela pode descobrir o significado completo da sua feminilidade e dispor-se desse modo ao 'dom sincero de si mesma' aos outros, e assim 'encontrar-se'. No Ano Mariano, a Igreja deseja render graças à Santíssima Trindade pelo 'mistério da mulher' – por toda mulher – e por aquilo que constitui a eterna medida da sua dignidade feminina, pelas 'grandes obras de Deus' que na história das gerações humanas nela e por seu meio se realizaram. Em última análise, não foi nela e por seu meio que se operou o que há de maior na história do ser humano sobre a terra: o evento pelo qual Deus mesmo se fez homem?" (31).

A Igreja, portanto, rende graças a todas e cada uma das mulheres: pelas mães, pelas irmãs, pelas esposas; pelas mulheres consagradas a Deus na virgindade; pelas mulheres que se dedicam a tantos e tantos seres humanos, que esperam o amor gratuito de outra pessoa; pelas mulheres que cuidam do ser humano na família, que é o sinal fundamental da sociedade humana; pelas mulheres que trabalham profissionalmente, mulheres que, às vezes, carregam uma grande responsabilidade social; pelas mulheres "perfeitas" e pelas mulheres "fracas" – por todas: tal como saíram do coração de Deus, com toda a beleza e riqueza da sua feminilidade; tal como foram abraçadas pelo seu amor eterno; tal como, juntamente com o homem, são peregrinas sobre a terra, que é, no tempo, a "pátria" dos homens e se transforma, às vezes, num "vale de lágrimas"; tal como assumem, juntamente com o homem, uma comum responsabilidade pela sorte da humanidade, segundo as necessidades cotidianas e segundo os destinos definitivos que a família humana tem no próprio Deus, no seio da inefável Trindade.

"A Igreja agradece todas as manifestações do 'gênio' feminino surgidas no curso da história, no meio de todos os povos e Nações; agradece todos os carismas que o Espírito Santo concede às mulheres na história do Povo de Deus, todas as vitórias que deve à fé, a sua esperança e a sua caridade: agradece todos os frutos de santidade feminina."

É por isso que a Igreja está na linha de frente na defesa da dignidade das mulheres. Na África, a Igreja condena regularmente a prática da mutilação genital feminina. Essa prática apareceu antes mesmo do animismo, do islamismo e do cristianismo. Alguns pesquisadores consideram-na originária da Núbia, no Chifre da África, nas regiões que hoje correspondem ao Egito e ao Sudão. Creio que a luta contra essa mutilação inaceitável acabará por prevalecer. No entanto, na África e na

Ásia, apesar das aparências, a mulher é profundamente respeitada. Nunca nos atreveríamos a reduzi-la a certas imagens degradantes encontradas no Ocidente. Poderiam objetar que a mulher africana é condicionada a ter filhos. Mas essa maneira de caricaturar a grande família africana é depreciativa. Quero denunciar essa hipocrisia que consiste em fazer crer que a mulher ocidental é respeitada e realizada porque se libertou do "peso" da maternidade, e que ela é igual ao homem em todos os aspectos.

O senhor está mesmo convencido de que a pós-modernidade está marcada fundamentalmente pela negação da figura paterna?

Acho até que o problema é mais profundo. Podemos falar de uma crise da figura masculina.

Há um perigo mortal em querer colocar os dois sexos um contra o outro. O homem e a mulher são complementares. Eles têm uma necessidade vital um do outro. Eles devem buscar e cultivar essa diferença para que cada um se realize plenamente. Deixe-me repetir o que já disse em *Deus ou nada*: "A filosofia africana afirma que o homem não é nada sem a mulher, e a mulher não é nada sem o homem". E os dois não são nada sem a criança. Deus quis que eles fossem inseparavelmente complementares e que cada um seja a felicidade e a alegria do outro. Cada um é um dom precioso que Deus dá ao outro, e ambos recebem um ao outro no amor, rendendo graças a Deus.

A guerra dos sexos que foi insensatamente desencadeada como um substituto para uma luta de classes sem fôlego só leva a uma caricatura de masculinidade e feminilidade. A virilidade é agora reduzida a uma forma de violência ou rudeza vulgar. Pelo contrário, acredito que a alma masculina se caracteriza por sua vocação à paternidade em todas as suas formas, carnal, espiritual, intelectual e artística. A alma masculina às vezes é tentada pela violência porque o homem experimenta sua virilidade como uma espécie de poder. Ele é chamado a desenvolver a força moral, aquela virtude que lhe permite empregar sua energia a serviço do bem. Ele então se descobre forte para servir ao bem dos outros e especialmente ao bem comum da família e da sociedade. Permitam-me que mencione as belas figuras de políticos cristãos, como o filósofo inglês Thomas More ou o ex-prefeito de Florença Giorgio La Pira. São modelos de coragem e intrepidez viril contra os poderes políticos ou financeiros de seu tempo. A alma masculina também pode ser tentada pelo prazer da dominação e do desprezo por qualquer coisa que lhe pareça ser mais fraca e menos poderosa. Essa tentação está agora sendo revivida pelos movimentos neopagãos e eugenistas. O homem deve então descobrir que sua masculinidade se desenvolve ao servir e proteger os fracos e frágeis, especialmente a mulher e a criança. Tenho em mente São Luís, rei da França, de joelhos diante dos leprosos de quem ele cuidava, ou Cipriano Rugamba, o marido ruandês que, após uma vida de pecado e violência, tornou-se o protetor muito gentil de sua casa. Por último, a preguiça moral é também uma tentação masculina, e a alma viril a remedia por meio de uma generosidade que o faz descobrir o verdadeiro sentido da autoridade como um auxílio ao desenvolvimento daqueles que são confiados a ele. O ápice dessa generosidade é exercido na paternidade que, pela palavra e pelo exemplo, guia, conforta e confirma a criança.

Gostaria de dizer aos homens que a alma deles é feita para o heroísmo e não para a confortável mediocridade. São Paulo disse: "Maridos, amai vossas esposas como Cristo amou a Igreja" (Ef 5, 25). Como Cristo amou a Igreja? Doando-se até a morte na Cruz. É a isto que todo cônjuge é chamado: a amar como Cristo! Não acreditemos que o heroísmo seja sempre espetacular. Há uma santidade cotidiana e silenciosa de que São José é o modelo. Ela pressupõe o desenvolvimento de uma virilidade interior que nossa sociedade ignora e despreza, de modo que os pais duvidam de si mesmos e às vezes são humilhados.

Ora, uma sociedade sem pai não pode ser equilibrada. Sei que as imagens do pai mudaram frequentemente em discursos e representações sociais. Mas a verdadeira questão é outra. Quando a figura simbólica do que o pai significa é alterada, ou mesmo escamoteada, nem a mãe nem a criança podem ser felizes. Há vários anos, o simbolismo dos sexos tem sido confundido. O pai é o símbolo da transmissão, da diferença e da alteridade: realidades que se tornaram difíceis de compreender no mundo moderno.

Enfim, pergunto-me como as crianças poderão rezar o Pai Nosso se já não têm a experiência íntima de um pai carinhoso e justo. O pai de família é a primeira imagem do Pai eterno. Este não é o menor dos seus títulos.

Podemos falar sobre o problema da mercantilização do corpo?

A prostituição, a pornografia e seus derivados se tornaram grandes mercados. Os políticos que não tomam medidas adequadas para combater a prostituição são culpados de violência deliberada contra as mulheres. De muitas formas, a prostituição não é outra coisa senão uma forma contemporânea de escravidão. Existe um verdadeiro tráfico de seres humanos de um continente para outro. O Ocidente compra suas escravas sexuais dos países mais pobres e se esconde atrás da cortina de uma pseudoliberdade moral. A exploração do corpo na prostituição não é objeto de legislação séria. O tráfico de milhares de mulheres da Europa Oriental que vêm para o Ocidente para alugar seus corpos é uma vergonha. Tenho que denunciar também a hipocrisia dos países ricos que continuam a tolerar o turismo sexual na Ásia e em outros lugares para explorar a pobreza das mulheres, enquanto gritam nos meios de comunicação que querem libertar as mulheres dos países pobres da escravidão que sofrem.

Observa-se, além disso, uma forma de erotização de setores inteiros da sociedade. Estou pensando, em particular, na pornografia na internet.

Os jovens ficam indefesos diante desses ataques visuais violentos, e os pais ficam desconcertados, tendo a maior dificuldade em proteger seus filhos. Mas quais governos estão tomando medidas corajosas para acabar com o escândalo da pornografia? Os interesses financeiros subjacentes a essas atividades explicariam o longo silêncio de tantos governantes? A facilidade com que as crianças acessam imagens pornográficas na internet equivale a uma violação das consciências desses menores. Acredito que as consequências psicológicas e espirituais dessa invasão da pornografia para toda uma geração de crianças e jovens ainda não foram mensuradas. Os médicos estão começando a soar o alarme, porque notam que há jovens perturbados por imagens cada vez mais violentas ou que se tornaram prisioneiros do vício da pornografia. Quem dirá a eles que todas essas imagens não representam a verdade da sexualidade? Quem dirá a eles que a sexualidade consiste em doação de si e delicadeza, e não em violência e humilhação? Mais uma vez, a Igreja está na linha de frente para defender a verdade e a dignidade da sexualidade. Nesse domínio, como em tantos outros, ela se torna guardiã e protetora do que é mais humano no homem.

Além disso, o tráfico de órgãos, particularmente entre países pobres e ricos, é uma ignomínia muito pouco conhecida. Gangues mafiosas assassinam crianças, retiram seus órgãos e os vendem a pacientes ricos. Enquanto isso, as sociedades ocidentais gritam por toda parte pelo respeito aos direitos humanos.

Quem sabe também que, no Ocidente, cosméticos foram fabricados a partir de restos mortais de fetos abortados? Vários escândalos relacionados a essas práticas têm afetado o Planejamento Familiar Americano. Às vezes, tenho a sensação de que são as sociedades mais amorais e sem Deus que mais bradam pelos direitos humanos, para melhor cobrir sua vergonha.

Em seu magnífico livro *Um tempo para morrer. Últimos dias da vida dos monges* [*Un temps pour mourir. Derniers jours de la vie des moines*], impressionou-me muito o testemunho do abade beneditino de En Calcat, Dom David d'Hamonville, que evoca a corrida para a rentabilidade que pode prevalecer em hospitais franceses. Se um paciente é lucrativo, ele pode ser tratado. Se não, podemos deixá-lo morrer.

O corpo humano tornou-se um aglomerado de células de que os poderes financeiros e políticos pretendem se servir. A loucura do dinheiro e a ideologia liberal estão transformando este mundo em um verdadeiro inferno. Pode se comprar de tudo hoje, de órgãos a esperma e até mesmo barrigas de aluguel.

Ao contrário do que proclama por toda parte, a modernidade despreza profundamente o corpo e faz dele um objeto. Paradoxalmente, a Igreja, tantas vezes acusada de não dar espaço às realidades carnais, está aí para defender vigorosamente a incomparável dignidade do corpo. Acredito que os cristãos, discípulos de um Deus que se fez carne, nunca serão capazes de desprezar o corpo humano ou abandoná-lo à voracidade de negociantes ou experimentadores inescrupulosos. Nós, sacerdotes, que todos os dias seguramos em nossas mãos o corpo eucarístico do Senhor, conhecemos bem a fragilidade e o valor do corpo. Talvez compartilhemos esse privilégio com as mães, que têm a experiência de cuidar de recém-nascidos frágeis e preciosos. Como João Paulo II em sua *Carta às famílias* de fevereiro de 1994, nunca nos cansaremos de lembrar que "Quando o corpo humano, considerado independentemente do espírito e do pensamento, é utilizado como material ao mesmo nível do corpo dos animais, — como sucede, por exemplo, nas manipulações sobre os embriões e os fetos — inevitavelmente caminha-se para um terrível descalabro ético. Numa tal perspectiva antropológica, a família humana está a viver a experiência de um novo maniqueísmo, no qual o corpo e o espírito são radicalmente contrapostos entre si: nem o corpo vive do espírito, nem o espírito vivifica o corpo. Assim o homem deixa de viver como pessoa e sujeito. Apesar das intenções e declarações em contrário, torna-se exclusivamente um objeto. Assim, por exemplo, esta civilização neomaniqueísta leva a olhar a sexualidade humana mais como um campo de manipulação e desfrutamento, do que a olhá-la como a realidade geradora daquele assombro primordial que, na manhã da criação, impele Adão a exclamar à vista de Eva: "É carne da minha carne e osso dos meus ossos" (cf. Gn 2, 23). É o mesmo assombro que ecoa nas palavras do Cântico dos Cânticos: "Arrebataste o meu coração, minha irmã, minha esposa! Arrebataste o meu coração com um só dos teus olhares" (Ct 4, 9). Como estão distantes certas concepções modernas da profunda compreensão da masculinidade e da feminilidade oferecida pela Revelação divina! Esta leva-nos a descobrir na sexualidade humana uma riqueza da pessoa, que encontra a sua verdadeira valorização na família e exprime a sua vocação profunda, mesmo na virgindade e no celibato, pelo Reino de Deus" (13).

Sem Deus, a dignidade humana é posta em dúvida. "Se Deus não existe, então tudo é permitido", disse Dostoiévski. Sem Deus, o pior acaba acontecendo. O homem acaba sendo desprezado.

O século XXI certamente será um tempo de novas utopias, de transumanismo, da busca de um ser humano perfeito e eterno. A seu ver, essas novidades são preocupantes?

A atual revolução tem um nome: humanidade "aprimorada"[1] ou transumanismo. Seus recursos passam pela nanotecnologia, pela biotecnologia, pelas ciências da computação e as ciências do cérebro (NBIC). O objetivo é ir além dos limites da humanidade e criar um

---

1 "Humanidade aprimorada" e "homem aprimorado" traduzem, respectivamente, *humanité augmentée* e *homme augmenté* (lit.: "humanidade aumentada" e "homem aumentado"). Essas expressões resumem as pretensões do chamado movimento "transumanista" cujas teses fundamentais foram criticadas no documento *Comunión y corresponsabilidad: Personas humanas creadas a imagen de Dios* da Comissão Teológica Internacional da Santa Sé (2002) (N.T.).

super-homem. Esse projeto teórico está prestes a se tornar realidade. Aqui chegamos à consumação do processo de autonegação e ódio à natureza que caracteriza o homem moderno. O homem se odeia tanto que quer se reinventar. Mas ele corre o grande risco de se desfigurar irremediavelmente. Diante de tal perspectiva, qualquer pessoa sensata deveria estremecer. De fato, pode se observar que muitos estão profundamente desamparados. Foi dito que a liberdade humana é um absoluto. O Criador foi rejeitado. A própria noção de natureza foi desprezada. O que nos resta? Estamos sozinhos e desarmados, fomos deixados indefesos diante do que parece ser um pesadelo. Transgredimos todos os limites. Mas não percebemos que os limites estavam nos protegendo. Além do limite, há apenas a infinidade do vazio. Hoje, alguns homens de boa vontade e alguns legisladores procuram conter o movimento. Percebemos que o chamado progresso está indo rápido demais. Mas não é uma questão de velocidade. É o próprio movimento que nos leva ao nada. Falamos do pós-humano, mas, depois do humano, não há nada! Estamos presos à ideia de que tudo é possível desde que a lei o permita. Esse positivismo jurídico, que foi elevado ao estatuto de princípio, está chegando ao fim. Ele já não é capaz de nos proteger. Ele não desempenha mais seu papel, que consiste em dizer o que é certo e justo. Os homens estão abandonados à própria sorte. Como podemos evitar esse salto no escuro? Onde encontrar o limite que protegerá a humanidade? Onde procurar o princípio que pode nos guiar? Bento XVI, em um discurso ao Parlamento alemão, pronunciou palavras proféticas que soam como um aviso, ao mesmo tempo humilde e solene, para toda a humanidade: "Onde a razão positivista se considera como a única cultura suficiente, relegando todas as outras realidades culturais para o estado de subculturas, aquela diminui o homem, antes, ameaça a sua humanidade. [...] A razão positivista, que se apresenta de modo exclusivista e não é capaz de perceber algo para além do que é funcional, assemelha-se aos edifícios de cimento armado sem janelas, nos quais nos damos o clima e a luz por nós mesmos e já não queremos receber esses dois elementos do amplo mundo de Deus. [...] É preciso tornar a abrir as janelas, devemos olhar de novo a vastidão do mundo, o céu e a terra e aprender a usar tudo isto de modo justo. Mas, como fazê-lo? Como encontramos a entrada justa na vastidão, no conjunto? Como pode a razão reencontrar a sua grandeza sem escorregar no irracional? Como pode a natureza aparecer novamente na sua verdadeira profundidade, nas suas exigências e com as suas indicações? [...] Quando na nossa relação com a realidade há qualquer coisa que não funciona, então devemos todos refletir seriamente sobre o conjunto e todos somos reenviados à questão acerca dos fundamentos da nossa própria cultura. Seja-me permitido deter-me um momento mais neste ponto. A importância da ecologia é agora indiscutível. Devemos ouvir a linguagem da natureza e responder-lhe coerentemente. Mas quero insistir num ponto que – a meu ver –, hoje como ontem, é descurado: existe também uma ecologia do homem. Também o homem possui uma natureza, que deve respeitar e não pode manipular como lhe apetece. O homem não é apenas uma liberdade que se cria por si própria. O homem não se cria a si mesmo. Ele é espírito e vontade, mas é também natureza, e a sua vontade é justa quando respeita a natureza e a escuta e quando se aceita a si mesmo por aquilo que é e que não se criou por si mesmo. Assim mesmo, e só assim, é que se realiza a verdadeira liberdade humana. [...] É verdadeiramente desprovido de sentido refletir se a razão objetiva que se manifesta na natureza não pressuponha uma Razão criadora, um *Creator Spiritus*?".

Estamos chegando ao final de um ciclo. A questão do transumanismo nos coloca diante de uma escolha entre civilizações. Podemos continuar na mesma direção, mas então nos arriscamos, literalmente, a desistir de nossa humanidade. Se quisermos permanecer humanos, devemos aceitar nossa natureza de criaturas e novamente nos voltarmos para o Criador. O mundo escolheu se organizar sem Deus, viver sem Deus, pensar em si mesmo sem Deus. Ele está fazendo uma experiência terrível: onde quer que Deus não esteja, lá está o inferno. O que é o inferno senão a privação de Deus? A ideologia transumanista é uma ilustração perfeita disto. Sem Deus, resta apenas o que não é humano, o pós-humano. Mais do que nunca a alternativa é simples: Deus ou nada!

O filósofo Guy Coq afirmou recentemente, em uma conferência intitulada "Face de Deus, faces do homem": "A barbárie, isto é, a possibilidade de destruir a essência da civilização, progride passo a passo. A barbárie não vem ao nosso encontro dizendo: Eu sou a barbárie. Fiquem com medo. Vejam como é ampla a desumanidade que trago comigo. [...] Nossa civilização é como um ser humano bêbado caminhando na beira de um abismo. Alguns passos o aproximam dele, outros o afastam. Mas ele não sabe exatamente onde está a borda do abismo. Então pode ocorrer que um pequeno passo mais perto da borda cause o desastre final. Esse seria um pequeno passo que levaria longe demais. Se o caminhante quer evitar o pior, ele deve estudar cuidadosamente o seu caminho, tentando entender que esse passo deve ser evitado".

A tentação transumanista é aquele pequeno passo para longe que nos lança ao vazio. Ao produzir seres humanos modificados ou aprimorados, isso nos levaria a abolir a fronteira entre sujeito e objeto. Hoje tenho a consciência, quando vejo uma pessoa, que ela não é uma coisa que está à venda e disponível para mim, mas sim um outro "eu mesmo". Mas quem dirá amanhã onde está a fronteira entre o humano e o não humano? Se o ser humano se tornar um produto fabricado, quem poderá medir sua dignidade natural?

Será que estamos suficientemente conscientes do que dizemos quando falamos de seres humanos aprimorados? Será que em breve haverá várias classes de seres humanos: Seres humanos ordinários e seres humanos aprimorados? Qual será o valor, o preço, os direitos de um e de outro? Aflige-me pensar que em breve, talvez, alguns homens possam se sentir e se crer superiores a outros em razão de suas próteses tecnológicas.

É preciso enfatizar que esse projeto rompe com a lógica médica. O que está em questão já não é mais tratar ou reparar uma natureza danificada por um acidente. Trata-se de criar, inventar uma raça nova e patenteada. João Paulo II escreveu em *Fides et ratio*: "Alguns homens de ciência, privados de qualquer referência ética, arriscam-se a não ter mais como centros de interesse a pessoa e sua vida como um todo. Além disso, alguns deles, conscientes das potencialidades internas do progresso tecnológico, parecem ceder, mais do que à lógica do mercado, à tentação de um poder de demiurgo sobre a natureza e sobre o próprio ser humano" (46). Os loucos partidários da ideia de um ser humano aprimorado falam assim em estabelecer um vasto programa de melhoramento da população. Planeja-se aumentar o QI. Por meio de implantes de dispositivos no cérebro usando tecnologias computacionais, espera-se dar a alguns homens novas habilidades. Queremos tornar as pessoas aptas e eficazes. Já as técnicas de procriação artificial, triagem embrionária pré-implantação, generalização do diagnóstico pré-natal de doenças genéticas têm trazido gradativamente para as mentes das pessoas uma lógica marcada pela eugenia. Considera-se normal eliminar embriões, isto é, seres humanos muito pequenos, que não correspondem ao nosso padrão. Quem vai definir o padrão amanhã? Quem dirá se determinada pessoa é boa o suficiente ou precisa ser aprimorada? Não está o transumanismo tentando criar uma raça de senhores? Essas questões são aterradoras e nos preocupam profundamente. A terrível experiência das loucuras assassinas do século XX deveria servir de lição para nós.

Diante dessa tentação de onipotência, gostaria de expressar meu amor e meu infinito respeito pela fraqueza. Vocês, os doentes, os de corpo ou inteligência frágil, vocês que têm uma deficiência ou malformação, vocês são grandiosos! Vocês têm uma dignidade especial, porque vocês são singularmente parecidos com o Cristo crucificado. Permitam-me dizer a vocês que toda a Igreja se ajoelha à sua frente, porque vocês carregam a imagem, a presença Dele. Queremos servir a vocês, amá-los, consolá-los, apaziguá-los. Queremos também aprender com vocês. Vocês nos pregam o evangelho do sofrimento. Vocês são um tesouro. Vocês nos mostram o caminho, como recordou o cardeal Ratzinger em uma conferência realizada em um encontro internacional organizado pelo Pontifício Conselho para a Pastoral dos Serviços de Saúde: "A luz de Deus repousa sobre as pessoas que sofrem, nas quais o esplendor da Criação é obscurecido externamente; elas são de um modo muito particular semelhantes ao Cristo crucificado, ao ícone do amor, e têm certos pontos em comum com aquele que sozinho é 'a própria imagem de Deus'. Podemos atribuir-lhes a designação formulada por Tertuliano, referindo-se a Cristo: 'Por mais miserável que seja o seu corpo [...], será sempre o meu Cristo' (*Adv. Marc. III, 17, 2*). Por maiores que sejam os seus sofrimentos, por mais desfigurados e manchados que eles sejam em sua existência humana, serão sempre os filhos privilegiados de Nosso Senhor, serão sempre, de modo particular, a imagem dele".

A Cruz é a resposta última a essa ideologia que, por fraqueza, sonha em acabar com toda a finitude: a fadiga, a dor, a doença e até a morte. Creio, pelo contrário, que a finitude assumida e amada é o coração de nossa civilização. O sonho prometeico de uma vida infinita, de um poder infinito, é um engodo, uma tentação diabólica. O transumanismo promete nos tornar "concretamente" deuses. Essa utopia é uma das mais perigosas da história da humanidade: a criatura nunca quis se distanciar tanto do Pai. As palavras de Nietzsche em *A Gaia Ciência* se tornam realidade: "Deus está morto! E fomos nós que o matamos! [...] O que o mundo até agora possuía de mais sagrado e mais poderoso perdeu seu sangue sob nossa faca. [...] não é a magnitude deste ato grande demais para nós? Não somos simplesmente forçados a nos tornarmos deuses?".

Os homens de ciência certamente rirão de mim e de minha ignorância. Mas, como homem de fé, gostaria de proclamar, sem constrangimento nem medo, que o "super-homem" é um mito e que o projeto prometeico está fundamentalmente errado.

Paradoxalmente, essa loucura expressa a trágica nostalgia de um paraíso perdido. Antes do pecado original, o homem não conhecia a morte e permanecia eternamente perto de Deus. Parece que o homem quer recuperar, com seus próprios esforços, o bem que ele perdeu por sua própria culpa. No fundo sabemos que a morte e o sofrimento não podem ter a última palavra. Sentimos dentro de nós o chamado da eternidade e do infinito. No entanto, o homem não pode deixar de ser, devido à sua natureza humana, uma criatura infinitamente distante do Criador. O homem nunca conseguirá se unir a Deus por seus próprios esforços humanos, elevar-se a Ele e viver a vida Dele. O homem só pode viver a vida de Deus, chamada graça santificante, se Deus a der para ele como um dom totalmente gratuito. O homem não tem nenhum direito a esse dom, pois ele é pura gratuidade e amor da parte de Deus, e transcende infinitamente todas as possibilidades da natureza humana. O homem é essencialmente dependente. Ele sabe que é chamado por Deus para um propósito que está além dele. Deus quis assim, que nós não encontrássemos a plena realização de nossa felicidade nesta terra. Deus não nos criou apenas para a perfeição natural. Deus, criando-nos à sua imagem e semelhança, tinha um propósito infinitamente superior à perfeição da natureza. Nós existimos apenas para esta vida sobrenatural. É para a eternidade que Deus criou os homens.

A santidade é a máxima plenitude que nos eleva à altura de Deus. A nossa perfeição, a nossa santidade, é obra de Deus e de Sua graça. Nunca desaparecerá o abismo infinito que existe entre a ordem natural e a ordem sobrenatural, entre a vida da natureza humana e a vida da graça, que é a própria vida de Deus dada aos homens. A santidade assume a natureza e não a contradiz, mas a supera infinitamente.

A Igreja prolonga a missão de Cristo, que busca levar o homem à perfeição, à sua divinização: "Lembrai-vos dos vossos dirigentes, que vos anunciaram a palavra de Deus. Considerai como terminou a vida deles, e imitai-lhes a fé. Jesus Cristo é o mesmo, ontem e hoje; ele o será para a eternidade! Não vos deixeis enganar por doutrinas ecléticas e estranhas" (Hb 13, 7-9).

6
ÓDIO DA VIDA

Nicolas Diat: As questões do aborto e dos direitos sexuais e reprodutivos são sempre terreno de um difícil confronto entre a Igreja e os meios de comunicação. Por sua parte, o papa Francisco não hesita em comparar o aborto a um "genocídio com luvas brancas".

Cardeal Robert Sarah: Em muitos países, há o que São João Paulo II chamou de "coalizão contra a vida". Se um governo pode autorizar, por sua própria autoridade, a tirar legalmente a vida de uma criança, todos os abusos são possíveis. A legalização do aborto é a matriz de todas as transgressões. Quem tem o direito de viver? Quem está condenado a morrer? A criança com síndrome de Down é inexoravelmente um ser humano de segunda categoria? O mandamento de Deus é claro: "Não matarás".

Madre Teresa pensava que uma sociedade em que uma mulher tem o direito de matar seu filho é intrinsecamente bárbara. Para suavizar a gravidade desse crime, seus defensores tentam lhe dar qualificativos favoráveis. A "interrupção da gravidez" soa melhor ao ouvido e à consciência. Populações inteiras estão anestesiadas sobre esta questão, e parecem não compreender a gravidade dos problemas que estão em jogo. E o assassínio continua. Um homicídio torna-se bom, justificado e legítimo. Um homicídio torna-se um direito. A Igreja Católica se opõe radicalmente a este crime massivo contra a humanidade. Tentam nos afastar do debate e abafar as nossas palavras. Nossos argumentos são considerados obscurantistas. Os *lobbies* exaltam a liberdade de se escolher a morte em vez de celebrar a alegria da vida e do nascimento. Alguns querem fazer da maternidade uma alienação e escravidão.

Leis cínicas que legalizam o aborto atentam contra as bases do direito e por fim conduzem à desintegração social e à autodestruição do Estado. O problema se mostra tão mais profundo quando se considera que a Europa passa por uma crise demográfica sem precedentes. A renovação das gerações não está mais garantida. Em alguns países, como a Itália, o envelhecimento suscita graves problemas.

Hoje, é preciso convir que estamos longe das recomendações que Paulo VI dirigiu aos governos em sua Encíclica *Humanae vitae*: "Aos governantes, que são os principais responsáveis pelo bem comum e que dispõem de tantas possibilidades para salvaguardar os costumes morais: não permitais que se degrade a moralidade das vossas populações; não admitais que se introduzam legalmente, naquela célula fundamental que é a família, práticas contrárias à lei natural e divina. Existe uma outra via pela qual os Poderes públicos podem e devem contribuir para a solução do problema demográfico: é a via de uma política familiar providente, de uma sábia educação das populações, que respeite a lei moral e a liberdade dos cidadãos" (23). A ausência de uma verdadeira política de apoio à família e à demografia por parte dos países Ocidentais é, a meu ver, um profundo mistério. Do simples ponto de vista humano, é evidente que há urgência. Creio que há uma profunda falta de esperança nessa corrida para a morte. É como se esses países não acreditassem mais em seu próprio futuro.

E, ao longo desse tempo, a tragédia do aborto continua a causar estragos. Os nascituros são vítimas, mas também as mães, alvo de tanta pressão que as compelem ao aborto. Muitas mulheres levam consigo, por anos, essa terrível ferida e sabem que acabaram com a vida de seus filhos. Gostaria de recordar as palavras proféticas de Madre Teresa na recepção do Prêmio Nobel da Paz. Perante o rei da Noruega e de toda a Academia Nobel, essa mulher tão pequena de tamanho, mas tão grande diante de Deus, encontrou o modo de falar dos profetas do Antigo Testamento para colocar a verdade diante de nós. Ela se atreveu a dizer que o aborto ameaçava a paz no mundo: "Sinto algo que quero compartilhar com todos", disse ela, "hoje, o maior destruidor da paz é o crime cometido contra a criança inocente que está por nascer. Se uma mãe pode matar seu próprio filho, em seu ventre, o que nos impede de nos matarmos mutuamente? As Escrituras declaram: 'Mesmo que uma mãe possa esquecer seu filho, eu não me esquecerei de ti. Eu te guardei na palma da minha mão'. Mesmo que uma mãe possa esquecer ... Mas hoje matamos milhões de nascituros. E não dizemos nada. Lemos nos jornais o número destes ou daqueles que são mortos, de tudo o que é destruído, mas ninguém fala dos milhões de pequenos seres que foram concebidos com a mesma vida que os senhores e eu, com a vida de Deus. E não dizemos nada. Admitimos que isso está de acordo com as opiniões dos países que legalizaram o aborto. Essas nações são as mais pobres. Elas têm medo dos pequenos, têm medo da criança nascitura, e essa criança deve morrer, porque não querem alimentar mais um filho, criar mais um filho, o filho tem que morrer. [...] É por isso que, hoje, eu lhes convido a tomar aqui uma forte resolução: salvemos todas as criancinhas, todos os nascituros, vamos dar-lhes uma chance de nascer. E o que faremos para isso? Vamos lutar contra o aborto mediante a adoção. O bom Deus já abençoou tão maravilhosamente o trabalho que fizemos, que conseguimos salvar milhares de crianças. E milhares de crianças encontraram um lar em que são amadas. Levamos tanta alegria às casas em que não havia crianças! É por isso que, hoje, na presença de Sua Majestade e diante de todos os que vieram de diferentes países, eu lhes peço: vamos todos orar para termos coragem de defender o nascituro e dar à criança a possibilidade de amar e ser amada. Acho que assim – com a graça de Deus – poderemos trazer paz ao mundo. Nós temos essa oportunidade. Aqui na Noruega todos estão – com a bênção de Deus – vivendo bem. Mas tenho certeza de que nas famílias, em muitas de nossas casas, pode ser que não tenhamos fome de um pedaço de pão, mas talvez haja alguém na família que não é desejado, que não é amado, que não é cuidado, que é esquecido. Há amor. O amor começa em casa. Um amor, para ser de verdade, deve doer. [...] Pois a criança é o mais belo presente de Deus para uma família, para um país e para o mundo inteiro. Que Deus vos abençoe!".

Acredito que só uma mulher poderia falar com tanta coragem, só um santa poderia falar com tanta clareza. Madre Teresa me faz lembrar daquelas mulheres que estavam ao pé da cruz quando os apóstolos fugiram, vencidos pelo medo! Enquanto nós, sacerdotes e bispos, somos tantas vezes tão covardes para lembrar a verdade, o Espírito Santo nos falou naquele dia por meio de uma mulher.

Na encíclica Evangelium vitae, *João Paulo II denunciou "a expansão de uma inquietante cultura da morte", que se expressa não só pelas guerras fratricidas, massacres ou genocídios, "mas sobretudo pelos ataques contra a vida nascente, e contra a vida das pessoas idosas e dos doentes". Como entender o ponto de vista do antigo papa?*

Nossas sociedades contemporâneas tornaram-se mórbidas. Todos os papas do século passado lutaram contra essa cultura da morte.

No fundo, a situação é bastante curiosa. Porque ninguém pode amar a morte. Temos uma repulsa natural de contemplar o nosso fim nesta terra. No entanto, sob os ouropéis falazes das ideologias progressistas, as civilizações pós-modernas não hesitam em matar.

Na *Evangelium vitae*, publicada em 1995, João Paulo II escreveu: "Como se pôde criar semelhante situação? Há que tomar em consideração diversos fatores. Como pano de fundo, existe uma crise profunda da cultura, que gera ceticismo sobre os próprios fundamentos do conhecimento e da ética e torna cada vez mais difícil compreender claramente o sentido do homem, dos seus direitos e dos seus deveres. A isto, vêm juntar-se as mais diversas dificuldades existenciais e interpessoais, agravadas pela realidade de uma sociedade complexa, em que, frequentemente, as pessoas, os casais, as famílias são deixadas sozinhas envolvidas com os seus problemas. Não faltam situações de particular pobreza, angústia e exasperação, situações em que a luta pela sobrevivência, a dor nos limites do suportável, as violências sofridas, especialmente aquelas que investem as mulheres, tornam por vezes exigentes até ao heroísmo as opções de defesa e promoção da vida. Tudo isto explica – pelo menos em parte – como o valor da vida sofre hoje uma espécie de 'eclipse', apesar de a consciência não cessar de apontá-lo como valor sagrado e intocável; e comprova-o o próprio fenômeno de se procurar encobrir alguns crimes contra a vida nascente ou terminal com expressões de âmbito terapêutico, que desviam o olhar do fato de estar em jogo o direito à existência de uma pessoa humana concreta. Com efeito, se muitos e graves aspectos da problemática social atual podem, de certo modo, explicar o clima de difusa incerteza moral e, por vezes, atenuar a responsabilidade subjetiva no indivíduo, não é menos verdade que estamos perante uma realidade mais vasta que se pode considerar como verdadeira e própria estrutura de pecado, caracterizada pela imposição de uma cultura antissolidária, que, em muitos casos, se configura como verdadeira 'cultura da morte'" (11-12).

A NOITE SE APROXIMA E O DIA JÁ DECLINOU

O grande papa polonês testemunhou as atrocidades da guerra – muitos de seus amigos judeus não retornaram dos campos de extermínio – e muitos outros horrores. Ele conhecia havia muito tempo as motivações dessas paixões mórbidas.

As instituições internacionais trabalham para difundir essa cultura da morte. Os países pobres, nos quais a família continua sendo o ponto de ancoragem[2] fundamental da vida social, são o alvo prioritário das políticas eugenistas e maltusianas. Grandes fundações nas mãos de bilionários ocidentais estão desenvolvendo programas para exterminar os nascituros. Essa luta para espalhar a morte a qualquer custo é uma monstruosidade e há um desenfreado poder econômico para destruir os fracos e os indefesos.

O paradoxo é grande. O homem ocidental, que se beneficia tanto quanto possível dos encantos da existência, combate a vida com ferocidade. O ódio à vida é o ódio ao amor. O amor sempre produz vida. Quem ama verdadeiramente tem a vida. Gostaria de recordar as belas palavras do apóstolo São João: "Sabemos que passamos da morte para a vida, porque amamos os irmãos. Aquele que não ama permanece na morte. Todo aquele que odeia o seu irmão é homicida; e sabeis que nenhum homicida tem a vida eterna permanecendo nele. Nisto conhecemos o Amor: ele deu a sua vida por nós. E nós também devemos dar a nossa vida pelos irmãos. Se alguém, possuindo os bens deste mundo, vê o seu irmão na necessidade e lhe fecha o coração, como permanecerá nele o amor de Deus? Filhinhos, não amemos com palavras nem com a língua, mas com ações e em verdade. Nisto reconheceremos que somos da verdade, e diante dele tranquilizaremos o nosso coração, se o nosso coração nos acusa, porque Deus é maior que o nosso coração e conhece todas as coisas. Caríssimos, se o nosso coração não nos acusa, temos confiança diante de Deus" (1Jo 3,14-21).

---
2 No alpinismo ou na escalada, um ponto de ancoragem ou simplesmente âncora significa qualquer dispositivo para prender o alpinista, a corda ou uma carga à parede (N.T.).

A cultura da morte é obra de uma contracultura de mortos-vivos. Deparamo-nos com uma concepção errada do destino do ser humano. Uma verdadeira civilização repousa na alegria do dom da vida.

Eu nasci na Guiné na época da ditadura de Sékou Touré. Entendi então que a única resposta à violência da ditadura revolucionária era a paixão do amor. Não foi preciso temer a ditadura, foi preciso, sim, semear o amor: "Não há temor no amor; ao contrário, o perfeito amor lança fora o temor, porque o temor implica um castigo, e o que teme não chegou à perfeição do amor" (1Jo 4,18). Tive que trabalhar, com a ajuda da graça divina, para enxertar no coração de cada guineense e de todas as famílias um pedaço do coração de Deus para amar e perdoar como ele. Sabíamos que todos os nossos irmãos que foram presos foram também torturados. O regime procurava arrancar-lhes supostos segredos. Fui proibido de visitar meu antecessor em Conacri, Dom Tchidimbo, que estava preso, mas não havia dúvida de que ele foi submetido aos piores tratamentos. Não tivemos notícias das muitas pessoas encarceradas na prisão de Sékou Touré. Por meio de certos guardas, às vezes ficávamos sabendo da morte de algum deles em meio a sofrimentos abomináveis. Os corpos nunca foram devolvidos às famílias. Os capangas do regime mostraram uma extrema perversidade; eles adoravam ver seus prisioneiros morrerem. Diante desses horrores diabólicos, era preciso levar o povo da Guiné a amar e a perdoar como Deus. Fazemos oposição à violência e ao ódio apenas ao nos aconchegar em Deus para amar sem medida.

A única esperança está em Deus. O Pai reúne nele vida e amor.

A eutanásia é outra forma de desprezo pela da vida humana...

O homem ocidental experimenta um medo de pânico ao pensar em sofrimento e morte. Quando o prazer já não está disponível, por que ficar nesta terra? Quanto ao aborto, observa-se um deslocamento semântico que visa a facilitar a evolução das mentalidades. Propõe-se morrer com dignidade. Mas quem gostaria de morrer dolorosamente? Os partidários da eutanásia usam o sofrimento moral e psicológico dos pacientes terminais e de suas famílias para favorecer os seus pontos de vista. Eles manifestam assim uma falsa piedade que nada mais é que uma hipócrita pulsão de morte.

A Igreja sempre soube acompanhar os moribundos. Quantos padres, religiosos e religiosas passaram horas junto às pessoas moribundas? No fim do caminho nesta terra, as pessoas não precisam de uma seringa fria que lhes traga a morte. Precisam de uma mão compassiva e amorosa. Penso nas palavras comoventes de Madre Teresa: "Nossos pobres, nossa gente maravilhosa, são pessoas absolutamente dignas de amor. Eles não precisam de nossa piedade nem de nossa simpatia. Precisam de nosso amor compreensivo, do nosso respeito, precisam que os tratemos com dignidade. Acho que assim fazemos a experiência da maior pobreza; fazemo-la diante deles, dos que correm o risco de morrer por faltar um pedaço de pão. Mas eles morrem com tanta dignidade! Nunca me esquecerei do homem que tirei da rua certo dia, estava coberto de vermes, seu rosto era a única parte limpa. E mesmo assim esse homem, quando o levamos para nossa casa, disse esta frase: 'vivi como um animal na rua, mas morrerei como um anjo, amado e cuidado.' E ele morreu maravilhosamente bem e foi para sua casa, junto de Deus, porque a morte nada mais é do que ir para casa, para a casa de Deus. E porque ele tinha experimentado esse amor, porque tinha a sensação de ser querido, de ser amado, de ser alguém para alguém que, em seus últimos momentos, ele sentiu essa alegria em sua vida".

Morrer com dignidade é morrer amado! Todo o resto é mentira! As pessoas que se dedicam com generosidade incansável aos serviços de cuidados paliativos, para diminuir a dor, acompanhar a solidão e amar as pessoas, estão bem conscientes disso: é extremamente raro que um doente peça a eutanásia. Se ele o faz, este pedido oculta a sua aflição. No fundo, acredito que se a eutanásia é debatida hoje, é porque nós que somos saudáveis não suportamos a presença dos doentes e dos que sofrem. Eles mendigam o nosso amor e a nossa compaixão. Não temos coragem de nos expor ao seu olhar. Não temos amor suficiente para lhes dar. Nossa sociedade passa por uma seca, por uma estiagem de amor e por isso quer se livrar dos que mais precisam de amor. Vá visitar os hospitais, basta ir, todos os dias, segurar a mão de um paciente ou uma pessoa idosa abandonada à solidão! Por favor, faça esta experiência, você vai sentir na carne o que é amar! "Isto é o que proponho: amar-nos uns aos outros até doer. E não se esqueçam de que existem muitas crianças, muitos homens e mulheres que não têm o que os senhores têm. Lembrem-se de amá-los até doer", dizia ainda Madre Teresa.

A resposta à eutanásia é o amor até a morte! A eutanásia tem seu fundamento essencial na lógica econômica. É preciso descartar as pessoas que se tornaram inúteis e custosas à sociedade. A rentabilidade é mais importante que a vida.

Os meios de comunicação estão totalmente envolvidos nessa luta pela eutanásia, alegando que ela permite aliviar a dor e preparar uma morte branda e feliz. Eles gostam de apresentar, com grande impacto, casos particularmente comoventes a fim de forçar os sentimentos do público.

A eutanásia é um suicídio por procuração e um assassínio legal. Um simples declínio no respeito pela vida humana pode ter consequências incalculáveis. Na Bélgica ou na Grã-Bretanha querem permitir a eutanásia de menores sem o consentimento dos pais. A profissão médica já não está exclusivamente a serviço da vida? Os médicos se transformaram em executores da morte? Para alguns, a eutanásia se transformou em terapia. Deve-se temer o médico como se fosse um carrasco?

A NOITE SE APROXIMA E O DIA JÁ DECLINOU

Ocorre-me citar o geneticista francês que descobriu a realidade da síndrome de Down, o professor Jerome Lejeune: "A qualidade de uma civilização é medida pelo respeito que dá aos seus membros mais fracos."

A Igreja não deve ter medo de lutar oportuna e inoportunamente. Os bispos belgas foram corajosos o bastante à época da legalização da eutanásia? Será que esses homens de Deus foram em auxílio do rei Filipe, homem bondoso e gentil, digno herdeiro do rei Balduíno, à época da legalização da eutanásia de menores? Sei que os bispos americanos, poloneses, franceses ou espanhóis demonstram grande coragem em todas essas questões.

Como será o nosso mundo daqui a um século? O aborto, a mercantilização do corpo, o abuso sexual, a ideologia de gênero, o colapso do casamento e a eutanásia são as múltiplas faces do mesmo combate de certa elite ocidental que conhece apenas três princípios: o dinheiro, o poder e o prazer. Esses homens dançam sobre os cadáveres de centenas de milhares de seres frágeis que eles deliberadamente sacrificaram para manter a sua dominação.

A Igreja é o último bastião contra a nova ética mundana macabra e suicida. Ela deve iluminar todas as consciências. Quando o sol da Igreja se esconde, os homens sentem frio. Precisamos recuperar a coragem de santo Atanásio e de santo Irineu para derrubar essas novas heresias. João Paulo II abriu o caminho. No início de seu pontificado, na encíclica *Dives in misericordia*, ele já dizia: "Tendo diante dos olhos a imagem da geração de que fazemos parte, a Igreja compartilha a inquietação de não poucos homens contemporâneos. Além disso, devemos preocupar-nos também com o declínio de muitos valores fundamentais que constituem valor incontestável não só da moral cristã, mas até simplesmente da moral humana, da cultura moral, qual sejam o respeito pela vida humana desde o momento da concepção, o respeito pelo matrimônio com a sua unidade indissolúvel e o respeito pela estabilidade da família. O permissivismo moral atinge sobretudo este setor mais sensível da vida e da convivência humana. Paralelamente, vão juntas a crise da verdade nas relações entre os homens, a falta de sentido de responsabilidade pela palavra, o utilitarismo nas relações dos homens, a diminuição do sentido do autêntico bem comum e a facilidade com que este é sacrificado. Enfim, é a dessacralização que se transforma muita vezes em 'desumanização'; o homem e a sociedade, para os quais nada é 'sagrado', decaem moralmente, apesar de todas as aparências"(VI,12).

Da mesma forma, a encíclica de João Paulo II *Evangelium vitae* continua sendo um documento profético, um hino à vida lançado perante o mundo num momento em que, conforme as suas palavras, "os atentados contra a vida" se multiplicavam, particularmente por meio do aborto e da eutanásia. Dessa forma, o nascituro pode ser condenado à morte no útero de sua mãe, enquanto a terrível consequência lógica do infanticídio no início da vida se prolonga na eutanásia ao se propor que se ponha fim à vida de doentes com deficiências graves e pessoas em final de vida. Que paradoxo surpreendente: num momento em que a maioria das sociedades quer abolir a pena de morte para os assassinos, elas a restabelecem para pessoas inocentes e vulneráveis, desde a criança em gestação até a pessoa doente ou em envelhecimento, ou aqueles que estão cansados de viver. Em ambos os casos, perdemos o senso de solidariedade com homens e mulheres em circunstâncias difíceis.

A sociedade ocidental está, assim, com os tons mais arcaicos das sociedades primitivas, que davam a si mesmas o direito de vida e morte sobre as crianças e certas categorias da população. O aborto e a eutanásia são as novas formas assépticas da barbárie silenciosa. A medicina não pode ser o braço secular de um poder que dá a morte. Os médicos tem a vocação de proteger a vida, não de impedi-la. Quatro séculos atrás, em seus *Pensamentos*, Pascal escreveu: admiração "proteger é próprio do poder". Chega de assassinar.

Creio que é urgente que a Igreja responda criando "oásis de vida", lugares onde as gestantes possam ser acolhidas e acompanhadas até o nascimento, sem reprovação e com alegria, lugares onde crianças com deficiência possam ser acolhidas com enlevo e não tratadas como fracassos da medicina, lugares onde os doentes possam morrer com dignidade e amor. Certas congregações religiosas já fazem um trabalho admirável. Penso nas Irmãs das Maternidades católicas, na África e na Europa, ou em todas as pessoas que trabalham com cuidados paliativos. Como não admirar o trabalho excepcional da Casa Jeanne Garnier, em Paris, que acolhe pacientes no final de suas vidas? Na capital francesa, o cardeal Lustiger, seu sucessor, o cardeal Vingt-Trois e, desde então, Monsenhor Aupetit, nunca temeram anunciar o Evangelho da vida. Isso deveria ser uma urgência para todos os bispos. Em cada diocese, se deveria lutar contra a cultura da morte, não só com palavras, mas sobretudo de maneira concreta, implementando-se ações em favor da cultura da vida. O Evangelho não é uma utopia, ele deve se encarnar. Jesus nos diz: "Eu vim para que tenham vida e a tenham em abundância" (Jo 10, 10). A Igreja é a matriz de uma civilização da vida.

Em sua opinião, que lugar na história humana ocupa a Shoá?

Penso que o Holocausto foi o maior escândalo da humanidade, o maior crime da história moderna. O ódio e a vontade de suprimir o povo judeu é uma abominação. Será que ele não foi, em última instância, o projeto de matar Deus, eliminando o povo que portava a memória de sua aliança ao longo dos séculos? Gostaria de citar sobre este assunto um texto excepcional de Bento XVI. Quando da sua visita ao campo de concentração de Auschwitz, em 28 de maio de 2006, ele declarou: "Tomar a palavra neste lugar de horror, de acúmulo de crimes contra Deus e contra o homem sem igual na história, é quase impossível e é particularmente difícil e oprimente para um cristão, para um papa que provém da Alemanha. Num lugar como este faltam as palavras, no fundo pode permanecer apenas um silêncio aterrorizado, um silêncio que é um grito interior a Deus: Senhor, por que silenciaste? Por que toleraste tudo isto? É nesta atitude de silêncio que nos inclinamos profundamente no nosso coração adiante da numerosa multidão de quantos sofreram e foram condenados à morte; todavia, este silêncio torna-se depois pedido em voz alta de perdão e de reconciliação, um grito ao Deus vivo para que jamais permita uma coisa semelhante. [...] O Papa João Paulo II veio aqui como um filho do povo polonês. Hoje, vim aqui como um filho do povo alemão, e precisamente por isto devo e posso dizer como ele: não podia deixar de vir aqui. Tinha que vir. Era e é um dever perante a verdade e o direito de quantos sofreram, um dever diante de Deus, de estar aqui como sucessor de João Paulo II e como filho do povo alemão, filho daquele povo sobre o qual um grupo de criminosos alcançou o poder com promessas falsas, em nome de perspectivas de grandeza, de recuperação da honra da nação e da sua relevância, com previsões de bem-estar e também com a força do terror e da intimidação, e assim o nosso povo pôde ser usado e abusado como instrumento da sua vontade de destruição e de domínio. Sim, não podia deixar de vir aqui. [...] Ainda é esta a finalidade pela qual me encontro hoje aqui: para implorar a graça da reconciliação antes de tudo de Deus, o único que pode abrir e purificar os nossos corações; depois, dos homens que sofreram; e por fim, a graça da reconciliação para todos os que, neste momento da nossa história, sofrem de maneira nova sob o poder do ódio e sob a violência fomentada pelo ódio. Quantas perguntas surgem neste lugar! Sobressai sempre de novo a pergunta: Onde estava Deus naqueles dias? Por que Ele silenciou? Como pôde tolerar este excesso de destruição, este triunfo do mal? Vêm à nossa mente as palavras do Salmo 44, a lamentação de Israel que sofre: 'Tu nos esmagaste na região das feras e nos envolveste em profundas trevas [...] por causa de ti, estamos todos os dias expostos à morte; tratam-nos como ovelhas para o matadouro. Desperta, Senhor, por que dormes? Desperta e não nos rejeites para sempre! Por que escondes a tua face e te esqueces da nossa miséria e tribulação? A nossa alma está prostrada no pó, e o nosso corpo colado à terra. Levanta-te! Vem em nosso auxílio; salva-nos, pela tua bondade!' (Sl 44, 20.23-27). Este grito de angústia, que Israel sofredor eleva a Deus em períodos de extrema tribulação, é ao mesmo tempo um grito de ajuda de todos os que, ao longo da história, ontem, hoje e amanhã sofrem por amor de Deus, por amor da verdade e do bem; e há muitos, também hoje. Não podemos perscrutar o segredo de Deus, vemos apenas fragmentos e enganamo-nos se pretendemos eleger-nos a juízes de Deus e da história. Não defendemos, nesse caso, o homem, mas contribuiremos apenas para a sua destruição. Não em definitivo, devemos elevar um grito humilde mas insistente a Deus: Desperta! Não te esqueças da tua criatura, o homem! E o nosso grito a Deus deve ao mesmo tempo ser um grito que penetra o nosso próprio coração, para que desperte em nós a presença escondida de Deus para que aquele poder que Ele depositou nos nossos corações não seja coberto e sufocado em nós pela lama do egoísmo, do medo dos homens, da indiferença e do oportunismo. Lancemos esse grito diante de Deus, dirijamo-lo ao nosso próprio coração, precisamente nesta nossa hora presente, na qual incumbem novas desventuras, na qual parecem emergir de novo dos corações dos homens todas as forças obscuras: por um lado, o abuso do nome de Deus para a justificação de uma violência cega contra pessoas inocentes; por outro, o cinismo que não conhece Deus e que ridiculariza a fé n'Ele. Gritamos a Deus, para que impulsione os homens a arrepender-se, para que reconheçam que a violência não cria a paz, mas suscita apenas outra violência, uma espiral de destruição, na qual todos no fim de contas só têm a perder. O Deus, no qual nós cremos, é um Deus da razão, mas de uma razão que certamente não é uma matemática neutral do universo, mas que é uma coisa só com o amor, com o bem. Pedimos a Deus e gritamos aos homens, para que esta razão, a razão do amor e do reconhecimento da força da reconciliação e da paz, prevaleça sobre as ameaças circunstantes da irracionalidade ou de uma falsa razão, separada de Deus. O lugar no qual nos encontramos é um lugar da memória, é o lugar da Shoá. O passado nunca é apenas passado. Ele se refere a nós e nos indica os caminhos que não devem ser percorridos e os que devem ser. Como João Paulo II, percorri o caminho ao longo das lápides que, nas várias línguas, recordam as vítimas deste lugar [...] Todas estas lápides comemorativas falam de dor humana, deixam-nos intuir o cinismo daquele poder que tratava os homens como material e não os reconhecia como pessoas, nas quais resplandece a imagem de Deus. Algumas lápides convidam a uma comemoração particular. Há uma em língua hebraica. Os poderosos do Terceiro Reich queriam esmagar o povo judeu na sua totalidade; eliminá-lo do elenco dos povos da terra. Então as palavras do Salmo: 'somos todos os dias expostos à morte; tratam-nos como ovelhas para o matadouro', verificam-se de modo terrível. No fundo, aqueles criminosos violentos, com a aniquilação deste povo, pretendiam matar aquele Deus que chamou Abraão, que falando no Sinai estabeleceu os critérios orientadores da humanidade que permanecem válidos para sempre. Se este povo, simplesmente com a sua existência, constitui um testemunho daquele Deus que falou ao homem e o assumiu, então aquele Deus devia finalmente estar morto e o domínio devia pertencer apenas ao homem, àqueles que se consideravam os fortes que tinham sabido apoderar-se do mundo. Com a destruição de Israel, com o Shoá, queriam, no fim de contas, arrancar também a raiz sobre a qual se baseia a fé cristã, substituindo-a definitivamente com a fé feita por si, a fé no domínio do homem, do forte. Depois, há a lápide em língua polonesa: numa primeira fase e antes de tudo queria-se eliminar a elite cultural e cancelar assim o povo como sujeito histórico autônomo para reduzi-lo, na medida em que continuava a existir, a um povo de escravos. Outra lápide, que convida particularmente a refletir, é a que está escrita na língua dos Sint e dos Rom. Também aqui se pretendia fazer desaparecer um povo inteiro que vive migrando entre os outros povos. Ele estava inserido entre os elementos inúteis da história universal, numa ideologia na qual só devia contar o útil mensurável; todo o resto, segundo os seus conceitos, era classificado como *lebensunwertes Leben,* uma vida indigna de ser vivida. Depois há a lápide em russo que evoca o imenso número das vidas sacrificadas entre os soldados russos no confronto com o regime do terror nazista; mas, ao mesmo tempo, faz-nos refletir sobre o trágico duplo significado da sua missão: libertaram os povos de uma ditadura, mas submetendo também os mesmos povos a uma nova ditadura, a de Stalin e da ideologia comunista. Também todas as outras lápides nas numerosas línguas da Europa nos falam do sofrimento de homens de todo o continente; tocariam profundamente o nosso coração, se não fizéssemos apenas memória das vítimas de modo global, mas se víssemos, ao contrário, os rostos das pessoas individualmente que acabaram naquele terror escuro. Senti como um dever íntimo deter-me de modo particular também diante da lápide em língua alemã. Dela emerge diante de nós o rosto de Edith Stein, Teresa Benedita da Cruz: judia e alemã desaparecida, juntamente com a irmã, no horror da noite do campo de concentração alemão-nazista; como cristã e judia, aceitou morrer juntamente com o seu povo e por ele. Os alemães, que então foram conduzidos a Auschwitz-Birkenau e aqui morreram, eram vistos como *Abschaum der Nation,* como o refúgo da nação. Mas agora reconhecemo-los com gratidão como as testemunhas da verdade e do bem, que também no nosso povo tinha desaparecido. Agradecemos a estas pessoas, porque não se submeteram ao poder do mal e agora estão diante de nós como luz numa noite escura. Com profundo respeito e gratidão inclinamo-nos diante de todos os que, como os três jovens diante da ameaça da fornalha babilônica, souberam responder: 'Só o nosso Deus nos pode salvar. Mas também se não nos libertares, sabe, ó rei, que nunca serviremos os teus deuses nem adoraremos a estátua de ouro que erigistes' (cf. Dn 3, 17s). Sim, por detrás destas lápides encerra-se o destino de inumeráveis seres humanos. Eles despertam a nossa memória, despertam o nosso coração. Não querem provocar em nós o ódio: ao contrário, demonstram-nos como é terrível a obra do ódio. Querem conduzir a razão a reconhecer o mal como mal e a rejeitá-lo; querem suscitar em nós a coragem do bem, da resistência contra o mal. Querem dar-nos aqueles sentimentos que se expressam nas palavras que Sófocles coloca nos lábios de Antígona diante do horror que a circunda: 'Estou aqui não para odiar, mas para, juntos, amar'. Graças a Deus, com a purificação da memória, à qual nos estimula este lugar de horror, crescem à sua volta numerosas iniciativas que desejam pôr um limite ao mal e dar força ao bem. Há pouco pude abençoar o Centro para o Diálogo e a Oração. Nas imediatas proximidades tem lugar a vida escondida das irmãs carmelitas, que estão particularmente unidas ao mistério da cruz de Cristo e nos recordam a fé dos cristãos, que afirma que o próprio Deus desceu ao inferno do sofrimento e sofre juntamente conosco. [...] A humanidade atravessou em Auschwitz-Birkenau um 'vale tenebroso'. Por isso desejo, precisamente neste lugar, concluir com a oração de confiança com um Salmo de Israel que é, ao mesmo tempo, uma oração da cristandade: 'O Senhor é o meu pastor: nada me falta. Em verdes prados me fez descansar e conduz-me às águas refrescantes. Reconforta a minha alma e guia-me por caminhos retos, por amor do seu nome. Ainda que atravesse vales tenebrosos, de nenhum mal terei medo porque Tu estás comigo. O teu bordão e o teu cajado dão-me confiança [...] habitarei na casa do Senhor para todo o sempre'" (Sl 23, 1-4.6).

Quando reinam as grandes violências, os imperialismos de todos os tipos, sangrentos ou camuflados, as ações brutais, a desordem escancarada e instituída, as pessoas muitas vezes ficam atônitas com a paciência e o silêncio de Deus e ficam escandalizadas. Este silêncio divino diante da barbárie e dos crimes é, para muitos, motivo suficiente para a descrença. Se soubéssemos quão viva é a impaciência de Deus! Para superá-la, seria preciso nada menos que o infinito de seu amor. Deus não quer o mal. Fico triste quando ouço dizer: "Deus permite o mal!" Mas não! Deus não permite o mal. Ele sofre com isso. Ele está ferido até a morte. Ele é o primeiro a ser atingido! Quanto mais monstruoso é o mal, mais claro fica que Deus, em nós, é a primeira vítima. Deus é como uma mãe: uma mãe pode sofrer, por amor, com seu filho, pode sofrer mais que seu filho e sofrer por seu filho. Uma mãe plenamente saudável pode viver a agonia de seu filho mais dolorosamente do que ele mesmo, por causa dessa identificação do amor com o ser que ama. Eis do que o amor é capaz.

Como podemos pensar que o amor de Deus é menos maternal do que o amor de uma mãe, enquanto todo o amor de todas as mães, incluindo a da Santíssima Virgem, é apenas uma gota no oceano da ternura materna de Deus? Nenhum ser é atingido sem que Deus esteja nele, diante dele, mais do que ele e para ele.

O silêncio é a mais poderosa e mais densa palavra de amor, e essa ausência é a presença mais imediata no coração do sofrimento humano. O Deus-amor estava silenciosamente presente em Auschwitz-Birkenau, inundando misteriosamente com sua ternura esta terra martirizada. Ninguém pode saber como Deus acolheu em seus braços todos aqueles que passaram da vida à morte nas câmaras de gás.

Para duvidar disso, seria preciso que tivéssemos perdido completamente a consciência da dignidade de nossa liberdade. Deus nos deu plena liberdade. Se Deus cria essa liberdade, não é para petrificá-la e substituí-la. A tarefa é nossa. É preciso realizar com a impaciência e a paciência "vivendo segundo a verdade na caridade" (Ef 4, 15).

Depois da Shoá, poderíamos achar que o horror dos genocídios não se repetiria mais. Infelizmente, não é assim...

Se cremos que um homem é feito à semelhança de Deus, é impossível cometer o mínimo abuso ou violência contra ele. Ao matar um homem, matamos Deus. Ao odiar um homem, odiamos a Deus. Ao fazer um homem sofrer, fazemos com que Deus sofra. Um genocídio, a eliminação sistemática e programada de um grupo nacional, étnico ou religioso, é uma marca perfeita do diabo, uma combate, uma ofensa, uma oposição radical ao próprio Deus.

Na África, muitos homens e mulheres foram reduzidos à escravidão. Quando criança, ouvia os velhos falando sobre os moradores deportados. Na costa, diante do oceano, sabíamos onde ficavam outrora os edifícios em que os escravos eram amontoados antes de partirem embarcados. Eles eram considerados apenas mercadorias sem valor. Eu sabia desde muito jovem o destino vergonhoso reservado a muitos de meus irmãos. Não ignorava que alguns dos meus antepassados tinham sido vendidos como animais. Eles nunca voltaram. Esse comércio durou séculos. As populações indefesas que eram as vítimas não tinham nada para responder a esses golpes. Os escravos negros tinham menos valor que um móvel ou um campo de cereais. Todas as regiões da África experimentaram essa humilhação, essa rebaixamento, essa negação total, esse tráfico de escravos, promovido e executado basicamente por países cristãos ou muçulmanos. Eu também sou o filho dessa trágica história.

Desde que foi elevado ao trono de São Pedro, o papa Francisco denunciou sem rodeios duas políticas genocidas do nosso tempo. Em 12 de abril de 2015, no segundo domingo de Páscoa, concelebrou a missa para os fiéis de rito armênio com o patriarca Nerses Bedros XIX Tamouni. Essa missa provocou uma grande tempestade diplomática – a Turquia imediatamente chamou seu embaixador para consulta em Ancara. Essa reação foi causada pela saudação inicial que o sumo pontífice dirigiu aos fiéis presentes. Nesse texto, ele se referiu ao "primeiro genocídio do século XX", que atingiu o povo armênio em 1915 e cujo caráter de extermínio deliberado ainda não foi reconhecido pela Turquia.

Em 2018, ele fez algumas declarações extremamente firmes sobre o aborto, dizendo: "para ter uma vida tranquila, mata-se um inocente". Nesse dia de junho, enquanto recebia representantes de associações familiares do Vaticano, o Papa Francisco comparou o aborto praticado em casos de deficiência infantil a uma eugenia "com luvas brancas": "Ouvi dizer que está na moda — ou pelo menos é habitual — nos primeiros meses de gravidez fazer certos exames para verificar se a criança está bem ou se nascerá com algum problema... A primeira proposta é: Livramo-nos dele" [...] No século passado o mundo inteiro escandalizou-se pelo que os nazistas fizeram para obter a pureza da raça. Hoje fazemos o mesmo, mas com luvas brancas". O papa também se perguntou: "por que já não se veem anões pelas ruas? Porque o protocolo de muitos médicos — tantos, mas não todos — é perguntar: Nasce com defeito? Livramo-nos dele." Para o sucessor de Pedro, o Ocidente vive, com o drama do aborto, uma forma de genocídio oculto, asséptico e destrutivo.

Em seus Cahiers de la Quinzaine (IX, 1, 6 de outubro de 1907), Charles Peguy escreveu: "O mundo moderno degrada. Ele degrada a cidade; degrada o homem. Degrada o amor; degrada a mulher. Degrada a raça; degrada a criança. Degrada a nação; degrada a família. Ele consegue degradar mesmo o que talvez seja a coisa mais difícil de se degradar no mundo: ele degrada a morte". Que reflexões lhe inspiram as palavras deste grande autor?

Em nossos relacionamentos humanos, inventamos uma justiça sem amor, que rapidamente se torna um animal raivoso. Tornamo-nos indiferentes tanto à verdade como à mentira. Queremos nos tornar mais ricos e não vemos que ficamos cada vez mais pobres. Somos como seres que perderam seu centro de gravidade. Não sabemos amar porque ignoramos o verdadeiro amor de Deus. Nosso tempo gosta de olhar no espelho. Os homens amam-se a si mesmos sem medida. Vivemos o triunfo do egoísmo.

Ao se dar as costas para Deus, escurece-se o amor. Para o cristão, Deus é o Todo-Poderoso. Mas isso não significa dominar ou ter o poder de esmagar os demais. Deus é amor porque ele ama e dá sem medida. Deus se despoja eternamente. Deus subsiste, ele está presente para se dar. Ele só pode se dar. A presença de Deus na minha vida me torna incapaz de aviltar o amor, incapaz de degradar o homem ou a mulher. Porque não há maior prova de amor do que dar a própria vida.

Há sempre mártires e heróis. São Maximiliano Kolbe e Arnaud Beltrame são exemplos vivos da grandeza e nobreza do amor.

Gostaria de citar mais uma passagem de João Paulo II. Em sua exortação *Ecclesia in Europa*, publicada em 2003, ele dizia: "na raiz da crise da esperança, está a tentativa de fazer prevalecer uma antropologia sem Deus e sem Cristo. Esta forma de pensar levou a considerar o homem como 'o centro absoluto da realidade, fazendo-o ocupar astuciosamente o lugar de Deus e esquecendo que não é o homem que cria Deus, mas é Deus que cria o homem. O ter esquecido Deus levou a abandonar o homem', pelo que 'não admira que, neste contexto, se tenha aberto amplo espaço ao livre desenvolvimento do niilismo no campo filosófico, do relativismo no campo gnoseológico e moral, do pragmatismo e também do hedonismo cínico na configuração da vida quotidiana'. A cultura europeia dá a impressão de uma 'apostasia silenciosa' por parte do homem saciado, que vive como se Deus não existisse. Neste horizonte, ganham corpo as tentativas, verificadas ainda recentemente, de apresentar a cultura europeia prescindindo do contributo do cristianismo que marcou o seu desenvolvimento histórico e a sua difusão universal. Estamos perante o aparecimento de uma nova cultura, influenciada em larga escala pelos *mass-media*, com características e conteúdos frequentemente contrários ao Evangelho e à dignidade da pessoa humana. Também faz parte de tal cultura um agnosticismo religioso cada vez mais generalizado, conexo com um relativismo moral e jurídico mais profundo que tem as suas raízes na crise da verdade do homem como fundamento dos direitos inalienáveis de cada um. Os sinais da diminuição da esperança manifestam-se às vezes por meio de formas preocupantes daquilo que se pode chamar uma cultura de morte" (9).

Fico impressionado com o talento desenvolvido pelo homem moderno para desfigurar, enfear o que ele toca. Olhem para o espaço: as imagens de planetas e estrelas são incrivelmente belas. Tudo está em seu lugar. A ordem do universo respira a paz. Olhem o mundo, as montanhas, os rios, as paisagens, tudo respira uma beleza tranquila. Olhem o rosto de uma criança que ri com gosto, o rosto de um velhinho enrugado pelos anos. Deus fez a sua criatura com tanto amor que ela sempre transmite uma impressão de nobreza e beleza. Mas olhem o que o mundo moderno faz!

Creio que o homem, mesmo pobre, cansado ou doente, é belo quando permanece simples e verdadeiro, isto é, consciente e feliz de seu estado de criatura. A modernidade desfigura a beleza do criador que se reflete nos rostos das crianças e dos moribundos. Esse reflexo é tão insuportável que ela quer deformá-lo. Esse reflexo é uma censura contínua que ela não pode tolerar e, por isso, quer aviltá-lo. Lembro-me de um livro muito bonito de autor polonês que foi deportado, quando criança, para um *gulag* na Sibéria nos tempos da União Soviética. Ao entrar no trem que o levava aos acampamentos, ele se perguntou por que sua mãe, que era tão bonita, foi deportada com ele. O que há de mais belo no coração de uma criança do que o rosto de sua mãe? Ele responde: "Porque uma beleza como a que irradiava da minha mãe era necessária naquele lugar também. A beleza é necessária onde quer que o homem se faz animal, onde quer que se faz demônio". Gostaria de fazer minhas essas palavras de Piotr Bednarski. O mundo moderno degrada e desfigura as realidades mais sagradas: a criança, a mãe, a morte. E, no entanto, ele nunca será capaz de arrancar completamente de nossas almas a beleza interior que Deus nelas depositou. Ela lhe é inacessível. Onde quer que floresça a santidade difunde-se um pouco da beleza do próprio Deus. No mesmo livro que acabei de citar, intitulado *As neves azuis* [*Les neiges bleues*], a criança, ao descobrir a fealdade do sistema soviético dos campos de concentração e de morte violenta, exclama: "Cristo, eles o crucificaram. Por nós. Ele era jovem, sábio e bonito. Ele amou e foi amado, ele proclamou o amor – e apesar disso, ou talvez por causa disso, foi morto. [...] O amor é, pois, uma falta?." Foi então que algo se desfez em mim. Eu me pus contra a terra para deixar sair, nas lágrimas, toda a minha amargura. E quando as lágrimas me faltaram, quando meus olhos ficaram secos como a areia do deserto, meu coração se abriu. E comecei a chorar de novo, mas por dentro, dentro de mim, com lágrimas que só podiam ser vistas por Aquele que nos criou. Essas lágrimas interiores, que somente Deus vê, lavam o mundo de toda a fealdade e de toda baixeza. Elas lhe devolvem a sua beleza. Os filhos, mães, velhos e santos sabem disso, mas é um segredo que eles compartilham com Deus e que permanece oculto aos olhos do mundo.

PARTE 3
A RUÍNA DA VERDADE, A DECADÊNCIA MORAL E OS ERROS POLÍTICOS

"Impõe-se, então, o paralelo com o Império Romano decadente: ele ainda funcionava como um grande todo histórico, mas, em realidade, já vivia daquilo que o faria desaparecer, pois já não tinha em si nenhuma energia vital."

Cardeal Joseph Ratzinger, *Europa, seus fundamentos, hoje e amanhã*
[*L'Europe, ses fondements, aujourd'hui et demain*]

7
AONDE VAI O MUNDO?

Nicolas Diat: Como o senhor percebe o ceticismo da modernidade em relação ao passado e às tradições?

Cardeal Robert Sarah: O homem moderno ocidental despreza o passado. Ele está orgulhoso de sua civilização, que acredita ser superior a todas aquelas que o precederam. Os progressos nas áreas científicas e tecnológicas lhe dão essa ilusão; as mais recentes revoluções em matéria de tecnologia da comunicação e, internet, em particular, instituem essa pretensão.

O homem moderno sofre de amnésia. Aspiramos à ruptura com o passado, enquanto o novo se torna um ídolo. Existe, na minha opinião, uma forma de hostilidade agressiva em relação à tradição e, mais genericamente, a qualquer herança.

Ora, vivendo em uma mudança constante, o homem moderno fica privado de bússola. Os jovens podem condenar os erros das gerações anteriores. Posso entender que eles queiram virar certas páginas: Como reprovar os jovens alemães do pós-guerra de já não quererem pensar nos fantasmas do passado nazista? No entanto, até as páginas mais escuras da história não devem ser esquecidas. É essencial manter a memória da Shoá.

Basicamente, a tradição é um acordo com o futuro que encontramos no passado. Infelizmente, estou desanimado com a amnésia dos ocidentais. Ficou para trás a escolinha primária da minha aldeia guineense, onde aprendi que os meus antepassados eram gauleses... Esse ensino pode parecer estranho, mas não foi traumático. Era parte de um desejo real de abrir a identidade francesa aos guineenses, na época em que o país era uma colônia francesa.

A crise da memória só pode gerar uma crise cultural. A condição de progresso reside na transmissão das aquisições do passado. As pessoas estão fisicamente e ontologicamente vinculadas à história dos que as precederam. Uma sociedade que recusa o passado separa-se de seu futuro. É uma sociedade morta, uma sociedade sem memória, uma sociedade que sofre de Alzheimer.

Este movimento contemporâneo vale para o cristianismo. Se a Igreja se desvinculasse por muito tempo de sua longa história, não tardaria a perde-se. Em *O confronto cristão,* [*L'Affrontement chrétien*], Emmanuel Mounier explica que essa vontade de romper com o passado provocou uma decadência simultânea da civilização ocidental e do cristianismo. Em seus primórdios, o cristianismo foi amparado pelo "verdor da civilização"; agora, ele colapsa com ela. Mas, segundo ele, a crise é, de início, interna ao cristianismo. Existe uma forma de porosidade entre a civilização e a religião cristãs. Se o cristianismo pactua com o mundo em vez de esclarecê-lo, os cristãos não são fiéis à essência de sua fé. A tibieza do cristianismo e da Igreja provoca a decadência da civilização. O cristianismo é a luz do mundo. Se o cristianismo não brilha mais, ele ajuda a mergulhar a humanidade na penumbra.

Como o senhor julga a complexa relação dos modernos com a ideia de raiz?

A raiz é o princípio e o sustento da vida. Ela planta a vida em solo fértil e a irriga com a seiva que nutre. Ela mergulha nas águas para que a vida seja verde em todas as estações, permite a folhagem e o aparecimento das flores e dos frutos. Uma vida sem raízes chama a morte. A complexa relação dos modernos com a ideia de raiz vem da crise antropológica que mencionamos aqui. O homem moderno tem medo de que suas raízes se tornem uma camisa de força e por isso prefere renegá-las. Acha que é livre, apesar de estar mais vulnerável. Torna-se como uma folha morta caída da árvore, exposta a todos os ventos.

Essa dificuldade é um fenômeno ocidental. Na África e na Ásia, continuamos ligados às nossas raízes, elas mergulham as nossas vidas e a nossa história no mais profundo de nossas origens ancestrais. Etnias, religiões e culturas têm histórias antigas das quais continuam a se alimentar. O passado e o futuro estão imbricados, são inseparáveis. Essa ancoragem não é um determinismo, mas a condição de nossa liberdade.

A recusa das raízes cristãs na Constituição Europeia é o sintoma mais manifesto dessa atitude. Hoje, as instituições europeias estão reduzidas a uma estrutura econômica e administrativa. Além dos interesses financeiros, sustentados por uma pequena oligarquia, a Europa fabrica ideologias, alimenta-as de utopia e perde sua alma. A Europa se desligou daquilo que ela é profundamente. Renegou a si mesma.

Às vezes, o Ocidente dá a impressão de ter o progresso como o único horizonte...

O progresso é um ídolo poderoso das sociedades ocidentais. Ele é o alfa e o ômega que deve permitir o surgimento de um novo homem. O progresso dá origem a uma civilização puramente tecnológica, preocupada com a opulência e a superabundância de bens materiais dos quais o homem moderno é ávido.

Todos os dias somos esmagados por informações e as últimas notícias. Cada um de nós é intimado a se adaptar, a mudar. O homem pós-moderno é um nômade perpétuo, uma marionete que é balançada, sujeita a todos os ventos da moda.

A busca compulsiva de progresso fez emergir um homem virtual. Como poderia ele encontrar Deus? Movimento e instabilidade são os inimigos mais irredutíveis da contemplação.

Nas *Confissões*, Santo Agostinho escreve: "Fizeste-nos para vós, Senhor, e nosso coração está inquieto enquanto não repousar em vós." Deus é o próprio sentido de todo verdadeiro progresso. A velocidade e a artificialidade não podem nos conduzir a Deus. O homem do instante não é o homem de Deus. Ele acaba não entendendo sua razão de ser.

Em tal estado de perdição, não é de se estranhar que não manifestemos nenhuma preocupação com o advento de robôs humanoides dotados de inteligência artificial. Ficamos vagamente surpresos, convencidos de que esses híbridos, dotados de cérebros compostos de uma rede de neurônios artificiais, são uma chance para a humanidade. Mas, em realidade, eles anunciam sua morte lenta.

No entanto, a Igreja sempre contribuiu decisivamente para o progresso técnico. Quantas descobertas científicas foram realizadas em ambiente cristão, ou mesmo em mosteiros? A Igreja deve continuar hoje a encorajar todo progresso científico que esteja verdadeiramente a serviço do ser humano. Para tanto, deve continuar sendo ela mesma e pregar o que Cristo lhe transmitiu.

O advento de uma sociedade robótica anuncia a morte definitiva de Deus?

De início, ela nos leva a falar da morte do homem. Penso frequentemente em Paul Tibbets, o piloto do bombardeiro Enola Gay que bombardeou Hiroshima. Ele é por excelência o homem da civilização das máquinas, obediente e irresponsável.

Em *A França contra os robôs* [*La France contre les robots*], Georges Bernanos falou com limpideza desse fenômeno: "Na luta mais ou menos dissimulada contra a vida interior, a civilização das máquinas não se inspira, ao menos diretamente, em algum plano ideológico; ela defende o seu princípio essencial, que é o da primazia da ação. A liberdade de ação não lhe inspira medo algum, é a liberdade de pensar que ela teme."

Em nosso mundo, o homem encontra seu lugar apenas na medida em que é útil na vasta teia de aranhas dos robôs. O homem reduzido ao papel de executor não é mais, propriamente falando, um homem, mas um operador frio que há muito tempo renunciou ao uso do seu livre-arbítrio, e perdeu o contato com sua alma. Bernanos continuou: "As almas! Quase coramos ao escrever esta palavra sagrada hoje em dia. [...] O homem só tem contato com a alma por meio de sua vida interior e, na civilização das máquinas, a vida interior assume pouco a pouco um caráter anormal".

O homem contemplativo é aquele que não se submete ao imperativo técnico da produção. Ele sabe que a morte do ser humano anuncia a morte de Deus e a morte de Deus, o fim da humanidade.

Sem Deus, o mundo só pode seguir utopias e ídolos. Sem Deus, o mundo vive no vazio, no nada, em permanente inquietude e sofrimento. Se o homem não busca mais a Deus, ele cria para si os próprios deuses a serviço de sua realização pessoal, então o Deus verdadeiro desaparece do horizonte do mundo.

A Vida da vida se esvai de nossas sociedades. No entanto, Deus continua vivo em nós. Ele está em nossa alma, uma vez que o homem é a sua morada, o templo mais sagrado de Deus.

Paradoxalmente, o progresso poderia nos fazer descobrir a Deus. O progresso deveria ser o ambiente mais propício para uma descoberta constante daquilo que Deus quis. Todas as descobertas científicas ou tecnológicas narram a história da Criação de Deus. Um verniz da ciência afasta de Deus, mas uma ciência profunda e sábia nos aproxima dele.

A Igreja fez o diagnóstico correto quanto às consequências da pós-humanidade?

A verdade não muda. Ela é eterna. Chama-se Jesus Cristo, e "Jesus Cristo é o mesmo ontem e hoje e para sempre " (Hb 13, 8). A humanidade nunca perecerá. Ela será salva por Cristo. A pós-humanidade é uma mentira. Ela quer tirar sua autonomia em relação a seu Criador, mas nunca será capaz de matar o Criador.

O liberalismo integrista parece agora a única regra do mundo. Ele preconiza a abolição de todas as regras, fronteiras e moral. Ele preconiza a abolição da religião. Como Deus está morto, ela não mais nos une a alguma divindade, e a religião torna-se supérflua.

No prefácio de *Para um tratado sobre o vazio* [*Pour un traité du vide*], Blaise Pascal escreveu: "Toda a sucessão de homens, ao longo de tantos séculos, deve ser considerada um mesmo homem que subsiste sempre e que aprende continuamente". O filósofo do *Grand Siècle* está certo. A ideia do superamento de um homem por outro é arrogante e estúpida. Não há diferença alguma entre Adão e o homem de hoje, ontologicamente falando, e em sua capacidade de pecar, de se rebelar contra Deus; a única diferença, insignificante, é que o homem de hoje usa roupas de luxo e telefone celular, enquanto Adão e Eva descobriram que estavam nus.

O que sobrará de nós, tal como o somos, "humanos, demasiado humanos", quando as perspectivas abertas para a clonagem e o útero artificial suprimirem o parto, quando a doença for mantida a distância pelos avanços da nanomedicina e das biotecnologias, e quando a Grande Ceifeira já não nos assustar, porque seremos capazes de fazer *download* de nossas consciências? Será que finalmente seremos libertados do nosso invólucro carnal? Fascinado pelas incríveis possibilidades da máquina, o homem quer descartar seu corpo de carne e osso para pôr uma pele de silicone e aço no lugar. Que falsa libertação!

Como não questionar os responsáveis políticos e os poderosos diante dos enormes riscos da biotecnologia? É evidente que ela nos põe diante de um dilema moral muito sério. O espectro da eugenia, o nascimento de indivíduos selecionados de acordo com certos critérios, continua suspenso acima da genética como um todo. Poderiam os Estados permitir a esterilização de indivíduos considerados "imbecis", ao mesmo tempo em que encorajariam pessoas com características desejáveis a ter tantos filhos quanto possível? As disposições legais da política eugenista nazista, que implicou o extermínio de categorias populacionais inteiras e autorizou experimentos médicos em indivíduos considerados geneticamente inferiores, chamados *Untermenschen*, "subumanos", tornar-se-ão a nova norma?

Gostaria de recordar os termos do decreto do Conselho da Europa sobre a clonagem humana: "A instrumentalização dos seres humanos pela criação deliberada de seres geneticamente idênticos é contrária à dignidade humana e constitui assim um uso impróprio da medicina e da biologia". Essas palavras estão cheias de lucidez e coragem. Eles são um sinal de que a Europa não perdeu completamente o seu legado de sabedoria.

Definhamos nos vapores eufóricos de um grande sono. Esquecemo-nos da palavra do Apocalipse: "Eu sou o alfa e o ômega, diz o Senhor Deus, Aquele que é, que era e que vem, o Todo-Poderoso" (Ap 22, 13).

"Depois de mim, o dilúvio", parece exclamar o homem do século XXI. Esse salto no vazio não é acompanhado por uma vontade quase suicida de não transmissão?

A noção de herança está morta. O vazio é a norma. Para os sumos sacerdotes do novo mundo, a cultura, os valores, a religião e as tradições não podem ser transmitidos. Eles devem permanecer enterrados no esquecimento, e para garantir que já não se ouvirá nada mais sobre isso, o túmulo será selado com a sua supressão dos programas escolares.

A vontade de não transmitir procede do desejo de morrer. Como podemos decidir que não transmitiremos o que o passado nos legou? Esse orgulho autossuficiente é terrível, opressivo, asfixiante. As sociedades ocidentais são incapazes de garantir e assumir a transmissão da herança cultural e da experiência do passado desde que constituíram a ruptura como o motor da modernidade. Recusar qualquer herança, fazer uma *tabula rasa* do passado e da cultura que nos precede, desprezar os modelos e as filiações, romper sistematicamente com a figura paterna: esses gestos modernos, que submergem as sociedades na ditadura do presente, conduzem às maiores catástrofes humanas, políticas e mesmo econômicas.

Tenho a impressão de que a história dos países ocidentais tornou-se terra arrasada. Como transmitir o que não existe mais? Tudo irá desaparecer? O cristianismo, a história, a civilização e os próprios seres humanos desaparecerão para serem substituídos por robôs?

As novas gerações estão privadas de uma herança secular que lhes permitiria construir suas vidas. Um jovem que vê uma manjedoura mal entende o significado desse objeto. Um jovem que vê uma pintura em um grande museu é incapaz de reconhecer as grandes figuras bíblicas. Um jovem que lê um romance do século XIX não compreende mais a vida e a cultura daquela época. Sem história, sem raízes, sem referências, ele se perde no lodaçal do mundo virtual. Nessas condições, o passado é uma *terra incognita* e o presente, uma tirania.

A ruptura é, portanto, o motor da modernidade?

Hoje, para parecer moderno, os ocidentais creem-se forçados a estar numa posição de ruptura permanente.

As elites globalizadas querem criar um novo mundo, uma nova cultura, novos homens, uma nova ética. As únicas coisas que eles não podem fazer é um novo Sol, uma nova Lua, novas montanhas, um novo ar, uma nova Terra. A ruptura é o motor do seu projeto político. Eles não querem mais se referir ao passado. Homens que continuam a reivindicar os valores do antigo mundo devem desaparecer, queiram ou não. São banidos e ridicularizados. Para os defensores do novo mundo, esses subumanos pertencem a uma raça inferior. É preciso descartá-los e eliminá-los. Esse desejo de ruptura é tragicamente adolescente. O homem sábio está consciente e feliz consigo por ser herdeiro.

Constato, com assombro, atitudes às vezes semelhantes a essa no coração da Igreja. O que será de uma Igreja em que são eliminados aqueles que se apegam aos tesouros da tradição cristã e são fiéis ao ensinamento imutável d'Aquele que "é o mesmo ontem e hoje, e por séculos?" (Hb 13, 8).

Nossos tempos vivem num eterno presente?

Desejar viver no tempo presente sem fim manifesta uma recusa pelas coisas da eternidade. O presente se torna superabundante e Deus, invisível. O ser humano busca sempre mais evadir-se nas realidades paralelas. Fico impressionado com as pessoas que passam um tempo infinito atrás de seus celulares, absorvidas por imagens, luzes, fantasmas. O eterno presente é uma eterna ilusão, uma masmorra apertada. O celular nos transporta continuamente para fora de nós mesmos; ele nos afasta de toda a vida interior. Isso nos dá a sensação de estar sempre viajando por todos os continentes, permitindo que estejamos em contato com todas as pessoas. Na realidade, ele nos esvazia de nossa interioridade e nos relega ao mundo do efêmero. O celular nos fez perder o verdadeiro contato, projeta-nos na direção do longínquo, do inacessível. Ele nos dá a impressão de gerar o espaço e o tempo, de sermos deuses capazes de nos comunicar sem que nenhum obstáculo nos impeça. As máquinas insanas da comunicação roubam o silêncio, destroem a riqueza da solidão e ridicularizam a intimidade. Não raro, acabam por nos afastar da nossa vida amorosa com Deus para nos expor à periferia, fora de nós mesmos no meio do mundo.

No entanto, o presente também pertence a Deus. O Pai vive em todas as dimensões do tempo. Deus é. Se o homem conhece sua identidade e vive corretamente no presente, ele pode, uma vez mais, deitar raízes em Deus.

Atravessamos o tempo para encontrar Deus mais intimamente. O tempo é uma longa caminhada até Ele.

O culto do hic et nunc [aqui e agora] e a recusa da eternidade andam juntos?

No mundo moderno, o presente tornou-se um ídolo. Mas o homem nasceu para o além. A vida eterna está inscrita nele. A cultura do instante cria, assim, uma tensão nervosa permanente. É preciso tirar o homem contemporâneo dessa idolatria perigosa da imediatez. O homem só pode reencontrar a calma e verdadeira quietude descansando em Deus.

O culto do *hic et nunc* é fruto da crise filosófica e da crise cultural dos tempos modernos. Como podemos deixar claro que os maiores tesouros não são aqueles que podemos tocar com nossas mãos? A abertura para Deus é um ato de fé que ninguém pode quantificar.

Creio que é necessário fazer o mundo ocidental compreender que o apego excessivo a coisas materiais é uma armadilha. Nossa civilização materialista pós-industrial está voltada a uma morte próxima. E a civilização transumanista seria uma catástrofe ainda maior. A humanidade deve tomar consciência do impasse material e espiritual em que se encontra.

De nada serve se distrair com pequenas alegrias egoístas, artificiais e fugazes. Em palestra ministrada no Rio de Janeiro, em 22 de dezembro de 1944, Georges Bernanos declarou com razão: "Só se vai à esperança passando pela verdade, à custa de grandes esforços. Para reencontrar a esperança, é preciso ter ido além do desespero. Quando se chega ao fim da noite, encontra-se outro amanhecer".

Nosso mundo não poderá prescindir da verdade e da esperança em Deus. Este caminho da verdade nos levará a um enorme sofrimento. Aprendamos a nos separar dos bens materiais e do poder. Estejamos escrupulosamente ligados a Deus e à sua Palavra de vida. Então, chegaremos todos juntos à unidade na fé e no conhecimento da verdade que tem um nome: Jesus Cristo.

8
O ÓDIO, O SARCASMO E O CINISMO

NICOLAS DIAT: **Qual é a sua visão sobre totalitarismo do século XX e de seus filhos póstumos?**

CARDEAL ROBERT SARAH: Este século teve a infelicidade de conhecer os regimes políticos e sistemas ideológicos mais horríveis. Sabemos o quanto o comunismo e o nazismo trucidaram a vida de milhões de pessoas.

Em meu país, a Guiné, vivemos por muito tempo sob a ditadura marxista de Sékou Touré. Nosso povo experimentou a privação da liberdade, as exações da polícia política, a fome e a miséria. As prisões arbitrárias, a deportação para campos de tortura, os processos sumários faziam parte da vida cotidiana. Rios de lágrimas e sangue inundaram as famílias guineenses. Ninguém foi poupado pela ditadura e a violência política e ideológica.

O totalitarismo se espalhou como um rastro de pólvora por todos os continentes. Os regimes totalitários destruíram o homem – esmagaram a fé e os valores culturais, pisotearam a liberdade e a dignidade humanas – porquanto sua ambição era modificá-lo.

O regime nazista, em particular, imaginou o surgimento de uma raça sem defeito, uma raça de senhores. A vontade de exterminar o povo judeu, o povo escolhido de Deus, marcou toda a história da humanidade.

No século XXI, o totalitarismo tem um rosto mais pernicioso. Seu nome é a idolatria da liberdade total e absoluta, que se manifesta nas versões mais agressivas da ideologia de gênero e do transumanismo. O nazismo, o fascismo e o comunismo têm terríveis sucessores. São as ideologias que negam a dignidade humana, promovem o aborto e a eutanásia, mas também o fanatismo islamista que mata e faz reinar o terror. Algumas pistas nos permitem detectar as mesmas origens demoníacas desses movimentos. Há distinto o mesmo ódio do homem, o mesmo orgulho destrutivo.

Dado o atual contexto histórico, é urgente que a Igreja, pela da voz de seus responsáveis, dê a conhecer a todos, de maneira definitiva, a vontade do Criador sobre o homem, a família, o matrimônio e a sacralidade da pessoa humana e o respeito que lhe é devido. Quantas pessoas de boa vontade se juntariam a esse ato de coragem luminosa da Igreja!

A ideologia ateia do século XX pretendia separar o homem de Deus. As novas ideologias desejam agora mutilar e controlar sua natureza. O homem sonhou seu próprio paraíso terrestre. O fracasso foi doloroso. Agora ele quer mudar sua própria natureza humana.

João Paulo II lutou com todas as suas forças em favor da queda do comunismo. A Igreja deve agora proteger os mais fracos das loucuras do transumanismo e da ideologia de gênero cujas forças capitalistas e liberais parecem estar perfeitamente satisfeitas.

Como definir as novas tentativas de transfigurar o mundo?

Em seu livro *O ódio do mundo* [*La Haine du monde*], Chantal Delsol escreve que "vivemos ainda em tempos de demiurgia, e nossos demiurgos se encontram no mesmo movimento que os totalitarismos recentes. Eles vivem no mesmo *processus*". O ódio de Deus permaneceu o mesmo.

O ÓDIO, O SARCASMO E O CINISMO

O homem, voluntariamente privado de Deus, procura transformar seu corpo. A ciência e as novas tecnologias são os instrumentos dessa demiurgia contemporânea. O homem e a natureza devem se curvar sob o implacável jugo da pesquisa. A promessa é simples: o homem aprimorado se tornará imortal, sua capacidade intelectual inigualável e sua força física aumentará dez vezes. A genética é um novo Deus. Ninguém sabe em que tipo de desastre vamos desembocar, e, no entanto, continuamos essa corrida louca. A catástrofe é iminente? A resposta dos ideólogos loucos é invariavelmente simples: devemos continuar a marcha forçada! Pagaremos um alto preço por esse *processus* insensato de autodestruição. O homem aumentado levará ao homem diminuído. Esse caminho monstruoso levará à comercialização e mercantilização do homem.

A total emancipação do homem esconde uma revolta programada que pretende mostrar a Deus que somos capazes de alcançar tudo sem ele, corrigindo suas deficiências e sua incapacidade de realizar o homem perfeito. Um rio que se separa de sua fonte pode continuar a viver por um tempo. Mas acabará por secar. Uma árvore desprovida de suas raízes sofreria o mesmo destino. Como refrear os excessos de um orgulho ilimitado? Como recuperar a temperança? A Igreja conhece os laços do homem e seu Criador. Ela sabe que o vaso precisa de seu oleiro, o pão do padeiro, a casa do pedreiro. Uma criança precisa dos pais. E o homem precisa de Deus. A palavra da Igreja é uma luz. Isso nos lembra que o homem tem raízes divinas. A busca pela independência é uma ilusão. Sem Deus, a criatura é uma pedra que rola sem rumo para o abismo.

Nossos tempos parecem estar divididos entre sarcasmo e o cinismo...

O contrário do sarcasmo encontra-se sempre no sagrado. De fato, o sarcasmo visa a sujar, esmagar e humilhar; ele se liberta de todo respeito.

Pelo contrário, o sagrado implica deferência e silêncio. A divinização do sarcasmo conduz inevitavelmente à barbárie. Concordo com a análise de Chantal Delsol, consignada em seu livro *O ódio do mundo*: "Usar de sarcasmo e destruir a reputação, a autoestima e, por assim dizer, a alma, pode ser mais sério e cruel do que usar a violência crua. Porque as cicatrizes do corpo costumam marcar menos profundamente que as da alma. De modo semelhante, banalizar um comportamento que antes era considerado gravemente errado pode redistribuir a escala de valores mais seguramente do que qualquer ameaça física".

Estou convencido de que o combate pela civilização implica não usar as armas do mal. Devemos evitar o sarcasmo. O bem avança no silêncio. Os cristãos e os homens de boa vontade não devem entrar em uma lógica de luta pela posse do espaço midiático. O verdadeiro combate se trava nos corações. Uma consciência que silenciosamente respeita o Mistério de Deus e o ser humano derrota efetivamente os gritos dos ideólogos nos meios de comunicação.

A Igreja é a única a defender um humanismo autêntico. A Igreja é o último bastião, a única defesa segura do ser humano e de sua dignidade. Algumas agências da ONU, bem como instituições europeias, que se beneficiam de meios financeiros e tecnológicos consideráveis, lançaram uma guerra agressiva contra o seu magistério. As pessoas não têm mais meios para refletir. Elas estão anestesiadas, hipnotizadas e incapazes de reações razoáveis. O lucro é o único deus das elites globalizadas, que nada tem a ver com o futuro da humanidade.

O transumanismo, que visa a criar um homem eterno, não é uma utopia que tem a grande vantagem de não mostrar sua verdadeira face?

O transumanismo alimenta o louco projeto de acelerar a evolução ao forçar os limites do ser humano e criar novas formas de vida. Ele incentiva as pesquisas genéticas que devem, em um futuro próximo, permitir o nascimento de um híbrido homem-máquina. Os cientistas que promovem o transumanismo estão tentando alcançar o que é, sem dúvida, o sonho mais antigo da humanidade, maliciosamente inculcado em Adão e Eva por satanás. Na Bíblia, a serpente tranquiliza a mulher nestes termos: "Não, não morrereis! Mas Deus sabe que, no dia em que dele comerdes, vossos olhos se abrirão e vós sereis como deuses, versados no bem e no mal" (Gn 3, 4-5).

O projeto de magnificar o ser humano não é novo. Ao confrontá-lo com o desconhecido, ao destruir-lhe o ser, a mulher da foice, a morte, sempre amedrontou o homem. O transumanismo procura remediar a morte, aumentando a idade para a grande viagem em direção à eternidade ou mesmo ao anulá-la. Doravante, os menestreis do transumanismo proclamam a morte da morte. O homem não morrerá mais de morte. Ele será eterno.

Em *O ódio do mundo*, Chantal Delsol descreve esse futuro sombrio: "A liberdade individual exige, haverá, dizem eles, diferentes *status* humanos – em meados do século XXI, um povo de ciborgues imortais será misturado aos humanos tradicionais, de alguma forma, os Amish. Por outras palavras: o ônus da renovação incessante, a vocação de criar sempre o novo, ligado à aceitação da morte, será transferido para um grupo de voluntários que permanecerão mortais. Isso salvará o coração do mundo. Porque os seres humanos imortais não terão filhos: natalidade zero, mortalidade zero é o programa da sociedade dos imortais, como no romance *Globalia* de Christophe Ruffin. O programa de imortalidade da Silicon Valley esquece que a natureza é uma perpétua renovação, que reflete a perpétua juventude do mundo, o recomeço, a sucessão indefinida de auroras – nada mais. E é ao mesmo tempo – os dois estão ligados – a diversidade sempre recomeçada a partir dos seres singulares, sempre novos. Há diversidade, singularidade e esperança apenas na aceitação da morte". Conclui ela, com razão: "Aquele que Hannah Arendt chama de *homem supérfluo*, sem futilidade ou significado, porque desenraizado, no sentido de privado de vínculos e relações, esse é o coração e o centro das utopias revolucionárias, que é ao mesmo tempo o coração e o centro do período contemporâneo".

Esse movimento assume uma filosofia de constante evolução, segundo a qual a inteligência não é de modo algum uma faculdade espiritual, mas o resultado do desenvolvimento da matéria no curso da história. Portanto, não há necessidade de questionar a pertinência – muito menos a moralidade – da modificação do genoma, a inserção de *chips* eletrônicos no corpo ou a adição de próteses inteligentes. Ao possuir o poder da tecnologia, o homem deve se tornar o senhor da evolução e contribuir para o surgimento de uma pós-humanidade.

O paradoxo é grande pois se delineia claramente uma nova nostalgia do paraíso perdido. Antes do pecado original, fadiga, doença e morte não existiam. Mas nossa esperança não está no homem ou na ciência. Ela está em Deus. Para os cristãos, a alma sobrevive ao desaparecimento terrestre do corpo. De acordo com o plano de Deus, um dia recobraremos a esse invólucro corporal. A ressurreição ou vida eterna é a obra do Pai, não do homem. Constato, todavia, que a Igreja já não consagra pregações a respeito da alma, da eternidade e dos fins passados. Os padres têm medo de serem alvo de zombaria. A supressão do *Dies irae* nas cerimônias fúnebres simboliza esse falso pudor.

Devemos estar felizes e cheios de esperança. O homem procura a eternidade por meio da ciência. Mas só Deus no-la dará. Chegará um tempo em que vamos viver eternamente com Ele.

No mundo pós-moderno, a eternidade se torna um assunto comercial. No melhor de todos os mundos, a caridade desaparecerá na medida em que todos serão fortes e eternos. Um inferno na terra.

A Igreja não tem o direito de ser medíocre. Se se recusa a denunciar os sonhos prometeicos de hoje em dia, falta gravemente à sua missão divina. Se não propõe nada para remediar os excessos transumanísticos, trai a Cristo. Se se adapta aos tempos, afasta-se de Deus. O perigo é considerável. O que as utopias do século XX não fizeram, o Ocidente pós-moderno sem Deus tentará fazer.

Como, neste contexto, retornar à sabedoria? Devemos ouvir a Deus. Aceitar a nossa finitude. Mediante a Encarnação, Cristo nos ensina que o caminho da felicidade não é a negação do nosso estado de criatura. Pelo contrário, ele veio para tomar nossa carne. Ele nos mostra o caminho. É ele, o homem perfeito. Mas ele não quis se subtrair de nenhum limite da nossa condição humana. Nada do que constitui a nossa humanidade lhe é estranho. No seu seguimento, mesmo o sofrimento pode ser vivido depois no amor. Aliviar o sofrimento é uma obra de caridade; negar o sofrimento é uma ilusão. Cristo nos mostra que a própria morte pode se abrir para a vida eterna se a aceitarmos. A ideologia transumanista se inspira na deplorável tentação de macaquear a ressurreição. Somente o Deus feito homem pode vencer a morte. Ao superá-la por amor, ele a derrotou definitivamente. Por sua morte, ele venceu a morte. Ele nos oferece sua vida, que é a única vida eterna.

9
A CRISE DA EUROPA

Nicolas Diat: Neste capítulo, o grande livro de Joseph Ratzinger, Europa, seus fundamentos, hoje e amanhã, publicado em 2005, será o fio da nossa reflexão. Um ano antes de sua eleição para o trono de São Pedro, o cardeal escreveu: "Há algo estranho e que só pode ser considerado uma atitude patológica: o Ocidente parece odiar a si mesmo. Certamente, ele se esforça por se abrir, e isso é louvável, de modo muito compreensivo aos valores estrangeiros, mas não se ama mais. De sua própria história, não leva em conta agora senão o que é deplorável e foi causa de destruição, já não é capaz de perceber o que é grande e belo. Se quiser sobreviver, a Europa precisa se aceitar novamente". Como não ficar impressionado com o aspecto profético das palavras de Ratzinger?

Cardeal Robert Sarah: Com os anos, e apesar do seu desenvolvimento econômico, o problema da Europa está se tornando cada vez mais sério. O progresso científico e tecnológico, a abundância de bens materiais, a dissolução de toda a identidade própria cegaram a Europa, tornaram-na desequilibrada, orgulhosa, irreligiosa e ateia. A pessoa ou a instituição que renega as suas raízes, e já não reconhece o seu próprio ser, ou se renegou ou padece de amnésia. A Europa parece programada para se autodestruir. Sua visão de seu futuro só leva em conta as planos econômicos e militares. Suas raízes judaico-cristãs são esquecidas. O Ocidente parece odiar a si mesmo e está pronto para cometer suicídio.

A Europa quer abrir-se a todas as culturas – que podem ser louváveis e fonte de riqueza – e a todas as religiões do mundo, mas já não ama a si mesma. Basta observar o empobrecimento do conhecimento de sua própria língua materna entre as novas gerações.

A Europa perdeu sua nobreza. A feadade invade todos os segmentos de suas sociedades. Pretensão e orgulho são grandes males. A busca pela verdade não existe mais. O mal e o bem são confundidos. A mentira não tem mais vergonha de si mesma; de certa forma, exibe-se com orgulho. A palavra transformou-se em ferramenta de guerra econômica e financeira. Vive-se na confusão. Novas palavras são criadas, mas é importante não lhes dar uma definição precisa. Já não se sabe o que é um homem ou uma mulher. O sexo não é mais uma realidade objetiva. A família, o casamento e a pessoa humana são constantemente redefinidos.

O panorama que o senhor apresenta é terrível. A Europa já estaria morta?

Acho que está agonizando. Um processo de autodestruição é sempre reversível. Mas o tempo urge. Nos últimos anos, a derrocada se acelera. Todas as civilizações que ignoraram a dignidade eminente da pessoa humana desapareceram. Hoje, como nos tempos do Império Romano, a Europa manipula, comercializa, brinca com a vida do ser humano, criando assim as condições para o seu desaparecimento.

A recusa da vida, o assassínio do nascituro, dos deficientes e dos velhos, a demolição da família e dos valores morais e espirituais: eis em que consiste o primeiro ato do suicídio de um povo inteiro. Assistimos impotentes à decadência de uma civilização. O declínio da Europa é único na história da humanidade.

No entanto, devo acrescentar que existem na Europa, ao lado de instituições que parecem suicidas e decadentes, verdadeiras sementes de renovação. Conheci muitas famílias generosas profundamente arraigadas em sua fé cristã. Vi também belas comunidades religiosas, fiéis e fervorosas. Eles me fazem pensar nos cristãos que, na agonia do Império Romano, velavam pela chama bruxuleante da civilização. Quero encorajar essas pessoas. Quero dizer-lhes: sua missão não é a de salvar um mundo que morre. Nenhuma civilização detém a promessa da vida eterna. Sua missão é viver fielmente e sem comprometer a fé que vocês receberam de Cristo. Então, mesmo sem perceber, vocês salvarão o legado de tantos séculos de fé. Não tenham medo de serem tão poucos! Não se trata de ganhar uma eleição ou de influenciar opiniões. Trata-se de viver o Evangelho. Não pensá-lo como utopia, mas vivê-lo concretamente. A fé é como um fogo. É preciso estar aceso para poder transmiti-la. Cuidem bem deste fogo sagrado! Que ele seja o calor no coração do inverno do Ocidente. Quando o fogo ilumina a noite, pouco a pouco as pessoas se reúnem em torno dele. Essa deve ser a sua esperança.

No mesmo livro, Europa, seus fundamentos, hoje e amanhã, *Joseph Ratzinger escreveu: "No exato momento de seu sucesso supremo, a Europa parece ter ficado internamente vazia, como que paralisada por uma crise de seu sistema circulatório, uma crise que compromete sua vida. Querem atenuar essa crise por meio de transplantes que, em última análise, só podem abolir sua identidade. A esta diminuição de sua força espiritual fundamental corresponde o fato de que, sob o plano étnico, a Europa parece estar em vias de desaparer". Essa observação severa parece se juntar às suas próprias análises...*

Falando de transplante, o cardeal Ratzinger já evoca os processos migratórios. Em breve, sabemos que na Europa haverá um desequilíbrio de singular periculosidade nos planos demográficos, culturais e religiosos. A Europa está estéril, não se renova, a taxa de natalidade não é suficiente. Então diz: Sua casa está cheia de estranhos porque ficou vazia, "desocupada, varrida e arrumada" (Mt 12, 44). Ela descartou os seus tesouros históricos e cristãos.

Parece que as tecnoestruturas europeias se alegram com os fluxos de migração ou os incentivam; só raciocinam em termos econômicos. Precisam de trabalhadores que recebam pouco e ignoram a identidade e cultura de cada povo. Basta ver o desprezo que mostram pelo governo polonês. A ideologia liberal tem precedência sobre qualquer outra abordagem. Como em Belém, Deus é o único pobre para quem não há lugar na estalagem.

A Europa alega lutar contra todas as formas de discriminação ligadas à afiliação racial e religiosa. Nessa área, houve um progresso real. Mas aproveitaram a ocasião para impor um espírito utópico. O desaparecimento das pátrias e a colonização das culturas não podem ser um progresso. O empreendimento multiculturalista europeu explora um ideal de caridade universal mal compreendido. A caridade não é negação de si. Consiste em oferecer ao outro o que é melhor e aquilo que somos. Mas o que a Europa tem para oferecer melhor ao mundo, é sua identidade, sua civilização profundamente irrigada do cristianismo. Mas o que se oferece aos recém-chegados muçulmanos senão a irreligião e o consumismo bárbaro? Como nos surpreender que se refugiem no fundamentalismo islâmico? Os europeus devem se orgulhar de seus costumes e tradições inspirados pelo Evangelho. O dom mais precioso que a Europa pode oferecer aos imigrantes que vivem em seu solo não é, de início, a ajuda financeira, muito menos um modo de vida individualista e secularizado, mas o compartilhar de suas raízes cristãs. Assuma o que se é: eis uma condição essencial para acolher o outro. Diante do perigo do islamismo radical, a Europa deve saber afirmar com firmeza em que condições pode partilhar sua vida e sua civilização. Mas ela duvida de si mesma e tem vergonha de sua identidade cristã. É assim que acaba por atrair o desprezo.

Joseph Ratzinger acrescenta: "O multiculturalismo é incessantemente encorajado, mas às vezes é acima de tudo abandono e rejeição do que é próprio, fuga das peculiaridades da Europa. O multiculturalismo não pode subsistir se, partindo-se de valores próprios, faltarem certas constantes comuns e certos dados que possibilitem orientação. Ele certamente não pode subsistir sem o respeito pelo que é sagrado".

Um jardim é rico de todas as variedades de flores que o constituem. Todas as espécies são belas e diferentes. As cores, as nuances e os perfumes que se misturam formam um paraíso. Se as flores fossem iguais, a beleza desapareceria. A verdadeira beleza é sagrada. O cardeal Ratzinger tinha razão em considerar que "para as culturas do mundo, a dimensão absolutamente profana que surgiu no Ocidente é algo profundamente estranho. Elas estão convencidas de que um mundo sem Deus não tem futuro. Então, o multiculturalismo nos convida a entrar novamente em nós mesmos". Acredito que, se os migrantes que chegam à Europa acabam por desprezá-la, é basicamente porque não encontram, nela, nada de sagrado.

Na África e na Ásia, nada é profano. Tudo é sagrado. Tudo está relacionado a Deus e dele depende. Tudo atinge sua plenitude em Deus. A menor das realidades está relacionada a Deus. Ela é inseparável da sua origem. Uma cultura profana é uma terra desconhecida e desprezível, "fonte sem água" (2Pd 2, 17). O homem africano não consegue entender um mundo sem Deus. O rio não teria nascentes e as casas não teriam fundamentos. Um mundo sem Deus e sem valores morais é como um natimorto. O lago de Tiberíades, sem a nascente do Jordão, não poderia existir. Um mundo sem Deus e sem valores morais e religiosos é uma ilusão mortal. O progresso técnico tenta levar o ser humano a um sono cada vez mais profundo. As civilizações egípcia e romana desapareceram quando tinham feito proezas impressionantes. O homem sem Deus é embalado pela ilusão de ser imortal.

O cardeal Ratzinger sabia que existem patologias da religião, mas ele sempre foi convencido de que a patologia de totalmente desligada de Deus é muito mais perigosa.

A indiferença em relação a Deus é uma grave patologia, pois ela conduz à autocelebração do homem. Há uma terrível arrogância nessa crise de fé. Ao ler as Sagradas Escrituras, é impressionante ver em nossos contemporâneos este erro fundamental de juízo pelo qual os homens parecem atribuir grande importância às coisas que não têm nenhuma. Uns dão, por exemplo, o primeiro lugar aos fantasmas do dinheiro, da riqueza material ou do poder político. Por outro lado, Deus, que deveria ser o tesouro e a fonte de toda a realização humana, não encontra no coração do homem senão indiferença e desprezo. As pessoas acham que não precisam de que Deus se encarregue de seu destino, mas que podem se realizar plenamente por conta própria e construir o mundo de hoje e de amanhã.

No entanto, em tudo Deus toma a iniciativa, nos acompanha, nos apoia e realiza nossa verdadeira humanidade e nossa felicidade. Infelizmente, o ser humano não quer mais reconhecer seus erros. Ele está feliz com o que faz sem Deus, está feliz com sua decadência, feliz com o caos. Logo ficará feliz em ser substituído por robôs ou transumanos. Digo isso, tremendo de medo.

O fato de haver valores que ninguém pode alterar não constitui a melhor garantia de nossa liberdade?

É imprescindível que os valores fundamentais governem a vida das sociedades. O relativismo se alimenta da negação dos valores para estabelecer sua influência deletéria. Em um regime relativista, tudo é manipulável, incluindo a vida humana, e dessa maneira a liberdade perece. Mas os valores verdadeiros nunca morrerão.

O projeto ocidental consiste em separar o ser humano de Deus para torná-lo autônomo. Essa empreitada pode parecer triunfante, mas será um fracasso. Não podemos viver plenamente a nossa humanidade sendo desapegados de nossas origens. O bem, o belo, a verdade, o amor e a felicidade vêm de Deus. Sem ele, o ser humano tem medo da felicidade. O chamado da felicidade torna-se mais difícil que a morte. Para muitos de nossos contemporâneos, a felicidade vem do simples consumo e de uma liberdade absoluta que se expressa sem freio algum, cada um segundo seu desejo, suas tendências e seus apetites. Esse gozo materialista é uma agonia. O instinto, o prazer, a inveja são os únicos senhores dessas vidas desencantadas. Que vulgaridade quase animal! Mas o ser humano continuará sendo sempre uma criatura divina. A verdadeira liberdade está na luta para se unir e corresponder à vontade do Pai. Alexander

Soljenítsin e todos os prisioneiros dos *gulags* soviéticos sabiam o preço desse caminho. Sabiam que Deus sempre terá a última palavra. Não importa o quanto negamos, Deus sempre será Deus; ele vive entre nós, porque é ele quem nos realiza plenamente. Todos os crentes do meu país, que sofreram com a ditadura marxista de Sékou Touré, podem falar da liberdade. Eles dirão sempre que a liberdade está absolutamente ligada à verdade. Na África, diz-se que a liberdade e a verdade são como o óleo: você pode tentar afogá-las ou destruí-las, mas como o óleo elas se manterão sempre à superfície.

A liberdade do mundo ocidental se lançou no submundo. Mas ela poderia um dia se reconstruir. Exceto se as pessoas e seus dirigentes se obstinarem no erro. A coalizão das forças do mal que se enfeitam ouropel da pureza parece prevalecer. Mas, para Deus, nada é impossível.

Outra observação do cardeal Ratzinger impressiona por sua ressonância com os nossos tempos: "Se os Estados do Ocidente seguirem o caminho do laicismo, alegando assim construir um Estado da razão pura, livre em relação a todas as raízes históricas e espirituais, eles não poderão, a longo prazo, resistir à pressão das ideologias e das teocracias políticas".

Uma frase profética. Não é difícil entender onde estão hoje as pressões e teocracias mencionadas pelo cardeal Ratzinger hoje. O liberalismo relativista e o islamismo radical ameaçam muitos estados Ocidentais. As teocracias têm convicções enraizadas em uma história que lhes dá um indefectível poder de luta. O materialismo e o hedonismo são infinitamente frágeis diante desses sistemas. Como o Ocidente, que não tem mais nenhuma energia interior, irá se defender contra os ataques feitos pela vontade de dominação e de conquista tão terríveis? A única força do Ocidente reside em sua tenaz vontade de se autodestruir. A exaltação de uma força imaginária às vezes nos faz pensar nos últimos momentos da União Soviética. Assistimos impotentes à passagem de uma era humana a uma era bestial. Duas barbáries se defrontam: uma barbárie materialista e outra islamista. Temo que a segunda tenha a última palavra. Ocorrem-me as palavras tão fortes do cardeal Ratzinger, por ocasião de uma entrevista ocorrida em julho de 1987, posteriormente publicada em 2008 em *Ser cristiano en la era neopagana*: "Em nome de um equívoco entre o pluralismo e liberdade religiosa, operou-se uma retirada total do fato cristão em relação à exigência de dar forma à ordem pública. A ideia de um Estado completamente neutro em relação aos valores, de um Estado que se mantém à distância de qualquer ordem religiosa e moral é absurda. O próprio Bultmann disse que se é possível se conceber um Estado não cristão, um Estado ateu não o é. Creio que é muito importante evocar às consciências a dimensão política e social do cristianismo, seu caráter imprescritível de fato público." A crise europeia é essencialmente uma crise espiritual, enraizada na negação da presença de Deus na vida pública.

A conclusão do cardeal Ratzinger parece descrever uma vela prestes a apagar: "O Estado recusa um fundamento religioso e considera-se apoiado exclusivamente na razão e em suas próprias instituições. Devido às fragilidades da razão, esses sistemas mostraram-se fracos e presas fáceis de ditaduras. Se sobrevivem, é porque, nascidos da moralidade, continuam a subsistir, mesmo na ausência de fundamentos anteriores e permitem um consenso moral de base".

No Ocidente, um regime cristão invisível, frágil e ofegante pousa ainda suas velhas mãos sobre as nações que criou? Isso é possível. Mas um Estado que recusa todos os padrões morais está fadado, mais cedo ou mais tarde, à ruína. São Paulo nos diz claramente que o verdadeiro poder vem de Deus. A o poder dos meios de comunicação[1] tenta por todos os meios despedaçar os restos da cristandade em pedaços. O sistema midiático, uma verdadeira polícia de pensamento único, passa de uma batalha a outra a fim de transformar o homem.

Se a Europa não prestar muita atenção a esta advertência, ela desaparecerá. A ruptura com Deus levará a uma revolução antropológica sem igual na história da humanidade. Para concluir esta reflexão, gostaria de citar as palavras luminosas extraídas do discurso de recepção do cardeal Ratzinger na Academia de Ciências Políticas e Morais, em 6 novembro de 1992, pronunciadas na cúpula do *Institut de France*: "Voltemos à questão: como podemos, em nossas sociedades, conferir novamente à lei e ao bem a sua força contra a ingenuidade e o cinismo, sem que tal lei seja imposta ou mesmo arbitrariamente definida pela coerção externa? A esse respeito, sempre me impressionou a análise feita por Charles Alexis Clérel de Tocqueville em *A democracia na América*, um livro de referência de partidários do liberalismo político. Que esse frágil edifício do eu preserva sua coesão e torna possível uma ordem de liberdades na liberdade vivida comunitariamente, o grande pensador político via como condição essencial o fato de que nos Estados Unidos estava viva uma convicção moral fundamental, uma convicção que, nutrida do cristianismo protestante, deu fundamentos às instituições e mecanismos democráticos. A partir deste fato, as instituições não podem sobreviver e ser eficazes sem convicções éticas comuns. Mas estas não podem advir de uma razão puramente empírica. As decisões da maioria permanecerão verdadeiramente humanas e razoáveis apenas enquanto tiverem como pressuposto a existência de um sentido humanitário fundamental e o respeitarem como o verdadeiro bem comum, a condição de todos os outros

---

[1] "O poder dos meios de comunicação" traduz o termo francês *médiacratie* empregado pelo cardeal Sarah (N.T.).

bens. Tais convicções exigem atitudes humanas correspondentes, e essas atitudes não podem se desenvolver quando o fundamento histórico de uma cultura e os juízos ético-religiosos que contém não são levados em consideração. Para uma cultura e uma nação, separar-se das grandes forças éticas e religiosas de sua história é cometer suicídio. Cultivar juízos morais essenciais, mantê-los e protegê-los sem impor-lhes um modo coercivo, parece-me uma condição da subsistência da liberdade em presença de todos os niilismos e suas consequências totalitárias".

  Preocupo-me, enfim, com as consequências da aniquilação da Europa cristã para todas as outras partes do mundo. Os missionários do Velho Continente levaram por muito tempo a palavra do Evangelho e o ensino dos valores cristãos à África ou à Ásia. Eles permitiram que populações inteiras abandonassem as antigas religiões pagãs para encontrar Cristo. Sou o fruto dessa história. Deus dera uma responsabilidade especial à Europa. Por muitos séculos, ela respondeu generosamente a esse chamado. Seu novo egoísmo alucinado terá forçosamente consequências. Mas quero continuar acreditando na Europa, mesmo consciente de que a doença parece irreversível. O elemento trágico, para o Velho Continente, não é que ele ignore o sentido de sua missão, mas que esta o incomode cada vez menos a ponto de não significar nada. A civilização humana está em jogo e o europeu não se importa, mas dança à beira de um vulcão. E, no entanto, os países despertam pouco a pouco. Suas vozes se elevam. Penso na Polônia, na Eslováquia, na Áustria, na Itália e na Hungria. Vamos esperar, então!

10
OS ERROS DO OCIDENTE

Nicolas Diat: Em nosso primeiro livro, Deus ou nada, o senhor estabeleceu um nexo entre a ideologia iluminista e o humanismo sem religião. Podemos retomar essa reflexão?

Cardeal Robert Sarah: Em seu famoso discurso em Harvard, proferido em 1978, Alexander Soljenítsin falou com uma lealdade e uma franqueza que não deixaram de surpreender alguns ocidentais já acostumados com a linguagem "politicamente correta": "Mas, por outro lado, se me perguntarem se quero propor ao meu país, a título de modelo, o Ocidente tal como é hoje, terei que responder com franqueza: não, não posso recomendar a sua sociedade como ideal de transformação para o nosso. Dada a riqueza do desenvolvimento espiritual, adquirido na dor, por nosso país neste século, o sistema ocidental, em seu estado atual de espiritual exaustão, não apresenta nenhum atrativo".

Quando as pessoas se importam apenas com a sua própria razão e com os bens materiais, e quando Deus desaparece nos grandes confrontos ideológicos, como podemos nos surpreender que o Ocidente consiga atravessar essa crise sem proporções? A característica profunda da ideologia iluminista é afirmar que a razão, para ser ela mesma, deve se afastar de todo ponto de vista religioso. A ideologia Iluminista quis exilar Deus o mais longe possível de nossa terra. Sob a Revolução Francesa, o culto ao Ser Supremo expressa perfeitamente essa infantilidade de sérias consequências. A pretensão e a revolta do homem sempre acabam se voltando contra ele. Nenhuma civilização jamais professou a esse extremo o ateísmo e irreligião. Nenhuma civilização jamais chegou ao extremo de pensar que apenas a razão bastaria para avançar na vida.

Por que o humanismo deve necessariamente ser não religioso? A vontade de cuidar do ser humano deveria, pelo contrário, levar o Ocidente a aproximar-se de Deus. Creio profundamente que a razão encontra sua plena realização apenas ao se abrir à luz da fé.

O senhor acha que existe uma forma de supremacia artificial do direito sobre a moral?

As civilizações ateias perdem inevitavelmente o senso metafísico. As realidades transcendentes lhes são estranhas. A partir daí, o homem acredita que é poderoso o bastante para assumir seu destino sozinho.

O homem moderno não quer mais seu Criador. Então, pouco a pouco ele calca as regras morais para substituí-las pelas regras de direito ditas democráticas. Os desejos mais rudimentares tornam-se a medida de todas as coisas. A maioria, muitas vezes representada pelo poder parlamentar dos Estados, manipulada pelos poderes dos meios de comunicação, reescreve pouco a pouco a norma moral.

Nesse desvario, a liberdade individual é o único critério e as satisfações pessoais, o único objetivo. Cada um pode fazer o que quiser. A lei moral é odiada. As pulsões são incensadas pelos sumos sacerdotes dos meios de comunicação. Se um alguém quer pôr fim à sua vida, tudo bem. Se um homem quer se tornar uma mulher, ele pode. Se uma garota quer se prostituir na internet, ela pode. Se um adolescente quiser assistir pornografia na internet, ele pode. Se uma mulher quer abortar, ela pode. É o seu direito. Tudo é possível.

Esse quadro pode parecer caricatural. E, no entanto, é a realidade. Entramos em uma civilização do caos dos desejos. E quanto mais mergulhamos no caos, mais se impõe a seguinte observação: quando os prazeres primitivos se esgotam, o homem prefere pôr fim a sua vida. Ele prefere o nada e não tem esperança além deste mundo. O homem não olha mais para o céu. Debate-se com suas frustrações. Os ocidentais tornaram-se os maiores consumidores de antidepressivos. As clínicas psicológicas e de outros profissionais estão cheias. O suicídio adolescente se tornou um fenômeno comum.

Na África, o suicídio *quase* não existe. Nas sociedades tradicionais, isso não existe. O homem está totalmente integrado em uma pequena comunidade. Ele é respeitoso para com as leis da natureza e os costumes de seu povo. Deus continua sendo o fundamento de sua vida. Ele anseia pela vida após a sua breve estada na terra. Se a morte chega, ele a aceita como um caminho que nos faz passar desta terra à pátria onde os ancestrais nos esperam.

Em meu continente, todos os homens da mesma tribo se apoiam mutuamente. Não há marginais. À noite todos falam. O dinheiro não tem significado vital algum. Somente as relações humanas e a relação com Deus têm verdadeira importância. Os pobres são felizes; eles dançam de felicidade e de vida.

No Ocidente, os novos direitos são ativamente apoiados pelas forças dos meios de comunicação e financeiras. Estes influenciam e fazem com que as pessoas se sintam culpadas. Para popularizar a eutanásia, eles continuam a destilar mensagens para derrubar as famosas "opiniões públicas". Depois de os meios de comunicação fazerem o seu trabalho, os institutos de pesquisa vêm doutamente explicar que a maioria mudou... Portanto, os tempos estariam maduros. Um mundo de mentiras, de condicionamentos e manipulações é descaradamente montado. Um mundo de escravos. As técnicas de manipulação mental são de uma rara sutileza. O mal se torna um bem com um simples passe de mágica.

Se a Igreja não denunciar a ilusão que esses novos direitos aportam, o caos se instalará. E ele guiará o mundo na escuridão. Paulo VI teve essa coragem profética com a encíclica *Humanae vitae* sobre o casamento e o controle de natalidade. João Paulo II falava constantemente dos estragos da cultura da morte. Bento XVI lembrava a necessidade de a Europa redescobrir suas raízes cristãs. E, hoje, Francisco recusa a exploração econômica do homem pelo homem. Os últimos papas não foram ouvidos pelos governos do Ocidente. O mal se agravou. Mas não devemos cruzar os braços.

João Paulo II denunciava regularmente o ideal de liberdade que degenerava em licenciosidade e paixões desenfreadas. Qual é o seu ponto de vista sobre este assunto?

Há uma ditadura da liberdade desenfreada. Alexander Soljenítsin entendeu rapidamente que o Ocidente já não conhecia o verdadeiro sentido da liberdade. Em seu discurso de Harvard, ele declarou: "A liberdade não se desviou para o mal de uma só vez: a evolução se deu gradualmente, mas parece que teve como ponto de partida uma concepção humanista benevolente segundo a qual o homem, senhor do mundo, não traz em si sementes alguma do mal, e tudo o que nossa existência oferece de viciado é simplesmente o fruto de sistemas sociais errôneos que é importante corrigir". Soljenítsin oferece uma crítica objetiva da idolatria ocidental da liberdade. Sua reflexão sobre a liberdade como é vivida no Ocidente merece nossa atenção.

OS ERROS DO OCIDENTE

Em nome dos povos oprimidos, o ex-prisioneiro do *gulag* fez um apelo muito pungente aos povos livres. Ele queria apontar a raiz do mal: "O mundo ocidental chega a um momento decisivo", escrevia ele em *O erro do Ocidente*, [*L'Erreur de l'Occident*]. "Ao longo dos próximos anos, ele vai decidir a sorte da civilização que criou. Acho que não tem consciência disto. O tempo erodiu sua noção de liberdade. Vocês fabricaram outra noção e perderam o senso da liberdade. Quando, por volta do século XVIII, a Europa a conquistou, a liberdade era uma noção sagrada. Ela conduzia à virtude e ao heroísmo. Foi isso que vocês esqueceram. Essa liberdade que, para nós, ainda é a chama que ilumina a nossa noite, tornou-se uma realidade estiolada e por vezes decepcionante por estar cheia de mau gosto, riquezas e de vazio. Para esse fantasma da antiga liberdade, vocês não eram mais capazes de fazer sacrifícios, mas apenas barganhas [...] Vocês têm a impressão de que as democracias podem durar. Ora, vocês não sabem nada sobre isso. A vontade interior é mais importante que a política. Se os líderes do Oriente percebessem a mínima chama, o menor elã vital para que as liberdades subsistam entre vocês e cresçam de maneira prática, se eles compreendessem que vocês estão dispostos a sacrificar a vida, seriam eles a desistir. Mas a batalha não é entre eles e vocês, mas entre vocês consigo mesmos. No fundo de si mesmos, vocês acham que a liberdade é adquirida de uma vez por todas, e é por isso que vocês pagam o luxo de desprezá-la. Vocês estão envolvidos em uma batalha formidável e se comportam como se fosse um jogo de pingue-pongue. Mas as cartas que vocês têm são, provavelmente, as decisivas. Desde que a sua vontade de apostá-las no jogo atravesse as suas atitudes e que ninguém duvide de sua resolução."

Esse homem sofreu durante anos nos *gulags* soviéticos. Ele pondera o preço da verdadeira liberdade, a liberdade sadia. Nestes tempos de degradação moral e de abandono geral, ele nos convida à resistência espiritual e a um esforço de discernimento sobre os desafios da liberdade. Como silenciar essa vigorosa e severa interpelação diante da queda do Ocidente?

A palavra liberdade permanece, mas o sentido profundo não existe mais; tornou-se uma concha vazia. Os homens confundem liberdade e libertinagem. A liberdade não é filha da verdade que a leva a fazer o bem e a buscar a beleza? Ou é apenas uma maneira de gozar o que é agradável? A liberdade ocidental é um teatro de sombras.

A verdadeira liberdade é uma conquista, uma luta concreta que exige superamento de si, disciplina e esforço. Exige, em primeiro lugar, o domínio de si mesmo e o discernimento das próprias fraquezas e qualidades. A liberdade é uma chama que ilumina. É o oposto de um sentimento cego que nos arrasta na direção de nossas paixões e abismos.

Somente os que experimentaram a perda da liberdade podem entender seu verdadeiro sentido e conhecem a sua profundidade.

Hoje, a liberdade é um *slogan* publicitário. Ela se compra e vende de acordo com as flutuações da bolsa de valores. Temo que as maiorias parlamentares ocidentais se fabriquem simplesmente por meio do dinheiro, molhos retóricos, teatros midiáticos, sistemas eletivos seguros, recortes distritais e miríades de pressões ou subterfúgios variados. A cultura ocidental que deveria levar a liberdade ao mundo já não faz sentido.

A Igreja deve falar de Cristo libertador. Ele rompe as cadeias do mal e do pecado. Deus dá liberdade. Se a Igreja deixa de ensinar a liberdade desejada por Deus, falta gravemente à sua missão. O homem não é naturalmente bom. O pecado original existe. A liberdade passa pelo desapego desse pecado. Só Deus pode nos ajudar. A Igreja deve constantemente repetir essa verdade.

Às vezes, temos a impressão de que os direitos do indivíduo desrespeitam os da sociedade...

Esquecemos que o bem comum é o bem mais profundo e íntimo das pessoas. Em uma orquestra, o melhor de cada instrumentista é, em última instância, a sinfonia tocada por todos. Em uma família, a felicidade comum é o primeiro bem de todos. Hoje, prefere-se opor sociedade e indivíduo. Mas a sociedade não deve oprimir o indivíduo. As políticas econômicas muitas vezes largam as pessoas à beira da estrada, despojadas de tudo, espancadas e semimortas. Fico terrivelmente chocado ao ver em que situação aflitiva são abandonadas as famílias de agricultores pobres. Esse escândalo silencioso é inominável.

Mas também é verdade que a realização pessoal não deve prejudicar o destino coletivo. Nas sociedades hedonistas ocidentais, a primazia do prazer do indivíduo tende a prejudicar o bom funcionamento das sociedades. As escolhas e tendências individuais podem poluir a sociedade e desestabilizá-la em seus alicerces. Existe uma forma de ditadura de realização pessoal.

O individualismo é uma ruína. Fico preocupado ao constatar que os dirigentes europeus manifestem eles próprios sinais evidentes de individualismo. Por exemplo, muitos não quiseram constituir família e não têm filhos. Sob essas condições, como promover uma política familiar ambiciosa? Como cultivar nos corações das famílias o desejo e o amor às crianças?

O poder dos meios de comunicação é questionado de tempos em tempos. No entanto, eles têm um papel importante no seio de nossas sociedades...

Os meios de comunicação têm um poder de sedução, de condicionamento, de pressão psicológica e recrutamento poderosos. Os jovens são presas fáceis. Em geral, eles não estão preparados para enfrentar a diversidade caótica de imagens que desfilam. Eles acham que podem facilmente adquirir uma nova forma de liberdade. Na realidade, eles estão escravizados, acorrentados e desorientados, incapazes de colocar para si mesmos as perguntas essenciais da vida. Falta-lhes a sabedoria, o discernimento, a experiência e a educação para enfrentar com maturidade tudo o que os meios de comunicação lhes propõe. Eles estão expostos a um fluxo incessante de informações que irrompem violentamente sobre a sua inocência virginal.

Constato com tristeza que os padres caíram nas armadilhas grosseiras do poder midiático. Tornaram-se dependentes dessas formas de comunicação. Os seminaristas também caem nessas armadilhas. Em vez de construir gradualmente uma clausura interior que lhes permitirá estar sempre mais intimamente junto de Deus, eles desperdiçam um tempo precioso que deve ser destinado ao silêncio, à oração e à leitura meditada da palavra de Deus. A TV, a internet e muitas outras tecnologias de comunicação absorvem o tempo destinado a Deus.

No Vaticano, na Basílica de São Pedro, a mídia e as televisões invadiram as solenes celebrações eucarísticas do papa. As cerimônias são tratadas como *shows*. Assistimos a um incrível processo de dessacralização. Por trás das telas, não ignoro que pacientes e idosos podem alimentar sua fé. Mas não se pode encontrar Deus assistindo a um programa de televisão. Deus é uma presença real oculta no sacrário. Uma imagem nunca substituirá um encontro íntimo. O Pai não aceita um intermediário fictício para engrandecer uma alma. Enganamo-nos fingindo acreditar que nos encontramos com Deus e participamos do sacrifício eucarístico ao assistir a uma emissão televisiva. Ninguém pode alegar ter ido ao sepultamento de sua mãe ao ver a gravação da cerimônia da missa de exéquias. Seria desnaturar o nosso relacionamento com Deus submeter esse relacionamento às mediações da técnica. Nenhuma relação humana verdadeiramente íntima e pessoal pode ser construída por meio de uma máquina. Nenhuma máquina, nenhuma tecnologia, nenhum robô pode substituir um homem em seu relacionamento com Deus.

Os meios de comunicação não têm um papel irrelevante na nossa perda do sentido de oração e contemplação. Eles roubam o sagrado. A vida de nossa alma não importa para eles. Gostaria de repetir aqui uma mensagem que já dirigi aos sacerdotes: não rezem o ofício divino com o seu celular. Não é possível manipular um aparelho em que há todo o tipo de coisa e orar. Como na liturgia eucarística, há um missal para a missa. Ame o livro sagrado que é seu breviário, pois o ofício divino é uma verdadeira liturgia.

O grande adversário do silêncio são os meios de comunicação. Sem o silêncio, a própria razão não pode se desenvolver em todos os sentidos. Acho que devemos instaurar um grande jejum midiático durante a Quaresma. Os cristãos deveriam dar o exemplo de uma abstinência total das telas por 40 dias. Tal prática teria consequências reais no nosso relacionamento não só com Deus, mas também uns com os outros. É uma verdadeira questão civilizacional. Mas somos capazes disso? Pergunto a todos os meus leitores cristãos: Você teria coragem de romper suas correntes digitais ao menos 40 dias por ano? Seria uma atitude profética!

Pio XI e seu sucessor Pio XII esperavam muito dos meios de comunicação para aumentar as potencialidades da evangelização. O Vaticano foi pioneiro na Rádio Vaticano. Havia então uma boa esperança. No entanto, apesar da implementação dessas novas técnicas de comunicação, a evangelização nunca foi tão fraca. A evangelização não é uma comunicação. Ela é, antes de tudo, um testemunho. Ela se faz com o corpo, com cansaço e sofrimento. Os sacrifícios de Cristo são o nosso modelo. A evangelização é uma nova encarnação do Verbo de Deus.

Teria eu deixado a minha pequena aldeia guineense se não tivesse tido a oportunidade de conhecer um missionário totalmente tomado por Cristo, devorado pelo desejo de morrer por ele, habitado pela proclamação do Evangelho? Fui tocado pelo exemplo da oração dos missionários em nossa igrejinha. Eu não os escutei no rádio. Eu via o padre Marcel Bracquemond e seus colegas, padres André Mettan, André Besnir e

Daniel Denoual, na penumbra do coro. A oração é o fundamento da evangelização.

É urgente redescobrir o sentido do autêntico ascetismo cristão. Também é preciso muita humildade para fazer bom uso dos meios de comunicação. Essa qualidade é necessária aos jornalistas.

Recentemente, fiquei feliz em ler uma entrevista com o bispo de Blois, Dom Batut, na qual ele explica que "a liturgia não é um *show*". O jornalista perguntou-lhe por onde seria preciso começar a iniciação dos jovens ao mistério da liturgia cristã. Concordo plenamente com a sua resposta: "Você tem que tirá-los de seus *tablets* e *smartphones*, tirá-los da sua incapacidade de viver o silêncio... O silêncio é a coisa mais difícil para eles, mas também a mais frutífera. Os jovens são capazes de entender que o importante não é ficar entediado ou não na missa, mas ir à missa. Devemos fazê-los ir além do lado emocional que, muitas vezes, corresponde a 99% da sua mobilização. O mais importante não é explicar a liturgia, mas fazer vivê-la! Quantas vezes vi jovens chorando durante belas liturgias? Eles choraram porque descobriram uma novidade transformadora. Eles faziam a experiência de Deus. É certamente necessário tirar jovens de seus *tablets* e *smartphones* para que façam a experiência de Deus. Proponho estender o exemplo a todos os sacerdotes.

Será que a acumulação de bens não tem um peso determinante na longa sesta do Ocidente?

Deus quer que o homem seja feliz nesta terra. A vida terrena é um prelúdio da felicidade eterna. Não se trata, portanto, de se opor à melhoria das condições de vida.

Mas hoje há uma inversão de finalidades. O consumo tornou-se um fim em si mesmo. O materialismo capitalista triunfou sobre o materialismo marxista. Ambos são irmãos gêmeos. Eles atrofiam a dimensão espiritual do ser humano que se torna um consumidor escravo. Ora, é preciso substituir o primado da matéria pelo do espírito.

Pois quanto mais alguém se compraz nas coisas materiais, mais tem a tendência de se afastar de Deus. Cristo mesmo disse: "Em verdade vos digo que um rico dificilmente entrará no Reino dos Céus. E vos digo ainda: é mais fácil um camelo entrar pelo buraco de uma agulha do que um rico entrar no Reino de Deus" (Mt 19, 23-24).

Em contraste com esta vida emoliente, os monges escolhem voluntariamente a pobreza para melhor se aproximarem de Deus. Seu ascetismo lhes permite desenvolver uma extraordinária vida cultural. Eles fazem as suas palavras de Deuteronômio: "Lembra-te de todo o caminho que o Senhor teu Deus te fez percorrer durante 40 anos no deserto, a fim de humilhar-te, tentar-te conhecer o que tinhas no coração: irias observar seus mandamentos ou não? Ele te humilhou, fez com que sentisses fome e te alimentou com o maná que nem tu nem teus pais conheciam, para te mostrar que o homem não vive apenas de pão, mas que o homem vive de tudo aquilo que procede da boca do Senhor. As vestes que usavas não se envelheceram, nem teu pé inchou durante esses 40 anos. Portanto, reconhece no teu coração que o Senhor teu Deus te educava, como um homem educa seu filho, e observa os mandamentos do Senhor teu Deus, para que andes nos seus caminhos e o temas" (Dt 8, 2-6).

Os grandes santos, Bento de Núrsia, Bruno de Colônia ou Francisco de Assis, escolheram a pobreza para melhor nutrir sua vida espiritual. Eles fundaram casas de vida espiritual e civilizacional extraordinárias.

Muitas vezes a Virgem Maria apareceu a crianças pobres. Em Lourdes ou em Fátima, os pastores que a viram não possuíam nada, mas a Mãe de Cristo os escolheu e honrou. Deus ama os corações pobres, simples, doces e ardentes de amor. O coração puro é o mais belo Templo de Deus.

A fé e a pobreza são consanguíneas. O conforto frequentemente leva à arrogância e ao egoísmo.

A busca de conforto e a obsessão materialista são contrárias à vida da alma?

O homem moderno cuida de seu corpo e negligencia completamente a sua alma. Ele fala o dia inteiro sobre o crescimento da economia, dinheiro, produção, bem-estar, condições de trabalho e férias de verão. Mas já não conhece a Deus.

Não se trata de fazer oposição ao conforto. Há homens imensamente ricos que não perderam sua dimensão espiritual – que, como Jó, mantêm a fé e põem a Deus no centro de suas vidas e atividades.

No entanto, existe uma obsessão moderna por dinheiro e luxo. Comprar algo parece sinônimo de felicidade. Essa armadilha se torna uma escravidão, com seu cortejo de ciúme e ódio. A publicidade incentiva perpetuamente essa busca ilusória, e polui profundamente as relações entre as pessoas. Como aceitar que esteja em toda parte, sobre a menor parede disponível das nossas cidades e do nosso campo? Sua supressão, ou pelo menos sua redução, é uma questão de saúde pública. Sei que algumas cidades brasileiras já tiveram a coragem de proibi-la no espaço público. É uma atitude profética e corajosa. Os cristãos devem se unir aos homens de boa vontade para expulsar de nossas cidades essa invasão de feiura e vulgaridade. Talvez reencontremos então o gosto pelas obras de arte que oferecem gratuitamente a todos o reconforto da beleza!

Quando essa obsessão pelo consumo e pelo conforto penetra no interior da Igreja, ela leva à traição das promessas feitas a Cristo. O Deus que seguimos é pobre e humilde. Os padres e bispos estão muito influenciados pela mentalidade mundana. Eles devem ter cuidado de não cair em buracos lamacentos. A melhor maneira de remediar essa situação é visitar regularmente os mosteiros. Esses enclaves são frequentemente a única maneira de reencontrar o caminho do Evangelho. A pobreza voluntária dos monges, seu silêncio, sua imersão em Deus, sua discrição são modelos que podem reestruturar nossas vidas e reorientá-las mais para Deus e sua Igreja.

O senhor conhece muitos padres que, atualmente, estão dispostos a partir e proclamar Cristo nas áreas mais longínquas, mesmo com o risco de suas vidas, como os missionários do passado? O conforto material leva a uma burocratização mundana e burguesa do clero.

Como o senhor julga as relações entre o Ocidente, a Rússia e a ortodoxia?

João Paulo II estava convencido de que os dois pulmões da Europa tinham que trabalhar juntos. Hoje, a Europa Ocidental emprega meios insanos para isolar a Rússia. Por que se preocupar em ridicularizar esse grande país? O Ocidente está mostrando uma arrogância incrível. A herança espiritual e cultural da Igreja Ortodoxa Russa é inigualável. O despertar da fé que se seguiu à queda do comunismo representa uma imensa esperança. Ele é o fruto do sangue dos mártires. O testemunho dado por Alexander Soljenítsin ao *Le Figaro* em 1985 é impressionante: "O mundo nunca havia experimentado uma irreligiosidade tão organizada, tão militarizada e dotada de uma malevolência tão tenaz quanto o sistema marxista. No sistema filosófico de Marx e Lênin, e no coração de sua psicologia, o ódio a Deus é a principal força motriz, mais fundamental do que todas as suas pretensões políticas e econômicas. O ateísmo militante não é meramente fortuito ou marginal à política comunista; não é um efeito secundário, mas o pivô central. A década de 1920 na URSS testemunhou um cortejo interminável de vítimas e de mártires pertencentes aos clero ortodoxo. Dois metropolitas foram mortos, um dos quais, Benjamin de Petrogrado, havia sido eleito pelo voto popular de sua diocese. O próprio patriarca Tikhon passou pelas mãos da Tcheka-GPU e morreu a seguir em circunstâncias suspeitas. Um número muito grande de arcebispos e bispos pereceu. Dezenas de milhares de padres, monges e freiras, obrigados pelos *tchekistas* a renunciar à Palavra de Deus, foram torturados, abatidos em porões, enviados ao campo, banidos para a tundra desolada do extremo Norte, ou jogados na rua em sua velhice sem comida ou abrigo. Todos esses mártires cristãos caminharam inabalavelmente para morte por causa da fé; casos de apostasia foram raros. Para dezenas de milhões de leigos, o acesso à Igreja foi bloqueado e eles foram proibidos de criar seus filhos na fé: os pais religiosos foram afastados violentamente de seus filhos e jogados na prisão, enquanto as crianças eram desviadas da fé por meio de ameaças e mentiras.

Na Rússia, a Igreja Ortodoxa retomou em grande parte o seu papel anterior a 1917 de fundamento moral da sociedade. Isso desperta a oposição política, mas também um profundo ódio por parte das elites do Ocidente pós-cristão, não só em relação à Rússia, mas também contra a Igreja Ortodoxa Russa e, por extensão, contra o cristianismo ortodoxo. O ataque, abertamente político, que visa opor a Ucrânia à Igreja Ortodoxa Russa sob a autoridade do patriarca Kirill de Moscou é uma provocação perigosa e estúpida. Pelo contrário, creio que os cristãos europeus deveriam se unir para valorizar a sua herança, que é, antes de tudo, a dos santos e mártires.

11
OS INIMIGOS IMPLACÁVEIS

Nicolas Diat: Por que o senhor denuncia incansavelmente o que chama de fraqueza psicológica, moral e espiritual dos ocidentais?

Cardeal Robert Sarah: O Ocidente se separou gradualmente da fonte da vida. Como esquecer o ensinamento do profeta Jeremias, que colocava essas palavras na boca de Deus: "Porque meu povo cometeu dois crimes: Eles me abandonaram, a fonte de água viva, para cavar para si cisternas, cisternas furadas, que não podem conter água" (Jr 2,13). A ruptura com Deus só pode ser fatal. Como se pode imaginar que as consequências espirituais, morais e psicológicas não são sérias? Apesar dos sintomas preocupantes, os ocidentais se recusam a se questionar. Tomemos o exemplo das artes, da arquitetura, da poesia, da pintura ou da música. Como não notar uma regressão terrível? O belo desaparece do horizonte. O feio é erigido em norma intransponível.

A negação da realidade do Ocidente é fruto de um terrível orgulho, de uma cegueira voluntária, de uma pulsão de morte. Falsos valores são apreciados e divulgados. O feio se tornou belo e o imoral é um progresso. O Ocidente está realmente consciente do abismo que está cavando sob seus pés? É difícil imaginar que uma civilização tão brilhante queira abandonar tanta riqueza sem entender nada sobre essa perda. Devemos denunciar esse movimento que leva a inventar riquezas que não são e a transformar o ouro em lama.

O Ocidente parece feliz em ver suas igrejas transformadas em estádios esportivos, suas capelas românicas caírem em ruínas, sua herança religiosa ameaçada de dessacralização total. A Rússia, pelo contrário, gasta somas importantes para restaurar os tesouros da ortodoxia. O Ocidente não imagina por um momento as consequências infinitas de sua vileza em relação à história artística cristã.

O senhor poderia falar sobre a colonização pós-moderna da África?

Em minha vida na África, pude apreciar os mais belos frutos da colonização ocidental. Os valores culturais, morais e religiosos que os franceses deram ao meu país são uma grande riqueza. Os colonos vieram com tradições ancestrais ricas e vivas, enobrecidas pelo cristianismo. Suas concepções de dignidade humana, direitos e valores eram emancipatórias. A França me deu um idioma extraordinário. Os missionários deste país me trouxeram o verdadeiro Deus. Não tenho medo de dizer que sou filho de uma colonização construtiva. Hoje, porém, os ocidentais levam para a África falsos valores criminais. Não posso aceitar essa propagação de veneno que ameaça destruir o homem africano tradicional. Por que o Ocidente quer aniquilar o que construiu? O verdadeiro inimigo do Ocidente é o próprio Ocidente, seu fechamento a Deus e aos valores espirituais, que é o resultado de um processo de autodestruição funesta.

Como o senhor avalia a globalização?

A Terra foi criada por Deus. Ele quis um mundo plural. Os homens não são parecidos. A natureza também é uma riqueza multiforme ordenada por Deus. Nosso Pai pensou que seus filhos poderiam ser enriquecidos por suas diferenças.

Hoje, a globalização é contrária ao projeto divino. Isso leva a uma uniformização da humanidade. A globalização visa a desenraizar as pessoas de sua religião, cultura, história, de seus costumes e de seus ancestrais. Elas se tornam apátridas, sem nação, sem terra. Elas estão em casa em qualquer lugar e em nenhum. No entanto, o ser humano é fértil da terra que o viu nascer e crescer, e extrai deste espaço geográfico particular recursos inestimáveis. A terra não pode ser um oceano sem fronteiras. Este planeta poderia se tornar um pesadelo.

Deus quis colocar sua criatura em um jardim, em um país, em um continente. As nações são grandes famílias. Deus quer pessoas enraizadas. Ele sabe como esses afetos são importantes à sua boa saúde. O ser humano não foi criado para ser um agente econômico ou um consumidor. A humanidade entra em um projeto divino que a Bíblia não cessa de descrever. Deus procura nos proteger, mas se os homens se desviam dos caminhos que ele traçou, eles serão perdidos.

Os países, como os do Grupo Visegrado, que se recusam a se perder nessa corrida louca, são estigmatizados e, por vezes, até mesmo insultados. A globalização se torna uma prescrição médica obrigatória. A pátria-mundo é um *continuum* líquido, um espaço sem identidade, uma terra sem história.

Como a África pode enfrentar esta globalização desenfreada?

Por muito tempo, o continente africano estava estruturado em reinos. Os Mandingos ocupavam territórios sem fronteiras traçadas e definidas; os únicos marcos eram as leis dos ancestrais. As verdadeiras relações estruturais desses reinos não eram de ordem econômica. A inspiração vinda dos costumes era o laço mais sólido entre os homens. Neste, a iniciação constituía um rito de passagem crítico para a perfeita pertença à família ancestral.

A colonização inventou as nações que hoje conhecemos. Os colonos nunca aboliram completamente as tradições, os valores e as festas ancestrais. Atualmente, a globalização está tentando insidiosamente separar os jovens dessas raízes. Custo a crer que esta tentativa terá sucesso: Como construir uma vida única sob a única crença idólatra das leis econômicas, financeiras e comerciais?

Qual é a sua posição sobre ao problema crucial da imigração?

Há uma grande ilusão que consiste em nos fazer crer que as fronteiras serão completamente abolidas. Certamente, os fluxos migratórios sempre existiram. A busca por uma vida melhor ou a fuga da pobreza e do conflito armado não são coisas novas. Os movimentos atuais são diferenciados por sua importância. Homens assumem riscos incríveis. O preço a pagar é pesado. O Ocidente é apresentado aos africanos como o paraíso terrestre. A fome, a violência e a guerra podem forçar essas pessoas a arriscar sua vida para chegar à Europa. Mas como se pode aceitar que os países sejam privados de tantos de seus filhos? Como essas nações se desenvolverão se tantos trabalhadores preferem o exílio? Quais são essas estranhas organizações humanitárias que cruzam a África para forçar os jovens a fugir, prometendo-lhes melhores vidas na Europa? Por que a morte, a escravidão e a exploração são tantas vezes o verdadeiro resultado das viagens de meus irmãos africanos em busca de um eldorado onírico? Estou revoltado com essas histórias. Os setores mafiosos dos contrabandistas devem ser erradicados com a maior firmeza. Curiosamente, eles continuam totalmente impunes.

Desse ponto de vista, a situação na Líbia é catastrófica. Esse país foi cinicamente destruído para se saquear seu petróleo. Por que os governos ocidentais têm tão poucos planos para apresentar para sua reconstrução? Por todos os lados, não tenho certeza de que o respeito e a proteção da vida humana sejam respeitados.

Há pouco, o general Gomart, ex-líder da inteligência militar francesa, que deixou o exército em maio de 2017, explicou: "Esta invasão da Europa pelos imigrantes é programada, controlada e aceita [...] Nada do movimento migratório no Mediterrâneo é ignorado pelas autoridades francesas, militares e civis." O general estava encarregado de coletar todas as informações que pudessem ajudar a França a tomar suas decisões. Ele analisou como o movimento migratório no Oriente Médio e no Mediterrâneo foi capturado pelos serviços de inteligência franceses. Eles sabem em que lugares apartados os contrabandistas trocam suas cargas humanas e onde ficam alojados. Os serviços de inteligência franceses os veem preparar as partidas para a Europa, desde as praias de Tripolitânia e Cirenaica, impondo aos migrantes uma trajetória inflexível.

Antes de qualquer embarque por mar, os contrabandistas chamam o Centro de Coordenação Italiano de resgate marítimo, e é assim que os barcos europeus recolhem diretamente no mar os fluxos migratórios a fim de conduzi-los a portos seguros para que não se percam na costa africana... A invasão não é imprevisível. Então não há mistério, tudo é conhecido. Sabe-se onde os contrabandistas abastecerão os barcos. A Turquia é conhecida por emitir passaportes falsos, e as autoridades de imigração preferem fechar os olhos. A inteligência francesa está ciente dos menores detalhes do movimento migratório na África.

Tudo deve ser feito para que os homens possam permanecer no país em que nasceram. Todos os dias, centenas de africanos morrem nas águas do Mediterrâneo. Continuo perplexo com história de dois jovens guineenses que tentaram fugir clandestinamente de Conakry. Escondidos no compartimento de carga do avião, morreram de frio na viagem. Amigos próximos me contaram sobre jovens africanos que morreram nas câmaras frigoríficas dos barcos que transportam bananas. A barbárie não pode durar mais.

Na Europa, os imigrantes são privados de sua dignidade. Seres humanos são confinados em campos e condenados à espera sem terem nada o que fazer de seus dias. Na França, as matas de Calais eram uma vergonha. Como querem que uma pessoa sem emprego possa alcançar uma verdadeira realização? O desenraizamento cultural e religioso dos africanos, projetado nos países ocidentais que atravessam eles mesmos uma crise sem precedentes, é um terreno mortal.

A única solução duradoura é o desenvolvimento econômico da África. Os chefes de Estado do meu continente têm uma grande responsabilidade. A Europa não deve se tornar o túmulo da África.

Não tenho certeza de que o Pacto de Marrakech, que visa a reforçar a cooperação entre os países acerca da questão imigratória, assinado por vários países, incluindo a França, em 2018, seja realmente portador de progresso. Este texto nos promete imigrações seguras, ordeiras e regulares. Temo que ele produza exatamente o oposto. Por que as populações das nações que assinaram o texto não foram consultadas? Os governos desses Estados, como a França, acham que as pessoas não são capazes de julgar corretamente sobre questões tão importantes para o futuro do mundo? As elites mundialistas temem a resposta da democracia aos fluxos migratórios? Países tão diversos como Itália, Austrália, Croácia, Estônia, Áustria, Hungria, Eslováquia, Polônia, Suíça, República Tcheca ou Estados Unidos recusaram-se a assinar esse pacto. Pelo contrário, surpreende-me que a Santa Sé não interveio para fazer nuances e complementos a esse texto, que me parece seriamente inadequado.

O que os governos devem fazer pelos migrantes já presentes em solo europeu?

Se os governos já acolheram esses homens e mulheres, isso significa que eles têm um projeto específico para lhes dar todas as garantias de uma vida digna, com teto, emprego, vida familiar e religiosa estáveis. O contrário seria irresponsável e perturbador. Infelizmente, constato que todas essas condições estão longe de serem implementadas. Sem projeto de integração específico, é criminoso oferecer hospitalidade aos migrantes.

O totalitarismo islamista preocupa o senhor?

Os ataques perpetrados pelos radicais islamistas se tornaram cotidianos. No Oriente Médio, na África e na Europa, a violência não tem trégua. A lista de cidades afetadas é sempre maior: Paris, Nice, Bruxelas, Colônia, Berlim, Estocolmo, Londres, Uagadugu, o Grand-Bassam, Nairobi. Sinto-me atingido, em particular, pelos terríveis crimes cometidos contra os coptas egípcios.

Às vezes me pergunto se os governos ocidentais implementam políticas adequadas para lutar contra o terrorismo. Como o Estado Islâmico pôde se originar e aumentar com tal impunidade? Não quero criticar o trabalho que está sendo feito. Mas é muito insuficiente. As causas religiosas não são abordadas. Muitos terroristas islâmicos estão na Europa há várias gerações. Eles são filhos da sociedade de consumo. Desesperados pelo niilismo europeu, eles se jogam nos braços do islamismo radical. Creio que as causas do terrorismo são em grande parte religiosas. Só se poderá combater esse fenômeno oferecendo aos jovens oriundos da imigração uma verdadeira perspectiva espiritual. Eles rejeitam a sociedade ateísta e se recusam a integrar-se ao mundo secularizado. Quem terá a coragem de oferecer uma Europa orgulhosa de sua herança cristã? Quem terá a coragem de convidá-los a abraçar uma identidade cujo fundamento é a moral e os valores cristãos? A evangelização de jovens europeus de origem muçulmana deveria ser uma prioridade pastoral. Tenho certeza de que esperam um testemunho claro e firme da nossa parte. Mas, em nome de um diálogo inter-religioso mal compreendido, somos pusilânimes e tímidos no anúncio de Cristo.

O islamismo integrista e fanatizado, que pretende atacar e ferir cristãos e muçulmanos, deve ser combatido com vigor. Em meu país, tive a chance de conhecer um islamismo espiritual, inspirado pelo sufismo. Os muçulmanos estimulam os cristãos em suas próprias práticas.

A deterioração da moral cristã é forte no Ocidente. Ela choca sinceramente muitos muçulmanos. Os imigrantes que vão para o Ocidente são na sua maioria jovens muçulmanos. Como imaginar que não ficarão chocados ao chegar aos países europeus onde reina um paganismo insensato?

Observa-se também uma verdadeira pusilamidade dos governos em acolher refugiados cristãos perseguidos. Isso foi particularmente notável durante a administração do presidente Obama. No Canadá, o governo de Trudeau é emblemático dessa prática estranha.

O Ocidente sofre de uma perda de referências fundamentais; a renúncia de suas raízes cristãs é um dos seus aspectos. Nesse contexto, sua filantropia utópica expõe-no aos ataques do islamismo radical. Se a Europa recuperar sua identidade, poderá erguer a cabeça e combater o terrorismo. A identidade é o crisol do verdadeiro respeito mútuo. Numa sociedade dita aberta, sem uma identidade própria, as pessoas que possuem um sistema de valores são necessariamente as vencedoras.

Qual é o seu ponto de vista sobre as intervenções militares dos países ocidentais no mundo?

Os governos ocidentais têm a pretensão de impor seu tipo de regime político ao mundo inteiro. Por que a democracia americana deveria ser exportada para todos os quatro cantos do mundo? É absurdo impor as mesmas regras a todos os países. A democracia perfeita não existe. Será preciso lembrar os diversos problemas suscitados pela legislação sobre a pena de morte nos Estados Unidos? Respeito a política familiar da Rússia mais do que a da Grã-Bretanha, do Canadá ou da França.

A administração Obama pretendia levar a liberdade aos sírios. Hoje, o país parece um campo de ruínas. É óbvio que o regime do presidente Assad não é o melhor que existe. Os abusos do regime baathista são intoleráveis. A proteção desfrutada pela minoria cristã não deve nos fazer esquecer os piores crimes massivos ali cometidos. Sem a intervenção da Rússia, um regime islâmico acabaria por prevalecer. Os cristãos nesse país devem sua sobrevivência a Moscou. A Rússia desempenhou seu papel de protetora das minorias cristãs que em sua maior parte são ortodoxas. O governo russo queria defender uma religião, mas também uma cultura.

No Iraque, a coalizão ocidental derrubou Saddam Hussein e o caos se instalou. João Paulo II fez todo o possível para evitar a intervenção militar contra Saddam Hussein. Sabemos hoje que a presença de armas químicas, pretexto para a invasão, era uma mentira descarada. Quais foram os interesses financeiros ocultos nessa iniciativa? O intervencionismo ocidental em nome da democracia pode levar a um desvio da liberdade.

Na Líbia, a queda do regime implantado pelo Guia da Revolução resultou nos fluxos imigratórios que conhecemos e na destruição de todas as estruturas políticas do país. Por que Nicolas Sarkozy decidiu de repente suprimir um plano sem considerar o que viria depois? A França tem uma pesada responsabilidade na tragédia da Líbia. Que falta de senso moral! Fala-se de "respeito pelos direitos humanos" no caso da Síria? Fala-se de um progresso da civilização? Quando se pensa na maneira como Saddam Hussein e Muammar Kadhafi foram torturados e mortos... É justo dizer que estes dois tinham as mãos sujas de muito sangue. No entanto, o Ocidente precisava espetacularizar a atrocidade de suas agonia e morte?

Os maiores bandidos têm direito a uma morte digna. Deus é o único juiz. A tragédia do Ocidente é sempre a mesma. Deus desapareceu. Os Estados tomaram o lugar de Deus.

O Ocidente deve fazer um exame de consciência. Quantos países viram seus direitos mais básicos desrespeitados pelas potências ocidentais? Como se pode dizer que os povos são menos dignos ou menos civilizados que outros? Nenhum Estado tem legitimidade para impor sua visão política, econômica ou cultural. O Ocidente trouxe grandes ideais para o mundo, mas é condenável sua propensão para impor seu sistema político. Por que não quer receber outros povos? Essa perda de rumo do Ocidente é fatal. É necessário questionar toda a infraestrutura de suas opções geopolíticas.

12
AS SEDUÇÕES ENGANOSAS DA VIDA PRETENSAMENTE EMANCIPADA

Nicolas Diat: A vida moderna, cada vez mais, parece uma festa permanente...

Cardeal Robert Sarah: Os homens parecem obcecados pela monotonia e a tristeza. Para conjurar o medo, eles se perdem e se agitam sem parar. Mas suas alegrias são artificiais, uma vez que provêm do triste reino do mero prazer e da facilidade.

Nas sociedades ocidentais, ditas evoluídas, as misérias morais e espirituais são imensas. A festa se torna a única maneira de esquecer o nada em que os indivíduos caíram.

Quanto mais o homem se destrói, mais sente a necessidade de encontrar coadjuvantes para sua crise interior: no final dessa busca desesperada, as filosofias asiáticas aparecem como receitas milagrosas.

A vida é um grande jogo, o exotismo é uma promessa. Até os enterros já não devem ser tristes. É preciso cantar e rir até os últimos momentos. Como as pessoas podem aplaudir os mortos que entram ou saem de uma igreja? Como alguém pode comprometer, desperdiçar, um momento de tão densas emoções e sacralidade? Nossa leviandade e superficialidade diante do mistério é estúpida. Diante da morte, devemos guardar silêncio, nos recolher, rezar e nos voltar para Deus para tentar entrar no grande mistério divino em que se acha o falecido de agora em diante. A morte não é fácil. Seu livro, *Um tempo para morrer. Últimos dias da vida dos monges*, mostra bem. As pessoas querem expulsar a morte, banir o luto; já não suportam a tristeza e as lágrimas.

O sofrimento interior, assim como o físico, já não tem direitos. Elas acham que é preciso ocultar os deficientes, esquecer os doentes, isolar os idosos. A velhice não é divertida. E por isso, deve ficar escondida atrás das paredes sinistras dos asilos.

A indiferença, enfim, é a regra tácita sobre as coisas que dizem respeito a Deus e à religião.

As festividades religiosas são transformadas em jornadas comerciais deploráveis em que a generosidade é adulterada. Essa vida falsamente luminosa é o ápice de uma civilização decadente. A busca por prazer, sucesso e realização conduz, cada vez mais, para longe de Deus. A vida se tornou um festa sem Deus.

Em seus *Pensamentos*, Pascal escreveu: "Toda a infelicidade humana provém de uma única coisa: não saber ficar em quietude em um quarto". O filósofo mostra que o homem, com seu orgulho e concupiscência, não pode encontrar a paz interior e a verdadeira felicidade em Deus. Segundo ele, é o rompimento da relação do ser humano com seu Criador que produz a constante insatisfação por conta da vida que ele leva e o desejo de esquecer, por meio do "divertimento", que ele é mortal. Ele conclui assim: "os homens, tendo sido incapazes de se livrar da morte, da miséria e da ignorância, decidiram, para serem felizes, já não pensar nisso".

AS SEDUÇÕES ENGANOSAS DA VIDA PRETENSAMENTE EMANCIPADA

Para não ouvir a música de Deus, escolhemos usar todos os artifícios deste mundo. Mas os instrumentos do céu não vão parar de tocar porque há surdos.

Em nosso segundo livro, A força do silêncio, fizemos uma longa reflexão à luta atual do barulho contra o silêncio...

Temos de ajudar o mundo de hoje, fazendo-o entender que o ruído se tornou uma poderosa ditadura que não para de rebaixá-lo. Longe do barulho, o homem pode encontrar Deus. Se as luzes se apagarem, os sons se interromperem, ele será capaz de ouvir a voz de Deus em seu coração.

A civilização do espetáculo procura, por todos os meios, sufocar o silêncio. Ela promove a dispersão de sentimentos, a superficialidade e o hedonismo. O barulho é o irmão gêmeo da mentira. O silêncio é a sede da verdade, a morada de Deus.

Como fazer com que os nossos contemporâneos entendam que a vida não é uma festa e que o silêncio é que liberta? Devemos ajudá-los a entender que o silêncio é o melhor ingrediente dos verdadeiros encontros. O silêncio interior é sempre difícil de conquistar. Nesta busca, os mosteiros servem de oásis.

O senhor diria que se trava uma luta implacável entre a busca do prazer e a interioridade?

As pessoas negligenciam tanto a sua interioridade que já não sabem o que isso significa. Estão imersas na lama das paixões, preocupadas em se divertir e gozar de todos os prazeres do mundo. É-lhes indiferente viver em um mundo dominado pelo mal, pela violência, pela corrupção, pelo relaxamento de costumes, pela perversão, pela irreligião e até mesmo pelo desprezo por Deus.

O exagero é a norma. Sempre houve períodos na história em que o sórdido, o brutal, o obsceno, o imundo e o frenesi estavam por cima.

Nosso tempo é ainda mais preocupante a esse respeito uma vez que Deus está socialmente morto. Esta grande ausência é a pior das ameaças à humanidade. Há o risco de o homem cristão ser sucedido pelo homem amoral.

A Igreja deve necessariamente desempenhar o seu papel. O trabalho é ainda mais complexo à medida que o consenso moral emergente da civilização judaico-cristã que marcou o mundo por vários séculos desapareceu. O relativismo filosófico denunciado por Bento XVI arrastou tudo para longe com suas águas mortais. Na abertura do conclave de 2005, ele declarou corajosamente: "Vai-se constituindo uma ditadura do relativismo que nada reconhece como definitivo e que deixa como última medida apenas o próprio eu e as suas vontades". Em seu livro *Luz do mundo [Lumière du monde]*, publicado em 2010, ele continuava esta reflexão: "É notório que o conceito de verdade é agora objeto de suspeita. Houve muito abuso, é verdade. Em nome da verdade, a intolerância e a crueldade foram justificadas. Quando alguém diz: é a verdade, ou: eu tenho a verdade, isso nos assusta. Nunca possuíamos a verdade; na melhor das hipóteses, é ela que nos possui. Ninguém constetará que é preciso ser prudente e cauteloso nesse assunto. Mas suprimi-la simplesmente, dizendo ser inacessível, representa uma destruição total. Grande parte dos filósofos atuais persiste em dizer que o homem não é capaz de [conhecer a] verdade. Mas pensando assim, também não seria capaz de *ethos*. Não teríamos norma alguma."

Longe da verdade, o homem se dispersa em prazeres vãos. A confusão fomenta os divertimentos mais imorais.

A morte da interioridade é quase considerada um bem. O prazer e o erro caminham e debocham com arrogância na mesma estrada. Assistimos a revanche do instinto. O domínio de si, certa higiene da mente e do coração passam por uma verdadeira continência.

Infelizmente, o individuo-rei é o único juiz de sua conduta. Está entregue unicamente a seu discernimento. Como alguém sem formação e cultura adequadas pode julgar a si mesmo?

Para encontrar uma vida interior digna deste nome, é preciso primeiro cultivar o silêncio. O silêncio é difícil, mas nos torna capazes de ser guiados por Deus. Do silêncio nasce o silêncio. Por Deus, o silencioso, podemos aceder ao silêncio. O ser humano sempre se surpreende com a luz que surge então. O silêncio é mais importante que qualquer outro trabalho humano. Porque ele expressa Deus. A verdadeira revolução vem do silêncio; ela nos conduz a Deus e aos outros para servi-los com humildade e generosidade.

O silêncio e a reflexão, iluminados pelas realidades divinas, fazem renascer a vida interior. Hoje, é preciso dar às pessoas o meio de encontrar o caminho do seu coração para escapar da temporada de inverno dos baixos instintos.

Poderíamos falar de um panteão de ídolos da modernidade?

O ídolo do dinheiro domina os outros. Um provérbio diz: "Quando o dinheiro fala, até o diabo escuta!". O dinheiro dirige o mundo. O culto ao bezerro de ouro é uma obsessão do mundo de hoje.

A liberdade é outro ídolo. Os ocidentais já não suportam nenhuma restrição e reivindicam uma independência absoluta em relação a todas as normas morais. Deus não pode entrar em contradição com nenhum desses direitos. Agora, a vida está inteiramente constituída de direitos. Mas os ídolos são sempre enganadores.

A democracia é a terceira deusa. Infelizmente, ela é sanguinária. Nações, povos, culturas, particularmente no Oriente Médio e na África, são massacrados em nome da democracia. Seus sumos sacerdotes, os ocidentais, derramam rios de sangue no mundo inteiro para impor seu culto.

A meu ver, de início os homens são dirigidos pelo poder do dinheiro. Em seu livro *Os direitos do homem desnaturado* [*Les Droits de l'homme dénaturé*], o advogado Gregor Puppinck escreve: "Direitos humanos? Depois da Segunda Guerra Mundial, eles surgem como uma promessa universal de paz e justiça. Hoje, tornaram-se um campo de batalha ideológico, o terreno no qual se confrontam civilizações em luta. Pois os direitos humanos são, antes de tudo, um reflexo da nossa concepção de ser humano. No entanto, isso mudou muito desde a elaboração da Declaração Universal, em 1948. Embora essa declaração do pós-guerra se inspirasse ainda nos *direitos naturais*, a afirmação do individualismo gerou novos *direitos antinaturais*, como o direito à eutanásia ou ao aborto, ou à homossexualidade, e isso tudo, por sua vez, levou ao surgimento dos direitos transnaturais ou transumanos que hoje garantem o poder de transformar e de redefinir a natureza, como o direito à eugenia, o direito à criança ou a mudança de sexo. Operando no cerne dessa transformação, nota-se uma evolução que testemunha uma profunda mudança da concepção da dignidade humana que tende a ser reduzida à vontade individual, ao desprezo do corpo, ou ao espírito, por oposição ao corpo, e que considera toda negação da natureza e de condicionamentos como libertação e progresso. Além disso, os direitos humanos acompanham discretamente o transumanismo, trabalhando para superar a democracia representativa".

O homem moderno está inconsciente e não mede todas as consequências de suas ações; vive artificialmente para mascarar seus crimes e prefere a ilusão à realidade. Os falsos ídolos levaram o Ocidente a entrar em colapso. Em seu *Sermão sobre a honra*, Bossuet dizia com veemência: "É por isso que quase já não se trata de evitar os vícios entre os homens, trata-se apenas de encontrar nomes bonitos e pretextos honestos [...] O nome e a dignidade de um bom homem se apoiam mais em seus talentos e habilidade que na probidade e virtude; e nós somos o suficiente virtuosos e regrados para o mundo quando temos a capacidade de nos poupar e de encontrar meios de nos encobrir".

AS SEDUÇÕES ENGANOSAS DA VIDA PRETENSAMENTE EMANCIPADA

Somente a coragem da resistência conseguirá superar todas as seduções enganosas de uma vida supostamente emancipada! O amor a Deus e ao próximo, a paciente e obstinada busca do bem são mais do que nunca as dissidências de que o mundo precisa.

13
O DECLÍNIO DA CORAGEM E AS UTOPIAS MORTAIS DO "MELHOR DOS MUNDOS"

Nicolas Diat: Como definir a civilização moderna do bem-estar?

Cardeal Robert Sarah: O culto exagerado do bem-estar que marca tristemente nossa era está gradualmente embotando a vontade e a coragem. A coragem se define pela força do caráter e pela determinação firme dos homens em situações difíceis. Ela é a inimiga do medo. Mas em nosso tempo se vive constantemente com medo, com ansiedade, com as mais insensatas obsessões e a irracionalidade angustiante.

A coragem não pode ser alcançada sem uma verdadeira força interior. A luta só pode existir se for sustentada por valores morais e espirituais. Os homens corajosos se destacam por serem determinados a superar os obstáculos. Muitas vezes, descobrimos que nossa coragem vem do nosso relacionamento com Deus. O céu faz os heróis. Infelizmente, continuamos concentrando nosso interesse exclusivamente no bem-estar e no desfrute dos bens materiais. A maior parte da vida do homem ocidental é direcionada para essa busca pelos prazeres de uma vida sem sofrimento nem obstáculos. Devemos trabalhar para reverter essa obsessão de aquisição e consumo. Devemos substituir a primazia da matéria pela do espírito.

Por que multidões de jovens, durante as Jornadas Mundiais da Juventude, juntaram-se tão entusiasmadas e tão felizes em torno de João Paulo II, Bento XVI, e hoje em torno do papa Francisco, fazendo longas e caras viagens apenas para vê-los e ouvi-los? Por que os jovens são atraídos por esses homens de Deus que dizem palavras de fogo? Porque, assim como todo atleta precisa de um treinador, os jovens também precisam de modelos, heróis que os treinem para se envolver em compromissos e tarefas nobres. Os jovens querem palavras fortes e provocadoras, palavras que desafiem sua energia. Eles aspiram ao heroísmo e à nobreza no comportamento e a uma vida intensamente espiritual. Os jovens estão cheios de energia física, cheios de enormes reservas espirituais que estão como que muradas, trancadas na barragem de seus corações. Eis o que disse um deles nas colunas do *Le Figaro littéraire*, no rescaldo dos acontecimentos que abalaram não só a França, mas o mundo inteiro, em 13 de novembro de 2015: "Nossa civilização sofre de um mal terrível, talvez mortal, um mal que se chama vazio espiritual. Temos pão, máquinas, liberdade externa, mas não somos apenas moldados pela matéria. O que há de melhor em nós está com fome. É, em minha opinião, por causa do colapso dos valores espirituais essenciais – religião, arte, amor – que os jovens foram às ruas. Eles estavam lutando contra a falta de alma. Inconscientemente, mas com profundidade e vigor, a juventude do mundo inteiro se mobilizou para salvaguardar o espírito".

Não ignoro que os não crentes fazem acusações fundamentadas à Igreja. O escritor e dramaturgo Eugène Ionesco, em entrevista feita por Yves Gibon, publicada na coletânea *A Igreja sob seus olhares* [*L´Église sous leur regard*], nos diz que "Para não perder seus fiéis, a Igreja faz com que as pessoas já não saibam o que é o sobrenatural e o sagrado. O sentimento religioso está em cada um de nós. Ele não pode se desenvolver enquanto a Igreja se deixar corromper por tantas condescendências. Ela precisa estar acima do século. Só assim os homens se esforçarão para chegar até ela."

Não podemos deixar de ter a humildade e a coragem de aceitar essas palavras; elas recordam a verdadeira missão da Igreja. Missão que não é nem política nem social, e não pode ser comparada à de uma ONG. Ela consiste essencialmente em levar os seres humanos a Deus e fazer com que o coração humano se torne um templo sagrado, o templo e a morada de Deus.

Sei que algumas pessoas acreditam que a vida espiritual só é possível como uma forma de realização material. Este erro é sério. Grandes épocas de riqueza espiritual são frequentemente fruto da pobreza. Até hoje, há grandes lares espirituais em países pobres. Estou pensando, em particular, na Índia de Madre Teresa.

A expansão do cristianismo se deu através das populações mais desfavorecidas. Elas foram as primeiras a entender o vigor revolucionário do Evangelho – seja na Palestina, em Corinto, Roma ou em qualquer outro lugar. No Deuteronômio, um hino evoca as censuras feitas a Israel. É um eco de diferentes períodos em que o povo escolhido abandonou Deus, preferindo dinheiro e riqueza material: "Israel engordou e deu coices: 'Ficaste gordo, robusto, corpulento!' E ele abandonou o Deus que o fizera, desprezou sua rocha salvadora" (Dt 32,15). A atitude dos grandes homens espirituais em relação ao conforto nunca variou. As palavras do Eclesiastes sempre foram uma fonte de inspiração: "Alguém sozinho, sem companheiro, sem filho ou irmão; todo o seu trabalho não tem fim, e seus olhos não se saciam de riquezas: Para quem trabalho e me privo da felicidade?" (Ecl 4, 8). Não é a ânsia com que as pessoas se atormentam para obter riqueza, essa "busca do vento", para usar a metáfora do Eclesiastes, a busca vã de uma satisfação que sempre nos escapa?

Esta é a constatação de Salomão: ele tinha feito grandes coisas, tinha casas, árvores, rebanhos, servos, servas, tesouros. No entanto, ele constata: "eis que tudo era vaidade e correr atrás do vento, e nada havia de proveitoso debaixo do sol" (Ecl 2, 11).

Qohélet olha em volta dele e o que ele vê? Está sozinho, sem ninguém para ajudá-lo; também não tem filho nem irmão; o seu trabalho nunca tem fim. Ele não diz para si mesmo: "Para quem, então, eu me atormento e privo minha alma de felicidade?" Toda a riqueza que esse homem adquirisse não poderia satisfazê-lo.

Outro, que ama o dinheiro, não é saciado por ele. Os bens aumentam e aqueles que os consomem também aumentam; que lucro tem o mestre? A preocupação que os ricos têm pelas suas posses "não os deixa dormir".

Ezequias tinha ostentado seus bens perante os enviados do rei da Babilônia. O Profeta disse a ele: "Ouve a palavra do Senhor dos Exércitos: Dias virão em que tudo o que há no teu palácio, o que os teus pais entesouraram até este dia, será levado para a Babilônia: nada será deixado, disse o Senhor" (Is 39, 5-6).

Em vista de todo esse vazio, parece-me importante recordar a advertência do salmista: "Se as vossas riquezas aumentarem, não ponhais nelas o coração" (Sl 62, 10).

Não é do interesse dos poderes do dinheiro o crescimento de um verdadeiro humanismo. Eles colocaram o ser humano em um grande sono pegajoso. A civilização do bem-estar mutila. Afasta da eternidade. O homem deve se armar de coragem em benefício do homem interior. A luta contra a ditadura da matéria não é fácil. Nossos contemporâneos estão presos numa espécie de cola. Mas os jovens, saturados por essa orgia de bens materiais e repugnados pelo vazio que abrem no homem, despertarão este mundo cada vez menos humano para nos erguer pela força de sua energia para nossas origens, para Deus e para os valores espirituais.

É preciso fazer a aposta de Pascal. Temos de escolher a transcendência, aceitando o invisível.

Em sua opinião, qual seria a principal utopia do nosso tempo?

A utopia consumista é a mais perigosa e a mais forte. O ser humano é feito para Deus ou para passar a vida consumindo? No sistema capitalista, pode-se até perguntar se a pessoa que não tem "valor de mercado" ainda tem seu lugar em um mundo dominado exclusivamente por fluxos financeiros.

Nessas sociedades, a aquisição de conforto material e a produção em massa de bens de consumo são o ápice da vida terrena.

A frase de Santo Inácio de Loyola em seus *Exercícios espirituais* parece ter se tornado a triste relíquia de um mundo passado: "Como a terra me parece vil quando olho para o céu!"

Sem dúvida, o progresso material existe e pode trazer benefícios reais, felicidade humana e terrena reais. Mas, no mundo pós-moderno, o uso desses avanços é pervertido.

O verdadeiro consumo deve nos ajudar a alcançar uma maior qualidade interior, moral e espiritual. Devemos procurar ser mais humanos, aproximando-nos constantemente de Deus. Se as coisas da terra vierem interromper esse trajeto, podemos estar certos de que é o caminho errado.

Cristo sempre quis lembrar aos homens que buscavam o Reino de Deus que Ele já está em seus próprios corações. A vida de fé, a diligência na oração, a alma voltada para Deus e a caridade são práticas essenciais para que se evite afundar no materialismo asfixiante. Os lucros que podemos obter dos bens materiais dependem da riqueza de nossa vida moral.

A qualidade interior de uma pessoa proporciona crescimento genuíno. Devemos nos desprender do tumulto dos objetos externos a fim de mergulharmos nas dobras de nossa alma, buscando nelas a clareza da iluminação divina e o silêncio, tão difícil de preservar. Há sempre uma luta, dentro de nós, entre o homem exterior, que se afasta de Deus e vive em pecado, tornando-se presa de seus desejos carnais e mundanos, e o homem interior, que se abre à graça e se santifica, seguindo a lei do Espírito e a vontade de Deus.

São Paulo evoca essa realidade quando escreve aos Coríntios: "Por isto não nos deixamos abater. Pelo contrário, embora em nós o homem exterior vá caminhando para a sua ruína, o homem interior se renova dia a dia. Pois nossas tribulações momentâneas são leves em relação ao peso eterno de glória que elas nos preparam até o excesso. Não olhamos para as coisas que se veem, mas para as que não se veem; pois o que se vê é transitório, mas o que não se vê é eterno." (2 Cor 4, 16-18).

O verdadeiro valor material é uma função da riqueza moral e espiritual. A maior crise não é econômica. Ela é fundamentalmente espiritual. A filosofia utilitarista tem um poder insuspeito de corrupção. O produtivismo sem limites leva inevitavelmente a desastres humanos, culturais e ecológicos. O consumismo é uma utopia que corrompe e rebaixa o ser humano à dimensão puramente terrestre. Essa religião do imediatismo só leva em conta o interesse prático do lucro. A pessoa já não importa. É embaraçoso. Por que, em alguns casos, não substituí-lo por um robô? É urgente, creio, que voltemos a ter a experiência da gratuidade. Os atos mais profundamente humanos são marcados pela gratuidade. Ela é a condição para a amizade, a beleza, o estudo, a contemplação e a oração. Um mundo sem gratuidade é um mundo desumano. Conclamo os cristãos a abrirem oásis de gratuidade no deserto da rentabilidade triunfante. Devemos nos perguntar: Será que a gratuidade marca cada um dos nossos dias? Ela não é um complemento opcional da alma, mas a condição para a sobrevivência de nossa humanidade.

O culto do consumismo que o senhor denuncia incessantemente seria o bezerro de ouro da era pós-moderna?

No Antigo Testamento, apesar da solicitude de Deus no momento da libertação dos escravos do Egito, da extraordinária travessia do Mar Vermelho em terra seca e do dom do maná, Israel abandona seu Deus para fabricar por conta própria um ídolo que pudesse ser transportado. Ele queria uma divindade que fosse suscetível de se submeter aos seus caprichos. Em vez de se deixar moldar, educar e conduzir pelo Senhor, o Deus dos exércitos de Israel, o povo moldou para si mesmo um ídolo, um bezerro de ouro, feito com os brincos das mulheres, derretido por Arão, e declarou diante desta estátua: "Este é o teu Deus, ó Israel, o que te fez subir da terra do Egito" (Ex 32, 4). O ser humano então mostra toda a sua incoerência, ingratidão e baixeza.

Hoje, voltamos à época do bezerro de ouro. O dinheiro está no centro das preocupações do mundo ocidental, mas também de muitos povos em todo o mundo. O ensinamento de Cristo é simples: "Ninguém pode servir a dois senhores: com efeito, ou odiará um e amará o outro, ou se apegará a um e desprezará o outro. Não podeis servir a Deus e ao Dinheiro" (Lc 16,13).

Supõe-se que o dinheiro deve nos libertar da escravidão e da pobreza. No entanto, sem estarmos dispostos a admitir isso, somos prisioneiros das correntes do materialismo. O bezerro de ouro é incapaz de nos levar à terra prometida. A partir daí, ele nos vende para outros deuses, vulgares e vãos: hedonismo, egoísmo e consumismo.

As águas furiosas de nossas paixões se apoderam da razão. O homem pós-moderno é arrastado para a lama mais imunda. Deus abomina esses movimentos diabólicos. Ele adoraria vir ao nosso auxílio, mas recusamos o seu amor. O bezerro de ouro destrói a humanidade. Extirpa-se do homem a parte mais bela de seu ser.

O senhor denunciou frequentemente a utopia de uma religião planetária. Poderia explicar o que quer dizer com isso?

O sonho da elite ocidental globalizada é precisamente o estabelecimento de uma nova religião mundial. Para esse pequeno grupo, as antigas religiões, e em particular a Igreja Católica, devem ser transformadas ou morrer. Elas devem abandonar sua doutrina e seu ensino moral. Isso conduziria a uma religião global, uma religião sem Deus, sem doutrina e ensinamento moral, uma religião do consenso. Na realidade, essa religião acabaria servindo apenas aos interesses financeiros.

A religião é um relacionamento pessoal entre uma pessoa e Deus. Como se poderia imaginar a vida desse amor incorporada ao magma informe de uma ideologia mundial? A busca pelo consenso religioso global é falaciosa e estúpida.

Estamos diante de uma iniciativa política, ideológica, ateísta, uma ditadura aberrante e inaceitável.

A seu ver, podemos entrever a utopia de um mundo sem fronteiras...

A União Europeia, lamentavelmente, é um bom exemplo dessa utopia. A eliminação das fronteiras ancestrais ignora a identidade das nações antigas. As raízes, a cultura milenar e a história de um país já não são levadas em consideração. Comércio e livre comércio são as únicas normas válidas. Não surpreende que as pessoas se revoltem, porque queremos apagar a identidade delas, sua história, sua linguagem e sua especificidade. O projeto de tentar aniquilar a história dos estados no altar dos interesses financeiros é uma utopia perigosa.

Compreendo a ideia da cooperação entre os povos. Compreendo que haja alguma abertura de fronteiras, que favoreça as trocas econômicas. Mas a ideologia liberal libertária é um contrassenso. A Europa está morrendo por causa desses delírios egoístas.

As elites da ONU sonham com um governo mundial administrando povos, culturas e tradições outrora tão diferentes. É um sonho que beira a insanidade e mostra o desprezo dos povos por suas riquezas. O que será da África, que sofreu tantas humilhações ao longo da história? Ainda teremos o direito de viver? Basta observar o trabalho das grandes fundações filantrópicas ocidentais em nossos países para notar como os africanos são vistos pelos bilionários que as financiam. Eles estão convencidos de que sabem mais do que nós, quais são as melhores políticas para o nosso continente. Na realidade, essa elite tem duas obsessões: a diminuição drástica da taxa de natalidade africana e o desenvolvimento econômico a serviço dos interesses das multinacionais ocidentais.

Essa utopia está determinada a ganhar o jogo. O mundo em que vivemos parece ter destruído suas fronteiras. Por que nunca houve tantas guerras? Na Síria, na Líbia, no Afeganistão, na República Centro-Africana, o caos é indescritível. Querem enfraquecer, destruir, dominar para saquear e liderar como senhores absolutos.

A globalização deve beneficiar algumas pessoas privilegiadas? Os exércitos ocidentais não lutam o tempo todo contra os pobres? O comércio de armas, que beneficia as grandes potências e leva à guerra no Iêmen, é uma vergonha. Conferências humanitárias são organizadas durante o dia; mas armas são vendidas à noite. Parece que as milhares de crianças iemenitas que estão morrendo de fome em terríveis condições de saúde não atraem a atenção dos políticos e diplomatas. Elas não são nada, se comparadas com o prodigioso comércio de armas.

Na África, o Ocidente fornece armas para pessoas que destroem umas às outras. Enquanto os pobres estão matando uns aos outros, grandes grupos internacionais estão explorando a riqueza natural dos países em guerra.

A ideologia globalista é baseada unicamente em interesses financeiros. Não há misericórdia para os pobres e os fracos. Mas os poderosos têm todos os direitos.

Muitos pensadores denunciam a utopia da transparência. O que o senhor pensa sobre isso?

Vivemos nas chamadas sociedades abertas, em que se espera que os novos meios de comunicação nos informem sobre os acontecimentos menos importantes. Na verdade, a desinformação nunca foi tão forte. O pai da mentira e príncipe deste mundo tomou posse dos corações daqueles que estão no poder.

Uma sociedade transparente dispõe de instrumentos de controle que representam um risco para sua população. As potências políticas e financeiras procuram aproveitar-se deles para influenciar as opiniões.

Nas redes sociais, em particular, os homens aceitam fornecer uma grande quantidade de informação sobre suas vidas privadas, o que contribui para que os instrumentos de controle que mencionei sejam fortalecidos.

Na era da inteligência artificial, o regime de transparência é uma falsificação da verdadeira liberdade. O mecanismo de controle sobre as consciências empregado pelas ditaduras tradicionais era relativamente simples de entender. A tirania dos regimes pós-modernos é mais sutil.

A verdadeira transparência se baseia na grandeza do relacionamento entre Deus e os homens. Em sua carta aos Filipenses, São Paulo nos mostra o caminho: "Finalmente, irmãos, ocupai-vos com tudo o que é verdadeiro, nobre, justo, puro, amável, honroso, virtuoso ou que de qualquer modo mereça louvor" (Fl 4, 8). Nobreza e virtude não podem ser escondidas.

Devemos permanecer vigilantes, saber analisar e demonstrar pensamento crítico e discernimento. Não devemos dar por segura a informação que nos é constantemente trazida em uma bandeja de prata. Muitas vezes há falsas verdades circulando. Não devemos repetir estas falsas verdades, porque acabamos por admiti-las.

Quem realmente ama a Deus quer ser discreto. A pessoa sem Deus é constantemente exposta à luz mundana. Ela está nu, lançada aos ventos dos rumores, prisioneira das tempestades de mentiras e calúnias.

Para os liberais, a utopia do igualitarismo é particularmente perigosa...

Desde o Iluminismo se reconhece que a justiça não pode ser alcançada se não houver igualdade entre os homens. No entanto, sabemos que esse estado é impossível. No século passado, a busca pela igualdade levou à tragédia do comunismo e do marxismo, que queria construir o paraíso na terra. Por outro lado, é preciso dar a devida atenção às políticas de combate às desigualdades sociais. A promessa de igualdade é muitas vezes uma bandeira levantada pelos poderes financeiros mais egoístas. Eles precisam manter essa ilusão para que as pessoas não se revoltem.

Poderíamos nos sentir indignados. Infelizmente, a desigualdade faz parte da existência humana. Todas as fases da vida são marcadas por esse selo. A morte não é exceção a essa regra severa. Como negar que um europeu e um africano não são iguais perante a doença e a morte? Aqueles morrem velhos, estes morrem jovens. Aqueles morrem de repente, sem sofrer, estes passam por uma longa agonia. Isso é justo? Nascemos com perspectivas de vida muito diferentes.

A utopia do igualitarismo deturpa o significado da existência humana. A sabedoria ordena que nos mantenhamos afastados de suas extravagâncias de natureza revolucionária e orgulhosa.

Devemos colocar nossas vidas nas mãos de Deus. Ele é nosso melhor guia, nosso baluarte. Ele nos criou e é o único que conhece o sentido de nossos destinos.

E o que dizer sobre a utopia da revolução digital e a tirania da formatação mental?

Hoje, devemos ter a coragem de resistir à primazia da tecnologia e dos técnicos. Temos que escolher entre o que nos eleva, o que nos leva para o verdadeiro, e o que nos puxa para baixo. Sabemos que os meios de comunicação podem moldar e distorcer o juízo moral. Na crise pela qual estamos passando, podem tanto salvar nossa civilização como corrompê-la mortalmente. Parece que, cada vez mais, eles permitem que nossos contemporâneos de alguma forma tenham uma concepção de mundo. Antes, era preciso trabalhar, pesquisar, fazer um esforço para descobrir a verdade. Hoje, basta acessar a internet para se servir de uma massa impressionante de dados. Já não se exige de nós a reflexão e o juízo crítico. O homem moderno perdeu a noção do longo prazo. As pessoas agem apenas como consumidoras. Há uma necessidade urgente de adquirir uma maturidade interior e uma maior consciência de nossa responsabilidade.

A proteção da natureza é essencial, o que não impede que alguns filósofos, como Alain Finkielkraut, ponham em dúvida a utopia ecológica.

Infelizmente, os africanos conhecem bem os problemas da destruição da natureza. Os recursos naturais, como os minerais, são muitas vezes saqueados descaradamente no altar dos interesses financeiros. Os países ricos não se preocupam com as consequências humanas e sociais que têm sobre as populações indefesas.

Em sua encíclica *Laudato si'*, o Papa Francisco abordou essas questões com radicalidade. Eis as linhas proféticas que abrem esse texto: "O desafio urgente de salvaguardar nosso lar comum inclui a preocupação de unir toda a família humana na busca pelo desenvolvimento sustentável e integral, porque sabemos que as coisas podem mudar. O Criador não nos abandona, ele nunca voltou atrás em seu plano de amor, ele não se arrepende de nos ter criado. A humanidade ainda tem a capacidade de trabalhar em conjunto para construir nosso lar comum. Gostaria de saudar, encorajar e agradecer a todos aqueles que, nos mais variados setores da atividade humana, trabalham para garantir a preservação da casa que compartilhamos. Aqueles que lutam vigorosamente para enfrentar as dramáticas consequências da degradação ambiental nas vidas dos mais pobres do mundo merecem uma gratidão especial. Os jovens estão pedindo uma mudança. Eles se perguntam como é possível reivindicar a construção de um futuro melhor sem pensar na crise ambiental e no sofrimento dos excluídos. Convoco, com urgência, um novo diálogo sobre a forma como estamos construindo o futuro do planeta. Precisamos de uma conversão que nos una a todos, porque o desafio ambiental que enfrentamos e suas raízes humanas nos dizem respeito e afetam a todos nós. O movimento ecológico global já percorreu um longo caminho, digno de reconhecimento, e contribuiu para a criação de várias associações cívicas que ajudaram a aumentar a conscientização. Infelizmente, muitos dos esforços para encontrar soluções concretas para a crise ambiental acabam muitas vezes fracassando, não apenas por causa da oposição dos poderosos, mas também por falta de interesse dos outros. As atitudes que obstruem o caminho das soluções, mesmo entre os crentes, vão desde a negação do problema até a indiferença, a resignação fácil ou a confiança cega nas soluções técnicas. Precisamos de uma nova solidariedade universal. Como afirmaram os bispos da África do Sul, 'os talentos e o envolvimento de todos são necessários para reparar os danos causados pelo abuso humano contra a criação de Deus'. Todos nós podemos colaborar como instrumentos de Deus para a salvaguarda da Criação, cada um de acordo com sua cultura, experiência, iniciativas e habilidades".

A NOITE SE APROXIMA E O DIA JÁ DECLINOU

Na encíclica *Caritas in veritate*, Bento XVI abriu o caminho: "O tema do desenvolvimento está hoje também fortemente ligado aos deveres que a relação do homem com o meio ambiente implica. Este foi dado a todos por Deus e seu uso representa para nós uma responsabilidade para com os pobres, as futuras gerações e toda a humanidade. Se a natureza e, em primeiro lugar, o ser humano são considerados fruto do acaso ou do determinismo da evolução, a consciência da responsabilidade é amortecida no espírito das pessoas. Na natureza, o crente reconhece o maravilhoso resultado da intervenção criativa de Deus, que o homem pode usar para satisfazer suas necessidades legítimas – materiais e imateriais – respeitando o equilíbrio da realidade criada. Se essa visão se perder, o homem acaba considerando a natureza como uma realidade intocável ou, pelo contrário, abusando dela. Essas duas atitudes não estão em conformidade com a visão cristã da natureza, fruto da criação de Deus. [...] A maneira como o homem lida com o ambiente influencia a maneira como ele trata a si próprio e vice-versa. É por isso que a sociedade de hoje deve reconsiderar seu estilo de vida, que, em muitas partes do mundo, é propenso ao hedonismo e ao consumismo, permanecendo indiferente aos danos que resultam dele. É necessária uma verdadeira mudança de mentalidade que nos leve a adotar novos estilos de vida 'nos quais os elementos que determinam as escolhas de consumo, economia e investimento são a busca do verdadeiro, do belo e do bem, assim como a comunhão com os outros homens em prol de um crescimento comum'. Todo ataque à solidariedade e à amizade cívica causa danos ao meio ambiente, assim como a deterioração do meio ambiente, por sua vez, causa insatisfação nas relações sociais. Em nosso tempo, em particular, a natureza está tão integrada às dinâmicas sociais e culturais que quase já não é um dado independente. A desertificação e o declínio da produtividade em algumas áreas agrícolas são também o resultado do empobrecimento e atraso das populações que vivem nelas. Ao estimular o desenvolvimento econômico e cultural dessas populações, protege-se também a natureza. Além disso, quantos recursos naturais são devastados pelas guerras! A paz dos povos e entre os povos permitiria também uma melhor proteção da natureza. A acumulação de recursos, especialmente da água, pode causar sérios conflitos entre as populações envolvidas. Um acordo pacífico sobre a utilização dos recursos pode preservar a natureza e, ao mesmo tempo, o bem-estar das sociedades envolvidas. A Igreja tem uma responsabilidade com a Criação e deve também fazê-la valer publicamente. Ao fazê-lo, deve preservar não só a terra, a água e o ar como dádivas da Criação pertencentes a todos, mas, sobretudo, proteger o ser humano de sua própria destruição. Uma espécie de ecologia do homem, devidamente entendida, é necessária. A degradação do meio ambiente está intimamente ligada à cultura que molda a comunidade humana: quando a 'ecologia humana' é respeitada na sociedade, a própria ecologia também se beneficia. Assim como as virtudes humanas estão relacionadas, de tal modo que o enfraquecimento de uma coloca em risco as outras, assim também o sistema ecológico se baseia no respeito a um projeto que concerne tanto à convivência saudável na sociedade quanto ao bom relacionamento com a natureza. Para preservar a natureza, não basta intervir com incentivos ou sanções econômicas, nem uma educação apropriada é suficiente. Estas são ferramentas importantes, mas o ponto decisivo é a conduta moral da sociedade como um todo. Se o direito à vida e à morte natural não é respeitado, se a concepção, a gestação e o nascimento do homem se tornam artificiais, se os embriões humanos são sacrificados para a pesquisa, a consciência comum acaba perdendo o conceito de ecologia humana e, com isso, o de ecologia ambiental. Exigir que as novas gerações respeitem o meio ambiente se torna uma contradição quando a educação e as leis não as ajudam a respeitar a si mesmas. O livro da natureza é único e indivisível, quer se trate do ambiente ou da vida, sexualidade, casamento, família, relações sociais, numa palavra, do desenvolvimento humano integral. Os deveres que temos em relação ao meio ambiente estão relacionados aos deveres que temos em relação à pessoa considerada em si e em seu relacionamento com os outros. Não podemos exigir os primeiros desprezando esses últimos. Esta é uma antinomia séria da mentalidade e da prática atuais, que degrada a pessoa, perturba o ambiente e prejudica a sociedade".

O verdadeiro respeito pela natureza nasce de uma atitude contemplativa. Não é algo que se decreta, mas requer uma conversão profunda do coração e um sentido de adoração amorosa ao Criador.

14
O ROSTO DAS DEMOCRACIAS PÓS-MODERNAS E O CAPITALISMO

Nicolas Diat: O senhor fala várias vezes do cinismo quando se refere ao governo da cidade. Como defini-lo?

Cardeal Robert Sarah: No grego antigo, esta palavra deriva de *kuôn*, *kunos*, que significa "cão". O cinismo foi teorizado por Antístenes, um fiel discípulo de Górgias. Em sua maturidade, ele se tornou próximo de Sócrates. Deste último, Antístenes reteve especialmente a firmeza do caráter, tornando-a uma espécie de finalidade última do ser humano. Isso leva a uma moralidade da autossuficiência individual e a um desprezo prático pelas instituições que Sócrates ainda havia respeitado, à custa de sua vida. O desprezo das convenções foi levado ao extremo por Diógenes de Sinope, cujo individualismo radical se refletiu na insolência que marcou todos os filósofos chamados cínicos, devido à sua atitude e a seus comentários mordazes e obscenos – daí a conexão com o cachorro. Eles não tinham consideração alguma pelo bem público. A decência, a polidez e a alteridade não faziam parte de seu pensamento.

A NOITE SE APROXIMA E O DIA JÁ DECLINOU

Hoje em dia, os princípios morais e a felicidade dos povos são espezinhados pelo cinismo de muitos governos e empresas financeiras. Os meios de comunicação desempenham efetivamente um papel auxiliar no acompanhamento desse movimento desastroso.

Guerras e crises econômicas são frequentemente o resultado de políticas descaradas cujas verdadeiras motivações são ocultadas.

Basto-me em citar um só exemplo. Quem distribui as armas usadas pelas crianças que são aliciadas como soldados? Os países pobres não têm meios para produzir esse equipamento militar. Condeno estas mentiras. Os países do Oriente Médio, a Líbia, a Síria e, mais longe, o Afeganistão estão quebrados, desestruturados pelo espírito de dominação e pelos interesses econômicos do Ocidente. Há uma indiferença criminosa pelas milhares de crianças que se vão. Ao mesmo tempo, quando um soldado italiano ou francês morre em combate, um luto nacional é imediatamente decretado. A mentira europeia, que pratica a moral com geometria variável, é escandalosa.

Lembro-me dos apelos desesperados de João Paulo II para impedir a primeira guerra no Iraque. Ele entendeu que essa campanha, que tinha medo de dizer seu nome, era apenas uma guerra comercial desencadeada em nome de falsos princípios humanitários. O complexo petrolífero militar não respeitava os direitos do povo iraquiano. A história deu razão ao papa polonês. É preciso denunciar essas ações maquiavélicas pelas quais o Ocidente decadente quer impor sua visão antropológica e moral ao mundo inteiro.

Na África, estamos familiarizados com essa manipulação dos interesses dos pobres. A ideologia ocidental permite que os massacres sejam perpetrados impunemente. A família é a grande riqueza do nosso continente. Os governos do Norte decidiram se desfazer dessa vantagem incomparável. Muitas vezes penso na frase abjeta do presidente Emmanuel Macron na Cúpula do G20 em Hamburgo, em julho de 2017: "Em países em que ainda se têm de sete a oito filhos por mulher, mesmo que vocês decidam gastar bilhões de euros lá, isso não irá estabilizá-los nem um pouco". Como se pode falar em independência dos países africanos quando se atreve a falar dessa maneira?

É preciso denunciar a grande liquidação dos recursos naturais da África, vendidos a estrangeiros, realizada com a cumplicidade de líderes políticos nacionais. A África está sendo literalmente saqueada, explorada por multinacionais e governos ocidentais. Fomentam a guerra, perseguem armados os nossos recursos minerais. Então, enquanto os africanos lutam entre si, exploram o seu subsolo. Poluem o meio ambiente e deixam o continente em pobreza endêmica. O mercado de armas na África é uma calamidade que está dizimando as populações africanas, cria instabilidade permanente e fomenta ódios que arruínam os povos. Os bispos da República Democrática do Congo recentemente quiseram revoltar-se, declarando em 25 de junho de 2017: "A política econômica do nosso país é sempre voltada mais para o exterior, organizada à custa do povo congolês, mas em benefício das economias estrangeiras: recursos minerais são pilhados, as sobretaxas dos funcionários públicos estrangulam e matam a economia congolesa com a concorrência desleal organizada pelas pessoas que são responsáveis pela proteção desse povo! Tudo isso leva à miséria das pessoas congolesas e a banditismos de todos os matizes".

É preciso lutar contra todas as formas de corrupção, mentira, desprezo pelos povos, por sua cultura e sua fé. O bem comum é o único objetivo. A defesa da vida e da moral é uma luta nobre que agrada a Deus.

Em seu livro Os olhos abertos [Les Yeux ouverts], *Marguerite Yourcenar escreveu: "Condeno a ignorância que atualmente prevalece tanto nas democracias quanto nos regimes totalitários. Essa ignorância é tão forte, muitas vezes tão completa, que parece ser desejada pelo sistema, talvez mesmo pelo regime. Sempre pensei em como poderia ser a educação da criança. Acho que deveria haver estudos básicos, muito simples, em que a criança aprenderia que vive no seio do universo, em um planeta cujos recursos ela depois terá que conservar, que ela depende do ar, da água, de todos os seres vivos, e que o menor erro ou a menor violência pode destruir tudo". Como reagir à crescente incultura de nosso tempo?*

Na raiz do colapso do Ocidente está uma crise cultural e de identidade. O Ocidente já não sabe quem é, porque já não sabe e não quer saber quem o moldou, quem o constituiu, o que foi e o que é. Muitos países hoje não conhecem sua história. Essa autoasfixia leva naturalmente a uma decadência que abre caminho para novas civilizações bárbaras. Estou certo de que a paganização do Ocidente vai paganizar o mundo todo e o colapso do Ocidente provocará um cataclismo geral, um total transtorno cultural, demográfico e religioso.

Paralelamente a esse fenômeno do desenvolvimento da incultura, as elites, que mantinham para elas um grande conhecimento literário, científico e político, decidiram omitir toda referência a uma cultura moral ou cristã. A cultura cristã é o amor à sabedoria encarnada por um homem, o Filho de Deus, Jesus Cristo. Nele, todas as vidas encontram uma justificação. Ao se separar metodicamente de Deus, a cultura moderna já não pode oferecer uma visão unificada do universo.

E, no entanto, a noite escura deste mundo é sempre bela, porque Deus existe.

A incultura contemporânea é a ruína do ser humano. Ele quase regrediu a um estágio animal. A diluição da cultura gera uma forma de sentimentalismo perverso e vazio. Devemos aprender novamente a conhecer Jesus Cristo, acreditar que ele nos ama e que ele morreu por amor a nós. Precisamos reaprender o catecismo da Igreja Católica. É necessário ter a coragem e a determinação para adquirir o conhecimento das verdades fundamentais do Credo da Fé Católica. Por que tantos católicos deveriam tolerar a piedade analfabeta, sem argumentos, de uma religião baseada em espasmos emocionais e sentimentais, uma moralidade cega privada do fundamento de uma doutrina sólida?

A cultura nos leva à clareza. Mas é necessário passar por etapas exigentes, trabalho intenso e lutas conduzidas com inteligência.

Os Romanos tinham esta máxima: *Ars sine scientia nihil est*, "arte sem ciência não é nada". A falta de inteligência é um naufrágio. Não é possível alcançar a fé sem recorrer à razão. A identificação mística com Deus sem o auxílio da reflexão é um quietismo perigoso.

A própria etimologia da palavra cultura contém uma ideia de crescimento: não há cultura sem trabalho e sem esforço. Para recuperar o autêntico sentido da cultura, devemos saber que humanidade queremos estabelecer. Queremos um mundo em que o ser humano seja à imagem e semelhança de Deus, ou uma terra sem qualquer relação com realidades transcendentes, um mundo totalmente secularizado, um mundo sem Deus? No primeiro caso, seremos capazes de cultivar uma cultura nobre e bela, no outro, gradualmente nos aproximaremos da selvageria. A felicidade consiste em um refinamento cada vez mais rico de uma cultura herdada de nossos pais sob o olhar de Deus. A barbárie da incultura é dominada pela busca do prazer sem fim e pela satisfação de nossos instintos e paixões.

Como definir as mentiras, que o senhor não se cansa de denunciar?

A mentira é uma máscara atrás da qual as pessoas se escondem para enganar e corromper seus irmãos em humanidade. Mas ele se perde e mente para si mesmo, às vezes até não conseguir mais encontrar seu caminho de volta à terra firme.

Mentir é prática comum em um mundo que já não teme a Deus.

A mentira é um abismo onde o diabo reina supremo. Deus não está nesse abismo. Precisamos aceitar a luz da verdade para retornar à superfície.

Um mentiroso é alguém que inocula em si mesmo uma doença incurável e mortal. Hoje o nosso mundo, por suas mentiras, está condenado a desaparecer. O poema de Charles Baudelaire, "O amor da mentira", que figura em *As flores do mal*, evoca admiravelmente o drama de um mundo mentiroso apartado de Deus:

Quando te vejo, minha bela indolente,
Em meio aos sons da orquestra que se perdem no ar,
Movendo os passos harmoniosa e lentamente,
E passeando esse tédio de teu fundo olhar;

Quando contemplo, sob a luz do gás que a cora,
Tua pálida fronte em mórbido recato,
Onde as flamas da noite acendem uma aurora,
Os teus olhos iguais aos olhos de um retrato,

Digo-me Como é bela! e que frescor tão puro!
O diadema maciço, halo de áureo esplendor,
E o coração, tal como pêssego maduro,
Impõe, como seu corpo, a sábia arte do amor.

És o fruto do outono entre dentes vorazes?
És urna fúnebre a implorar prantos e dores,
Perfume que nos faz sonhar longínquos oásis,
Almofada sensual ou corbelha de flores?

O ROSTO DAS DEMOCRACIAS PÓS-MODERNAS E O CAPITALISMO

Eu sei que há olhos cheios de melancolia,
Que nada escondem por debaixo de seus véus;
Belos escrínios, mas sem joias de valia,
Mais fundos e vazios do que vós, ó Céus!

Mas basta seres esta dádiva aparente
Para alegrar quem vive apenas da incerteza.
Que me importa se és tola ou se és indiferente?
Máscara, ornato, salve! Amo a tua beleza!

BAUDELAIRE, Charles. *As flores do mal*.
Tradução de Ivan Junqueira.
Rio de Janeiro: Nova Fronteira, 1985. p. 359-361.

Por seu ódio à verdade, nosso tempo está condenado a desaparecer. O Evangelho diz: "Conhecereis a verdade e a verdade vos libertará" (Jo 8, 32).

Satanás é o primeiro dos mentirosos. São João escreve: "Vós sois do diabo, vosso pai, e quereis realizar os desejos de vosso pai. Ele foi homicida desde o princípio e não permaneceu" na verdade, porque nele não há verdade: quando ele mente, fala do que lhe é próprio, porque é mentiroso e pai da mentira." (Jo 8, 44). Toda mentira é uma escravidão, ela nos acorrenta sem que o saibamos. Ela nos leva às águas agitadas de Satanás.

O senhor acha que as democracias ocidentais são reféns de uma oligarquia financeira?

É geralmente aceito que a democracia é o regime político ideal. Conhecemos a frase de Winston Churchill: "A democracia é a pior forma de governo, com exceção de todas as outras". Este aforismo é um dos mais duradouros do debate político.

No entanto, as democracias estão agora reféns de poderosas oligarquias financeiras. Elas se tornaram o sistema privilegiado de grupos pequenos e poderosos que cuidam antes de tudo de seus próprios interesses negociados na bolsa. O governo do povo pelo povo tornou-se a submissão do povo às finanças.

Na Guiné, com Sékou Touré, conheci a democracia marxista. Supunha-se que o povo detia todo o poder. Na realidade, ele era oprimido, esmagado, passava fome.

No Ocidente, após os desastres do nazismo e do comunismo, queríamos garantir o sucesso das chamadas democracias liberais. Esses regimes se pretendem abertos, tolerantes e progressivos. No entanto, o poder do povo tornou-se uma ilusão a que os meios de comunicação diariamente tentam dar crédito.

Como podemos continuar a fingir que o povo é soberano? Podemos observar a forma descarada com que o poder do povo é constantemente desviado para fortalecer o poder de um pequeno grupo privilegiado.

A democracia está doente. A corrupção dos governos ocidentais não fica atrás da corrupção dos países pobres do sul. Estou indignado com a violência contra os manifestantes franceses, chamados de "coletes amarelos". A repressão está se tornando um *modus operandi* cada vez mais comum nas democracias ocidentais. Além disso, não acredito que as instituições burocráticas da União Europeia realmente queiram defender os interesses do povo. A democracia é divinizada. No entanto, apresenta agora desvios totalitários. Fico preocupado quando as potências ocidentais alegam que pretendem instaurar a democracia nos países pobres por meio das armas. As populações locais não sabem nada a respeito das características desse regime que se pretende estabelecido pela força.

Como o senhor avalia a verdade prática do capitalismo?

Operou-se um deslocamento semântico. Já não se fala do capitalismo, mas do liberalismo econômico ou da economia descentralizada. Os proponentes do capitalismo acreditam que a livre concorrência é o único caminho de progresso a seguir. O lucro das empresas deve permitir que todos melhorem seu padrão de vida, bem como proporcionar mais oportunidades de desenvolvimento, conforto e bem-estar.

Na realidade, o capitalismo repousa sobre o ídolo do dinheiro. A atração do lucro destrói gradualmente os laços sociais. O capitalismo devora a si mesmo. O mercado destrói pouco a pouco o valor do trabalho. O ser humano torna-se mercadoria. Ele já não se pertence. O resultado disso é uma nova forma de escravidão, um sistema em que grande parte da população depende de uma pequena casta.

Nestas condições, será que a solidariedade e o desenvolvimento ainda fazem sentido?

A verdade do capitalismo deve ser julgada pelo critério da liberdade que cada um é capaz de proteger e desenvolver. É claro que hoje os empresários e assalariados estão presos aos mecanismos de decisões nacionais e internacionais que limitam sua liberdade. Muitas vezes, tenho a impressão de que o bem-estar material do Ocidente foi adquirido à custa de uma forma de declínio moral das populações. É preciso distinguir claramente entre uma economia baseada na liberdade de empreendimento e um sistema capitalista baseado na busca do lucro. A liberdade econômica implica nossa responsabilidade como homens perante Deus e nossos concidadãos. Ela não é um absoluto sem regras ou limites, mas está a serviço do bem de todos. Sua finalidade é a amizade de todos na cidade. Deve, portanto, ser regulada por certa sobriedade e temperança sob pena de tornar cega e violenta se não o fizer. Uma liberdade que visa apenas ao lucro acaba por se destruir.

Que nexo existe entre a sociedade de consumo, a cultura de massa e a padronização de estilos de vida?

O capitalismo tende a reduzir a humanidade a uma figura central e única: o consumidor. Todas as forças da economia tentam criar um comprador que idealmente seja o mesmo em qualquer lugar do globo. O consumidor australiano deve se parecer exatamente com o espanhol ou o romeno. As identidades culturais e nacionais não devem ser um obstáculo para a construção desse homem intercambiável.

A padronização dos produtos de consumo é o reflexo perfeito da secura dessa civilização sem alma. A sociedade de consumo encoraja a se produzir, acumular e consumir cada vez mais os bens materiais. Coloca o homem diante de uma abundância inimaginável de bens a serem consumidos e tenta excitar cada vez mais a ganância dos homens. A abundância de bens materiais é quase assustadora. O ser humano parece obrigado a consumir o que está ao seu alcance.

O materialismo procura provocar uma necessidade ilimitada de prazer. Ele ignora totalmente as necessidades da vida interior. Para florescer, cada um deve ser reconhecido em sua unicidade. A essência do capitalismo é contrária a esse princípio. O capitalismo aprisiona o homem em si mesmo, isola-o e o faz dependente.

O consumo de massa conduz a uma forma de sociabilidade gregária perigosa e estéril. A padronização dos estilos de vida é o câncer do mundo pós-moderno. As pessoas se tornam os membros inconscientes de um grande rebanho planetário que não pensa, não se rebela e se deixa guiar na direção de um futuro que já não lhes pertence.

O isolamento dos indivíduos e a redução das pessoas, condenadas a serem apenas um elemento perdido na massa de consumidores, são os dois filhos mais horríveis do capitalismo.

A criatura de Deus está embrutecida. Ela queima seu coração no altar da felicidade artificial e já não conhece o gosto das verdadeiras alegrias. Ela é um animal que come, bebe, que se farta e regozija. O senso crítico tornou-se uma quimera do passado.

A humanidade globalizada, sem fronteiras, é um inferno.

O senhor acha que o liberalismo econômico e o libertarismo social se movem no mesmo ritmo?

O capitalismo liberal precisa fazer com que os homens percam suas crenças e sua moral. Ele mobiliza todas as suas forças para alcançar o libertarismo anárquico. Mas o espírito de indiferença ao mal, ao tolerar tudo, não protege nada.

Maio de 1968 marcou o ponto de virada dessa aliança fatal entre o liberalismo econômico e o libertarismo social.

Os pensadores oficiais, Jean-Paul Sartre ou Michel Foucault, defenderam a libertação dos instintos. Eles queriam quebrar todos os tabus, os quadros sociais e as instituições, libertar a espontaneidade. Os que reivindicaram esta linha desconstrutivista amavam proclamar a morte de Deus.

Esse movimento se baseia em uma concepção errônea de liberdade.

O padre Henri de Lubac resumiu corretamente o clima da época: "Um diz: dois mais dois é igual a quatro. Outro responde: dois mais dois são cinco. E o intermediário propõe: quatro e meio." A Revolução de Maio foi uma explosão libertária. Mas se eu disser que dois mais dois são cinco ou quatro e meio, eu estou mais livre? Eu sou um pouco mais idiota. A liberdade está essencialmente ligada à verdade.

Em 1993, João Paulo II, na encíclica *Veritatis splendor*, quis dar uma resposta magistral a essa crise da verdade: "O esplendor da verdade brilha em todas as obras do Criador, particularmente no homem criado à imagem e semelhança de Deus (cf. Gn 1, 26): a verdade ilumina a inteligência e modela a liberdade do homem, que, desse modo, é levado a conhecer e a amar o Senhor. Por isso, reza o salmista: 'Fazei brilhar sobre nós, Senhor, a luz da vossa face'" (Sl 4, 7).

Todos os insurgentes gritaram com força, exigindo a liberdade absoluta do homem, inclusive contra Deus. Mas essa grande e nobre aspiração levou a aberrações que destruíram o ser humano a partir de dentro.

Como resolver desigualdades nascidas da globalização e remediar situações de grande miséria?

Desde o Século do Iluminismo, o homem Ocidental se considera um modelo, um super-homem, um mestre que dita aos demais povos o que é o homem, a liberdade, a democracia, a cultura, a sociedade, a economia e o direito. Na época do tráfico negreiro, o africano era menos valioso do que a mobília de seu senhor. Alguns mercadores chegaram mesmo a propor como questão teológica a existência da alma dos africanos. Mas na Igreja, os santos sempre foram os defensores dos escravos e dos pequenos. Penso em Ana Maria Javouhey, uma mulher que lutou contra os governos para impor o respeito pela liberdade dos escravos na Guiana no século XIX. Penso também em São Pedro Claver, o apóstolo dos escravos, em São Martinho de Porres, um dominicano negro do século XVII, ou em Santa Josefina Bakhita, escrava que se tornou freira canossiana no início do século XX. O fenômeno de que estamos falando não é tão antigo. A segregação racial e as práticas discriminatórias não terminaram legalmente nos Estados Unidos até 1964 e no regime do *apartheid* na África do Sul em 1994.

No seio da Igreja Católica, sempre houve vozes que se levantaram para condenar a escravidão. Encontra-se um sinal muito bonito disso em Roma. Na fachada da igreja de San Tommaso em Formis figura um mosaico do início do século XIII. Cristo é representado em seu trono, segurando em uma mão um escravo branco e, na outra, um escravo negro que ele libera de suas correntes ao mesmo tempo. No coração da Idade Média, o homem branco e o homem negro são representados observando-se estrita igualdade. Mais uma vez, a Igreja estava à frente de seu tempo. Foram necessários séculos para que os cristãos e o mundo aceitassem plenamente a sua mensagem.

Em um nível diferente, o capitalismo criou na Europa um proletariado que vivia em condições miseráveis e indignas. Desde o início, uma classe burguesa dominante esmagou um pequeno proletariado indefeso. Não é inútil, para se fazer uma ideia, reler certas páginas de Zola. Embora muitos patrões cristãos tenham introduzido leis para proteger os trabalhadores, o espírito do capitalismo difundiu sua lei de dominação.

Não me surpreende constatar que o capitalismo de nossos tempos possa transferir esse tipo de oposição em escala mundial. O capitalismo é cínico. Os ricos têm a vocação de se enriquecer cada vez mais, enquanto os pobres devem permanecer na mesma penúria. Os discursos humanistas são ouropéis enganosos. As elites não querem nenhuma mudança. O sentimentalismo e a piedade barata tomam o lugar da ação.

Quem provocou as guerras e a miséria que incitam os africanos a fugir de seus países? Quem destruiu o Iraque, a Líbia, a República Democrática do Congo, por causa de suas riquezas? Nações inteiras são economicamente devastadas por multinacionais inescrupulosas que pilham as economias nacionais. As políticas neocolonialistas que infantilizam os governos são uma vergonha. Como nos surpreender com o fluxo de populações que fogem de tais situações? Ocultam a verdade e se atrevem a nos perguntar se devemos acolher as populações que chegam às costas europeias. Não falo das práticas mafiosas dos que exploram a miséria dos migrantes.

A NOITE SE APROXIMA E O DIA JÁ DECLINOU

A questão africana, um continente esquecido e explorado, sempre esteve no coração de sua reflexão.

Em seu documento *Ecclesia in Africa*, de 1994, João Paulo II teve algumas palavras particularmente edificantes: "A África atual pode ser comparada àquele homem que descia de Jerusalém para Jericó; ele cai nas mãos dos salteadores que, depois de o despojarem e encherem de pancada, o abandonaram, deixando-o meio morto (cf. Lc 10, 30-37). A África é um continente onde inumeráveis seres humanos – homens e mulheres, crianças e jovens – jazem, de algum modo, prostrados à margem da estrada, doentes, feridos, indefesos, marginalizados e abandonados. Têm extrema necessidade de bons Samaritanos que venham em sua ajuda. Faço votos de que a Igreja continue paciente e incansavelmente a sua obra de bom Samaritano. Na verdade, regimes, hoje desaparecidos, sujeitaram, durante um longo período, os africanos a dura prova, enfraquecendo a sua capacidade de reação: o homem ferido deve recobrar todos os recursos da sua humanidade. Os filhos e filhas de África têm necessidade de presença respeitadora e de solicitude pastoral, que os ajude a retomar as suas próprias energias para colocá-las ao serviço do bem comum" (41).

É preciso saber que os países mais ricos da África estão continuamente em guerra. No Congo-Kinshasa, as empresas internacionais exploram os minerais sem muito controle, porque os governos estão muito enfraquecidos pelas sucessivas guerras. Quem distribui as armas aos diferentes beligerantes? Quem se beneficia do crime? Por muitos anos, Angola passou pela mesma situação. Sob seu solo estão as maiores reservas de diamantes da África. Da mesma forma, a riqueza florestal do Gabão e da África Central serve para explicar os conflitos sanguinários que assolam os dois países.

Finalmente, continuo a questionar as causas que permitiram que a Líbia fosse entregue aos poderes mafiosos mais perigosos, os quais desempenham um papel de primeiro plano nos tráficos migratórios.

O homem aprimorado (augmenté) *é o maior sonho do capitalismo?*

O capitalismo já não precisa de homens, mas de consumidores. Seu único objetivo é melhorar as capacidades de produção e consumo. O homem aprimorado, fruto de uma revolução tecnológica, é o último avatar do sistema para melhorar seu lucro. Basta olhar para as evoluções em curso no mundo da poderosa indústria farmacêutica. O desaparecimento das fronteiras entre a medicina terapêutica clássica e a medicina de melhoramento é uma das principais características da biomedicina do século XXI. Na biomedicina contemporânea, novas drogas e tecnologias médicas podem ser usadas não apenas para tratar o paciente, mas também para aumentar certas capacidades humanas. A medicina não é apenas terapêutica. O sonho prometeico está em ação. "Não vejo em que o homem atual seria tão perfeito que não devêssemos procurar melhorá-lo": esta declaração terrível do biólogo Francis Crick, codescobridor com James Watson da estrutura do DNA, em 1953, poderia servir de divisa do movimento transumanista.

No imaginário atual, o robô aparece como o modelo da humanidade futura. Disse anteriormente que o homem quer descartar seu corpo de carne e osso para se revestir de silício e aço. As células envelhecem, os corpos se desgastam: o metal pode ser substituído. É por isso que os transumanistas estão estudando formas de baixar os dados do cérebro e de transplante a personalidade para outro corpo. A imortalidade seria então adquirida! Que desejo irresistível de ser máquina! Que tipo de ser humano surgirá?

Isso me faz lembrar das palavras do profeta Daniel: "Tiveste, ó rei, uma visão. Era uma estátua. Enorme, extremamente brilhante, a estátua erguia-se diante de ti, de aspecto terrível. A cabeça da estátua era de ouro fino; de prata eram seu peito e os braços; o ventre e as coxas eram de bronze; as pernas eram de ferro; e os pés, parte de ferro e parte de argila. Estavas olhando, quando uma pedra, sem intervenção de mão alguma, destacou-se e veio bater na estátua, nos pés de ferro e de argila, e os triturou. Então se pulverizaram ao mesmo tempo o ferro e a argila, o bronze, a prata e o ouro, tornando-se iguais à palha miúda na eira de verão: o vento os levou sem deixarem traço algum. E a pedra que havia atingido a estátua tornou-se uma grande montanha, que ocupou a terra inteira." (Dn 2, 31-35).

Para o capitalismo pós-moderno, o ser humano é um recurso como outro qualquer. Só o deus Dinheiro é que conta.

Assim, o principal objetivo de uma sociedade, ou seja, a preservação da espécie humana e da proteção das pessoas, entra em contradição com o objetivo do capitalismo, que prefere o lucro ao ser humano.

Se as pessoas são apenas consumidoras, elas só podem ser inimigas umas das outras. A sociedade torna-se então o vasto campo de batalha da competição desenfreada. Só podemos nos reconhecer como irmãos se descobrirmos que temos um mesmo Pai. Então cuidaremos um do outro gratuitamente. Mais do que nunca, Deus nos pergunta: Que fizeste de teu irmão?

15
A MARCHA FÚNEBRE DA DECADÊNCIA

Nicolas Diat: Como definir a decadência? Como ela se manifestou no Império Romano?

Cardeal Robert Sarah: Em seu *Sermão* 81, citando o Salmo 102, Santo Agostinho escreveu: "Estás surpreso com o declínio do mundo? Que o mundo envelheceu? Pensa no homem: ele nasce, cresce, depois fica velho. A velhice tem muitos inconvenientes: tosse, catarro, a visão diminuída, a pessoa se sente ansiosa e terrivelmente cansada. Quando um homem envelhece, ele lamenta constantemente. O mundo envelheceu, está coberto de provações esmagadoras [...] Não tentes te apegar a este velho mundo, não recuses encontrar a tua juventude em Cristo que te diz: o mundo está sem fôlego na velhice; não tenhas medo, porque tua juventude será renovada como a da águia".

Estas palavras do velho bispo de Hipona parecem descrever Roma minada por sua imoralidade, seu pecado de luxúria, seus cruéis e sangrentos jogos em que os escravos são sacrificados para o prazer dos romanos que exigem apenas uma coisa: *Panem et circenses*, pão e circo. Os romanos ficam submersos pela busca frenética de prazer. Gostam de ver sangue correr no circo onde os animais ferozes devoram pessoas. Que costumes horríveis, os daqueles tempos!

Mas Roma está sitiada. Ei-la tomada, a cidade que conquistara o universo. A antiga capital entra em colapso. Por muitos anos, foi a senhora do mundo. A tomada da Cidade Eterna simboliza a queda e o desaparecimento de uma civilização milenar.

Se Roma pode perecer, lamenta-se São Jerônimo em sua *Correspondência*, o que resta de seguro? O universo desmorona tão rapidamente. Quem teria pensado que Roma, construída graças às vitórias conquistadas sobre o todo o mundo, entraria em colapso a ponto de se tornar "o túmulo dos povos dos quais ela era a mãe".

No início do século V, quando do saque de Roma pelos Visigodos de Alarico I, o bispo de Hipona ficou triste, mas queria ver Roma além de seus palácios e arcos de triunfo: "Talvez Roma não pereça, se os romanos não perecerem. Não é uma questão de pedras e madeira, de grandes monumentos e vastas muralhas". O que Agostinho temia chega de maneira surpreendente e bem dolorosa. De fato, em agosto, as tropas de Alarico invadiram a capital do Império. A queda da *Urbs* deu origem a saques, incêndios, estupros e massacres. Os pagãos então acusaram os cristãos: "Eis que todas as coisas desmoronam por causa do Deus cristão!", disseram, persuadidos de que seus deuses estavam se vingando por terem sido abandonados em benefício dessa nova religião. Os próprios cristãos estavam preocupados. Apesar dos imperadores que haviam aliado todas as suas forças contra ela, a Igreja conseguiu converter o Império que, no quarto século, se tornou cristão. Então a Igreja viu o irromper das invasões bárbaras, mas sua vida se encheu de seiva nova, e ela converteu os povos bárbaros para conduzi-los a Cristo. A juventude de Roma, como a nossa, só se renovará convertendo-se a Cristo. Então, ela poderá adquirir vigor e força.

A Igreja inspirou e moldou a Idade Média e criou a Europa. Viu o desaparecimento da civilização da Idade Média que surgira e florescera sob sua influência. Viu o nascer o mundo moderno, que cada vez mais se subtraiu de sua influência, opondo-se radicalmente à sua doutrina.

Os séculos passam, a Igreja permanece. Mais uma vez, o nosso tempo marca o fim de uma civilização, com sua parcela de angústia e de medos.

Ao observar a história do mundo, Montesquieu escreveu em seu livro *Causas da grandeza e decadência dos romanos* que "os Estados pereceram mais por causa da corrupção da moral que da violação das leis". A luta contra a poluição do ar e da água e a conservação dos recursos naturais tornou-se uma preocupação respeitável da sociedade e objeto de uma nova ciência: a ecologia. Mas existem outros perigos sérios para o nosso futuro: as muitas formas de poluição moral. Elas também envenenam o ar que respiramos. Eles distorcem a nossa consciência, pervertem o nosso julgamento e a nossa sensibilidade, corrompem a realidade do amor, conduzem à decadência humana. O Ocidente é o principal ponto de partida dessa poluição moral; é por isso que, como a Roma antiga, corre o risco de desaparecer.

Por que o senhor insiste tanto na questão do esgotamento moral?

Para os defensores da pós-modernidade, os valores tradicionais da civilização judaico-cristã teriam ficado antiquados, inúteis e perigosos. A família nunca foi tão atribulada. Sob o disfarce de humanismo e de fraternidade, a dignidade humana é ultrajada. A corrupção moral e a violência contra as mulheres atingem níveis raramente igualados.

O Ocidente está envenenado por ideias que provocam uma distorção das consciências e uma perversão da sensibilidade.

O mal, a violência, os crimes e a perversão sexual sempre existiram. Houve, decerto, períodos na história em que o sórdido, o brutal, o obsceno, o imundo, o frenesi erótico e a intoxicação e a euforia sexual reinavam tanto quanto hoje. Mas, em relação a essas épocas, reina uma cultura hedonista institucionalizada que ameaça a vida do homem de amanhã. Não muito tempo atrás, os jovens estavam imersos nos valores indiscutíveis da civilização judaico-cristã. Hoje, esses valores são rejeitados como desajustados, obsoletos e combatidos.

Confiando na razão, o Ocidente está tentando acabar com o "velho mundo". A confusão entre o bem e o mal é o maior drama de nosso tempo. A inteligência já não parece capaz de fazer tal distinção. A razão já não sabe o que é prejudicial à natureza humana, à existência humana e o que não é. Muitos jovens e adultos ignoram ou categoricamente negam a importância dos grandes princípios do mundo. Perdemos a bússola que deve guiar o juízo moral do homem.

Se a razão continua capaz de encontrar a verdade, parece perdida em pântanos e nevoeiros que a cegam e a impedem de se abrir à verdade.

O Ocidental é o seu próprio poluidor. Observa-se um paralelo impressionante entre a poluição da natureza e a do homem. Sabemos que certos produtos químicos não devem ser usados para aumentar os rendimentos agricultura, mas continuamos a fazê-lo. É o mesmo com a vida moral: as pessoas perderam o sentido do absoluto. Estão enredadas no relativismo anestésico. Por isso, se dispersam, ficam deprimidas, já não conseguem encontrar o caminho.

Uma frase na segunda Epístola de Pedro propõe uma pergunta cuja atualidade é estrondosa: "visto que tudo está em vias de destruição, vede bem que tipo de homens deveis ser" (2Pd 3, 11).

O empobrecimento das estruturas educacionais é impressionante. No entanto, elas são a origem de todas as grandes reformas. O ensino da história é sintomático desse empobrecimento. Essa nobre questão, que já foi o pivô das humanidades, está agora reduzida ao papel de um ensino quase inútil.

Em muitos países ocidentais, o desejo de romper com o passado e todas as suas tradições criou situações de guerra civil latentes. O ser humano já não se ama. Já não ama o seu vizinho ou a terra de seus ancestrais. Ele detesta sua cultura e os valores do passado. Combate-se a nossa herança religiosa, cultural e histórica, bem como nossas próprias raízes.

Há uma nova forma de ditadura e colonização cultural que alimenta o ressentimento de alguns povos. Esta guerra de valores é dramática. Porque nega suas raízes cristãs, a Europa já não tem um cimento comum. Afunda pouco a pouco na violência e no comunitarismo. Guerras civis estão no horizonte. As nações se deslocam, as especificidades evaporam. Os cidadãos se refugiam em ideais artificiais e confundem seus sentimentos e a construção de um projeto coletivo.

Em nome da modernidade e do progresso, tudo queima tudo o que se relaciona com o passado.

Não se trata de alimentar a nostalgia de um passado superado. Mas é necessário que os jovens tenham uma identidade clara, que saibam de que história são os herdeiros. Mais profundamente, creio que os jovens ocidentais aspiram a um mundo em que cada geração não seja subjugada pelo pesado dever de reconstruir tudo a partir do zero. É hora de dar-lhes a liberdade de receber de seus pais as certezas e as regras tiradas da experiência. É exaustivo ter que reinventar tudo constantemente. Receber é uma liberdade.

Em vez disso, o que propomos? Os partidários do gênero querem desconstruir a família. A teoria do gênero está a ponto de galgar um patamar superior decisivo transformando-se em movimento *queer*. Este não se detém apenas com a desconstrução do sujeito: interessa-se sobretudo pela desconstrução da ordem social. Trata-se de causar confusão acerca de identidades e comportamentos sexuais, para introduzir suspeitas sobre as regras herdadas e consideradas a expressão da natureza humana, para mudar a cultura e as relações sociais a partir de dentro ao transformar a abordagem da sexualidade.

João Paulo II falava sem dificuldade da paixão niilista da destruição.

O homem pós-moderno gosta de destruir. Ele é atraído por coisas mórbidas. Deste ponto de vista, a arte contemporânea é significativa. O feio é amado e exaltado. O vírus do horrível se espalha à rédea solta; o incompreensível sucede à harmonia.

As antigas estruturas de nossas sociedades são atacadas, condenando-as a entrar em um processo de decadência. Acho que agora chegamos a um novo patamar com a destruição do próprio homem. É urgente ajudar o homem ocidental, sempre tão ativo, lúcido e ansioso, nunca satisfeito consigo mesmo, sempre a buscar novos melhoramentos de si e dos outros, a encontrar o seu descanso na aceitação humilde e resoluta de suas fraquezas e limitações. Mais que um ser ativo, mais que um fabricante de objetos, o ser humano não é um contemplativo? O homem não se autocriou, mas recebe muito em herança.

Concluímos nosso livro, *A força do silêncio*, destacando como a agitação, o ativismo e o barulho que marcam o nosso tempo agem como uma força destrutiva da vida interior. O barulho é o inimigo perfeito da reflexão, da tranquilidade e do amor. Mas o barulho se tornou comum. Faz parte do nosso ambiente e do nosso modo de vida. E faz com que não nos confrontemos à nossa vida interior.

E o sentimento suicida faz triste e banalmente parte da vida cotidiana...

O homem moderno consome de forma irresponsável, irresistivelmente atraído pela abundância e incitado pela publicidade que o convidam a desfrutar sem impedimentos. Um dia ou outro, abre os olhos para a infinita tristeza de sua existência e se dá conta de que já não pode ver o céu. Ele é pego em um círculo vicioso: produzir, consumir, produzir mais e consumir ainda mais.

O homem está materialmente obeso. No plano espiritual, vagueia como um pobre andarilho. Durante muito tempo, não estava infeliz. O universo parecia cheio de promessas materiais.

A decadência de nossas sociedades envolveu aos poucos as pessoas em uma neblina preocupante. As instituições, culturas, histórias desaparecem inexoravelmente.

Devemos contemplar as ruínas do fórum romano para entender a finitude das civilizações.

O suicídio do Ocidente é dramático. Suas renúncias arrastam toda a humanidade para impasse. Já não tem força, nem filhos, nem moral, nem esperança. Sua única esperança de sobrevivência é encontrar Aquele que disse: "Eu sou o Caminho, a Verdade e a Vida" (Jo 14,6).

A decadência do Ocidente é o resultado do abandono, por parte dos cristãos, da sua missão. Já não olham para o céu e são mantidos como reféns pelos novos paradigmas. Eles mundanizam. A vida de oração, que deveria alimentá-los, fortalecê-los, fazê-los irradiar, corre o risco de ser contaminada pelo espírito do espetáculo e pela busca de sensações. No entanto, por mais de dois mil anos, a oração nutriu a vida dos santos e de todos os discípulos de Jesus. A oração é o único grande remédio.

16
A LIBERDADE RELIGIOSA

Nicolas Diat: Em 2008, na majestosa cripta do santuário da Imaculada Conceição, em Washington, diante de mais de 400 bispos americanos, Bento XVI declarou: "O respeito pela liberdade de religião está profundamente enraizado na consciência americana, um fato que tem contribuído para a atração deste país pelas gerações de imigrantes, em busca de uma casa onde possam prestar livremente o seu próprio culto, em conformidade com os respectivos credos". Para o senhor, os Estados Unidos são um modelo de liberdade religiosa que deve ser imitado por outras nações?

Cardeal Robert Sarah: Alguns entenderam assim as palavras de Bento XVI. Eles pensaram que poderiam tornar os Estados Unidos um arquétipo de sociedade aberta cujo modelo deveria ser exportado ou mesmo imposto ao mundo inteiro, mas certamente se esqueceram da frase que precede que o senhor citou. De fato, o papa recordou: "Vosso povo tem confiança em Deus e não hesita em expor ao debate público argumentações morais arraigadas na fé bíblica". De fato, Bento XVI quis dessa maneira recordar os fundamentos objetivos da autêntica liberdade religiosa.

A grande tentação das sociedades políticas é esquecer que elas não têm em si mesmas nem o seu fundamento nem a sua finalidade última. Um Estado nunca pode aspirar à perfeição, nunca pode nos prometer uma felicidade completa ou uma liberdade absoluta. As sociedades terrenas serão sempre inacabadas. Creio que devemos lembrar aos cristãos: nossa esperança não é deste mundo. O Reino de Deus nunca será estabelecido sobre a terra. Quanto mais uma sociedade política o esquece, mais ela se apresenta como horizonte intransponível, mais se torna totalitária.

Nesse sentido, quero recordar fortemente o que Bento XVI disse: há uma profunda afinidade entre a miragem comunista, a loucura nazista e o liberalismo democrático como a conhecemos hoje.

Essas três ideologias são semelhantes em muitos aspectos fundamentais. Elas asseguram realizar a felicidade humana quer queira quer não. O comunismo e o nazismo inventaram os campos de extermínio. A ideologia liberal democrática usa a perseguição midiática e a doutrinação desde a primeira infância. Esses são os sinais de uma sociedade que se vê como o único horizonte da humanidade, a única referência política, econômica e social. Os cristãos sempre serão uma farpa na carne desses totalitarismos mitigados ou duros. Pois os cristãos nos lembram constantemente que não somos feitos para este mundo. Nossa pátria está no céu!

Isso não quer dizer que as nossas pátrias terrenas não sejam nada e que não devemos nos dedicar para que se tornem lugares de realização humana, fraternidade, honestidade, verdade e justiça. Pelo contrário, devemos procurar maneiras de viver unidos, orgulhosos de nossas respectivas culturas. Desse ponto de vista, devemos notar o fracasso da ideologia democrática liberal. Os povos do Ocidente são atormentados por uma profunda crise de identidade. Eles não sabem por que formam um povo.

Aqui, novamente, Bento XVI enfatizou o profundo parentesco entre os totalitarismos e a ideologia liberal. Se no fundamento do Estado democrático existe apenas a agregação de puras subjetividades, como a maioria não acabará se tornando opressiva? No fundo, ela é apenas a expressão de uma liberdade desprovida de sentido, abandonada aos caprichos das opiniões, entregue às manipulações dos poderosos e dos ricos. "Privada de seu conteúdo, a liberdade individual abole a si mesma", escreveu Bento XVI em *Valores para um tempo de crise* [*Valeurs pour un temps de crise*]. "O que mantém uma sociedade e lhe dá paz", escreveu ele novamente em *Um ponto de virada para a Europa* [*Un tournant pour l'Europe*], é o direito". Uma sociedade que recusa a ser fundada sobre o bem objetivo transforma-se em ditadura do vazio.

A Igreja deve interpelar as sociedades democráticas acerca dos fundamentos do direito. Uma sociedade baseada em si mesma colapsa mais cedo ou mais tarde. Fiquei impressionado com a coragem profética de Bento XVI, cada vez que ele se dirigiu aos parlamentos nacionais, em Westminster, em 2010, e em Berlim, em 2011. Cada vez ele insistiu em um ponto: "Quando Deus e a forma básica da existência humana que ele criou deixam a consciência coletiva e são relegados para a esfera privada, puramente subjetiva, o conceito de direito se decompõe e com ele o alicerce da paz". Esta declaração, retomada no livro *Um ponto de virada para a Europa*, expõe um ponto capital. A lei precisa de um fundamento transcendente, recebido pelo homem. Ele não pode instituir a si mesmo, caso contrário, a autoridade política cede à tentação de Prometeu e transforma-se em poder totalitário.

O senhor quer dizer que as sociedades democráticas podem não ser sociedades justas?

Gostaria de citar uma bela fórmula de Santo Agostinho: *Remota ita justitia quid sunt regna nisi magna latrocinia* [Se, portanto, a justiça não é respeitada, o que são os reinos senão grandes bandos de ladrões?] *A cidade de Deus* IV, 4: PL 41, 115. A esta reflexão de Santo Agostinho, o cardeal Joseph Ratzinger faz eco de maneira pertinente. Eis o que ele escreveu em *Um ponto de viragem para a Europa*: "Os critérios constituintes de um bando de bandidos são, em essência, puramente pragmáticos e, portanto, necessariamente parciais, são critérios grupais. Uma comunidade que não é uma comunidade de ladrões, isto é, um grupo que regula sua conduta conforme os seus fins, só existe se a justiça entra em jogo, uma vez que a justiça não se mede pelo interesse de um grupo, mas por um critério universal. Isso é o que chamamos de "justiça" e ela constitui o Estado. Inclui o Criador e a Criação como pontos de orientação. Isso significa que um Estado que quer ser agnóstico, que edifica o direito unicamente sobre as opiniões da maioria, se desagrega e se reduz a um grupo de ladrões". Um bando de bandidos nem sequer forma uma comunidade, mas um agregado momentâneo de interesses que convergem acidentalmente. Um Estado que abandone a determinação do direito às flutuações das maiorias provavelmente se transformará em um bando de bandidos. "Onde quer que excluamos Deus", continua ele, "introduzimos, sob formas mais ou menos flagrantes, o princípio do bando de bandidos. Em seguida, aparece a eliminação organizada de seres humanos inocentes – antes do nascimento – cometidos sob o disfarce de um direito que atende aos interesses da maioria".)

 Sustento que a forma democrática do Estado é apreciável, pois dá a cada um a oportunidade de se tomar consciência de sua livre responsabilidade na sociedade, mas não traz em si mesma a base de um direito verdadeiro. Uma sociedade democrática, por sua forma, precisa de um conteúdo: o direito, o bem, do contrário, ela se organiza em torno do nada. A justiça é realmente o escopo, mas também a medida intrínseca de toda a política. A política é mais do que uma simples técnica para definir a ordem pública: sua origem e finalidade estão precisamente na justiça, e isso é de natureza ética. Assim, o Estado se vê inevitavelmente confrontado com a questão: Como realizar a justiça aqui e agora?

Mas onde podemos encontrar esse conteúdo, esse fundamento? Compete à Igreja oferecê-lo? Não arriscamos a cair em uma forma de teocracia?

O senhor põe o dedo no problema da verdadeira liberdade religiosa. Cada pessoa deve ser capaz de buscar livremente a verdade, especialmente em matéria religiosa. O debate público deve permanecer livre em sua expressão. Mas deve estar fundamentado sobre um conteúdo objetivo que seja justo e comum a todos os homens. Diante do Parlamento inglês, Bento XVI recordou que "a tradição católica sustenta que as normas objetivas que dirigem uma ação correta são acessíveis à razão, mesmo sem o conteúdo da Revelação. De acordo com essa abordagem, o papel da religião no debate político não é tanto fornecer essas normas, como se elas não pudessem ser conhecidas por não crentes – e muito menos propor soluções políticas concretas – mas sim ajudar a purificar a razão e fornecer um esclarecimento para a sua aplicação da razão na descoberta de princípios morais objetivos". Em sua carta encíclica *Deus caritas est*, Bento XVI é muito mais explícito e preciso: "A doutrina social da Igreja discorre a partir da razão e do direito natural, isto é, a partir daquilo que é conforme a natureza de todo o ser humano. E sabe que não é tarefa da Igreja fazer ela própria valer politicamente esta doutrina: quer servir a formação da consciência na política e ajudar a crescer a percepção das verdadeiras exigências da justiça e, simultaneamente, a disponibilidade para agir com base nelas, ainda que tal colidisse com situações de interesse pessoal. Isto significa que a construção de um ordenamento social e estatal justo, pelo qual seja dado a cada um o que lhe compete, é um dever fundamental que deve enfrentar de novo cada geração. Tratando-se de uma tarefa política, não pode ser encargo imediato da Igreja. Mas, como ao mesmo tempo é uma tarefa humana primária, a Igreja tem o dever de oferecer, por meio da purificação da razão e por meio da formação ética, a sua contribuição específica para que as exigências da justiça se tornem compreensíveis e politicamente realizáveis. A Igreja não pode nem deve tomar nas suas próprias mãos a batalha política para realizar a sociedade mais justa possível. Não pode nem deve colocar-se no lugar do Estado. Mas também não pode nem deve ficar à margem na luta pela justiça. Deve inserir-se nela pela via da argumentação racional e deve despertar as forças espirituais, sem as quais a justiça, que sempre requer renúncias também, não poderá afirmar-se nem prosperar" (28).

O princípio da liberdade religiosa é finamente descrito aqui. Os homens devem descobrir e praticar livremente essas normas objetivas que são como a gramática da nossa natureza humana. A Igreja está lá para iluminar a razão livre dos homens, para retificá-la, para purificá-la da tentação da onipotência. Os homens devem tomar consciência de que a razão não se deixa purificar, torna-se totalitarismo, mesmo que se revista de procedimentos democráticos. Lembremo-nos de que Hitler foi eleito por um processo democrático.

Qual é então o papel dos cristãos na política?

Antes de tudo, eles devem levantar uma barreira contra a arbitrariedade totalitária que ignora a lei natural. Devem fazer isso em nome de sua consciência. Pois é na consciência que o Criador inscreveu essa ordem objetiva. É incoerente e prejudicial separar o cristão de um lado e o cidadão do outro.

Os cristãos devem, portanto, "tomar partido em favor da capacidade do homem para a verdade como o limite de todo poder", para citar as palavras do cardeal Ratzinger em *Valores para um tempo de crise*. A verdade é o verdadeiro baluarte contra a tentação do poder ilimitado. Devemos, ao mesmo tempo, sustentar a capacidade humana fundamental de alcançar essa verdade e seu direito de procurá-la livremente até encontrá-la. Essa ordem natural objetiva, que os cristãos devem defender, é o bem de todo homem. Não é necessário confessar a fé cristã para reconhecê-lo. Essa ordem é acessível a todos as pessoas de boa vontade. Os cristãos não devem ter complexo para promovê-la. Eles devem falar sem medo, pois não agem em nome de um partido contra o outro, mas por serem testemunhas da verdade, os defensores da natureza humana. Mas devem estar dispostos a sofrer e a morrer para testemunhar essa verdade.

Os cristãos são chamados às vezes a fazer resistência à autoridade política?

Frequentemente, eles são chamados à resistência espiritual. Diante de um Estado que exige cooperação no mal ou o impõe, os cristãos são chamados, em nome de sua consciência, ao martírio, o ápice do testemunho político cristão. "A injustiça não pode ser vencida, em última instância, que pelo sofrimento, pelo sofrimento voluntário dos que permanecem fiéis à sua consciência e são, portanto, realmente, testemunhas em seu sofrimento e em toda a sua existência, do fim de todo o poder", escreveu o cardeal Ratzinger em seu livro *Igreja, ecumenismo e política*. Sobretudo é preciso não se deixar comprar ou corromper pelo dinheiro. Cristo e os Apóstolos não tinham absolutamente nada para cumprir sua missão. Muitos acreditam que o dinheiro potencializa e faz progredir a missão da Igreja. Que abram os olhos e vejam as igrejas opulentas do Ocidente. Elas eram mais florescentes, mais missionárias, mais fervorosas, mais fiéis e mais dinâmicas no testemunho evangélico, quando eram conduzidas pela fé em Jesus Cristo e mais pobres em meios financeiros. Na medida em que enfatizamos e priorizamos aspectos e meios materiais, nós asfixiamos a Igreja.

Nos Estados Unidos, alguns preferiram perder tudo em vez de colaborar na destruição da ordem natural sob o governo Obama. A resistência espiritual é o melhor serviço que os cristãos podem dar à sociedade política. Creio que em uma sociedade humana, um cristão sempre será mais ou menos um dissidente. Por vezes, será preso para que seja calado. Mais frequentemente, sua palavra será desqualificada pela ironia conformista ou pelo linchamento midiático.

No entanto, os cristãos são menos perseguidos nas democracias ocidentais do que nos países dominados pelo islamismo?

A perseguição mais destrutiva do cristianismo ocorre hoje nas democracias ocidentais. Mataram Deus nelas. Cada vez mais, o cristão é marginalizado, aterrorizado, humilhado e ridicularizado. É preciso deplorar o caso de um número crescente de cristãos apóstatas. De cristão, só têm o nome. Eles ainda praticam sua religião, mas sem convicção, como puro ato cultural ou social. Ao dizer isso, não ignoro os milhões de cristãos heroicos que são profundamente fiéis a Cristo e seus ensinamentos. Lembrai-vos da advertência de Cristo: "não tenhais medo dos que matam o corpo e depois disso nada mais podem fazer. Vou mostrar-vos a quem deveis temer: temei aquele que depois de matar tem o poder de lançar na geena; sim, eu vos digo, a Este temei" (Lc 12, 4-5).

Nas democracias pluralistas, a tentação totalitária é o resultado de uma razão que se recusa a ser purificada pela religião. Isso dá origem à ditadura branda do relativismo e à perseguição latente que anestesia as consciências pouco a pouco, retirando dos homens a sua verdadeira liberdade. O islamismo fanático e fundamentalista vive a tentação oposta, a de uma religião que se recusa a ser purificada pela razão. Os cristãos sabem que Deus se manifesta pela consciência. Não há contradição entre a obra do Deus Criador e a Revelação. Assim, podemos afirmar que pertence à dignidade humana buscar e encontrar livremente verdade. Os cristãos confiam na razão e exigem a liberdade religiosa para que a verdade seja abraçada por todos. Pelo contrário, o islamismo impõe sua crença contra a razão, pela força, a violência. Ele prega um deus que pode ordenar o que é contrário à dignidade humana e viola a consciência e a liberdade. O islamismo fanático e fundamentalista promove uma religião fundada na obediência pura a uma lei exterior que não se revela na consciência, mas imposta pela sociedade política. Aqui, novamente, os cristãos aparecem como resistentes espirituais. Em muitos países do Oriente Médio, são os únicos a resistir, não em nome de um partido que busca tomar o poder e se impor aos outros, mas em nome dos direitos de consciência aberta à verdade.

Os mártires do islamismo proclamam o "poder da impotência" diante da violência. Penso em todos esses irmãos e irmãs no Egito, no Paquistão, na Síria, no Iraque, na Nigéria e no Sudão. São eles os modelos para nós que não vivemos a perseguição sangrenta. Eles também são uma reprovação por todos os nossos compromissos com o poder da mentira. Eles questionam o nosso cristianismo que se tornou burguês, que avança de compromissos em compromissos para evitar qualquer problema. Eles nos dizem com uma clareza que cega: Se o cristianismo pactua com a decadência do Ocidente, é porque os cristãos não são fiéis à essência de sua fé. Seus rostos são verdadeiras luzes para a Igreja do nosso tempo. Seu exemplo é verdadeiramente o fundamento da nossa esperança. Eles são o rosto de Cristo hoje.

"Os mártires são a verdadeira glória da Igreja", escreveu o papa Francisco em novembro passado aos franciscanos da Síria; nada é mais marcante que o martírio para manifestar a maneira característica de o cristão participar na história da salvação da humanidade. Os mártires têm por horizonte o Reino de Deus. Eles são a verdadeira glória da Igreja e nossa esperança. Seus testemunhos são um aviso para não nos perdermos no meio das tempestades. "Muitas vezes o mar da vida reserva a tempestade, mas das ondas existenciais nos chegam um sinal inesperado de salvação: Maria, a Mãe do Senhor, estupefata, em silêncio, olha para o inocente Filho crucificado, que enche de sentido a vida e a salvação do povo", conclui Francisco.

PARTE 4
RECOBRAR A ESPERANÇA:
A PRÁTICA DAS VIRTUDES CRISTÃS

"Nesta vida, a virtude consiste em amar o que deve ser amado. Saber escolher é prudência. Não se deixar distrair pela sedução, é temperança. Não se deixar desviar pelo orgulho, é justiça."
(Santo Agostinho, *Epístola* 155, 4, 13: PL 33, 671).

17
DEUS ABRE A SUA MÃO

NICOLAS DIAT: O senhor pintou um quadro muito sombrio do estado do mundo e da Igreja. Como abrir o caminho para uma renovação? Qual programa o senhor sugeriria seguir?

CARDEAL ROBERT SARAH: Não tenho um programa. Quando se tem um programa, o que se quer é fazer um trabalho humano. A Igreja não é uma instituição que devemos transformar ou moldar com nossas ideias. É preciso apenas receber de Deus o que ele quer nos dar.

João Paulo II já nos precavia contra essa tendência de elaborar programas de igreja em sua carta apostólica *Novo millennio ineunte*: "O programa já existe: é o mesmo de sempre, expresso no Evangelho e na Tradição viva. Concentra-se, em última análise, no próprio Cristo, que temos de conhecer, amar, imitar, para n'Ele viver a vida trinitária e com Ele transformar a história até à sua plenitude na Jerusalém celeste. É um programa que não muda com a variação dos tempos e das culturas, embora se tenha em conta o tempo e a cultura para um diálogo verdadeiro e uma comunicação eficaz. Este programa de sempre é o nosso programa para o terceiro milênio" (29).

Recordo-me de um belíssimo texto do cardeal Ratzinger em que ele se pergunta o que deveria ser a reforma da Igreja. Ele compara a Igreja a uma estátua. Michelangelo, quando recebeu um bloco de mármore, já viu a estátua prisioneira dentro do mármore informe. Para ele, esculpir era como remover o excesso ao redor da estátua. Da mesma forma, não precisamos esculpir o corpo da Igreja de acordo com nossas pequenas ideias. Não temos que inventar uma Igreja. A Igreja é a obra de Jesus. Temos que remover todo o excedente que os nossos pecados e compromissos com o mundo acrescentaram à sua obra, a ponto de acabar mascarando sua beleza. Sim, retiremos todas as camadas de mundanismo, de covardia, de pecados que escondem aos olhos de todos a santidade, o esplendor e a beleza divina da Igreja de Deus. O que encontraremos então? Primeiro, as virtudes cristãs. Elas nos são dadas por Deus para divinizar nossa natureza humana. Nós as recebemos no batismo e são o cortejo que acompanha a presença da Trindade em nossas almas. Elas são o nosso dinamismo espiritual.

A palavra virtude significa em grego "excelência". As virtudes levam cada uma de nossas faculdades à sua mais perfeita realização. Com base nas virtudes cristãs, temos a certeza de não nos enganarmos.

Qual é a primeira virtude que o senhor gostaria de mencionar?

Gostaria de começar lembrando a importância da prudência. Essa virtude nos faz encontrar meios concretos de implementar os propósitos escolhidos. Cada vez mais, somos tentados por um cristianismo desencarnado. Muitas vezes ouço pregar uma religião de "boas intenções". Mas a melhor das intenções acaba se tornando um sonho ou uma miragem, se não for transformada em realidade posta em ato.

Não é suficiente ter ideias generosas ou grandes desejos. É preciso também implementá-los. Já pus em relevo essa patologia característica do espírito moderno: sob o pretexto de ser "espiritual", desprezamos os meios concretos, cedendo à tentação de um cristianismo tão "puro" que acaba sendo intelectual. Basicamente, negamos a Deus a oportunidade de se encarnar e de entrar no coração de nossas vidas. Pergunto-me se não há por trás dessa atitude uma forma sutil de orgulho. Não se recusa simplesmente a nossa natureza criada, com as suas limitações? Não se recusa receber essa natureza como um presente de que não somos o autor? Não há nisso um eco secreto da revolta luciferina secreta contra a condição de criatura?

Nosso relacionamento com Deus deve ser baseado em atitudes e gestos. Naturalmente, o essencial se passa dentro do coração. Às vezes, porém, acabamos por desprezar os meios concretos de preservar e desenvolver esse relacionamento interior com Deus. A prudência consiste em passar ao ato, caso contrário, as melhores intenções continuam sendo desejos piedosos.

Vejamos alguns exemplos. Muitas vezes, ouço cristãos pretensamente esclarecidos desprezar as formas de devoção popular como as peregrinações, o rosário, as procissões em honra do Santíssimo Sacramento do corpo e sangue de Jesus Cristo ou genuflexão diante de Jesus Eucaristia. É preciso opor a este ponto a fé e a religião? O que seria de um amor humano que nunca se expressasse externamente? A pura interioridade é ilusória. A prudência nos ensina que precisamos de gestos sagrados. Precisamos nos ajoelhar humildemente e por amor, precisamos calar, cantar. Precisamos desses sinais externos. São Paulo VI não temeu lembrá-lo em sua audiência geral de 15 de junho de 1965: "Convém observar que a manifestação exterior do sentimento religioso é não apenas um direito, mas também um dever, em razão da própria natureza humana que recebe, dos sinais externos, um estímulo para a sua atividade interior, a qual, por sua vez, é expressa nos signos exteriores, dando-lhe todo o seu significado e valor social. [...] Consequentemente, a exterioridade religiosa, quando não é nem superstição nem fim em si mesma, serve por assim dizer de veste para as coisas divinas que ela torna acessível à nossa faculdade de conhecer. Permite-nos, de alguma maneira, apresentar à Majestade celeste o tributo de uma oferta terrena".

Isto é verdade também no campo da penitência. Temos medo de ser muito materialistas. Assim, sob o pretexto de sermos mais espirituais, reduzimos o jejum a um puro movimento interior. O jejum cristão, para se tornar o jejum do coração, deve primeiro ser o jejum do corpo. Assim, o jejum da Quaresma deveria ser uma bela cerimônia da comunidade cristã. O ascetismo cristão não é um inimigo do corpo, mas uma disciplina com vista ao controle de si e ao desejo de envolver o corpo no impulso de nossa alma para a santidade.

Penso também na vida dos clérigos. Os ensinamentos dos últimos papas colocam admiravelmente os alicerces de uma verdadeira espiritualidade sacerdotal. Resta traduzi-los em meios concretos. Bento XVI e Francisco vislumbraram uma reforma espiritual da vida do clero, que deveria começar com uma reforma espiritual da vida da Cúria. A prudência cristã consiste em buscar meios concretos à luz da fé. Em vez de copiar as instituições burocráticas do mundo secular, voltemos aos meios que os apóstolos estabeleceram desde os primeiros dias do cristianismo. Os Atos dos Apóstolos nos mostram: para praticar concretamente o Evangelho, os clérigos devem centrar suas vidas na palavra de Deus, na oração comum e na celebração da Eucaristia. É preciso que voltem a ouvir São Paulo com toda a atenção e seriedade possível: "Sede meus imitadores como eu o sou de Cristo" (1Cor 11, 1). Para preservar a castidade, devem levar uma vida comum de pobreza, caridade e obediência. Como podemos nos surpreender com a invasão sorrateira do secularismo na mentalidade dos pastores que vivem na opulência? Nesta área, a prudência cristã consiste em tomar os meios concretos de uma vida pobre. Não se pode estar satisfeito com um pretenso espírito de pobreza que paira sobre uma vida concretamente orientada para o consumo de bens materiais. Em setembro de 2001, em uma homilia, São João Paulo II declarou: "É o caminho da pobreza que nos permitirá transmitir aos nossos contemporâneos os frutos da salvação. Como bispo, somos chamados a ser pobres a serviço do Evangelho".

Do mesmo modo, a vida do clero deve seguir concretamente os preceitos da santidade. Como lembrou Bento XVI aos católicos irlandeses em 19 de março de 2010, as causas mais profundas da multiplicação do abuso infantil estão no abandono deste ideal: "Com frequência as práticas sacramentais e devocionais que sustentam a fé e a tornam capaz de crescer, como a confissão frequente, a oração quotidiana e os ritos anuais, não foram atendidas. Determinante foi também neste período a tendência, até da parte de sacerdotes e religiosos, para adotar modos de pensamento e de juízo das realidades seculares sem referência suficiente ao Evangelho". Como pode um padre permanecer fiel se sua vida não estiver estruturada por esses meios de confissão e direção espiritual?

No entanto, devemos ir mais longe. Bento XVI observa entre as causas da multiplicação das infidelidades em relação ao compromisso do celibato "uma tendência, ditada por reta intenção mas errada, a evitar abordagens penais em relação a situações canônicas irregulares". Em minha opinião, este ponto é particularmente importante. Precisamos recuperar o sentido de penalidade. Um padre que comete um erro deve ser punido. Fazê-lo é demonstrar caridade para com ele, pois permite que se corrija e faça penitência. Mas também é justiça para o povo cristão. Um padre que falta à castidade deve receber uma pena. O Direito Canônico (Cân.1340) prevê várias maneiras de proceder a essa correção. Ele deveria ser enviado por certo tempo a um mosteiro, a fim de fazer penitência. Sob o pretexto da misericórdia, simplesmente se move geograficamente os padres que caíram em faltas inclusive nos casos dramáticos de atos pedófilos. A credibilidade de toda a Igreja está abalada. Reencontrar o sentido do direito penal é uma urgência. Quem sabe quantas almas sacerdotais poderiam ter sido salvas se alguém tentasse corrigi-las antes que o irreparável fosse cometido?

Quero lembrar aos bispos que sua responsabilidade como pais está em jogo: Um pai pode educar seus filhos sem puni-los? Creio que eximir-se desse meio, sob pretexto de misericórdia ou de uma pretensa fé adulta, é a manifestação mais prenhe de clericalismo tantas vezes denunciado pelo papa Francisco.

Devemos nos servir dos meios que façam valer as nossas intenções profundas. Ser prudente consiste em dar a si mesmo os meios concretos para alcançar a união com Cristo e viver como cristão. Isso supõe não viver no diapasão do mundo. É hora de recuperar a coragem do anticonformismo. Os cristãos devem ter a força para formar um oásis onde o ar seja respirável, onde, simplesmente, a vida cristã seja possível. Nossas comunidades devem ser esses oásis no meio do deserto. Devemos dar tempo à oração, à liturgia e à caridade.

O mundo se organiza contra Deus. Nossas comunidades precisam se organizar, não apenas para dar espaço para esse oásis, mas também para colocá-lo no centro. Fico impressionado ao ver que muitas famílias cristãs escolhem se estabelecer perto de um mosteiro ou de paróquia viva. Elas querem viver no ritmo da Igreja e fazer da sua existência uma verdadeira liturgia. Querem que seus filhos não tenham ideias cristãs meramente abstratas, mas experimentem a realidade de um ambiente impregnado da presença divina e de uma intensa vida de oração e caridade: "Precisamos abrir lugares de experiência da fé para aqueles que estão à procura de Deus", disse Bento XVI.

Não pensemos que podemos viver como cristãos se adotarmos todas as atitudes de um mundo sem Deus. Por força de não se viver como se crê, acaba-se por crer como se vive.

Ser cristão não é apenas uma disposição da alma, mas um estado de vida. Os monges levam essa disposição a sério. Em um mosteiro, tudo é organizado para nos lembrar da presença de Deus e da necessidade da caridade fraterna. Os leigos cristãos devem se organizar para que sua vida cotidiana concreta não os afaste de Deus e lhes permita uma verdadeira coerência com sua fé. Esta implica repensar todas as relações sociais e profissionais, o modo como devemos nos descontrair, nos instruir, nos informar e educar as crianças. Não podemos confiar em um mundo cujo fundamento é o ateísmo. A prudência cristã nos manda inventar os meios de uma vida pessoal, familiar e social organizada de acordo com Cristo.

A virtude da temperança tem má reputação atualmente. Ela ainda tem um lugar entre as virtudes cristãs?

Como podemos fingir ser discípulos de Cristo, que nem sequer tem uma pedra para descansar a cabeça, se vivemos na opulência? Como pode um padre fingir imitar a Cristo se não lhe falta nada? Se ele tem um estilo de vida burguês e mundano, se sua consagração sacerdotal não o distingue das pessoas do mundo? A temperança é a virtude que nos faz buscar a excelência no uso dos prazeres. O prazer é bom em si mesmo, porque é criado e desejado por Deus.

A sociedade de consumo faz do prazer e da posse um fim em si mesmo e um ídolo. Como toda idolatria, o consumo a todo custo desvia os homens de Deus. Temperança é essa medida, essa simples sobriedade que protege, em nós, a vida interior e nos abre à contemplação. O senhor sabe quão próximo eu sou dos monges. Como suas vidas banhadas em louvor e na busca por Deus nos levam a crescer na vontade de Deus e a nos esforçar constantemente na direção da perfeição. Com eles, aprendemos pacientemente a ir do carnal ao espiritual. No mosteiro, aprendemos que o ascetismo é apenas uma disciplina da força da alma no domínio do corpo, a fim de fazê-lo participar do esplendor das realidades espirituais. Assim, São Bernardo de Claraval pôde escrever para Guigo, prior da Grande-Chartreuse: "Como somos carnais e nascemos da concupiscência da carne, a cupidez, isto é, o amor, deve começar em nós pela carne; mas, se for dirigido no bom caminho, ele avança gradativamente sob a conduta da graça e não pode deixar de alcançar a perfeição pela influência do Espírito de Deus; pois o que é espiritual não precede o que é animal; pelo contrário, o espiritual só vem em segundo lugar; assim, antes de trazermos em nós a imagem do homem celeste, devemos começar trazendo a do homem terrestre". Os monges são espelhos e modelos a seguir. Considerem o seu exemplo. Eles levam uma vida simples, sóbria e humilde. Não pense que eles desprezam o corpo. Pelo contrário, sabem como colocá-lo em seu lugar. Sabem da necessidade da contemplação. Além disso, os monges vivem bastante. São mais saudáveis do que a maioria dos ocidentais empanturrados de produtos de consumo mais ou menos adulterados.

Acho que temos que encontrar o sentido da medida. Fico impressionado com o fato de que, nos países ricos, já não sabemos como nos alegrar e festejar de maneira simples. A alegria não passa necessariamente pelo excesso, pelo falta de medida, pela devassidão dos meios. A temperança cristã se expressa nas alegrias familiares simples e sóbrias. Infelizmente, as modernas tecnologias de comunicação, ao difundir imagens cada vez mais excessivas, criam desejos e invejas. O excesso tornou-se a regra. Foi-me dito que certas famílias atrasam batismos ou casamentos por vários anos para organizar uma festa mais luxuosa. Que inversão! A intemperança cria o orgulho da desmesura, do excesso.

A temperança deve presidir o nosso relacionamento com a tecnologia. O poder representado por meios tecnológicos lisonjeia e nos tenta. Queremos ser cada vez mais poderosos, cada vez mais conectados, sempre menos dependentes de nosso corpo. A intemperança poderia nos conduzir à atitude luciferina de recusar qualquer limite. Na encíclica *Laudato si'*, o papa Francisco afirma que "o homem que é o seu protagonista sabe que, em última análise, não se trata de utilidade nem de bem-estar, mas de domínio; domínio no sentido extremo da palavra" (108).

Em vez de estender a mão à natureza para recebê-la curvando-nos às possibilidades que nos oferece, queremos possuí-la, manipulá-la e submetê-la. Entramos na inquietude de quem quer sempre mais e se entristece por não possuir mais ainda. Isto é verdade tanto para indivíduos como para as nações. A tristeza e a ansiedade são os frutos venenosos da intemperança.

Ao contrário, proponho um alegre autocontrole. Em 1993, em seu *Discurso de Liechtenstein*, Alexander Soljenítsin observava: "Chegou a hora de limitar nossos desejos. É difícil chegar ao sacrifício e à renúncia, pois em nossa vida privada, como em nossa vida pública e política, há muito tempo nós lançamos no fundo do oceano a chave de ouro da moderação. Mas o autocontrole é a ação mais importante e a mais sábia para todo homem que alcançou sua liberdade. [...] Não há mais que uma maneira de experimentar o sentimento de uma verdadeira satisfação espiritual: não aproveitar algo, mas recusar aproveitar. Por outras palavras, [satisfação espiritual] no autocontrole [...] limitar-nos é a única maneira de preservar tudo. Isso nos ajudará a reencontrar a consciência do Altíssimo que está lá, acima de nós, como um sentimento perdido: a humildade diante dele". Essa reflexão é de grande importância. Na temperança, o que está em jogo em última instância é nossa capacidade de adoração. O consumo excessivo anestesia a vida contemplativa e dá a ilusão de poder. A sociedade de consumo inebria; ela erige o homem contra Deus. Como um homem que cambaleia porque bebeu demais, o homem ocidental desafia Deus e se recusa a adorá-lo. Ele pensa que é onipotente, embora nunca tenha sido tão frágil.

A intemperança e o consumo destroem a amizade entre os homens e dissolvem os laços que unem as nações. "Se não aprendermos a controlar firmemente os nossos desejos e exigências, a subordinar nossos interesses a padrões morais, a humanidade será reduzida a se dilacerar, pois os piores aspectos da natureza humana mostrarão seus dentes. [...] se uma personalidade não é orientada para valores mais elevados do que a preocupação exclusiva de si mesmo, então inevitavelmente a corrupção e a decadência assumem o controle", disse ainda Alexander Soljenítsin no mesmo texto.

É difícil sair dessa lógica. A sociedade de consumo é um sistema ao qual todos parecem acorrentados. Acredito que é preciso ter coragem para realizar atos proféticos. Cabe aos cristãos de nosso tempo ser inventivos, mesmo que isso implique certa marginalização. Em seu livro *A fé em crise?*, o cardeal Ratzinger escreveu: "É hora de o cristão redescobrir a consciência de pertencer a uma minoria e de estar frequentemente em oposição ao que é óbvio, lógico, natural, para o que o Novo Testamento chama – e certamente não em sentido positivo – 'o espírito do mundo'. É hora de redescobrir a coragem do anticonformismo, a capacidade de se opor, de denunciar muitas das tendências da cultura circundante, renunciando a certa solidariedade eufórica pós-conciliar".

A temperança é fonte de alegria e bondade. Os cristãos devem inventar novas formas de trabalho e de consumo. Também neste domínio, num mundo consumista, eles são dissidentes.

O senhor fala de oposição ao mundo, não é este o próprio lugar em que a virtude da força aparece?

O senhor está certo. A fortaleza é essa virtude que nos permite enfrentar os perigos corporais e espirituais. Muitas vezes, ao se protestar um desejo de gentileza e benevolência, conseguiu-se apagar a verdadeira fortaleza cristã. Jesus nos diz que somos o sal da terra, não o açúcar do mundo!

Felizes os que são doces! Ai dos moles e dos mornos! Os cristãos devem se reapropriar desta bela virtude da fortaleza que se casa tão bem com a gentileza. Eles devem saber que serão sempre um sinal de contradição para o mundo. O Senhor não nos pediu que não tivéssemos inimigos, mas que o amássemos.

A fortaleza cristã deve nos dar coragem para enfrentar sem medo o riso desdenhoso dos conformistas, dos meios de comunicação e das chamadas elites. Precisamos recuperar a audácia de desafiar a inquisição secularista que, do alto da autoproclamada autoridade, distribui certificados de bom comportamento, mas também estigmatiza. Nossa referência não está neste mundo! Não temos nada a ver com os aplausos da sociedade, nossa cidade está no céu!

Nossa fortaleza não é obstinação, violência ou rigidez. Ela é a confiante e alegre certeza que fez São Paulo exclamar: "Se Deus é por nós, quem será contra nós?" (Rm 8,31).

Nossa fortaleza está fundada na fé em Deus. Não temos medo de desafiar este mundo porque não o fazemos em nome do poder temporal. Nossa força não depende do dinheiro, da poderosa pressão dos meios de comunicação, da influência ou poder militar. Nossa força é a de Jesus. Em janeiro de 2013, poucas semanas antes de sua renúncia, Bento XVI, cansado, falou com voz frágil: "Deus parece fraco, se pensarmos em Jesus Cristo que ora, que se deixa matar. Uma atitude aparentemente fraca, feita de paciência, doçura e de amor, demonstra que essa é a verdadeira maneira de ser poderoso! Esse é o poder de Deus! E esse poder vencerá!" O único e verdadeiro poder de Deus é o poder do amor que morre na cruz para nossa salvação.

A fortaleza cristã é a dos mártires que sorriem para seus executores. Pouco tempo atrás, me contaram a história desse tuaregue[1] de 15 anos que estava prestes a matar um jovem cristão maliano de sua

---

[1] Os tuaregues são um povo berbere constituído por pastores seminômades, agricultores e comerciantes. São os principais habitantes da região sahariana do norte da África (N.T.).

idade. Ele está armado e quando ele se aproximou da vítima que tinha escolhido o jovem do Mali sorriu para ele e disse-lhe: "Antes de você me matar, só quero dizer que eu tenho uma mensagem para você: Jesus lhe ama. Então o tuaregue fugiu, subjugado pela força da verdade. Ele se converteu, foi espancado, foi torturado. Teve que fugir de seu país e de sua família. Quem era violento tornou-se forte, da força de Cristo. Em outubro de 2011, em uma homilia, Bento XVI nos disse: "Quem quer ser discípulo do Senhor, seu enviado, tem como consequência o estar pronto também à paixão e ao martírio, a perder a própria vida por Ele [...] devemos estar dispostos a pagar pessoalmente, a padecer em primeira pessoa a incompreensão, a rejeição e a perseguição. Não é a espada do conquistador que constrói a paz, mas a espada do sofredor, de quem sabe entregar a própria vida".

Em nosso mundo, o martírio já não está reservado aos países muçulmanos. É preciso muita força para ser pai e mãe hoje. Precisamos de uma verdadeira magnanimidade, essa virtude que nos leva a fazer grandes coisas, para ousar a aventura de uma família cristã. Quero dizer a todos os pais cristãos que eles são a glória da Igreja do século XXI: seu testemunho é às vezes um martírio diário. Vocês devem enfrentar o desprezo do mundo ao escolherem dar a vida. Devem afrontar a precariedade e a incerteza do amanhã. Mas sua missão é grande! Vocês carregam a esperança do mundo e da Igreja! Os sorrisos e a alegria de seus filhos são a sua maior recompensa! Sejam firmes! Agarrem-se à fé! Por sua fidelidade ao ensinamento de Cristo acerca do matrimônio e da família, por suas provas diárias de amor, vocês lançam as sementes da esperança. Logo será o tempo da colheita.

Sei também quão fortes devem ser os sacerdotes e as pessoas consagradas: caros padres, às vezes vocês trabalham na obscuridade, com um sentimento de fracasso. Mesmo que o barco pareça tomado pela tempestade, aguentem firme! Não cedam aos discursos confusos. Não desistam da tradição da Igreja: isso lhes afastaria de suas raízes. O barco é batido pela tempestade; a água entra em quantidade: mantenham firme o barco, ou, por outras palavras, mantenham a doutrina e orem intensamente. Olhem para Cristo e não para a violência do vento. Não tenham medo! Jesus está conosco, Ele é quem segura o timão. A Igreja é o único barco que nunca irá a naufrágio! Abracemos a cruz sem nunca nos afastar. Ela é o verdadeiro sinal da fortaleza cristã. A fortaleza que tudo dá mas nada abandona!

A todos os cristãos, gostaria de dizer que nossa força contra esse mundo de violência e mentiras é a verdade de Cristo. Em 1972, quando recebeu o Prêmio Nobel, Alexander Soljenítsin declarou: "A violência não está sozinha, ela está intimamente associada, pelo mais estreito dos laços naturais, com a mentira. [...] Qualquer um que tenha escolhido a violência como meio deve, inexoravelmente, escolher a mentira como regra. Em princípio, a violência age a céu aberto e até com orgulho. Mas assim que se fortalece, quando está firmemente estabelecida, ela sente que o ar se rarefaz em torno dela e ela não pode sobreviver sem penetrar numa névoa de mentiras, disfarçando-as com palavras adocicadas. Ela não corta necessariamente a garganta; na maioria das vezes, ela exige apenas um ato de lealdade à mentira, uma cumplicidade. E o simples ato de coragem de um homem simples é o de recusar a mentira: "Deixe o mundo fazê-lo, que seja a sua lei – mas sem mim. [...] E assim que a mentira for confundida, a violência aparecerá em sua nudez e fealdade. E a violência, então, entrará em colapso".

Essas palavras são proféticas! Chegamos a uma idade em que o mundo não cessa de solicitar nossa cumplicidade com mentira. A fortaleza cristã é a da verdade e da nossa fé, a do amor de Deus que foi derramado em nossos corações pelo Espírito Santo que nos foi dado (Rm 5, 5). A verdade é o meio em que a fé e o amor são vividos de maneira autêntica. É por isso que precisamos criar ilhas da verdade. Cada família cristã, cada escola, cada paróquia deve se tornar uma ilha onde toda mentira é banida, um lugar onde nós recusamos qualquer compromisso com a ideologia do mundo, o relativismo e a sedução. As relações humanas devem se tornar verdadeiras e simples novamente. É nossa responsabilidade fazer a verdade entrar em todos os lugares, nas profissões, nas relações profissionais, políticas e sociais. Eis a força cristã: recusar a mentira. A verdade nos libertará, a verdade é a nossa força!

Ouvindo o senhor, tem-se a sensação de que todas as relações humanas dos cristãos devem ser transformadas. A virtude que rege essas relações e que deve permitir trabalhar pela mudança, não é justiça?

Sim, a justiça é a virtude que torna possível dar a cada um o que lhe é devido. Ela começa, naturalmente, por nossos próprios pais. Eles nos deram a vida! Mais uma vez, quero prestar homenagem a todos os pais do mundo. Nós devemos honrá-los. A piedade filial é uma forma de justiça. Os cristãos devem ter um senso de piedade para com os mais velhos. A África conhece essa virtude. No meu continente, um homem idoso não é considerado um problema por ser preciso cuidar dele e alimentá-lo quando ele já não produz nada. Os antigos garantem a transmissão. Eles são nossos arquivos, nossas bibliotecas e guardiães de nossas tradições. Sem eles, os povos tornam-se órfãos: sem pertença, sem origem, sem memória, sem história, sem cultura, sem tradição. Se já não honramos os nossos idosos, não poderemos amar a nossa pátria. Eles nos conferem a nossa identidade. Eles nos moldam pela sua linguagem, seus costumes, sua história e sua cultura. Devemos-lhes honra e afeto. O papa Francisco escreveu em 1º de novembro de 2018: "Não existem identidades de laboratório, não existem. Cada identidade tem história. E tendo história, tem pertença. A minha identidade vem de uma família, de um povo, de uma comunidade. Não podeis falar de identidade sem falar de pertença. Identidade significa pertencer. [...] Não vos deixeis manipular. Cuidai a vossa pertença. Até quando vemos entre nós pessoas que nada respeitam. Quantas vezes ouvimos dizer: 'não confies em fulano, pois até venderia a sua mãe'. Cada um se questione: Vendo a minha pertença? Vendo a história do meu povo? Vendo a cultura do meu povo? Vendo a cultura e aquilo que recebi da minha família? Vendo a coerência de vida? [...] Não vendais a nossa parte mais profunda, que é a pertença, a identidade".

A justiça consiste, em primeiro lugar, em reconhecer que somos herdeiros de nossa história. Devemos nos orgulhar de nossa pátria, estar conscientes de que pertencemos a uma comunidade de herança e destino por nosso nascimento, sem, contudo, cair na idolatria nacional. Uma identidade assumida é o penhor da vida fraterna entre os povos. Os próprios migrantes devem entrar nesse sentido de pertença a uma comunidade de herança e de destino quando se instalam definitivamente em um país que os acolhe. Sua identidade então se amplia, ela se modifica. Eles se tornam herdeiros por adoção. Eles recebem de todos os deveres que os filhos têm de honrar e amar o país que os adotou.

Ao afastar as pessoas de sua herança, negando-lhes esse sentimento de pertencimento, elas se transformam em órfãs culturais: elas se tornam frágeis, desenraizadas e entregues à barbárie. Ser um bárbaro é viver sem estar vinculado a nenhuma herança, seja histórica, cultural ou nacional. Fico impressionado ao ver que, no Evangelho, Jesus ama seu povo e estremece de compaixão diante do sofrimento das pessoas. Jesus ama sua terra natal a ponto de chorar sobre Jerusalém. Ele tem um relacionamento profundo com a cidade que encarna o destino e a história de seu povo. Sem esse sentido vital de pertencimento, sentimo-nos sós, perdidos e abandonados. A piedade filial é uma forma de justiça cristã muitas vezes esquecida e, contudo, fundamental. Esse sentimento de pertencimento filial, fundador de toda civilização, faz-se ainda mais importante ao se considerar que vivemos em uma época em que as relações entre os povos ou entre as pessoas se reduzem a relações de concorrência econômica.

Vivemos efetivamente sob o domínio de uma ideologia que diz que a economia deixada a si mesma pode substituir a virtude da justiça para regular as relações humanas. O liberalismo mercantil partilha este postulado com o marxismo. Ambos querem reduzir o ser humano a produtor e consumidor. Ambos rejeitam qualquer ideia de justiça que não seja estritamente o resultado de uma estrutura econômica. Trata-se de duas ideologias totalitárias. O projeto de excluir da regulação do mercado a virtude da justiça significa entregar o homem ao mecanismo carnívoro da concorrência e do lucro globalizado. Em setembro de 2001, João Paulo II disse numa catequese: "Como bispos, somos chamados, portanto, a ser pobres a serviço do Evangelho. Ser servidores da palavra revelada, que, quando é necessário, levantam a sua voz em defesa dos últimos [...] Ser profetas que põem, em evidência, com coragem os pecados sociais ligados ao consumismo, ao hedonismo, a uma economia que produz uma inaceitável diferença entre luxo e miséria, entre um pequeno número de 'maus ricos' e inumeráveis 'Lázaros' condenados à miséria". Para que tais palavras sejam críveis, é necessário que nossa vida seja efetivamente sóbria, desapegada dos bens materiais, realmente muito pobre!

Precisamos da verdadeira liberdade de mercado para desenvolver uma economia justa. Mas essa liberdade deve estar imbuída da virtude da justiça. Nossa liberdade tem um propósito, um conteúdo, ela deve florescer em uma forma de amizade. Não pode deixar o caminho aberto aos apetites de posse, deixando às hipotéticas leis do mercado o cuidado de regular esses desejos desenfreados.

Bento XVI afirmou magistralmente este princípio na encíclica *Caritas in veritate*: "Nas relações comerciais, o princípio de gratuidade e a lógica do dom como expressão da fraternidade podem e devem encontrar lugar dentro da atividade econômica normal" (36). Precisamos repensar a essência mesma da relação econômica, a qual não se reduz a uma relação de mercado. Deve-se tornar, em sentido próprio, uma relação justa entre homens justos. A relação econômica deve, portanto, ser essencialmente mercadológica e aberta à gratuidade.

Em sua mensagem de 1º de janeiro de 2012, Bento XVI declarou: "Não podemos ignorar que certas correntes da cultura moderna, apoiadas por princípios econômicos racionalistas e individualistas, alienaram o conceito de justiça mesmo em suas raízes transcendentes, separando-o da caridade e da solidariedade: a cidade do homem não é constituída somente por relações de direitos e deveres, mas sobretudo, e em primeiro lugar, por relações de gratuidade, misericórdia e comunhão. A caridade sempre manifesta o amor de Deus, inclusive nas relações humanas. Ela confere um valor teológico e salvífico a todo compromisso com a justiça no mundo". Há nessas palavras uma profundidade na concepção da economia que me impressiona. A liberdade abre a relação econômica à relação justa, a qual se realiza na caridade fraterna que rende glória a Deus. É difícil avaliar o quão profundamente Bento XVI renovou a doutrina social da Igreja. Ele fez uma síntese profunda e conferiu amplo alcance à noção de justiça, ligando-a à da caridade.

A caridade supera a justiça, porque amar é dar, oferecer-se aos outros; mas a caridade não pode existir sem a justiça que leva a dar ao outro o que é dele, isto é, o que lhe é devido por causa de seu ser e de seu agir. Não posso "dar" ao outro do meu sem lhe dar o que lhe pertence segundo a justiça. Quem ama aos outros com caridade é, em princípio, justo para eles. A justiça não é estranha à caridade, ela não é um caminho alternativo ou paralelo à caridade, mas a justiça é inseparável da caridade. É intrínseco a ela. A justiça torna-se o primeiro caminho de caridade ou, como disse Paulo VI, o seu "mínimo", parte integrante deste amor "em atos e em verdade" (1Jo 3,18). Além disso, diz ainda Bento XVI em sua encíclica *Deus caritas est,* "O amor — *caritas* — será sempre necessário, mesmo na sociedade mais justa. Não há qualquer ordenamento estatal justo que possa tornar supérfluo o serviço do amor. Quem quer desfazer-se do amor, prepara-se para se desfazer do homem como homem. Sempre haverá sofrimento que necessita de consolação e ajuda. Haverá sempre solidão [...]. A afirmação de que as estruturas justas tornariam supérfluas as obras de caridade esconde, de fato, uma concepção materialista do homem: o preconceito segundo o qual o homem viveria 'só de pão' (Mt 4, 4; cf. Dt 8, 3) — convicção que humilha o homem e ignora precisamente aquilo que é mais especificamente humano" (28b).

No entanto, as relações em nossa sociedade globalizada se desenvolvem na direção oposta, aproximando-se do limite além do qual o sistema perderá seu equilíbrio e entrará em colapso. A violência, cada vez menos estorvada pelas restrições impostas por séculos de legalidade, abrasa o Ocidente. Mais que isso, não é apenas a força bruta que triunfa do lado de fora, mas sua justificação entusiasta.

O mundo é varrido pela crença cínica de que a força pode tudo e que a justiça é impotente. Os demônios de Dostoiévski rastejam pelo mundo, diante de nossos olhos, contaminando regiões que, até recentemente, não poderíamos sequer imaginar. Por meio de destruições e atos terroristas, as explosões e incêndios niilistas dos últimos anos, eles manifestam sua vontade de abalar e destruir a civilização. E eles poderiam chegar a esse ponto facilmente.

O mundo, subitamente civilizado e tímido, não encontrou nada que se opusesse ao renascimento brutal da barbárie, exceto sorrisos e concessões. O espírito de capitulação é uma doença da vontade que grassa entre os povos abastados. Há um estado de espírito permanente entre aqueles que se abandonaram à busca da prosperidade a qualquer preço, aqueles para os quais o bem-estar material se tornou o objetivo da vida na terra. Esses homens – e há muitos deles no mundo de hoje – escolheram a passividade e o distanciamento a fim de prolongar um pouco seus prazeres diários que os fazem fugir da dificuldade de amanhã. O preço da covardia é sempre o mal. Só colheremos a vitória se tivermos coragem de fazer sacrifícios.

18
QUE DEVEMOS FAZER?

Nicolas Diat: Seu diagnóstico parece muito sombrio. Não lhe falta a esperança?

Cardeal Robert Sarah: Esperança não é um otimismo beato! A esperança de um crente tem sua fonte em Deus, só podemos esperar realmente na medida em que estamos ligados a Deus, abertos à sua influência. A esperança é um combate constante. Nesta luta, brandimos apenas as armas da oração, do silêncio, da palavra de Deus e da fé. É preciso que se ergam homens e mulheres que tenham a coragem e a energia espiritual para falar e agir, semeando em torno de si sementes de bom senso, verdade, amor e paz. Sim! A esperança é um duro combate. O *Catecismo da Igreja Católica* nos diz que "A esperança é a virtude teologal pela qual desejamos o Reino dos céus e a vida eterna como nossa felicidade, pondo toda a nossa confiança nas promessas de Cristo e apoiando-nos, não nas nossas forças, mas no socorro da graça do Espírito Santo". Essa virtude robustece a nossa confiança. Não temos nenhuma dúvida, Jesus nos disse: "Eu venci o mundo". Ele é o vitorioso.

A NOITE SE APROXIMA E O DIA JÁ DECLINOU

Os cristãos são pacíficos e confiantes porque sabem que Cristo já venceu. Não é a nossa força ou o nosso poder que nos tranquilizam. A Igreja deve permanecer pacífica e serena diante de todos os poderes que fazem coalizão para zombar dela. Nossa esperança está fundada na bondade ilimitada de Deus. A esperança cristã é tranquilizadora e exigente: "'Enquanto formos cordeiros, venceremos e, mesmo se estivermos cercados por muitos lobos, conseguiremos vence', disse João Crisóstomo, mas se nos tornarmos lobos, seremos derrotados, porque seremos privados da ajuda do Pastor. Os cristãos nunca devem ceder à tentação de se tornarem lobos entre lobos. Não é com o poder, com a força, com a violência que o Reino pacífico de Cristo se estende, mas com o dom de si, com amor levado ao extremo, mesmo no que diz respeito a nossos inimigos", declarou Bento XVI em outubro de 2011. A esperança nos permite estar perfeitamente lúcidos em nosso diagnóstico.

Gostaria de enfatizar quão dinâmica é a virtude da esperança. Isso nos leva a desejar a vida eterna como nossa felicidade última. Está lá, no céu, no paraíso, em Deus, no próprio coração da Trindade, que foi lançada a âncora da nossa esperança. Nós não desejamos um reino terrestre. Sabemos que este mundo passará e que o Reino dos Céus nunca será estabelecido na terra. Desse ponto de vista, parece-me que nós, padres e bispos, não pregamos o suficiente sobre o objeto de nossa esperança: o céu.

No passado, falava-se dos fins últimos. Não havia praticamente nenhum retiro sem uma meditação sobre este assunto. Às vezes, temos a impressão de que a esperança cristã se secularizou. Hoje, diz João Paulo II em sua encíclica *Redemptoris missio*: "A tentação hoje é reduzir o cristianismo a uma sabedoria meramente humana, como se fosse a ciência do bom viver. Num mundo fortemente secularizado, surgiu uma 'gradual secularização da salvação', em que se procura lutar, sem dúvida, pelo homem, mas por um homem dividido ao meio, reduzido unicamente à dimensão horizontal. Ora nós sabemos que Jesus veio trazer a salvação integral, que abrange o homem todo e todos os homens, abrindo-lhes os horizontes admiráveis da filiação divina" (11). Não esperamos nada mais que um mundo melhor, mais solidário, mais ecológico, mais aberto e mais justo. Isso não basta para nutrir uma esperança teologal. O objeto do nosso desejo é o próprio Deus! Nosso coração é grande demais para esse mundo limitado! Devemos fazer nosso o clamor de Santo Agostinho: "Fizeste-nos para vós, Senhor, e nosso coração está inquieto enquanto não descansar em vós" (*Conf. 1, 1: PL 34, 661*). Sim, estamos apertados no mundo criado. Apenas Deus pode saciar a nossa sede de felicidade! Se nossos contemporâneos abandonam nossas igrejas, muitas vezes é porque eles chegam com o desejo de Deus e que tentamos saciá-los com bons sentimentos, humanos, demasiadamente humanos! Não vivamos aquém da nossa condição! Somos filhos de Deus, portanto herdeiros, herdeiros de Deus e coerdeiros de Cristo, uma vez que sofremos com ele para sermos tão glorificados com ele e partilhar da sua felicidade eterna (cf. Rm 8,17). Como dizem os padres do Oriente, somos chamados a ser divinizados em plenitude. Eis o que é o céu!

Talvez seja o medo do inferno que nos torna tão pusilânimes ao pregar a nossa vocação divina à santidade. Só podemos nos deixar divinizar pelo Espírito Santo, aceitando-o livremente. O homem que recusa este dom se afasta definitivamente de Deus. O inferno é a realidade dessa separação. Por querermos delir a sombra trágica que produz a grandeza e a radicalidade de nossa liberdade, afastamos o homem de sua vocação para a eternidade divina, a bem-aventurança divina e o próprio Deus. A esperança cristã, ao contrário, apoia o nosso desejo por Deus. Ela dilata o coração e nos resguarda da usura do desânimo.

Creio firmemente que ela encontra a sua fonte mais profunda na Eucaristia. Cada vez que nos comungamos, já se realiza, transitoriamente, o que será definitivo e pleno no céu. Na comunhão, provo (*je goûte*) Deus e ele me diviniza. É por isso que toda liturgia é fonte de alegria e juventude.

Atribui-se a Alcuino, monge companheiro de Carlos Magno, essa magnífica sentença: "A liturgia é a alegria de Deus". Sim, a liturgia nos mergulha na própria vida de Deus. Ela é antecipação do céu. Quantas vezes fiquei tocado ao observar os rostos daqueles velhos monges que celebram a missa, todos iluminados por uma juventude renovada, radiantes de santidade e como que envoltos na luz do céu! A criança transparece então sob as feições do idoso. Diria o mesmo do rosto do papa emérito Bento XVI quando celebrava no altar. Que graça, que delicadeza e que alegria interior! Tinha-se a impressão de ver o rosto de cabelos brancos de um homem velho, mas suas feições tinham a inocência, a candura e o frescor de uma criança.

Em *O espírito da liturgia*, Romano Guardini escreveu: "A liturgia assegura à alma a liberdade de seu movimento espiritual e, como tal, oferece o mais perfeito contraste com a barbárie". A liturgia é um tratamento de esperança. Ela reacende o nosso desejo de Deus e, ao mesmo tempo, já o sacia! Entendo porque Bento XVI afirmava que a verdadeira renovação da liturgia é a condição fundamental para a renovação da Igreja. A liturgia mede a radicalidade, a veemência de nosso desejo por Deus e do céu. Sem esse desejo, o motor da vida cristã torna-se lânguido e se apaga.

O contato com os santos é outro lugar em que renovamos nossa esperança. Tive a oportunidade de conhecer santos, velhos ou jovens, doentes ou saudáveis, conhecidos ou desconhecidos. Revejo ainda, na Casa da Aliança, das Irmãs Missionárias da Caridade de Madre Teresa de Calcutá, a face radiante de pureza, o esplendor divino e a alegria da Irmã Mary Frederick que acabara de comemorar seu aniversário de 102 anos. Ou a do Irmão Vincent da Ressurreição, um jovem cônego da abadia de Lagrasse que morria, levado pela doença. Vejo tantos rostos de pais e mães, de padres discretos que se esgotam em cada tarefa executada. Em seus olhares, havia sempre essa luz de esperança, essa juventude do desejo de Deus, como uma presença antecipada do céu. Em *Jeanne, relapsa e santa* [*Jeanne relapse et sainte*], Georges Bernanos escreveu: "Nossa Igreja é a Igreja dos santos. Para ser santo, que bispo não doaria o seu anel, sua mitra, sua cruz peitoral, que cardeal não doaria sua púrpura, que pontífice suas vestes brancas? Quem não gostaria de ter força de acorrer a essa maravilhosa aventura? Pois a santidade é uma aventura, ela é mesmo a única aventura. Quem entendeu isso ao menos uma vez chegou ao coração da fé católica, sentiu sobressaltar em sua carne mortal um terror diferente do da morte, uma esperança sobre-humana". A esperança deve ser a virtude que nos faz sorrir como uma criança quando estamos sozinhos contra todos.

Todos vocês que se desesperam, eu me dirijo a vocês, os doentes abandonados nos hospitais; os que a guerra arrancou dos braços de sua mãe; os esquecidos do mundo moderno; os que já não veem a aurora quando a noite finda. Ouso-lhes convidar a colocar sua esperança em Deus. *Spes non confundit*. A esperança não decepciona!

Apelo particularmente a vocês, irmãos sacerdotes, que se desesperam ao cair sob o peso de obrigações sem conseguir ver os resultados de seus esforços. Eu lhes repito as belas palavras de Georges Bernanos, proferidas em 1945, numa conferência: "Quem não viu a estrada, ao amanhecer entre duas fileiras de árvores, cheias de frescor e de vida, não sabe o que é a esperança. A esperança é uma determinação heroica da alma e sua mais alta forma é o desespero superado. Acredita-se que é fácil esperar. Mas esperam apenas aqueles que tiveram a coragem de desesperar das ilusões e das mentiras em que encontravam uma segurança que falsamente é tomada por esperança. A esperança é um risco a correr, é mesmo o risco dos riscos. A esperança é a maior e a mais difícil vitória que alguém pode conquistar sobre a sua alma. [...] só iremos até a esperança mediante a verdade, a preço de grandes esforços. Para encontrar a esperança, devemos ter ido além do desespero. Quando se vai até o fim da noite, encontra-se outra alvorada. O demônio do nosso coração se chama 'pra quê!'. O inferno é já não amar".

A NOITE SE APROXIMA E O DIA JÁ DECLINOU

Ao ouvi-lo, penso nas palavras de G. K. Chesterton: "Eu não podia abandonar a fé sem cair em algo menos consistente que a fé. Não podia deixar de ser católico, exceto se me tornasse alguém mais restrito que um católico. [...] Trocamos as águas rasas e as zonas secas pelo único poço profundo; e a verdade está no fundo dela".

A fé amplia o nosso olhar, permite-nos observar tudo com o próprio olhar de Deus, com os olhos de Deus. A fé nos faz entrar no mistério. Ao contrário de uma ideia tola, a fé dilata a inteligência. A fé não nos fecha, não nos proíbe pensar; pelo contrário, aprofunda nossa compreensão do mundo e das pessoas. Ajuda-nos a chegar ao fundo das coisas, em sua misteriosa realidade, no segredo do seu ser íntimo. Isso nos permite ver o que geralmente é obscuro. Sem a fé, toda parte da realidade fica proibida para nós. A fé nos abre uma porta para a profundidade da realidade. Graças à fé, o universo nos aparece em toda a sua amplitude como "uma igreja cósmica cuja nave seria o mundo sensível e o coro seria o mundo espiritual", para citar as palavras de São Máximo, o Confessor.

O fato de crer vai além da convicção intelectual. O ato de fé é uma participação real no conhecimento do próprio Deus, em seu olhar sobre todas as coisas. Lembro-me de uma belíssima página do romancista romeno Virgil Gheorghiu em *Da vigésima quinta hora* à *hora eterna* [*De la vingt-cinquième heure à l'heure éternelle*], descrevendo a experiência de uma criança que de repente tem um olhar de fé sobre o mundo e as pessoas: "Era um domingo. Foi depois da Divina Liturgia. Eu assistia as pessoas da aldeia saindo da igreja. [...] toda a aldeia estava presente. Porque no domingo, ninguém perde a Divina Liturgia. [...] todos pareciam transfigurados, despojados de toda preocupação terrena, santificados. E ainda mais que santificados: deificados. [...] eu sabia porque todos os rostos estavam belos e porque todos os olhos estavam iluminados. Porque as mulheres feias estavam belas. Os dois lenhadores traziam sobre suas faces e sobre as suas testas luzes semelhantes à auréolas dos santos. As crianças eram como anjos. Quando saímos da Divina Liturgia, todos os homens e todas as mulheres da nossa aldeia eram teóforos, isto é, portadores de Deus. [...] Nunca vi peles ou corpos mais belos do que nos rostos dos teóforos, pessoas que carregam nelas a luz deslumbrante de Deus. Sua carne foi deificada, sem peso ou volume, transfigurada pela luz do Espírito divino".

Na verdade, a fé nos leva a fazer a experiência da transfiguração. Claro, essa experiência é vivida todos os dias em uma forma de obscuridade muitas vezes árida. Mas já antecipamos o que veremos na eternidade pelo próprio olhar de Deus.

Devemos viver conforme a elevação da nossa vocação cristã. Devemos sempre nos lembrar das palavras do papa São Leão: "Reconhece, cristão, a tua dignidade!". Eu acrescentaria: Não te prives do tesouro da fé. Cristo veio para nos abrir à inteligência total e gostaríamos de voltar à escuridão? Certos cristãos parecem querer se privar dessa luz. Eles se forçam a ver o mundo com um olhar secularizado. Por quê? É um desejo de ser aceito pelo mundo? Um desejo de ser como todo mundo? Pergunto-me se, no fundo, essa atitude não mascara simplesmente o medo que nos faz recusar a ouvir o que Jesus mesmo nos diz: "Vós sois o sal da terra; vós sois a luz do mundo". Que responsabilidade! Que fardo! Renunciar a ser o sal da terra é condenar o mundo a permanecer insosso e sem sabor, renunciar a ser a luz do mundo, é condená-lo às trevas. Não devemos resolver isso. Acontece mesmo que os pastores, querendo "ir de encontro ao mundo", deliberadamente deixam esse olhar de fé para adotar uma olhar secular. Que decadência! Fazendo nossas as categorias nascidas em um contexto ateu, escolhe-se a cegueira e a estreiteza da visão. Libertemo-nos de tal complexo! Voltemo-nos para o mundo, mas para levar-lhe a única luz que não engana: "Quando a Igreja se volta para o mundo, isso não pode significar que ela suprime o escândalo da Cruz, mas apenas que o torna acessível novamente em toda a sua nudez. [...] Se a Igreja se voltar para o mundo com a intenção de se afastar da Cruz, isso não a levará a uma renovação, mas 'ao seu fim'", disse com gravidade Bento XVI em 28 de junho de 2010.

Há, entre muitos cristãos, uma repugnância em testemunhar a fé ou levar luz ao mundo. Nossa fé tornou-se morna, como uma lembrança que aos poucos se esvai. Ela se torna um nevoeiro leitoso. Então, não nos atrevemos a afirmar que ela é a única luz no mundo. No entanto, devemos afirmar com o cardeal Ratzinger em seu livro *Fé, verdade e tolerância* [*Foi, vérité et tolérance*]: "A fé cristã não é o produto de nossas experiências interiores, mas um acontecimento que, a partir de fora, vem ao nosso encontro. A fé repousa na irrupção de algo – ou de alguém – que nossa experiência não poderia alcançar por si mesma. Naturalmente, o que nos toca produz em nós uma experiência, mas a experiência é o fruto de um acontecimento e não uma descida naquilo que nos é próprio. Este é o sentido da noção de Revelação, que não é minha, que não existe em mim, vem até mim e me arranca de mim mesmo, me arrasta além de mim, cria algo de novo".

Como poderíamos trazer ao mundo uma experiência estritamente pessoal, uma iluminação incomunicável? Temos que testemunhar não a nós mesmos, mas a Deus que veio ao nosso encontro e se revelou. Deus mostrou a si mesmo, Ele nos mostrou seu rosto em Jesus. Ele morreu para nos salvar do pecado e nos oferecer a sua felicidade: "A revelação é uma irrupção do Deus vivo e verdadeiro em nosso mundo, ele nos liberta das cadeias de nossas teorias", disse o cardeal Ratzinger em Guadalajara em 1996.

A fé é, ao mesmo tempo, um ato íntimo, pessoal e interior, e também uma adesão a um conteúdo objetivo que nós não escolhemos. Pela fé, assentamos pessoalmente um ato pelo qual decidimos confiar totalmente em Deus com plena liberdade. Creio: por este ato, o coração, autêntico santuário da pessoa, se abre sob a influência da graça ao conteúdo objetivo que Deus revela e ao qual damos nosso assentimento. Então a fé floresce na profissão, isto é, em testemunho público. Nossa crença não pode permanecer puramente privada. A fé, por ser um ato de liberdade, exige assumir diante de toda a responsabilidade que ela implica. A fé, portanto, só pode ser confessada na Igreja, com a Igreja, que nos transmite o conhecimento integral do mistério, os conteúdos a serem conhecidos e cridos.

Ao fazer da fé um mero sentimento pessoal, ela se torna incomunicável, apartada da Igreja e, sobretudo, esvaziada de todo o conteúdo. Portanto, é urgente insistir sobre o ensino do catecismo aos adultos e às crianças. Para esse fim, dispomos de uma ferramenta maravilhosa: o *Catecismo da Igreja Católica* e seu *Compêndio*. O ensino do catecismo não se reduz a um conhecimento intelectual do conteúdo. Ele favorece um verdadeiro encontro com Jesus, que revelou essas verdades. Enquanto não tivermos encontrado Jesus fisicamente, não somos realmente cristãos.

Creio que os bispos devem redescobrir o sentido da catequese. Devemos aprender a nos fazer catequistas novamente, mestres fiéis mestres das verdades divinas. É, ao fim e ao cabo, uma das nossas primeiras missões. Olhem os bispos da Igreja primitiva – Ambrósio, Agostinho, João Crisóstomo, Basílio, Gregório: eles passaram a maior parte do tempo ensinando, catequizando de maneira simples, humilde e direta. Eles não fizeram cursos de teologia, não comentavam notícias. Eles ousavam ensinar o povo de Deus porque sabiam que, mediante as suas palavras, os fiéis encontravam Jesus. Hoje, nos opomos ao ensino e à experiência. A experiência de Deus só pode ser feita mediante o ensino: "Como poderiam crer se ninguém pregasse?" Pergunta São Paulo (Rm 10, 14-15).

Esse enfraquecimento da catequese leva muitos cristãos a manter uma falta de foco acerca da fé. Alguns escolhem acreditar em tal artigo do

Credo e rejeitam outro. Chega-se mesmo a fazer pesquisas sobre a adesão dos católicos à fé cristã... A fé não é a banca de feira em que escolheríamos as frutas e legumes que nos servem. Ao recebê-la, é Deus todo inteiro que nós recebemos. "Homens de fé demasiadamente rotineira e passiva, talvez os dogmas já não sejam para nós o Mistério do qual vivemos, o Mistério que deve ser cumprido em nós", disse o padre Henri de Lubac em *Paradoxos*. Conclamo solenemente os cristãos a amar os dogmas, os artigos de fé e a apreciá-los. Amemos o nosso catecismo. Se o recebermos não apenas com os lábios, mas com o coração, então, mediante as fórmulas da fé, entraremos verdadeiramente em comunhão com Deus.

É hora de arrancar os cristãos do relativismo ambiente que anestesia os corações e põe o amor para dormir. Henri de Lubac acrescenta: "Se o herege não nos horroriza hoje como horrorizava nossos antepassados, é certamente porque temos mais caridade em nossos corações? Ou não seria talvez, com bastante frequência, sem que ouse dizê-lo, porque o objeto da disputa, ou seja, a própria substância de nossa fé, já não nos interessa? [...] Então, por conseguinte, a heresia já não nos choca; ao menos ela já não nos perturba como quem tentasse nos arrancar a alma da nossa alma. [...] Infelizmente, isso não significa sempre que a caridade cresceu, ou se tornou mais esclarecida: frequentemente, foi a fé que diminuiu, diminuiu o gosto pelas coisas eternas".

É hora de a fé tornar-se para os cristãos o tesouro mais íntimo e precioso. Pensemos em todos esses mártires mortos pela pureza de sua fé na época da crise ariana: quantos bispos, padres, monges ou simples crentes sofreram tortura e morte por confessar que o Filho não é apenas semelhante ao Pai, mas tem uma só substância com ele. É nosso relacionamento com Deus que está em jogo, não apenas querelas teológicas. Podemos medir a nossa apatia diante dos desvios doutrinários pela indiferença que se instalou entre nós. Não é raro ver graves erros ensinados nas universidades católicas ou em publicações oficialmente cristãs. Ninguém reage! Nós, bispos, nos contentamos com advertências prudentes e timoratas. Prestemos atenção, um dia os fiéis nos pedirão contas. Eles nos acusarão diante de Deus por entregá-los aos lobos, e por termos abandonado o nosso posto de pastor que defende o redil. Não peço que se restaure a Inquisição! Meu clamor é um grito de amor! Nossa fé condiciona nosso amor por Deus. Defender a fé é defender os mais fracos, os mais simples, e lhes permitir que amem a Deus em verdade.

Caros irmãos bispos, padres e todos vocês batizados, devemos arder de amor por nossa fé. Não devemos manchá-la, dilui-la em compromissos mundanos. Não devemos falsificá-la, corrompê-la. Disso depende a salvação das almas, as nossas e as de nossos irmãos! "No dia em que vocês já não arderem de amor, os outros morrerão de frio", escreveu François Mauriac. O dia em que já não ardemos de amor por nossa fé, o mundo morrerá de frio, privado de seu bem mais precioso. Cabe-nos defender e anunciar a fé!

Que graça para mim, filho da África, ter visto os missionários franceses chegarem à minha aldeia, cuja fé era suficientemente ardente para deixarem seu país, sua família e ter vindo morrer em nossa casa. Muitos morreram muito jovens, oferecidos em holocausto para a glória de Deus e a salvação das almas. Padre Firmin Montels, fundador da minha paróquia Santa Rosa de Urus, morreu cantando "O Salutaris hostia" seis meses depois de chegar à aldeia. Quem se levantará hoje para anunciar às cidades do Ocidente a fé que elas esperam? Quem se levantará para anunciar a verdadeira fé aos muçulmanos? Eles a procuram sem o saber. Quem serão os missionários de que o mundo precisa? Quem serão os missionários que ensinarão a integridade da fé a tantos católicos que não sabem em que creem?

Não ponhamos a luz da fé debaixo do alqueire, não escondamos este tesouro que nos foi dado gratuitamente! Ousemos anunciar, testemunhar, catequizar! Já não podemos chamar de crentes e viver na prática como ateus. A fé ilumina toda a nossa vida, não apenas a nossa vida espiritual.

Ao reivindicar tolerância ou a laicidade, impõe-se uma forma de esquizofrenia entre a vida privada e a vida pública. A fé tem seu lugar no debate público. Devemos falar de Deus, não para impô-lo, mas para propô-lo. Deus é uma luz indispensável para o homem. Em 2007, a Congregação para a Doutrina da Fé lembrou a todos sobre a legitimidade da evangelização e a proclamação da fé. De fato, qualquer tentativa de convencer, quando questões religiosas estão em jogo, pode ser percebida como um obstáculo à liberdade. Dizem que é suficiente ajudar os homens a serem mais homens, enviando-os à sua própria consciência. Mas a consciência precisa ser iluminada. Vivemos do testemunho uns dos outros. O Concílio Vaticano II, na *Dignitatis humanae*, recordou-nos que "a verdade não se impõe de outro modo que por sua própria força". A verdade deve ser procurada e descoberta livremente. Mas a *Gaudium et spes* também esclarece que o respeito por essa liberdade não deve "de modo algum nos tornar indiferentes perante a verdade e o bem. Pelo contrário, é o próprio amor que incita os discípulos de Cristo a anunciar a todos a verdade salvadora".

A nota doutrinal sobre alguns aspectos da evangelização da Congregação para a Doutrina da Fé recorda: "A Verdade que salva a vida acende o coração de quem a recebe com um amor para com o próximo que move a liberdade a voltar a dar aquilo que gratuitamente já se recebeu". Mesmo que os não cristãos possam se salvar por meio da graça que Deus dá "por caminhos que só Ele sabe", a Igreja não pode desconsiderar o fato de que neste mundo lhes falta um grande bem: conhecer a verdadeira face de Deus e a amizade com Jesus Cristo, Deus conosco. De fato, "não há nada mais belo do que ser alcançado, surpreendido pelo Evangelho, por Cristo. Não há nada de mais belo do que conhecê-Lo e comunicar com os outros a Sua amizade". Para todo ser humano, a revelação de verdades fundamentais sobre Deus, sobre si mesmo e sobre o mundo, é um grande bem; por outro lado, viver na obscuridade, sem a verdade sobre as questões últimas, é um mal que, muitas vezes, está na origem de sofrimentos e de escravidões, por vezes dramáticas. É por isso que São Paulo não hesita em descrever a conversão à fé cristã como uma libertação do "reino das trevas" e uma entrada "no Reino do seu Filho amado, no qual temos a redenção – a remissão dos pecados"(Cl 1, 13-14). Assim, a plena adesão a Cristo, que é a Verdade, e a entrada em sua Igreja não diminuem, mas exaltam a liberdade humana e a projeta na direção da sua plena realização, em um amor gratuito e cheio de atenção para o bem de todos. É um dom inestimável viver no círculo universal dos amigos de Deus, que provam da comunhão com a carne vivificante de seu Filho, para receber dEle a certeza do perdão dos pecados e viver na caridade que nasce da fé. A Igreja quer que todas as pessoas participem desses bens, para que tenham assim a plenitude da verdade e dos meios de salvação, "para entrar na liberdade da glória dos filhos de Deus" (Rm 8, 21).

"Hoje, todavia, o anúncio missionário da Igreja é 'posto em causa por teorias de índole relativista, que pretendem justificar o pluralismo religioso, não apenas *de facto*, mas também *de iure* (ou de princípio)'. Há muito que se criou uma situação na qual, para muitos fiéis, não é clara a mesma razão de ser da evangelização. Afirma-se mesmo que a pretensão de ter recebido como dom a plenitude da Revelação de Deus esconde uma atitude de intolerância e um perigo para a paz. Quem raciocina assim ignora que a plenitude do dom da verdade que Deus faz, revelando-se ao homem, respeita essa liberdade que Ele próprio cria como traço indelével da natureza humana: uma liberdade que não é indiferença, mas tensão para o bem. Tal respeito é uma exigência da própria fé católica e da caridade de Cristo, um constitutivo da evangelização e, por isso, um bem a promover inseparavelmente do compromisso de fazer conhecer e abraçar livremente a plenitude de salvação que Deus oferece ao homem na Igreja. [...] Um amor que vive no coração da Igreja e daí, como fogo de caridade, se irradia até aos confins da terra, até ao coração de cada homem. Na verdade, o coração do homem espera encontrar Jesus Cristo. Compreende-se, então, a urgência do convite de Cristo para evangelizar e como a missão, confiada pelo Senhor aos apóstolos, se dirige a todos os batizados. As palavras de Jesus – 'ide e ensinai todas as nações, batizando--as em nome do Pai e do Filho e do espírito Santo, ensinando-lhes a observar tudo o que vos mandei'" (Mt 28, 19-20) – interpelam a todos na Igreja, cada um segundo a sua vocação.

Santo Agostinho (Epístola 155, 4, 13) escreveu: "Nessa vida, a virtude consiste em amar o que deve ser amado. Saber escolher é prudência. Não se deixar distrair pela sedução, é temperança. Não se deixar desviar pelo orgulho, é justiça". No fundo, todas as virtudes não se reduzem ao amor e à caridade?

De fato, a caridade é a virtude pela qual amamos a Deus acima de tudo, assim como nossos irmãos, pelo amor de Deus. É a forma perfeita de todas as outras virtudes cristãs. Em um cristão, como diz Santo Agostinho em *De moribus ecclesiae*: "A temperança é um amor que se doa inteiramente; a fortaleza é um amor que tudo suporta pelo que ama; a justiça é um amor que serve o que ama com retidão; a prudência é um amor que discerne com sagacidade o que serve ao amor e o que lhe é prejudicial".

A caridade resume e dirige toda a vida de virtudes. Infelizmente, muitos de nossos contemporâneos acreditam que é uma sensação boa. Longe disso, é uma virtude teologal que nos coloca em contato com Deus. Ela vem de Deus. Compreender a caridade é, em primeiro lugar, olhar para o próprio Deus, pois Deus é amor, Deus é caridade.

Em *Deus caritas est*, Bento XVI escreveu: "Quando Jesus fala, nas suas parábolas, do pastor que vai atrás da ovelha perdida, da mulher que procura a dracma, do pai que sai ao encontro do filho pródigo e o abraça, não se trata apenas de palavras, mas constituem a explicação do seu próprio ser e agir. Na sua morte de cruz, cumpre-se aquele virar-se de Deus contra Si próprio, com o qual Ele Se entrega para levantar o homem e salvá-lo — o amor na sua forma mais radical. O olhar fixo no lado trespassado de Cristo, de que fala João (cf. 19, 37), compreende o que serviu de ponto de partida a esta Carta Encíclica: 'Deus é amor' (1Jo 4, 8). É lá que esta verdade pode ser contemplada. E começando de lá, pretende-se agora definir em que consiste o amor" (12).

Não podemos falar de caridade se não partirmos do coração de Jesus. A caridade não é uma emoção. A caridade é uma participação no amor com o que Deus nos ama, no amor que se manifesta no sacrifício da missa. Quando os cristãos ouvem a palavra caridade, pensam em dar algum dinheiro aos pobres ou a uma instituição de caridade. Trata-se muito mais do que isso. A caridade é o sangue que irriga o coração de Jesus. A caridade é aquele sangue que deve irrigar nossa alma. Caridade é o amor que se doa até morte. O amor nos faz abraçar o próprio Deus, nos faz entrar em sua comunhão trinitária, onde tudo é amor. A caridade manifesta a presença de Deus na alma. Santo Agostinho disse claramente: "Vês a Trindade se vês caridade, pois Deus é caridade". A caridade é o dom de Deus e o próprio Deus. Isso nos leva sempre mais longe à união com Deus. O amor nunca é acabado ou completo. Ele está constantemente crescendo para se tornar uma comunhão de vontade com Deus. Pela caridade, pouco a pouco, a vontade de Deus já não é estranha, "mas é a minha própria vontade, baseada na experiência de que realmente Deus é mais íntimo a mim mesmo de quanto o seja eu próprio. Cresce então o abandono em Deus, e Deus torna-Se a nossa alegria", como observou Bento XVI em *Deus caritas est*, 17.

No coração de nossa religião, há essa descoberta da caridade que dá aos santos a sua face tão desconcertante. O santo é aquele que, fascinado pela beleza de Deus, renuncia a tudo, até a si mesmo, e entra no grande movimento de retorno ao Pai iniciado por Cristo. Somos todos chamados a isso. Quero dizer de novo a todos os cristãos: somos chamados a renunciar a tudo, até a nós mesmos, por amor a Deus. Dessa renúncia, os religiosos nos mostram o caminho. Os monges, as monjas deixam tudo, renunciam a si mesmos. Eles assumem concretamente todos os meios. Não acreditemos que a sua vocação não nos diz respeito. Temos que viver essa renúncia radical, cada um em seu estado de vida. Todos temos de experimentar que o amor de Deus basta.

Mas a caridade não diz respeito também ao próximo?

É claro que amamos com o mesmo amor a Deus e àqueles a quem Deus ama: nossos irmãos. A comunhão com Deus me lança para fora de mim mesmo, me lança na direção dele e na de meus irmãos. "A união com Cristo é ao mesmo tempo uma união com todos aqueles a quem ele se dá. Não posso ter Cristo só para mim; só posso pertencer a ele em união com todos aqueles que se tornaram ou serão seus", escreveu Bento XVI em *Deus caritas est*, 14.

Quero insistir neste ponto. A caridade cristã me faz amar meus irmãos por Deus e em Deus. Quando Madre Teresa segurava a mão de um moribundo, ela amava Cristo agonizante nele. Madre Teresa e a comunidade de religiosas seguem os seus passos, nos dão o exemplo. Ele sempre colocava como primeira condição do estabelecimento de suas fundações a presença de um sacrário. Sem a presença do amor de Deus que se doa, não teria sido possível realizar esse apostolado, não teria sido possível viver nesse abandono de si; é apenas mediante esse abandono em Deus, nessa aventura de Deus, nessa humildade de Deus, que ela podia realizar, com suas irmãs, esse grande ato de amor, essa abertura para todos.

QUE DEVEMOS FAZER?

Gostaria de lançar um apelo a todos os cristãos. Nossa caridade tem realmente a sua fonte no tabernáculo? As horas passadas na adoração do Santíssimo Sacramento devem levar-me aos mais pobres, aos mais ignorantes de Deus, aos mais sofredores; caso contrário, elas são estéreis. É urgente e vital nos perguntar quanto tempo passamos diante de Jesus-Eucaristia presente no sacrário. Uma paróquia em que não há adoração do Santíssimo Sacramento é uma paróquia morta ou doente. A presença humilde e silenciosa de Jesus em nosso meio convida a nossa presença humilde e silenciosa. Mesmo as pessoas que vivem em clausura são levadas pela adoração a viver na compaixão espiritual para com as almas que estão no mundo. Mas as que têm vida ativa, as que estão à frente da missão, da luta contra a miséria e procurando o alívio do sofrimento devem se perguntar: "O que há na raiz do meu compromisso, o prazer da ação?" Nesse caso, suas obras serão estéreis e prejudiciais. Se a adoração estiver presente, se o conhecimento amoroso do Coração de Jesus estiver presente nelas, então serão para o mundo como a mão de Jesus que vem aliviar o sofrimento.

Gostaria de me dirigir aos meus irmãos padres. Não faz muito tempo, o papa Francisco nos lembrou que a caridade é o centro da vida da Igreja, é o coração dela. Podemos fazer nossas essas palavras do Pastor Supremo? Vivemos do mesmo amor com que Cristo nos amou? Ele deixou a glória do céu para vir nos carregar sobre seus ombros, nós, a humanidade perdida. Não nos esqueçamos das magníficas palavras de Bento XVI, em homilia feita em 2005, na Praça de São Pedro, diz que "Enquanto o pastor de todos os homens, o Deus vivo, se tornou ele mesmo cordeiro, pôs-se do lado dos cordeiros, daqueles que são esmagados e mortos. Não é o poder que redime, mas o amor! Este é o sinal de Deus: Ele mesmo é amor. O Deus, que se tornou cordeiro, diz-nos que o mundo é salvo pelo Crucificado e não por quem crucifica. O mundo é redimido pela plenitude de Deus e destruído pela impaciência dos homens. [...] Apascentar significa amar, e amar quer dizer também estar prontos para sofrer". Queridos irmãos sacerdotes, amamo-nos com esse amor que crucifica?

Dom Raymond-Marie Tchidimbo, meu predecessor na sede episcopal de Conacri, em 24 de dezembro de 1970, depois de ser preso e torturado sob a ditadura marxista de Sékou Touré, escreveu estas palavras quando da sua libertação: "Foi na prisão que entendi melhor porque o povo de Deus amava descobrir na vida do sacerdote essa Paixão de Cristo, tal como a descreve o apóstolo Paulo em sua vigorosa epístola aos Gálatas. Entendi melhor porque esse mesmo povo de Deus desejava e deseja descobrir na vida do sacerdote a Paixão de Cristo, não como 'acessório', mas como parte integrante de seu ser sacerdotal, com essa sede de absoluto sintetizada na Cruz, todas as qualidades tão apreciadas nas relações humanas". Nossa vida deve ter uma "forma sacrificial". Deve chegar até o amor que se expressa no sacrifício. Deve, portanto, alimentar-se do sacrifício do altar e da missa.

Teresa de Lisieux compreendeu que o coração da Igreja é o amor. Compreendeu que os Apóstolos já não proclamariam o Evangelho, que os mártires já não poderiam derramar seu sangue se esse coração já não ardesse. Compreendeu que ela mesma, uma freirinha atrás das grades do Carmelo de uma cidadezinha do interior francesa, poderia estar presente em toda a parte, porque amando com Cristo, ela estava no coração da Igreja. Esse centro, que santa Teresinha chama simplesmente de coração e amor, é a Eucaristia. Na verdade, ela não é apenas a presença permanente do amor divino e humano de Jesus Cristo, que será sempre a fonte da Igreja, sem a qual a Igreja seria condenada a desaparecer tragada pelas portas da morte. Como presença do amor divino e humano de Cristo, ela é continuamente a passagem do homem Jesus aos homens que são seus membros, que se tornam eles mesmos Eucaristia e, portanto, coração e amor da Igreja. O coração deve permanecer coração para que os outros órgãos, graças a ele, sejam capazes de funcionar como convém.

QUE DEVEMOS FAZER?

O senhor desenhou o retrato do cristão de nosso tempo; nesse quadro, cada virtude é um traço característico. O senhor quer adicionar algumas linhas a este retrato?

Gostaria de enfatizar a importância da virtude da religião, pois ela está particularmente esquecida hoje. A religião é a virtude que nos faz render culto a Deus, que nos faz rezar, adorar. Isso culmina no sacrifício de louvor que lhe oferecemos por meio da missa e que prolonga o cântico do ofício divino.

Muitas vezes, esquecemos que esse culto é devido a Deus. Nós não lhe ofertamos generosamente nosso tempo. É justiça oferecer-lhe a homenagem interior de nossa devoção e a homenagem exterior de nossos gestos de adoração. A virtude se baseia, por um lado, na transcendência da Majestade divina; por outro, na dependência da nossa pequenez criada. Hoje, vemos sacerdotes e fiéis cristãos manipular as coisas divinas com desrespeito e uma displicência que causam uma repugnância de dar ânsia. Há uma verdadeira perda do sentido do sagrado e da infinita transcendência de Deus. O homem moderno é orgulhoso a ponto de ter repugnância da adoração?

Essa virtude, muito esquecida, colore os atos das três virtudes teologais preparando-lhes o terreno; as virtudes teologais, por sua vez, a nutrem. Todo ato de fé e amor de Deus se apoia na adoração. O cardeal Journet disse que "a caridade provém do culto como o perfume da flor". Em todo amor humano, há uma espécie de inclinação diante da dignidade conferida por Deus ao outro, criado à sua imagem. O verdadeiro amor humano não poderia significar o monopólio e a posse do outro. Ele inclui que reconheçamos, com respeito, a grandeza e unicidade da pessoa do outro, de quem não podemos tomar posse. Isso inclui que nos inclinemos diante do outro e nos tornemos assim um com o outro. Em *Deus está perto* [*Dieu nous est proche*], o cardeal Ratzinger escreveu:

"Na comunhão com Jesus Cristo, isso atinge um novo cume, pois aqui a parceria humana é forçosamente superada. Falar do Senhor como nosso 'parceiro' explica as coisas, embora a dissimule ainda mais. Não estamos no mesmo nível que ele. Ele é o Todo-Outro, nele a majestade do Deus vivo avança em nossa direção. Unir-se a ele significa inclinar-se e assim descobrir sua grandeza. Santo Agostinho disse, em uma homilia aos comungantes, que ninguém pode comungar sem antes adorar. O que se relata dos monges de Cluny, por volta do ano mil, é particularmente impressionante. Quando eles acediam à comunhão, tiravam os calçados. Eles sabiam que ali estava a sarça ardente, que o mistério diante do qual Moisés caiu de joelhos estava presente ali. As formas mudam, mas o que deve permanecer é o espírito de adoração".

Parece-me que às vezes queremos estabelecer com o Senhor Deus uma familiaridade deslocada e artificial. Por outro lado, fico impressionado de ver como os padres cartuxos idosos, que passaram toda a sua vida na intimidade de Deus, fazem questão de se prostrar no chão diante da sua presença eucarística em sinal de adoração e amor. Na Grande Cartuxa, fiquei pessoalmente impressionado com a meia hora de prostração e adoração dos monges diante do sacrário, em preparação para a celebração da Missa. Quanto mais alguém é espiritual, mais ele tem o senso de reverência diante da majestade divina. Os gestos de adoração não são reservados aos simples e iniciantes. É importante não desprezar esse senso do sagrado, esse temor jubiloso e simples diante de tudo o que diz respeito a Deus. Sim, temos que nos ajoelhar diante dele. Sim, devemos tremer com esse "temor casto, moldado inteiramente de amor", retomando as palavras de Santo Agostinho, no momento de entrarmos no presbitério de uma igreja ou de nos aproximarmos do altar. Sim, reaprendamos a nos ajoelhar em silêncio e a adorar a divina majestade, reaprendamos a redescobrir a alegria de nossa pequenez diante de Deus.

QUE DEVEMOS FAZER?

Certos cristãos ostentam, não sem certo esnobismo, uma forma de displicência diante do sagrado, como se o sagrado fosse uma categoria pagã ou característica de uma mentalidade primitiva. Cristo "não aboliu o sagrado, mas completou-o, inaugurando um novo culto, que é sem dúvida plenamente espiritual, mas que no entanto, enquanto estivermos a caminho no tempo, ainda se serve de sinais e de ritos [...] Graças a Cristo, a sacralidade é mais verdadeira, mais intensa e, como acontece no caso dos mandamentos, também mais exigente!", declarou Bento XVI em sua homilia de *Corpus Christi*, em junho de 2012. Seria arrogante pretender chegar a Deus sem se desfazer de uma atitude profana.

Ao privar os cristãos da bela virtude da religião que nos dá esse senso de adoração e de culto, nós os privamos da plena comunhão com Deus. Tal desprezo pelo culto é sinal de orgulho. Todas as nossas atitudes devem tornar-se religiosas, isto é, marcadas de veneração por Deus. Os nossos gestos, os nossos movimentos internos, deveriam ser-lhe ofertados como um culto. Gosto de ver os monges se curvando profundamente cada vez que seus lábios proferem a fórmula conclusiva "*Gloria Patri et Filio et Spiritui Sancto*". No entanto, eles fazem isso dezenas de vezes por dia. Que lição de humildade radical! Que expressão de amor humilde e filial! A humildade dos monges revela a grandeza de Deus. Acho que todos ganharíamos se reencontrássemos esse senso da religião. Ela é a assinatura de uma forma particularmente delicada, refinada e sensível de cristianismo. Ouso dizer que é uma das marcas peculiares da civilização cristã. Ela é a polidez, a distinção da criatura diante de seu Criador. Se alguém quer reencontrar a virtude da religião, há escolas: são os mosteiros. Não hesitem em frequentá-los. Vocês se tornarão também *théodidactoi*: alunos de Deus e seus de adoradores em espírito e em verdade (Jo 4, 24-25).

Não apenas os monges, mas também os demais religiosos e religiosas têm um papel importante a desempenhar na Igreja. Por suas vidas, eles devem constantemente lembrar o que é ser oferecido, consagrado à glória de Deus. A vida dos religiosos é como um grande ofertório. Ela ensina aos cristãos um aspecto essencial: toda pessoa batizada deve viver em um estado de oblação e oferta. Nossa vida deve tornar-se uma grande liturgia, um sacrifício espiritual, nas palavras de São Pedro (1Pd 2, 5).

Que última mensagem o senhor gostaria nos deixar para concluir este livro?

Quero lhe fazer uma confidência. Acredito que nosso tempo vive a tentação do ateísmo. Não ateísmo duro e militante, que vimos imitar grosseiramente o cristianismo mediante as pseudoliturgias marxistas ou nazistas. Esse ateísmo, uma espécie de religião às avessas, tornou-se discreto. Quero falar sobretudo de um estado de espírito sutil e perigoso: o ateísmo fluido. Eis uma doença insidiosa e perigosa, mesmo que seus primeiros sintomas pareçam benignos.

Em seu livro *O nosso coração contra o ateísmo* [*Notre cœur contre l'athéisme*], padre Jérôme, monge cisterciense da abadia de Sept-Fons, descreve-o assim: "O ateísmo fluido, jamais professado como tal, mistura-se sem alarido a outras filosofias, aos nossos problemas pessoais, à nossa religião. Pode impregnar sem que estejamos conscientes o nosso juízo cristão. Em cada um de nós podem penetrar as infiltrações do ateísmo fluido em todos os cantos que não são ocupados pela fé teologal e pela graça. [...] Nós nos acreditamos indenes e, no entanto, aplaudimos estupidamente todo o tipo de hipóteses, postulados, *slogans*, conscientizações que minam as nossas crenças. Divulgamos ideias sem distinguir os rótulos de origem. O pior é que ideias materialistas podem permanecer em nossa mente, sem colidirem violentamente com ideias cristãs que também deveriam se encontrar presentes nela. Isso sugere que nossas convicções cristãs não têm uma consistência bem firme. Este é o começo da derrota: o materialismo fluido se torna vizinho, em nosso espírito, do nosso cristianismo provavelmente fluido também".

Devemos tomar consciência de que esse ateísmo fluido corre em nossas veias. Ele nunca diz seu nome, mas ele se infiltra em toda a parte. E, contudo, São Paulo recomenda com veemência: "Não formeis parelha incoerente com os incrédulos. Que afinidade pode haver entre a justiça e a impiedade? Que comunhão pode haver entre a luz e as trevas? Que acordo entre Cristo e Beliar? Que relação entre o fiel e o incrédulo? Que há de comum entre o templo de Deus e os ídolos?" (2Cor 6, 14-16). Apesar das advertências de São Paulo, coabitamos fraterna e pacificamente, simpatizamos na tolerância com o ateísmo fluído. Seu primeiro efeito é uma forma de letargia da fé. Ele anestesia nossa capacidade de reagir, de reconhecer o erro. Ele se espalhou na Igreja. O papa Francisco, em sua homilia de 29 de novembro de 2018, usou palavras terríveis. Ele comentou a destruição da Babilônia, a cidade do "luxo, da autossuficiência, do poder deste mundo, toca de demônios, covil de todos os espíritos imundos". Essa destruição começa a partir de dentro, explicou o papa e termina quando o Senhor diz: "Já basta". Haverá um dia em que o Senhor dirá: "Tantas são as aparências deste mundo". Esta é a crise de uma civilização que se sente orgulhosa, suficiente, ditatorial e que acaba assim. E o papa denuncia "a paganização da vida cristã: Vivemos como cristãos? Parece que sim. Mas, na verdade, nossa vida se torna pagã quando ingressamos nessa sedução da Babilônia. Jerusalém vive como Babilônia. Queremos fazer uma síntese que não possa ser feita. E ambas serão condenadas. Tu és cristão? Tu és cristã? Vive como cristão. Não pode misturar água e óleo. Eles são sempre diferentes. Eis o fim de uma civilização contraditória, que diz ser cristã e vive como pagã. E isso nos ensina a viver as provações do mundo não fazendo um pacto com mundanismo ou paganismo que nos conduz à destruição, mas na esperança, ao nos desapegar dessa sedução mundana e pagã e olhar para o horizonte, esperando por Cristo, o Senhor. A esperança é nossa força: vamos em frente". Em conclusão, ele convidou a pensar sobre as Babilônias de hoje: "Assim acabarão também as grandes cidades de hoje e assim terminará a nossa vida, se continuarmos a conduzi-la neste caminho de paganização... Abramos o nosso coração com esperança e afastemo-nos da paganização da vida cristã".

Que devemos fazer? Talvez me digam que assim caminha o mundo. Talvez me digam que a Igreja deva se adaptar ou morrer. Talvez me digam que, se o essencial está salvo, é preciso ser flexível nos detalhes. Talvez me digam que a verdade é teórica, mas que casos particulares lhe escapam. Tantas afirmações que confirmam gravemente a doença! Prefiro convidá-los a raciocinar de outra forma. No romance autobiográfico de Soljenítsin, *O primeiro círculo* [*Le Premier Cercle*], o herói hesita em conservar os privilégios concedidos pelo sistema totalitário para comprar seu silêncio. Uma descoberta faz com que ele hesite. Ele se depara com uma caderneta de sua velha mãe falecida e nela se leem as seguintes palavras: "O que há de mais precioso no mundo? Estar consciente de não participar de injustiças. Elas são mais fortes que você, elas existem e existirão, mas que não venham por meio de você".

Nós também, cristãos, devemos nos deixar perturbar por estas palavras. Não façamos acordo com a mentira! Próprio do ateísmo fluido é a acomodação com a mentira. Esta é a maior tentação do nosso tempo.

Não se iludam, não devemos nos bater com esse inimigo. Ele sempre acaba ganhando. É possível lutar de frente contra o ateísmo duro, desferir golpes, denunciá-lo e refutá-lo. Mas o ateísmo fluido é imperceptível e pegajoso. Se você o atacar, se partir para a luta física, um corpo a corpo com um ateísmo fluido, ele lhe enredará com as suas concessões sutis. É como uma teia de aranha, quanto mais se luta, mais ela estreita o seu domínio sobre você. O ateísmo fluido é a última cilada do Tentador. Ele lhe atrai para seu próprio terreno. Se você consentir, terá que usar as armas dele: mentiras e concessões. O Tentador fomenta em torno de si a divisão, o ressentimento, o azedume e espírito de partido. Veja em que situação está a Igreja! Por toda a parte há apenas dissensão, hostilidade e suspeita.

Com todo o meu coração de pastor, quero hoje convidar os cristãos a agir. Não precisamos criar partidos na Igreja. Não precisamos nos proclamar salvadores dessa ou daquela instituição. Tudo isso contribuiria para o jogo do adversário. Por outro lado, cada um de nós pode tomar esta resolução: a mentira do ateísmo já não passará por mim. Já não quero abrir mão da luz da fé, não quero, por conveniência, por preguiça ou por conformismo, fazer a luz e as trevas coabitarem em mim. É uma decisão muito simples, a um tempo interior e concreta. Ela mudará nossa vida em seus mínimos detalhes. Não se trata de partir para a guerra. Não se trata de denunciar inimigos, nem atacar ou criticar. Trata-se de permanecer firmemente fiel a Jesus Cristo. Se não podemos mudar o mundo, podemos mudar a nós mesmos. Se todos decidissem fazer isso com humildade, então o sistema de mentiras entraria em colapso por conta própria, pois sua única força é o lugar que lhe damos em nós mesmos: o ateísmo fluido alimenta-se apenas dos compromissos com a mentira.

Isso lhes assusta? Talvez não se sintam firmes o bastante? Se for este o caso, lembrem-se do que diz o padre Jérôme: "a certeza que o crente tem não lhe advém do que ele sabe e do que ele vê, mas do fato de que ele sente e vê aquele a quem se confiou. Eu me fio em Deus por causa da clareza que ele possui, ele, não por causa da clareza que possuo, eu. Posso estar cego para as coisas da salvação, minha fé não se importa, pois se apoia na ciência absoluta de Deus. [...] É por isso que o crente sente segurança, tranquilidade de coração e coragem intelectual. Ele tem a certeza de possuir a verdade porque sabe que estreita a mão de Alguém que é a própria verdade".

Caros cristãos, ao nos oferecer a fé, Deus estende sua mão aberta para que possamos colocar, nela, a nossa mão e nos deixar conduzir por ele. De que teremos medo? O essencial é manter a mão fortemente na sua! Nossa fé é esse laço profundo com o próprio Deus. "sei em quem tenho acreditado", diz São Paulo (2Tm 1, 12). Foi Nele que pusemos a nossa fé.

A conclusão do padre Jérôme é luminosa: "No cristianismo, não há apenas a fé. No entanto, diante do ateísmo duro ou fluido, a fé adquire uma importância essencial. Ela é ao mesmo tempo o tesouro que queremos defender e a força que nos permite nos defender".

Conservar o espírito de fé, é renunciar a qualquer compromisso, é recusar ver as coisas de outra maneira que a da fé. É manter a nossa mão na mão de Deus. Creio profundamente que é a única fonte possível de paz e doçura. Manter nossa mão na de Deus é o penhor de uma verdadeira benevolência sem cumplicidade, de uma verdadeira doçura sem covardia, de uma verdadeira força sem violência. A fé é mais do que nunca uma virtude atual!

Quero enfatizar também o quanto a fé é fonte de alegria. Como não estar alegre ao nos confiarmos àquele que é a fonte da alegria! A atitude de fé é exigente, mas não é rígida nem tensa. Sejamos felizes uma vez que lhe demos a mão. A fé gera força e alegria ao mesmo tempo: "O Senhor é o meu baluarte a que temerei?" (Sl 27, 1). A Igreja está morrendo, infestada de amargura e espírito de partido. Somente o espírito da fé pode fundar uma autêntica benevolência fraterna. O mundo está morrendo, roído por mentiras e rivalidades. Somente o espírito da fé pode trazer-lhe paz.

Caros amigos, gostaria de repetir as palavras fortes e proféticas do padre de Lubac, escritas em 1942, em plena guerra, em seu livro *Le Drame de l'humanisme athée* [*O drama do humanismo ateu*]: "No estado atual do mundo, um cristianismo viril e forte deve ir tão longe a ponto de ser um cristianismo heroico. [...] Ele consistirá, de início, em resistir com coragem, diante do mundo e talvez contra si mesmo, aos estímulos e às seduções de um falso ideal, para manter com altivez, em sua paradoxal intransigência, os valores cristãos ameaçados e ultrajados. Com uma humilde altivez, ao cristão que quer permanecer fiel só lhe resta rejeitar, com um categórico, certo neopaganismo que se constituiu contra Cristo. A gentileza e bondade, a delicadeza para com os pequenos, a piedade – sim, a piedade – para com aqueles que sofrem, a rejeição de meios perversos, a defesa dos oprimidos, a devoção discreta, a resistência à mentira, a coragem de chamar o mal pelo nome, o amor à justiça, o espírito de paz e concórdia, a abertura de coração, o pensamento do céu... eis o que o heroísmo cristão salvará. Não foi prometido aos cristãos que eles seriam sempre o maior número. Antes, foi-lhes anunciado o contrário disso. Nem foi prometido que pareceriam sempre os mais fortes e que os homens nunca seriam conquistados por outro ideal que o seu. Seja como for, o cristianismo jamais terá eficácia real, ele nunca terá existência real e nunca fará conquistas reais pela força de seu espírito, pela força da caridade".

Sim, mais do que nunca somos chamados a ser fortes, vigorosos e inabaláveis na fé! Somos como os discípulos. Depois da crucifixão, eles já não entendem. Sua fé está erodida. A tristeza os invade. Eles creem que está tudo perdido. Nós também vemos o mundo entregue à ganância dos poderosos. A Igreja parece invadida pelo espírito do ateísmo. Eis que certos pastores abandonam as suas ovelhas. O redil está devastado. Nós também, como os discípulos, fugimos da cidade, desapontados, desesperados, e caminhamos para Emaús, para o nada. Diante de nós se abre um caminho que parece levar a lugar algum. Caminhamos sem entender e sem saber para onde ir. Apenas o vento vem assombrar a nossa amargura.

No entanto, eis que um homem caminha conosco. De que vocês estão falando enquanto caminham? Ele nos pergunta. E nós lhe contamos a nossa tristeza, nossa angústia, nossa decepção. Então, ele retoma a palavra e repreende a nossa falta de fé: "Ó homens sem entendimento e lentos em acreditar! Não era necessário que Cristo sofresse para entrar em sua glória? Não era preciso que a Igreja sofresse para ser fiel a seu mestre?" Ele explica as Escrituras. Suas palavras nos reconfortam. Ele aviva a nossa fé. Nossa solidão é repentinamente desfeita pela força de sua certeza e pela doce benevolência de seu olhar.

E enquanto, ao longe, o Sol parece se apagar atrás das montanhas, enquanto as sombras se alongam no caminho e o frio se espalha sobre nós, a nossa coragem se aviva e nós oramos. Nosso coração arde inteiro quando tu nos falas. Fica conosco, Senhor, pois a noite se aproxima e o dia cai.

QUE NADA ME PERTURBE

"Nem sempre é suficiente buscar um raio de luz, às vezes é necessário descansar na sua luz; experimentar algo de sagrado na luz e no calor da fogueira assim como na luz da estrela polar. E essa mesma e misteriosa voz que nos diz que não temos aqui morada permanente é a única que, dentro dos confins deste mundo, pode nos incitar a construir cidades que sejam cidades."

G. K. Chesterton, *Apologia de uma propriedade anticapitalista* [*Plaidoyer pour une propriété anticapitaliste*].

O livro que ora termina tem raízes profundas e antigas. É o último volume de um tríptico cuja aventura começou em dezembro de 2013.

Com o cardeal Robert Sarah, começamos então as conversas que seriam o material da escrita de *Deus ou nada*. Na primavera de 2015, a publicação dessas conversas de fé foi um evento de magnitude inesperada. Durante dez dias, o cardeal esteve na capital francesa para falar de sua obra. O frio que reinava em Paris contrastava com o calor, o fervor e o entusiasmo que acompanharam a aparição de *Deus ou nada*. Lembro-me das noites na igreja de São Francisco Xavier, na Trinité, em Saint-Léon e nos Bernardins ou na livraria La Procure. Em cada uma dessas ocasiões, a multidão se comprimiu para ouvi-lo.

Longe de Paris, na abadia de Lagrasse, em seu leito de enfermo, sofrendo de uma esclerose múltipla fulgurante, o irmão Vincent velava e rezava. Ele era o misterioso protetor do cardeal. Pois *Deus ou nada* era uma forma de milagre. Como entender o tremendo sucesso de um livro tão radical e, por isso mesmo, incompreensível, de um homem que sempre evitou se expor? Durante muito tempo, o cardeal Robert Sarah, amigo íntimo de Bento XVI, colaborador do papa Francisco, preferiu a sombra resplandecente da oração. A verdadeira razão desse sucesso está na simplicidade, humildade e santidade do cardeal.

Alguns meses mais tarde, no caminho para Lagrasse, pensamos em escrever um livro sobre a importância do silêncio em nosso mundo invadido pelo barulho, imagens, paixões. Apareceu então *A força do silêncio*, o segundo tomo deste tríptico. A conversa com Dom Dysmas de Lassus, prior do Mosteiro da Grande Cartuxa, que fecham aquelas páginas místicas e poéticas, permanece no coração ardente de nossa aventura literária.

Nunca esquecerei os três dias que passamos na Cartuxa. No início do mês de fevereiro de 2016, o tempo havia parado. Diante dessas extensões de neve, ao lado de monges solitários, isolados e contemplativos, estávamos no céu.

Hoje, posso confessar que eu temia que *A força do silêncio* não tivesse adesão dos leitores. A matéria era difícil, árida, distante das polêmicas fáceis. Mas o livro não demorou a alcançar um grande sucesso.

Em novembro de 2016, na catedral de Versalhes, uma enorme multidão ouvia, com atenção e respeito, o cardeal. Meses depois, na Basílica de Fourvière, os lioneses se esforçavam para encontrar um lugar nos vãos do imenso edifício. Em Cracóvia, Ávila, Washington e Bruxelas, a experiência se repetiu. Um homem de Deus atraía o povo de Deus.

Quando reflito sobre esses quatro anos, vem-me à memória as divisas abaciais dos últimos abades de Fontgombault. "*Unum necessarium*" ("O único necessário"); "*Donec dies elucescat*" ("Até que amanheça o dia"); "*Ad superna semper intenti*" ("Sempre atento às coisas do alto"); "*Modo geniti infantes*" ("Como crianças recém-nascidas"): elas revelam o ideal monástico de um lugar em que Deus é o primeiro a ser servido. Elas revelam o ideal do cardeal Sarah.

O *Fica conosco, Senhor! A noite se aproxima e o dia já declinou* é um brado profético. Essas frases dolorosas ecoarão ou desaparecerão na noite escura? A esperança é o cimento da vida do cardeal Sarah. Apesar da pobreza em que nasceu, da violência da ditadura, dos sobressaltos de seus desenraizamentos, do cansaço de suas responsabilidades extenuantes, ele nunca duvidou. Nunca teve medo. Nunca recuou. Pois Deus está com ele. O cardeal sabe que sempre pode encontrá-lo atrás das portas de sua pequena capela particular.

Não pretendo sugerir que tudo foi simples nesta aventura. Quantas vezes pensei na frase de Jules Barbey d´Aurevilly em sua coletânea *Disjecta membra*: "Os grandes homens são como as flores mais belas. Crescem sob o estrume e por força do estrume que os invejosos e imbecis lançam sobre eles". Muito estrume, certamente.

Georges Bernanos escreveu no *Diário de um pároco de aldeia*: "Que homem de oração admitiu algum dia que a oração o tenha decepcionado?" O cardeal sempre assumiu os seus desafios, pois a oração nunca o decepcionou. A ascese, o jejum, a leitura diária dos textos sagrados o ajudaram.

Oito meses antes de sua morte, o irmão Vincent teve que ser hospitalizado para se submeter a uma cirurgia difícil. Sua comunidade, as pessoas próximas, seus amigos estavam preocupados. A operação podia ser fatal. Tive a difícil tarefa de informar o cardeal da evolução da saúde do jovem paciente. Na manhã da operação, quando o prognóstico inspirava reservas, informei-o da viva ansiedade do abade e dos médicos. Para minha surpresa, o cardeal estava sereno. Para ele, a operação seria um sucesso; ele não duvidava de que o irmão conseguiria sair desse apuro. Alguns dias depois, soube que o cardeal rezara em sua capela particular a noite inteira que precedeu a operação. Ele não havia descansado. Mas ele sabia. Ele sabia que o tempo do irmão Vincent não havia chegado. Ele conhecia a vontade de Deus.

São João Bosco gostava de repetir: "Que nada te perturbe, sê sempre alegre!". Na companhia do cardeal Sarah, essa pobre vida terrena ganha frequentemente as cores do além. A razão é simples: o cardeal Robert Sarah tem muitos amigos no céu. *Ut cooperatores simus veritatis*, "Devemos servir de modo a sermos cooperadores da verdade". Essa divisa de Bento XVI, o cardeal Sarah, seu melhor discípulo, pode fazer sua. Ele é certamente um grande colaborador da verdade.

Nicolas Diat
Paris, segunda-feira, 25 de fevereiro de 2019.

BIBLIOGRAFIA

BEDNARSKI, Piotr. *Les Neiges bleues*. Paris: Autrement, 2004.

BENOIT XVI, papa (Joseph A. Ratzinger). *Dieu nous est proche*: l'Eucharistie au coeur de l'Église. Les Plans-sur-Bex: Parole et silence, 2016.

_____. *Un tournant pour l'Europe*. Paris: Flammarion, 1996.

_____. *L'Esprit de la liturgie*. Paris: Ad Solem, 2001.

_____. *L'Europe, ses fondements, aujourd'hui et demain*. Saint-Maurice: Editions Saint-Augustin, 2005.

_____. *Entretien sur la foi*. Paris: Fayard, 2005.

_____. *Introduction au christianisme:* la foi chrétienne hier et aujourd'hui. Paris: Cerf, 2005.

_____. *Les principes de la théologie catholique:* esquisse et matériaux. Paris: Editions Tequi, 2005.

_____. *Serviteurs de votre joie:* méditations sur la spiritualité sacerdotale. Paris: Fayard, 2005.

_____. *Valeurs pour un temps de crise*. Les Plans-sur-Bex: Parole et silence, 2005.

_____. *Jésus de Nazareth*. Paris: Flammarion, 2007.

_____. Pourquoi est-ce que je continue a vivre malgre tout dans l'Eglise?. Discours du 4 juin 1970 a l'academie catholique de Baviere. In: *Discours fondateurs*. Paris: Fayard, 2008.

_____. Preface a la version allemande des *Opera Omnia, OEuvres completes vol. 11, Théologie de la Liturgie*, 2008.

_____. *Lumière du monde:* le pape, l'Église et les signes des temps: un entretien avec Peter Seewald. Paris: Le Livre de Poche, 2012.

_____. Preface a la version russe des *Opera Omnia*. In: *OEuvres completes vol. 11, Théologie de la Liturgie*, 2015.

BERNANOS, Georges. *Journal d'un curé de campagne*. Paris, Le Livre de Poche, 2015.

_____. Combat pour la verité. In: *Correspondance inédite, tome* 1 (1904-1934). Paris: Plon, 1971.

_____. Frère Martin. In: *La Vocation spirituelle de la France, textes inédits rassemblés et présentés par Jean-Loup Bernanos*. Paris: Plon, 1975.

_____. *Jeanne relapse et sainte*. Paris: Desclee De Brouwer, 1994.

_____. *La France contre les robots*. Paris: Le Livre de Poche, 1999.

BOSSUET, Jean-Baptiste. Sermon sur l'honneur. In: *OEuvres completes de Bossuet:* les sermons. Paris: Hachette BNF, 2013.

BOUYER, Louis. *Le Métier de théologien, entretiens avec Georges Daix*. Paris: Ad Solem, 2005.

DELSOL, Chantal. *La Haine du monde:* totalitarisme et postmodernité. Paris: Cerf, 2016.

DIAT, Nicolas. *Un temps pour mourir*. Derniers jours de la vie des moines. Paris: Fayard, 2018.

FRANCOIS, papa (Jorge Mario Bergoglio). *Amour, service et humilité*: exercices spirituels donnés à ses frères évêques à la manière de saint Ignace de Loyola. Paris: Magnificat, 2013.

GARRONE, Gabriel-Marie. *L'Église:* Lumen gentium: constitution dogmatique du 21 novembre 1964. Paris: Tequi, 2011.

BIBLIOGRAFIA

GHEORGHIU, Virgil. *De la vingt-cinquième heure à l'heure éternelle*. Paris: Pocket, 1977.

GUARDINI, Romano. *La Messe*. Paris: Cerf, 1957.

IONESCO, Eugene. Entretien avec Yves de Gibon. In: *L'Église sous leur regard*. Paris: Beauchesne, 1971.

JEROME, (père). *OEuvres spirituelles vol. 6:* Notre coeur contre l'athéisme. Paris: Ad Solem, 2014.

KIERKEGAARD, Soren. *Traité du désespoir*. Paris: Gallimard, 1990.

LA CROIX, Jean de. *OEuvres complètes*. Paris. Cerf, 1990.

LUBAC, Henri de. *Paradoxes*. Paris: Seuil, 1983.

_____. *Le drame de l'humanisme athée*. Paris: Spes, 1959.

_____. *Entretien autour de Vatican II*. In: *Souvenirs et réflexions*. Paris: Cerf. 2007. (Coll. "Theologies").

SAINT VINCENT de Lerins. *Commonitorium*, La liturgie des heures, tome IV.

SAINT IGNACE de Loyola. *Exercices spirituels*. Paris: Points, 1982.

SAINT IRENEE de Lyon. *Contre les hérésies*. Paris: Cerf, 1965.

MARITAIN, Jacques. *Le Feu nouveau:* le paysan de la Garonne. Paris: Ad Solem, 2007.

MOUNIER, Emmanuel. *L'Affrontement chrétien*. Les Plans-sur-Bex: Parole et Silence, 2017.

NAULT, Jean-Charles. *La Saveur de Dieu, l'acédie dans le dynamisme de l'agir*. Paris: Cerf, 2006.

_____. *Le Démon de midi:* l'acédie, mal obscur de notre temps. Dijon: l'Echelle de Jacob, 2013.

NIETZSCHE, Friedrich. In: *Le Gai Savoir*. Paris: Gallimard, 1990.

PASCAL, Blaise. *Pour un traité du vide*. Paris: Nathan, 1999.

PAUL VI. *Audience générale du 15 juin 1965*. In: *Documents pontificaux de Paul VI*. Editions Saint-Augustin, 1965.

PEGUY, Charles. *OEuvres en prose complètes, Vol.1 Articles antérieurs à la période des Cahiers, articles contenus dans les Cahiers de la quinzaine jusqu'en 1905*. Paris: Gallimard, 1987.
_____. *Une éthique sans compromis*. Paris: Pocket, 2011. (Coll. "Agora".)
_____. *Note conjointe*. Paris: Gallimard, 1935.
PUPPINCK, Gregor. *Les Droits de l'homme dénaturé*. Paris: Cerf, 2018.
RENARD, Alexandre. *Où va l'Église ?* Paris: Desclee de Brouwer, 1976.
_____. *Riches et pauvres dans l'Église ancienne*. Paris: Grasset, 1962. (Coll. "Ictys", n. 6.)
SALLES, Catherine de. *Saint Augustin, un destin africain*. Paris: Desclee de Brouwer, 2009.
SOLJENITSYNE, Alexandre. *L'Erreur de l'Occident*: Paris, Grasset, 1980.
_____. *Le Premier Cercle*. Paris: Fayard, 2007.
VARILLON, Francois. *L'Humilité de Dieu*. Montrouge: Bayard, 2005.
VON BALTHASAR, Hans Urs. *Aux croyants incertains*. Perpignan: Lethielleux, 1980.
YOURCENAR, Marguerite. *Les Yeux ouverts. Entretiens avec Matthieu Galey*. Paris: Editions du Centurion, 1980.

Cardeal Robert Sarah
e Nicolas Diat

outros títulos do autor:

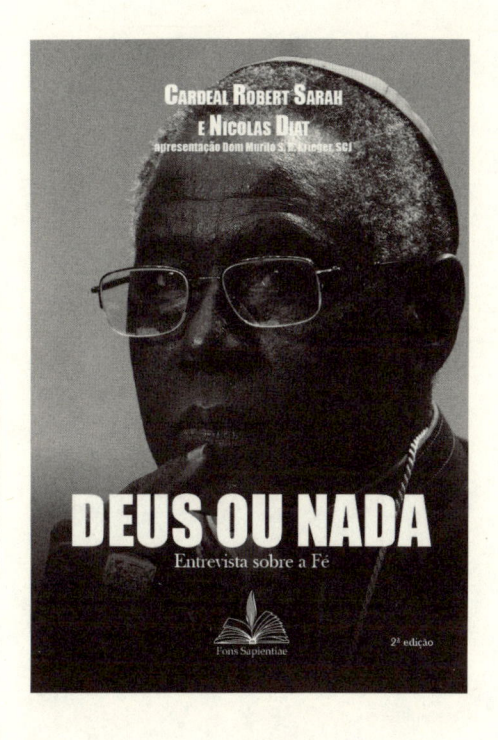

A vida inteira do cardeal é uma espécie de milagre, uma sucessão de momentos que parecem impossíveis sem a intervenção do céu. Ela está construída sobre a rocha da fé, o combate pela verdade de Deus, a humildade, a simplicidade e a coragem.
Ao longo de uma entrevista exclusiva, o cardeal, reconhecido por sua liberdade de palavra, apresenta estas reflexões sobre a Igreja, os papas, Roma, o mundo moderno, a África, o Ocidente, a moral, a verdade, o mal e Deus, sempre.

O que significa ouvir o silêncio de Jesus e reconhecê-lo por seu silêncio? Sabemos, pelos Evangelhos, que Jesus costumava passar as noites a orar a sós, "sobre o monte", em diálogo com o Pai. Sabemos que o seu falar, que a sua palavra provém da permanência no silêncio e que só no silêncio poderia amadurecer. É revelador, portanto, o fato de que a sua palavra só possa ser compreendida de modo justo quando se adentra também em seu silêncio; só se aprende a escutá-la a partir dessa sua permanência no silêncio.

Este livro foi impresso em papel polen bold 70g, capa triplex laminação fosca com verniz UV
Rua Lopes Coutinho, 74 – Belenzinho 03054-010 São Paulo – SP
T 55 11 3322-0100 / F 55 11 4097-6487
www.FonsSapientiae.com.br
vendas@FonsSapientiae.com.br